21世纪高等学校规划教材 | 计算机科学与技术

Java语言面向对象程序设计（第2版）

马俊 范玫 编著

清华大学出版社
北京

内容简介

基于面向对象的Java语言是近十年来编程语言排行榜上的排头兵，可以用于开发各种领域的软件，包括企业级应用、基础业务应用以及基于Web的应用和移动应用的开发。

本书结合作者的科研成果，给出了程序设计中需要掌握的基本概念(如指令、程序、进程的定义)，并对程序的本质进行了较深刻的哲学思考。本书系统地讲解了Java语言的基础知识和编程的基本思路，并在面向对象的设计思想和技巧上做了深入的思考和讨论。另外，根据作者十几年的授课经验，本书从第2章开始，基本上每章都给同学们准备了实用的程序建模示例，以帮助同学们学会运用编程理论解决实际问题。

图书在版编目(CIP)数据

Java语言面向对象程序设计/马俊，范玫编著. —2版. —北京：清华大学出版社，(2021.12重印)
21世纪高等学校规划教材·计算机科学与技术
ISBN 978-7-302-37674-3

Ⅰ. ①J… Ⅱ. ①马… ②范… Ⅲ. ①JAVA语言－程序设计－高等学校－教材 Ⅳ. ①TP312

中国版本图书馆CIP数据核字(2014)第186476号

责任编辑：郑寅堃　王冰飞
封面设计：傅瑞学
责任校对：白　蕾
责任印制：宋　林

出版发行：清华大学出版社
网　　址：http://www.tup.com.cn，http://www.wqbook.com
地　　址：北京清华大学学研大厦A座　　**邮　　编**：100084
社 总 机：010-62770175　　**邮　　购**：010-83470235
投稿与读者服务：010-62776969，c-service@tup.tsinghua.edu.cn
质量反馈：010-62772015，zhiliang@tup.tsinghua.edu.cn
课件下载：http://www.tup.com.cn，010-83470236

印 装 者：三河市龙大印装有限公司
经　　销：全国新华书店
开　　本：185mm×260mm　**印　张**：25.25　**字　　数**：610千字
版　　次：2009年2月第1版　2014年9月第2版　**印　　次**：2021年12月第8次印刷
印　　数：6401～6700
定　　价：59.00元

产品编号：057248-02

出版说明

随着我国改革开放的进一步深化，高等教育也得到了快速发展，各地高校紧密结合地方经济建设发展需要，科学运用市场调节机制，加大了使用信息科学等现代科学技术提升、改造传统学科专业的投入力度，通过教育改革合理调整和配置了教育资源，优化了传统学科专业，积极为地方经济建设输送人才，为我国经济社会的快速、健康和可持续发展以及高等教育自身的改革发展做出了巨大贡献。但是，高等教育质量还需要进一步提高以适应经济社会发展的需要，不少高校的专业设置和结构不尽合理，教师队伍整体素质亟待提高，人才培养模式、教学内容和方法需要进一步转变，学生的实践能力和创新精神亟待加强。

教育部一直十分重视高等教育质量工作。2007 年 1 月，教育部下发了《关于实施高等学校本科教学质量与教学改革工程的意见》，计划实施“高等学校本科教学质量与教学改革工程”（简称“质量工程”），通过专业结构调整、课程教材建设、实践教学改革、教学团队建设等多项内容，进一步深化高等学校教学改革，提高人才培养的能力和水平，更好地满足经济社会发展对高素质人才的需要。在贯彻和落实教育部“质量工程”的过程中，各地高校发挥师资力量强、办学经验丰富、教学资源充裕等优势，对其特色专业及特色课程（群）加以规划、整理和总结，更新教学内容、改革课程体系，建设了一大批内容新、体系新、方法新、手段新的特色课程。在此基础上，经教育部相关教学指导委员会专家的指导和建议，清华大学出版社在多个领域精选各高校的特色课程，分别规划出版系列教材，以配合“质量工程”的实施，满足各高校教学质量和教学改革的需要。

为了深入贯彻落实教育部《关于加强高等学校本科教学工作，提高教学质量的若干意见》精神，紧密配合教育部已经启动的“高等学校教学质量与教学改革工程精品课程建设工作”，在有关专家、教授的倡议和有关部门的大力支持下，我们组织并成立了“清华大学出版社教材编审委员会”（以下简称“编委会”），旨在配合教育部制定精品课程教材的出版规划，讨论并实施精品课程教材的编写与出版工作。“编委会”成员皆来自全国各类高等学校教学与科研第一线的骨干教师，其中许多教师为各校相关院、系主管教学的院长或系主任。

按照教育部的要求，“编委会”一致认为，精品课程的建设工作从开始就要坚持高标准、严要求，处于一个比较高的起点上。精品课程教材应该能够反映各高校教学改革与课程建设的需要，要有特色风格、有创新性（新体系、新内容、新手段、新思路，教材的内容体系有较高的科学创新、技术创新和理念创新的含量）、先进性（对原有的学科体系有实质性的改革和发展，顺应并符合 21 世纪教学发展的规律，代表并引领课程发展的趋势和方向）、示范性（教材所体现的课程体系具有较广泛的辐射性和示范性）和一定的前瞻性。教材由个人申报或各校推荐（通过所在高校的“编委会”成员推荐），经“编委会”认真评审，最后由清华大学出版社审定出版。

目前,针对计算机类和电子信息类相关专业成立了两个“编委会”,即“清华大学出版社计算机教材编审委员会”和“清华大学出版社电子信息教材编审委员会”。推出的特色精品教材包括:

(1) 21世纪高等学校规划教材·计算机应用——高等学校各类专业,特别是非计算机专业的计算机应用类教材。

(2) 21世纪高等学校规划教材·计算机科学与技术——高等学校计算机相关专业的教材。

(3) 21世纪高等学校规划教材·电子信息——高等学校电子信息相关专业的教材。

(4) 21世纪高等学校规划教材·软件工程——高等学校软件工程相关专业的教材。

(5) 21世纪高等学校规划教材·信息管理与信息系统。

(6) 21世纪高等学校规划教材·财经管理与应用。

(7) 21世纪高等学校规划教材·电子商务。

(8) 21世纪高等学校规划教材·物联网。

清华大学出版社经过三十多年的努力,在教材尤其是计算机和电子信息类专业教材出版方面树立了权威品牌,为我国的高等教育事业做出了重要贡献。清华版教材形成了技术准确、内容严谨的独特风格,这种风格将延续并反映在特色精品教材的建设中。

清华大学出版社教材编审委员会

联系人:魏江江

E-mail:weijj@tup.tsinghua.edu.cn

再版说明

本书第1版自2009年2月出版以后，经国内数十所大学使用，受到众多好评，并列入了普通高等教育计算机规划教材。本版对全书内容进行了修订和补充，修订量大约达到了50%，修改了一些错误和过时的内容，并加入了一些Java 7中推出的新语法和新知识，例如加入了枚举、自动装箱和拆箱、资源型try语句，在GUI图形界面的内容上注重Swing包的介绍和使用，同时加大了习题量，并根据每章内容，在每章最后给出两个较为完整的程序建模示例程序，以帮助同学们很快地过渡到实践编程。

另外，根据作者二十多年的教学经验，同学们虽然学习了很多计算机硬件和软件知识，也学习了许多程序设计语言，但是到了毕业，多数同学还是不能独立地完成一个简单的程序设计或软件制作。这说明我们的计算机语言教学偏离了实践，过分注重理论和分析。本版中我们在Java语言基本的语法基础上强化程序理论体系的讲述，给出了一套具体的指令、程序和进程的定义，并指出程序和能量之间的关系，进而提出了"能量+代码=世界"这样一个哲学命题，将程序代码和数据代码的设计提高到哲学层面，使学习者能够较为准确地定位自己的位置，即未来的程序设计者、使用者和维护者。同时在本书中还强化了程序建模的思想和技巧，使学习者摆脱了烦琐的流程分析，更能够关注局部的代码设计或全局的代码抽象理念。

本书对原版中的部分章节内容进行了调整，去掉了每一章后面的课外阅读，将原版中的第9章调到最后，另外，用*号标出的章节建议同学们自主学习。本书坚持原版的指导思想，面向培养工程应用型人才的一般中职院校，以及满足一般高等院校学生掌握Java语言面向对象程序设计的教学需要。

本教材中部分程序的运行结果会和教材上的截图不一致，这是因为有的程序和系统时间相关，有的程序用到了随机数，还有的程序修改了显示的字符串。因此程序的运行结果应以本地运行的显示结果为准。

本教材中由于部分源程序代码过长，故教材中只列出了部分源代码。完整的程序源代码和素材可以到作者的百度云盘上下载：

http://pan.baidu.com/share/home?uk=17703062#category/type=0

本教材得到了兰州大学教务处和兰州大学信息科学与工程学院教学基金的支持，特致以诚挚的感谢！

希望广大读者对本书的不足给予指正，支持我们把本书修改得更加适用，批评建议可直接电邮到 majun@lzu.edu.cn。

马　俊

2014年6月14日

前言

计算机的出现改变了我们的生活方式、学习方式，作为一个现代人，即便是在偏僻山区的农村，人们也开始知道键盘、手机、计算机等基本概念，互联网的出现和普及使得计算机参与到了我们工作、生活的方方面面，如果不接触计算机、不使用计算机，一些工作将会难以完成，甚至无法进行。对计算机的使用主要是对软件的使用，从银行的存取款、超市的收银和管理乃至学校的选课等到处都是计算机的软件程序在工作。

计算机软件是由程序设计语言设计而成的，我国的程序员缺口一直很大，按照高等院校计算机专业的培养目标，应用开发是其应具备的基本能力。目前，应用开发主要集中在两个方向，一个是高端的基于企业级的分布式程序的开发和部署，另一个是面向手机、PDA 等嵌入式设备的程序开发，不论哪一个都和网络分不开。Java 语言在这些领域都有非常流行和非常成熟的开发框架和技术，在计算机语言的排行榜上，Java 语言已经连续十几年排在第一名或第二名的位置，正因为如此，Java 语言已经成为高等学校计算机相关专业的基础专业课程。

本书首先给出了指令、程序和进程的基本定义，主要讲述了面向对象程序设计原理，Java 语言的基础内容和编程的基本思路。本书针对计算机相关专业方面的中职、专科、本科学生编写，在内容的选择上进行了适当的考虑，部分建模程序也可以作为计算机相关专业的研究生的参考资料。全书共分 12 章，第 1 章主要介绍了程序的定义和程序设计语言的概述，通过抽象将计算机程序的概念推广到生命领域、军事领域，指出了指令、程序和进程的关系，给出了程序和能量的基本关系，最后介绍了 Java 程序的开发环境和开发步骤等；第 2 章重点讲述了 Java 语言的关键字、基本数据类型和程序的控制结构等内容；第 3 章、第 4 章主要讲述了面向对象程序设计的原则以及 Java 语言的实现，主要涉及类、对象、接口、继承、方法等面向对象概念，通过程序示例演示了如何抽象类，以及设计类和接口的一般规则，其中在第 4 章通过示例演示了 Java 使用抽象类或接口在实现多态方面的异同点，所以第 2～4 章应该是同学们学习的重点；第 5 章介绍了 Java 语言中的异常处理技术以及 Java 中的异常类库；第 6 章讲解了在 Java 中怎样使用输入/输出流技术，介绍了 Java 语言中常用的输入/输出流类库和一些基本方法；第 7 章主要介绍了 Java 的 GUI 程序设计，通过实例演示了常用的 GUI 组件和容器的使用技巧，特别介绍了 AWT 和 Swing 的区别和使用时应注意的事项；第 8 章讲述了目前广为流行的线程技术以及相关的类和接口，特别介绍了同步、死锁等概念并通过相关的例子来演示；第 9 章主要介绍了 Java 语言中如何实现网络编程，讲述了套接字编程的基本原理，通过示例演示了开发 C/S 网络程序的技巧和规则；第 10 章讲述了 Java 语言中的数据集合抽象，介绍了 Java 中常用的集合框架类和接口以及泛型的使用技巧，在实际的软件开发中需要大量地使用该章中的内容；第 11 章讲述了 Java 语言中的数据库编程技术，介绍了 JDBC 的相关概念和使用技术，并通过示例演示了基本的数据库程序设计原则，建议同学们对第 9～11 章重点学习，以便能尽快地掌握实用软件的开发技术和原则；第12章介绍了Java小应用程序和多媒体程序的开发技巧，特别通过实例演示了动画的实现技术，建议同学们自主学习。

由于时间仓促加上作者水平有限，书中难免出现粗浅疏漏或叙述欠严密之处，恳请读者给予批评指正，批评建议可直接电邮到 majun@lzu.edu.cn。

马　俊

2014年6月14日

目 录

第1章 程序的定义和程序设计语言概述

现在，计算机已经是我们这个时代不可或缺的工具之一，它几乎和人们生活的方方面面都有关联，我们实际上已经无法适应一个没有计算机的世界了。在计算机世界中软件的作用越来越重要，计算机硬件只是提供了一个具有计算能力和通信能力的系统平台，真正发挥数据处理功能的是软件。那么软件的本质是什么呢？简单地讲，软件就是许多程序、数据和其他资源的集合体，而其中最为重要的当属程序了。那么程序又是什么呢？有人说程序就是指令的集合，可指令又是什么呢？程序又是如何生成的呢？本章首先介绍指令和程序的有关概念，给出一套指令和程序的更为抽象的定义以及指令、程序和进程之间的关系，同时说明指令和程序的执行和能量之间的关系，并给出程序建模的思想和理论，说明程序建模对于程序设计的重要意义。

1.1 指令、程序和进程的一般化定义

首先提出几个问题，什么是指令？军队指挥官的指令、计算机 CPU 中的指令、各种物质分子的化学反应方程式等，它们是否可以统一分析？什么又是程序？程序的本质是什么？我们首先来探讨一下它们的共性，并由此抽象出一些更为基本的概念。

如果对军队的命令、细胞中功能的表达和计算机的指令仔细研究、思考和抽象，就会发现它们存在一个共性，即在一个系统中，一条指令从发出到执行再到结束要经历以下过程：

① 指令的发出者发出指令描述；

② 指令的执行者先要理解此指令的描述，对应于计算机中的解码，对应于细胞中的转录和翻译，对应于军队就是对命令无歧义的理解；

③ 然后按照相应的约束规则执行指令，对应于计算机就是控制器发出对各种电路的控制信号，对应于细胞就是进行新陈代谢的化学反应，对应于军队就是命令的分解、及时传达和调配执行。并且，这一过程需要消耗能量，会导致系统的时空结构发生变化，当指令执行完毕后，系统的状态就会发生相应的改变或产生相应的信息或能量输出。

计算机科学家 Niklaus Wirth 在他的名著《算法＋数据结构＝程序》中给出了计算机领域“程序”的基本概念，即程序是计算机指令的某种有序组合，控制计算机的工作流程，完成一定的逻辑功能，以实现某种任务。其中，算法是解决某类客观问题的过程和途径，数据结构则是研究数据在计算机中的逻辑结构和存储结构。计算机中的数据主要存储在内存中，内存就是一个能保存二进制位 0 和 1 两种状态的集成电路矩阵，从抽象的层面来看，存储在

内存中的数据就是一种稳定的空间结构,算法就是此空间结构随着时间不断变化的步骤。如果用一个空心的圆点表示内存中的一个二进制位 1,用实心的圆点表示 0,则两个长整型数相加得到另一个长整型数对应的内存矩阵的示意图如图 1-1 所示,该示意图代表对应于长整型数的加法(ADD)指令导致的内存中存储矩阵状态的改变。即如果将内存、CPU 等抽象为一个系统,则该指令的执行导致了系统的空间结构状态发生改变。如果将化学键理解为一种稳定的结构状态,那么化学反应就可以看作是一种指令,即能量参与下的物质时空结构的改变,参见图 1-2。

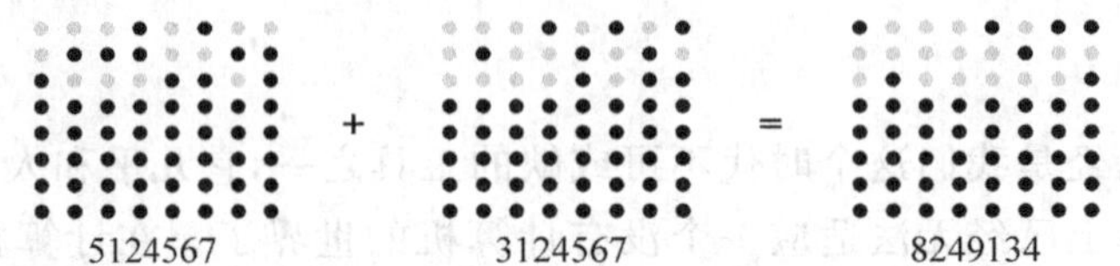

图 1-1 两个长整型数相加的内存示意图

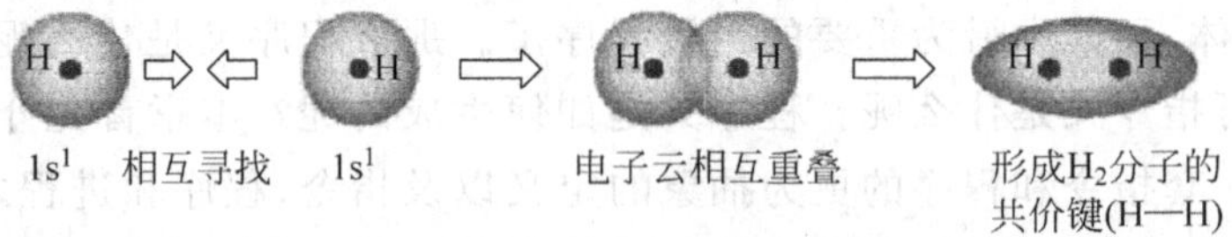

图 1-2 两个氢原子形成共价键

在现代各学科的研究中,数学更关心一般化、说明性的、抽象的、规律性的知识,计算机科学更关心具体的、可操作性的知识,即算法流程陈述。它们之间的界限并不严格,我们常说的各种算法常常抽象为数学描述,而在实际计算环境中数学公式又变成了具体的程序步骤。程序必须运行起来才有意义,请注意,"运行"的过程就是能量的参与过程,不论是人计算还是机器计算,都需要消耗能量(人消耗的是化学能,机器消耗的是电能或机械能)。数学仅是理论描述或代码陈述,不是系统转换的详细过程,这里我们需要引进计算机的专业名词——**进程**。在计算机领域,**进程**指的是一个程序进入运行状态,是在能量的参与下一条一条指令连续处理和执行的过程。**程序**只是指令和数据的有序集合,其本身没有任何运行的含义,是一个静态的概念。进程是程序在处理机上的一次逐条指令的执行过程,它是一个动态的概念。程序可以作为一种软件资料长期存在,而进程则是有一定生命周期的。

从以上分析论述中我们不难发现,不管是军事领域、计算机领域还是生物、化学、物理等领域,包括公司经营和行政运行,都有指令的对应概念,由此我们可以抽象出更为一般化的指令、程序和进程的概念。

指令:设一个系统 S 有有限状态集合$\{S_1,S_2\cdots S_n\}$,从状态 S_i 变换到其相邻状态 S_{i+1} 的一个基本变换规则可称为一条指令,指令的执行必定伴随着系统状态的改变和能量的变化。例如原子中的能级跃迁,细胞中基本的化学反应,计算机中的 CPU 基础指令。

程序:程序是指某系统 S 从初始状态 S_b 变换到 S_e 的有序的、有限的指令和数据集合。程序的存储状态是指程序可以以某种符号(代码)或格式存储在某种物质介质和波介质中。

进程:进程是程序的运行状态,是在能量的参与下一条一条指令连续处理和执行的过程。因为指令的执行要消耗能量,所以一个进程必须要在能量的不断参与下才能得以连续执行,直到程序执行的终点,即系统的状态 S_e。

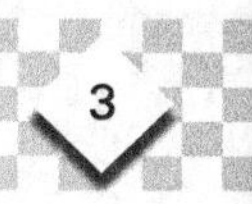

一个程序的本质就是一套有序的时空变换和能量转换规则的描述,程序执行(即进程)的结果一般是系统的状态发生了改变,或者产生了相应的能量转移或转换。为了更好地理解这套定义,我们以一个智力小游戏来做具体的分析和说明。这是一个简单的小游戏,在该游戏中小松鼠要把箱子推到指定的位置,可用该游戏的初级游戏场景来说明,如果把场景空间、小松鼠和箱子位于不同的位置定义为一个个系统状态,则该系统的状态数目就是一个数学组合问题。为了抓住问题的本质,在示意图中做了简化处理,可随机地截取其中 4 种状态,如图 1-3 所示。虽然系统的状态数很多,但抽象出的基本转换指令却只有 8 种,如图 1-4 所示。通过这 8 种指令的有限组合就可以表现系统的各种状态,当然能到达游戏指定的最终状态。在更换一个游戏场景后(如图 1-5 所示),这些指令照样可用,只不过需要经过逻辑分析重新编写移动步骤。

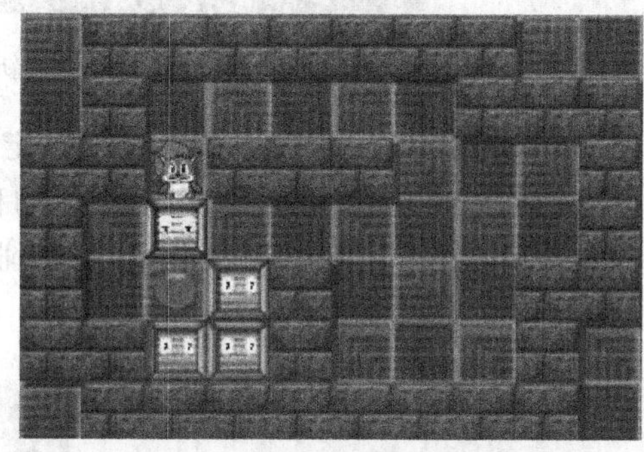

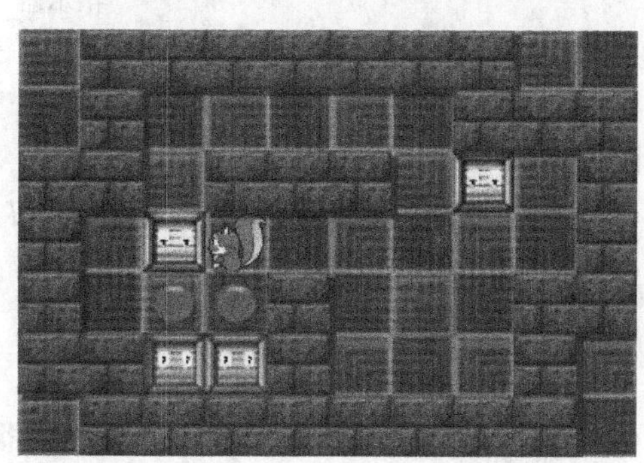

图 1-3 松鼠推箱子游戏

抽象的指令集为:

```
{
Move_Up:       上移一步
Move_Down:     下移一步
Move_Left:     左移一步
Move_Right:    右移一步
Push_Up:       上推一步
Push_Down:     下推一步
Push_Left:     左推一步
Push_Right:    右推一步
}
```

针对上图所示的初始系统,可以编程如下:

```
Move_Right
Push_Right
Push_Right
Move_Down
Move_Down
⋮
Push_Down
OK
```

图 1-4 指令抽象和编程

图 1-5　新的游戏场景

程序中每一条指令的执行都要消耗一定的能量,设小松鼠移动一格需要消耗能量 E_1,而推箱子一格需要消耗能量 E_2,则最优化的程序就是消耗总能量 E 最小的程序。再以现代计算机的理论模型——图灵机为例,从更专业的角度进行进一步阐述,如图 1-6 所示。

图 1-6　抽象图灵机

图灵机的形式化描述如下:

(1) 图灵机是一个五元组(K,Σ,δ,s,H);

(2) K 是有限个状态的集合;

(3) Σ是字母表,即符号的集合;

(4) $s \in K$ 是初始状态;

(5) $H \in K$ 是停机状态的集合,当控制器内部状态为停机状态时图灵机结束计算;

(6) δ 是转移函数,即控制器的规则集合,就是我们定义的指令。

在图灵机中,δ 就是一个指令集合,例如计算 $x+1$ 的图灵机的指令集合如表 1-1 所示。

表 1-1　$x+1$ 图灵机指令集合

输　入		响　应		
当前状态	当前符号	新符号	读写头移动	新状态
start	*	*	left	add
add	0	1	left	noncarry
add	1	0	left	carry
add	*	*	right	halt
carry	0	1	left	noncarry
carry	1	0	left	carry

续表

输 入		响 应		
当前状态	当前符号	新符号	读写头移动	新状态
carry	*	1	left	overflow
noncarry	0	0	left	noncarry
noncarry	1	1	left	noncarry
noncarry	*	*	right	return
overflow	0 或 1	*	right	return
return	0	0	right	return
return	1	1	right	return
return	*	*	stay	halt

同样,每一条图灵机指令的执行也是要消耗相应能量的,如读写头的移动,当前数据的改写和读取等。当然,不同的设计消耗的能量是不一样的,例如 1946 年的第一台计算机——ENIAC 和今天的 PC 已经不能相提并论了,但在同样的系统和环境中,最优程序一定是消耗能量最少的程序。

我们再切入其他领域,例如以驾驶汽车为例来说明这一抽象过程,可以将汽车的驾驶室抽象为一个控制器,在汽油(或燃气)的化学能或电能的供应下,通过驾驶员的控制,汽车才能开到要去的地方。在这个过程中,驾驶员从外界读取各种"环境数据",经过反射计算处理发出相应的控制指令,直到目的地,以上完成的也是一个程序的**启动**、**运行**和**终止**过程。只不过在此过程中,程序的起点和终点变化多端,而程序的基本指令却是固定的,例如将该指令集抽象为{**启动**、**加速**、**减速**、**左转**、**右转**、**倒退**、**停止**、**熄火**},但程序指令的序列却可以是多种多样的,是根据驾驶员和环境的不断变化自适应变化的。目前,《汽车自动驾驶系统》的研究正在进行和完善中,这种汽车自动驾驶本质上就是一套程序的执行。相比而言,地球上生存的各种生命体的生命程序也有相应的起点和终点,并且每一个生命体在其生存过程中的指令执行过程是不断地根据环境自适应变化的。

从以上的定义和例子中可以看出,虽然领域不同,但指令和程序的本质是一样的,都是系统时空结构状态的改变,并且可以得到这样的结论:**程序具有存在的客观性、非物质性以及目的性特征**。程序存在的客观性是指程序一旦设计出来以后就可以脱离某一个体意识而存在;非物质性是指程序的存在独立于特定的物质介质,正如非物质文化遗产一样,没有物质的质量以及物质之间具有引力的诸多物质必须具备的性质,但是程序的存储和程序的执行却又离不开物质介质。程序指令是一种物质系统状态改变规则的描述,其本身必须依赖于相关物质介质的特定格式才能存储,而进程(即程序的执行)就是物质系统状态的变化过程,也离不开介质系统;程序的目的性是指任何程序都有阶段性的成果,或计算一个表达式、或解决一个问题、或到达一个稳定的系统状态,即进程具有明确的方向性。

程序的运行与时间具有密切的关系,是具有时间箭头的;同样,程序的存储运行与空间也是分不开的,因为系统状态主要是由系统内部各子元素的相对位置决定的,所以说进程是伴随着时空变化进行的。同时,进程的连续运行必须要有能量的持续供应,计算机程序的执行必须要有电能的连续供应,没有电能供应计算机就无法工作。相对而言,生命程序指令的执行结果有可能释放更多的能量,例如我们体内新陈代谢中的部分化学反应。在这里所说的消耗能量和释放能量并不是能量的凭空产生和消失，能量只是在不同的形态之间转换，从这个意义上讲，程序也可以是一种能量转换系统或设备，例如现实生活中人们广泛使用的热机、电灯、风力发电机、机动车发动机等；在生物圈中，各种植物将光能转换为化学能，各种动物又将化学能转换为动能等其他能量形式，这些具体的系统都可以理解为一个个设计精巧的程序系统。

从程序的角度看待生命现象会得到一个很有意思的推论，即如果将自然界中的各种基本物理运动规则和化学反应规则看成是一个基本指令集合，其实生命也可以看作是一个设计精致、复杂的程序。每一个生命体的生命程序的指令和数据都存储在细胞的 DNA 分子链中，虽然组成 DNA 分子链的密码子是有限的几十种，由它们组合形成的基本指令也必定是有限的，但由这些基本指令组成的生命程序却可以是无限的，这可以解释生命的多样性。复杂"生命程序"的启动都是从最初的胚胎细胞开始的，经过不断的细胞分裂和分化，最终成长为一个完整的生命体。此生命体所有的生命活动都是此生命程序在对内外环境的反射和交互中完成的，直到生命的尽头——生命程序终止运行。实际上，就作者本人的研究结果，DNA 分子链就是类似于 Java 字节码的一套中介编码。

1.2 程序设计和程序设计语言

如前面的松鼠推箱子的游戏，我们抽象出了一个有 8 条指令的指令集，但怎样运用这 8 条指令的重复组合将一个新游戏从初始状态变化到终止状态呢？还有如何用计算机的指令系统解决具体的计算问题？这些都需要对这些指令进行有序的组合设计，即所谓的程序设计。在《数学词典》中给出了程序设计的定义，即程序是用计算机指令或机器所能接受的某种语言描述的处理过程，描述的结果称为程序；编写程序的过程称为程序设计，各种语言中程序的形式可能不同，但程序执行的结果应该是一致的。

在计算机程序中，虽然基本指令的数目并不是很多，但我们可设计的程序却无穷无尽。程序设计语言主要经历了 3 个阶段，即早期的基于机器指令和汇编语言的低级语言程序设计，中期的面向过程的高级语言程序设计以及现代的面向对象语言程序设计，经历了从使用基本指令集直接编程，到使用抽象的程序模块编程，再到使用更抽象的语义编程这样一个从简单到复杂抽象的发展过程。

1.2.1 程序设计的概念和程序的构造过程

按照前面的定义，指令指的是系统时空状态的变换规则，基本指令集就是这些规则的集合，类似象棋、围棋、五子棋的下棋规则等，而程序就是这些指令和数据的有序组合，进程就是将此程序中的指令按照顺序和要求一个一个付诸行动，进程结束的前提是某种目的状态(在计算机中称为停机状态)的出现。程序设计的本质就是要设计出一个指令序列将系统 S 从状态 S_b 变化到 S_e，当然，这种指令序列并不是唯一的，这就是程序设计的多样性。为了能够在耗能最少、时间最短的情况下完成状态转换，程序可以被优化设计，这是计算机科学领域的一个研究方向。

从基本指令开始，经过逐步抽象，每套程序设计语言都形成了一套语义比较丰富的复杂

指令，这些复杂、抽象的指令已经脱离了计算机 CPU 的基本指令集体系，必须经由编译系统翻译后才能变成系统认识的基本指令。基本指令指的是不可分割的原子性动作，一般由硬件直接完成执行，复杂指令是指可以分割成若干条更小、更基础的基本指令。复杂指令还可以经过组合形成更复杂的指令模块，有的复杂指令甚至是一个小程序，以汽车驾驶为例，"10：30 前将车开到广场"这条抽象指令就是一个小程序，其基本指令可以只是具有 8 条简单指令的集合{**启动**、**加速**、**减速**、**左转**、**右转**、**倒退**、**停止**、**熄火**}，根据路况和行驶状况采用不同的指令，直到将车开到目的地。

在《计算机程序的解释和构造》中详细地描述了此抽象过程，并以 Lisp 编程语言为例来说明。假设在 Lisp 语言中已经有一个基本指令 * 表示两个数相乘，还可以通过它来定义复杂的指令，例如**平方**指令的定义如下：

```
(define (square x) ( * x x))
```

则 square 就是一个复合指令，更复杂的如：

```
(define (sum - of - squares x y) ( + (square x) (square y)))
```

则 sum-of-squares 就成了一个求两数**平方和**的复合指令，而指令(sum-of-squares 3 4)的执行结果为 25。

如图 1-7 所示，如果用复杂指令 square 来求平方、用 abs 来求绝对值、用 average 来求平均值，则可以构造出更复杂的开平方指令 sqrt。在现代计算机程序设计语言中，所有的关键字、函数库、抽象语义都是采用这种方式抽象出来的，现代程序员编程仅在抽象的高层用很短的语句序列就可以编写一个完成复杂功能的程序，而在过去，实现同样的任务需要编写上万条基本指令序列。

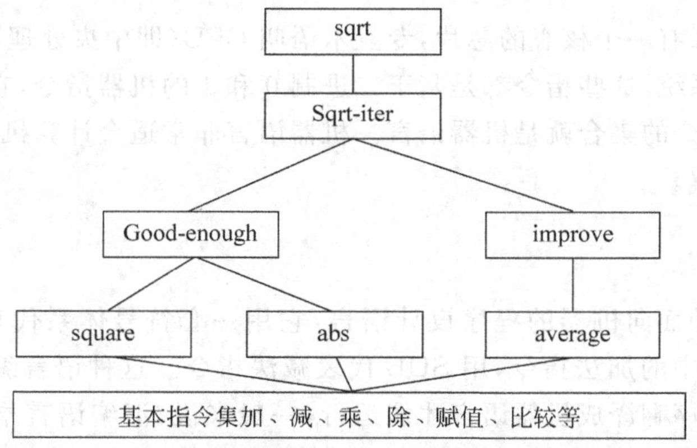

图 1-7 复杂指令的抽象过程

sqrt 复杂指令在 Lisp 中的具体构造过程如下：

```
(define (sqrt x)
    (define (good - enough? guess x)
        (< (abs ( - (square guess) x)) 0.001))
    (define (improve guess x)
        (average guess (/ x guess)))
    (define (sqrt - iter guess x)
```

```
        (if (good - enough? guess x)
            guess
            (sqrt - iter (improve guess x) x)))
    (sqrt - iter 1.0 x))
```

再以前面讲到的汽车为例来说明这一抽象过程的普遍性，设汽车驾驶的基本指令集还是前面抽象的{**启动、加速、减速、左转、右转、倒退、停止、熄火**}8条基本指令，则汽车驾驶培训中可以抽象出一些复杂指令，如半坡起步、移库、侧方停车等基本考试动作，而驾驶员也正是利用这些基本指令的不同组合完成一个个开车任务的。

按照前面的论述，程序设计就是编写程序的过程，就是对指令不断地进行有序的组合和抽象，并根据需求设计出独立的、模块化的复杂指令。在实际的计算机程序设计语言中，这些复杂指令就有了专门的名称，如宏、函数、过程方法等，最终可以通过这些基本指令和复杂指令模块编写出需要的程序去解决实际的问题。在从基本指令到复杂指令的逐级抽象中，程序的功能越来越复杂、越来越强大。针对一个二进制指令序列组成的程序，要从基本的指令序列中分析程序的具体功能和流程就非常困难，这也解释了当前生命科学研究中的困境，即对于DNA编码序列，想逆推功能和流程很困难。

1.2.2 计算机编程语言的发展历史

程序设计是采用计算机编程语言设计出实现特定功能的程序的过程，随着计算机的发展，计算机编程语言也经历了从低级到高级的发展过程，也有一个新旧交替的替代过程，下面介绍其发展阶段。

1. 机器语言

每台计算机内都有一个核心的芯片，专业术语叫CPU(即中央处理器)，每种CPU都有自己能识别的指令系统，这些指令都是基于二进制0和1的机器指令，它们不用翻译即可直接执行，这些机器指令的集合就是机器语言。机器语言非常适合计算机识别和执行，但不适合程序员记忆和理解。

2. 汇编语言

汇编语言是一种面向机器的程序设计语言，它用一套符号体系代表机器指令，例如用ADD代表机器语言中的加法指令，用SUB代表减法指令。这种语言编写的程序不能直接运行，要经过汇编程序翻译成机器语言才能运行，一般来说，汇编语言指令与机器指令之间是一一对应的。汇编语言一般都是为特定的计算机或计算机系统设计的，它比机器语言好学、便于记忆，比用机器语言写程序省事，但仍然没有解决语言对硬件的依赖。

汇编语言必须经过编译器程序编译，将符号化的语言翻译成CPU能认识的机器码程序，然后才能交由CPU执行。

3. 面向过程的高级语言

到了20世纪60年代，人们开发出了高级语言，例如C语言、FORTRAN语言等。高级语言的语法更接近人们的自然语言，人们只要按照语言所要求的语法去编写“源程序”文件

即可，这种“源程序”文件内容都是由文本字符组成的，人可以读懂，但计算机 CPU 并不认识，所以高级语言程序也必须经过编译生成机器码程序后才能由 CPU 执行，其设计流程如图 1-8 所示。

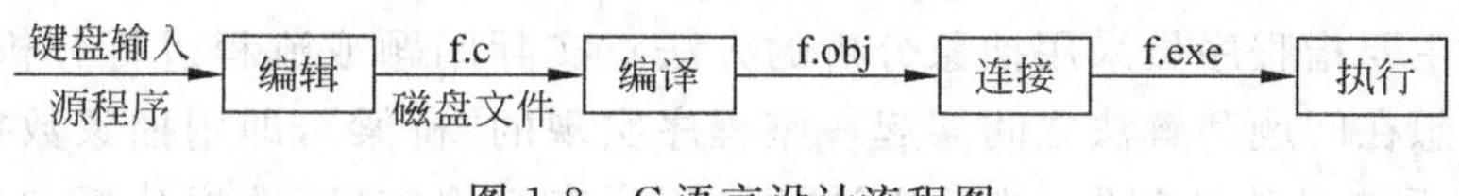

图 1-8　C 语言设计流程图

4. 面向对象程序设计语言

面向对象程序设计是模拟人类认识物质世界的一种程序设计方法，物质世界中的对象一般有 3 个要素：第一，对象所具有的结构和状态，可用变量来表示；第二，对象所具有的行为特征，可用方法来说明；第三，有的对象和赖以存在的环境或其他对象有交互能力（当然是通过行为和状态的改变），我们称之为此对象具有事件交互和响应能力。在面向对象程序设计中，程序员设计的基本单位是类，类是对象的代码抽象，实例对象则是类代码在程序运行阶段的具体实现。

面向对象程序设计一般要遵循下面几个基本原则。

(1) 抽象：从大量的、具体的物理实体或概念中抽取它们共同具有的属性或行为，以形成一般化概念的过程，我们称之为抽象，在程序设计中就是要形成一套代码模板。

(2) 封装：封装是一个自然法则，和现实世界中的对象一样，对象的内部结构和状态对外是不可见的，对象的内部和外部之间有一个明确的界限，称为对象的封装性。在 Java 语言中，对象的封装性可通过定义类来实现，对象是类的一个实例。要想改变对象的内部状态结构，必须通过特定公开的接口来完成。

(3) 继承：继承也是一个自然法则。在人类世界中，正是有了继承法则的存在，我们才有了发展的概念。在面向对象程序设计中，我们将从已经存在的类产生新类的机制称为继承，原来存在的类叫父类（或叫基类），新类叫子类（或叫派生类），子类中会自动拥有父类中的设计代码。继承带来的好处是：一方面可减少程序设计的错误，另一方面，做到了代码复用，可简化和加快程序设计，提高了开发效率。

(4) 多态：在现实世界中，同样的消息传给不同的对象会有不同的响应行为。举例来说，让 A 地区的动物迁移到 B 地区，对于这样一条消息，不同的动物会有不同的行为方式。在面向对象程序设计中，人们把对象之间按一定格式传递的信息称为消息，同一个消息被不同的对象接收时可以导致完全不同的行为，这就是面向对象中的多态性。

(5) 重载：在现实世界中，对于同样的消息，对象可能根据自身条件的不同表现出不同的行为。在面向对象程序设计中，同一个对象可根据消息的参数的不同选择不同的行为代码，我们称之为重载，重载是实现多态的机制之一。

展望计算机未来的发展方向，面向对象程序设计以及数据抽象在现代程序设计思想中占有越来越重要的地位，未来语言的发展将不再是一种单纯的语言标准，将会是基于面向对象、组件、协议和架构的综合体，将更易表达现实世界，更易被人编写，其使用对象将不再只是专业的编程人员，普通人完全可以用订制真实生活中一项工作流程的简单方式来完成编程。

*1.3 程序建模的基本概念

程序建模主要指程序员采用抽象分析的方法对实际问题或流程进行分析和分解，运用程序设计的思想在问题和解法之间架起一座程序实现的"桥梁"，即用抽象数据和流程来仿真或虚拟某一系统或待解问题，然后用计算机程序来模拟实验、数据分析和流程分析的工作。下面简单介绍系统建模和仿真的相关知识。

1. 系统定义

"系统"是一个内涵十分丰富的概念，是很多学科共同使用的一个基本概念，是系统科学和系统论研究的一个重要内容。其一般化定义为：系统是由互相联系、互相制约、互相依存的若干组成部分(要素)结合在一起形成的具有特定功能和运动规律的有机整体。这里的系统定义是广义的，大至无垠的宇宙世界，小至原子、分子，都可以称为系统。本书中用到的程序建模中的系统指的都是一个个具体待解或待模拟问题。

2. 模型定义和分类

模型是人类在研究各种系统时提出的用于简化和抽象系统的一种逻辑或结构描述。简单来说，模型(Model)是一个系统的、物理的、数学的或其他方式的逻辑表述，它以某种确定的形式(如文字、符号、图表、实物、数学公式等)提供关于系统的知识。模型一般可分为概念模型、物理模型和数学模型。在本书中我们提出了程序建模的概念，用计算机程序模型来模拟或求解现实问题称为程序建模。

3. 仿真模拟

仿真指在实际系统尚不存在的情况下对于系统或活动本质的虚拟实现，通过对模型的模拟试验来达到研究系统的目的，或者用抽象模型对系统进行试验分析的研究过程。从广义上讲，仿真模拟就是利用相似学的基本原理，通过模型系统来研究与之相似的真实系统的过程。

仿真技术是伴随着计算机技术的发展而发展的。在计算机问世之前，基于物理模型的试验称为"模拟"，它一般附属于其他相关学科。自从计算机(特别是数字计算机)出现以后，其超强的计算能力和巨大的存储能力使得复杂的数值计算成为可能，数字仿真技术得到蓬勃的发展，从而使仿真成为一门专门学科——系统仿真学科。

4. 程序建模和仿真计算

程序建模是指针对特定的问题或系统可以用计算机程序来模拟或仿真，小到求解一个方程大到一个生态系统的模拟。程序建模适合逻辑分析、过程模拟，有着低成本、可多次重复、多层次参数的组合和调试的优势。

程序建模的方法和步骤：第一要清楚问题，尤其是系统的结构和状态；第二要清楚系统的变化流程和逻辑；第三，将系统的组成结构一般抽象为数据存储，将系统的行为抽象为程序代码段，对应到计算机语言中就是方法或函数；第四，将系统置于某种初始状态开始仿真模拟系统的运转过程或计算得到问题的结果。

*1.4 程序设计的哲学思考

公元7世纪的中国禅宗六祖慧能有一首著名的偈子："菩提本无树，明镜亦非台。本来无一物，何处惹尘埃"，这首偈子奠定了他在中国禅宗第六代祖师的位置。但这首偈子所讲的境界和内容似乎是我们普通人难以理解的，作者尝试从现代科学和计算机程序的角度给出一种解释：1905年爱因斯坦发表了著名的文章《狭义相对论》，其中有一个很重要的公式，即$E=Mc^2$，是说能量和质量是可以转换的，通过光速这一常量将质量转换为能量。不论是原子弹（裂变）还是氢弹（聚变）都利用了质量转换为能量这一原理。如果做一个恒等数学变换，将我们赖以生存的这个世界中的所有物质都转化为能量，那么可以想象这个世界除了能量什么也不存在，你不存在，我也不存在，当然也就没有"惹尘埃"这一说了。如果将这里的能量解释为佛教中反复提到的"空"，我们似乎可以理解什么是"四大皆空"了。

人们都知道一个受精的鸡蛋在合适的温度和湿度等特定环境中经过一段时间后会孵化出一只小鸡——**一个活泼可爱的生命体**。在这一变化过程中，似乎起关键作用的是温度，而温度是一个系统自由能量的一种度量，就像水在固体、液体、气体之间转换需要能量的吸收或释放一样，鸡蛋在变成小鸡的过程中也需要吸收能量，并且这种能量的供应必须有一个量的约束，太多或太少都会导致这一过程失败。通过这一现象似乎可以得到一个推论，那就是稳定的、适量的能量供应是鸡蛋变成小鸡的一个必要条件。

那么，是否只要有能量就可以将鸡蛋变成小鸡呢？当然不是。能量只是辅助物之一，现代生物科学的研究结果告诉我们，小鸡成长的所有信息都存储在鸡蛋中的遗传物质——DNA分子链中，只不过是能量让其展现出来罢了。这样我们就可以得到另外一个推论，即这个DNA分子链是鸡蛋变小鸡的另一个必要条件。当然，还有氧气、水分等其他条件，相比前两个条件，这些都不是关键因素，因为处于同样条件的石块是不会产生小鸡的。

同样，我们知道每一个计算机游戏都必须安装游戏程序代码，还要在启动游戏进程后才能看到游戏画面。如果我们打开一个图文并茂的计算机游戏，比如"命令与征服"、"魔兽"等（图1-9为"命令与征服"游戏截图），可以看到游戏世界中的各种对象，有山、有水、有树、有各种NPC角色以及精美道具，有些游戏甚至是完全模拟我们的现实世界设计的，但是如果关掉计算机的电源，这些游戏世界中的所有内容在瞬间就消失了。

图1-9　命令与征服游戏截图

由以上事实似乎可以得出一个结论：Code＋Energy＝World。Code代表DNA编码序列或电脑游戏的程序代码，在适量能量的供应下启动，形成了一个系统时空结构不断迁变的进程，从而生成了生命体或游戏世界。换句话说，一套合适的编码加上合适的能量供应就可以生成一个世界(也许佛教中的众世界就是如此来的)。程序设计的本质其实就是设计和编写Code的过程。同时还可以得到一个推论：Code有两种存在状态，即**存储状态**和**运行状态**。存储状态对应程序代码的静态存在状态，如磁盘、光盘、闪存中的非运行程序；运行状态代表程序代码已经进入进程状态，开始执行Code中的指令流了，如正在运行的作图软件、字处理软件或活的生命体。我们的程序设计就是经过分析设计出指令代码序列，送入CPU，或先送入虚拟机或解释器，再转换为CPU指令流，这些指令代码在CPU中会转换为电磁波表示的0、1，然后进行计算或存储，执行指令的能量由其他系统输入。细胞中的DNA编码到新陈代谢的化学反应完成同样的工作，只不过在细胞中，指令编码、数据编码以及指令执行需要的能量都是内置的，统一由各种功能蛋白中的化学键来完成。

1.5 Java语言开发环境的配置和运行

任何一种编程语言都需要特定的开发环境以及开发步骤，Java语言也不列外。JDK(Java Development Kit)是Java的标准开发工具包，它也是大多数Java开发者遵循和使用的标准开发环境。JDK包括一个标准类库和一组建立、测试、说明文档的Java实用程序。

1.5.1 Java程序的开发环境搭建

第一步：下载并安装JDK。由于Sun公司已于2009年4月20日被Oracle公司收购，现在我们可以去Oracle的官方网站下载JDK，或者用Google搜索“JDK下载”，其最新版本为JDK7(实际版本1.7)，Oracle的官方网站如下：

```
http://www.oracle.com/technetwork/java/javase/downloads/jdk7-downloads-1880260.html
```

选择合适的操作系统和版本下载后安装到本地，假设安装到本地的目录为<JAVA_HOME>，则在此目录中提供了如图1-10所示的内容列表。

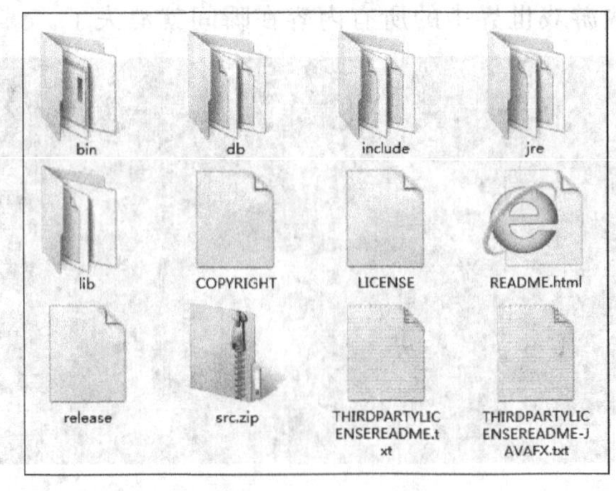

图1-10 JDK目录内容列表

其中，bin 存放编写 Java 程序时用到的各种实用程序，db 存放 Oracle 用 Java 开发的分布式数据库系统 Java DB，lib 存放 Java 的基本类库文件，include 存放编写 native 方法要用到的文件，jre 提供 Java 运行时环境。

在<JAVA_HOME>\bin 目录中存放着 JDK 的实用程序，常用的 JDK 实用程序如表 1-2 所示。

表 1-2 常用的 JDK 实用程序

程序名称	功　能
javac. exe	Java 编译器，将 Java 源程序转换成字节码
java. exe	Java 解释器，装入并执行 Java 应用程序
appletviewer. exe	小应用程序查看器
jdb. exe	Java 调试器，可以逐行执行程序、设置断点和检查变量
javadoc. exe	文档注释提取器，用于生成 HTML 文档
jar. exe	Java 应用程序打包器

第二步：检查和设置环境变量。编写 Java 程序需要的基本环境变量有 3 个，即 javahome、path 和 classpath。其中，javahome 为 JDK 的主目录，path 环境变量为操作系统用来指明搜索可执行程序的目录列表，而 classpath 是给 Java 编译器和 Java 虚拟机使用的，用来指明搜索 Java 字节码文件所在的目录列表。设置环境变量有两种方式，一种是图形界面工作方式，例如在 Windows 系列操作系统中选择“我的电脑”，然后右击，选择“属性”命令，弹出“系统属性”对话框，通过“高级”选项卡中的“环境变量”可以创建或修改环境变量，如图 1-11 和图 1-12 所示。

图 1-11 设置环境变量 JAVA_HOME

图 1-12 修改环境变量 Path 并新建变量 classpath

另一种方式是在一个命令行窗口中定义当前环境变量，如图 1-13 所示。注意，在命令行窗口中设置的环境变量只在当前窗口起作用。

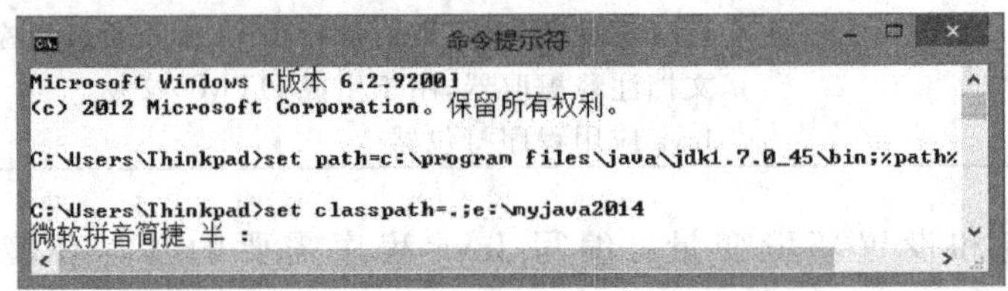

图 1-13 以命令行窗口定义环境变量

如果是 Linux 操作系统，当前用户使用以下方式设置环境变量：

#vi /etc/profile

在文件的最后加入(与 Windows 中的 cmd 设置一样)：

```
JAVA_HOME = /usr/java/jdk1.7.0_45
CLASSPATH = .: $JAVA_HOME/lib/tools.jar: $JAVA_HOME/lib/dt.jar
PATH = $JAVA_HOME/bin: $PATH
export JAVA_HOME CLASSPATH PATH
```

保存后退出，然后执行 source/etc/profile 命令即可。

第三步：准备好一款文本编辑软件，例如 notepad.exe、uedit32.exe、edit.exe 等，就可以开发 Java 程序了。当然，还可以直接安装各种快速集成开发环境，例如 NetBeans、Eclipse、Jbuilder 等。根据本人多年的教学经验，建议初学者从命令行学起，就像金庸小说中的武林高手一样，先练内功，待日后有一定的内功基础后再选自己喜爱的武林门派学习招数和套路。

1.5.2 Java 程序的开发步骤

在设计好一个 Java 源程序后，需要经过编译，生成可在 Java 虚拟机上执行的字节码程序文件，然后由 Java 虚拟机装入并解释执行。字节码是 Java 编译器将 Java 源程序编译后生成的一种中间编码，是专为 Java 虚拟机定制的二百多条虚拟机指令组成的编码集合，详细的 Java 虚拟机和字节码的概念和原理将在下一章讲述。简单来讲，Java 程序的开发步骤如下：

(1) 根据要解决的问题分析需求，并用合适的方法来描述。

(2) 利用一个编辑程序编写 Java 源程序文件，文件的扩展名为 java。

(3) 编译源程序,并产生字节码文件,文件的扩展名为 class。

(4) 调试和运行程序,用 Java 虚拟机加载类并执行,查看执行结果。

例如编写一个在屏幕上显示“Hello World!”的 Java 程序,步骤如下:

(1) 用编辑软件(如 notepad. exe)创建一个名为 HelloWorld. java 的文件。

(2) 用 javac 编译,以生成字节码文件 HelloWorld. class。

(3) 用 Java 解释器装入字节码文件并执行。

相关截图如图 1-14 和图 1-15 所示。

```
命令提示符

E:\myjava2014>notepad helloworld. java
E:
HelloWorld.java - 记事本
文件(F) 编辑(E) 格式(O) 查看(V) 帮助(H)
class HelloWorld {
   public static void main(String[] args){
      System.out.println("Hello World");
      System.out.println("Sqrt(2.0)="+Math.sqrt(2.0));
   }
}
```

图 1-14 第一个 Java 程序——HelloWorld 的源代码

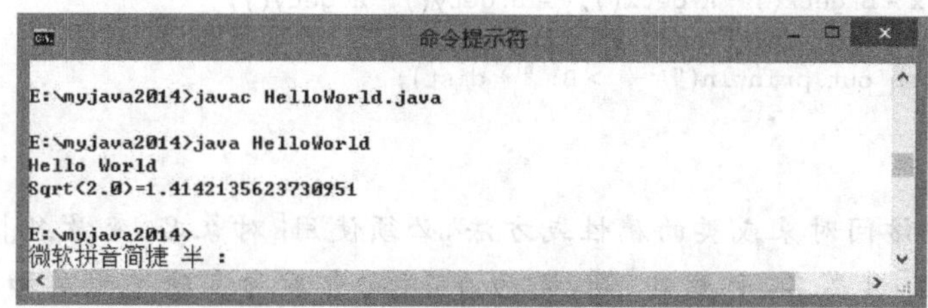

图 1-15 编译和运行 HelloWorld 程序

【例 1-1】 输出“Hello World!”。

```
1. //HelloWorld. java
2. class HelloWorld {
3.    public static void main(String[ ] args) {
4.       System. out. println("Hello World! ");
5.       System. out. println("Sqrt(2.0) = " + Math. sqrt(2.0));
6.    }
7. }
```

将该程序编译并运行,如图 1-15 所示,下面对此程序逐行做一下简单解释:

第 1 行为注释,在 Java 语言中,以“//”开始的注释称为单行注释,编译器在编译时不会将其翻译为机器指令,换句话说,编译程序在编译时会忽略注释内容。

第 2 行的 class 为关键字,用来定义一个类,在此程序中,类名为 HelloWorld。

第 2 行和第 7 行的{}对代表类体,即类的主体设计部分。

第 3 行定义了主方法 main(String[]args),主方法是 Java 虚拟机装入类后寻找的程序入口点。定义了 main 方法的类一般称为主类或主控类,一个 Java 应用程序总是从 main 方法开始执行的。

第 3 行和第 6 行的{}对是 main()的方法体,方法的执行代码就在此方法体内定义。

第 4 和第 5 行的 System 代表 java. lang 包中的 System 类(系统类),out 代表标准输出设备对象(一般为监视器),println 为 out 对象的一个方法,此方法可以在标准输出设备对象上输出数据。在第 4 行只是简单地输出“Hello World!”字符串,第 5 行使用 Math 类的开平方根方法计算 2 的平方根并输出。

此处同学们首先需要记忆 class 关键字、main 方法的定义、System 类、Math 类和相应的对象方法,如 println()、sqrt()等,该程序中用到的相关概念将在后续的章节中逐一讲解。

【例 1-2】 计算两点间的距离(注意此例中的源程序文件名和公有类名一致)。

```
//Distance.java
class Point
{   private int x,y;
    Point(int a,int b){x = a;y = b;}
    public int getx(){return x;}
    public int gety(){return y;}
}
public class Distance
{   public static void main(String[] args)
    {
        Point A = new Point(2,3);Point B = new Point(5,7);
        int x = B.getx() - A.getx(),y = B.gety() - A.gety();
        double dist = Math.sqrt(x * x + y * y);
        System.out.println("A -- > B: " + dist);
    }
}
```

注意:如果要访问对象或类的属性或方法,必须使用[对象名.变量名]或[对象名.方法名]、[类名.方法名]、[类名.变量名]等,因为在 Java 中不存在独立于类和对象的变量或方法,例如此例中的 B. getx()、Math. sqrt(x * x+y * y)以及 System. out. println()等。

1.5.3 Java 小应用程序

Java 程序分为两种,一种是前面演示的应用程序,另一种是 Java 小应用程序。Java 小应用程序是由浏览器中嵌入的 JVM 解释执行的 Java 程序,下面演示小应用程序。

【例 1-3】 在小应用程序面板上输出字符串和图形。

```
//HelloApplet.java
import java.applet. * ;
import java.awt. * ;
public class HelloApplet extends Applet
{
  public void paint(Graphics g)
  {
      g.drawString("Hello World, sqrt(2.0) = " + Math.sqrt(2.0),30,40);
      g.drawLine(30, 50,250, 50);
  }
}
```

和应用程序一样,先对此源程序进行编译以生成字节码,但运行时不能再使用 java. exe 来解释执行,如图 1-16 所示。

```
C:\WINDOWS\system32\cmd.exe
D:\myjava2008\mybook\chap1>javac HelloApplet.java

D:\myjava2008\mybook\chap1>java HelloApplet
Exception in thread "main" java.lang.NoSuchMethodError: main

D:\myjava2008\mybook\chap1>
```

图 1-16　编译小应用程序

此时必须使用嵌入在浏览器中的 Java 虚拟机来解释执行，所以需要编写一个网页文档，内容如下（文件名可以任意，建议用 HelloApplet.html）：

```
<html>
<body>
<applet code = "HelloApplet.class" width = 300 height = 80 >
</applet>
</body>
</html>
```

然后使用浏览器或 appletviewer 程序装入执行，如图 1-17 所示。

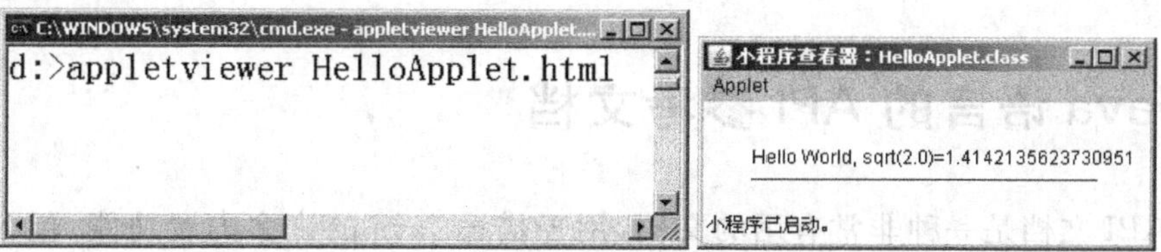

图 1-17　执行小应用程序

【例 1-4】　在小应用程序面板上放置基本组件对象。

```
//HelloApplet1.java
import java.applet.*;
import java.awt.*;
public class HelloApplet1 extends Applet
{
  public void init()
  {
     Label lb1 = new Label("姓名:");
     TextField nm = new TextField(10);
     Button bt1 = new Button("确定");
     add(lb1);add(nm);add(bt1);
  }
  public void paint(Graphics g)
    {
      g.drawString("Hello World!",20,60);
      g.drawLine(20,100,100,100);
      g.setColor(Color.red);
      g.fillOval(110,110,40,40);
    }
}
```

对应的 HTML 文件内容如下：

```
<html>
<body>
```

```
<applet code="HelloApplet1.class"
  width=200 height=200>
</applet>
</body>
</html>
```

程序的执行如图 1-18 所示。

图 1-18 组件对象的使用

1.6 Java 语言的 API 参考文档

Java API 文档是一种非常有用的文档，用于描述 Java 的许多内置功能，包含类、包、接口等的帮助，对于 Java 语言的学习，必须时刻参考此 API 文档，如图 1-19 所示。Java API 相当于词典，是学习 Java 语言不可缺少的工具，建议同学们在上机练习或自己编程开发时随时打开此 API 文档，随时查看相关的类和方法的使用说明。

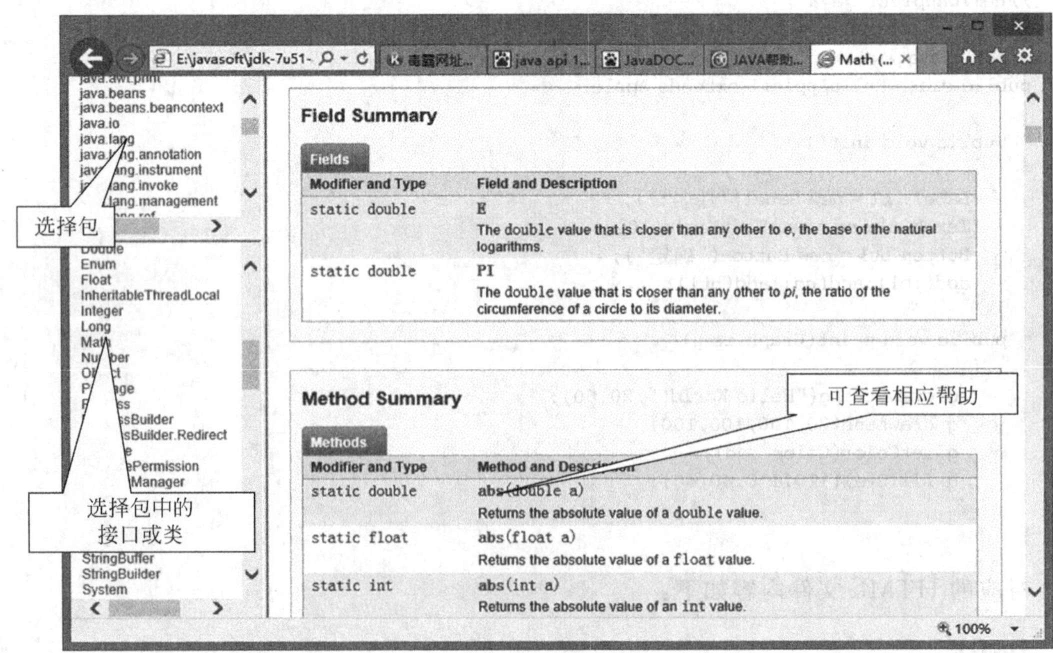

图 1-19 Java API 的使用

Java API 文档可以在线即时访问，Java 7 API 的访问地址如下：

http://docs.oracle.com/javase/7/docs/api/index.html

也可以将压缩包下载到本地，解压缩后在本地访问，其下载地址如下：

http://www.oracle.com/technetwork/java/javase/documentation/java-se-7-doc-download-435117.html

1.7 本章小结

在本章中，首先通过分析和总结给出了指令、程序和进程的抽象概念。指令是系统状态的基本变换规则，程序是有序的指令集合，进程是在能量的参与下进入运行状态的程序，这些给出的指令和程序的定义可以应用到汽车驾驶、生命现象、化学流程等各种领域。

然后介绍了程序设计和程序设计语言的一些基本概念、程序构造的基本原理，概述了计算机程序语言的发展历史，同时简单介绍了程序建模的相关知识，对程序设计进行了更为抽象的哲学思考，并给出 Energy+Code=World 这样一个公式，即适量的能量供应加上合适的程序代码就可以产生一个虚拟的程序世界。

最后介绍并演示了如何下载和安装 Java 语言程序的开发环境——JDK，并且演示了如何配置环境变量、如何编写 Java 应用程序和 Java 小应用程序。其中，程序原理及哲学思考部分仅作为深入理解时的参考知识，有困难的同学有所了解就可以了，但对于 Java 程序的编辑、编译和运行必须要熟练掌握。

习题

一、选择题

1. Java 语言是在 1995 年由(　　)公司发布的。

A. Sun　　B. Microsoft　　C. Borland　　D. Fox Software

2. Java 具有的特点是(　　)。

A. 面向对象　　B. 跨平台　　C. 安全　　D. 以上都正确

3. Java 源代码文件的扩展名为(　　)。

A. class　　B. java　　C. com　　D. 以上都不正确

4. Java 编译器会将 Java 源程序转换为(　　)。

A. 字节码　　B. 可执行代码　　C. 机器代码　　D. 以上都不正确

5. 以下(　　)会将 Java 源文件转换为 Java 类文件。

A. appletviewer　　B. java　　C. javac　　D. 以上都不对

6. 以下(　　)命令用于加载和执行 Java 的类文件。

A. appletviewer　　B. java　　C. javac　　D. 以上都不对

7. 以下(　　)命令用于装入并执行 Java 小应用程序。

A. appletviewer　　B. WWW　　C. java　　D. 以上都不正确

二、简答题

1. Java源程序编译后生成的文件是以什么编码的？是计算机CPU的机器码还是其他编码？

2. 解释环境变量path的作用。

3. 面向对象程序的基本设计规则有哪些？

4. 解释指令、程序和进程之间的关系。

5. 试解释数学和程序之间的关系。

6. 从程序员角度如何理解佛教禅宗中所说的“心”？

7. 面向对象程序设计的基本原则有哪些？

8. 简述Java程序的开发过程。

9. 什么是字节码？采用字节码编程的好处是什么？

三、编程题

参考例1-2,试编写求三角形面积的程序。

第2章 JVM工作原理和Java语言基础

上一章中给出了指令和程序的定义、程序设计的相关概念和程序设计语言的发展历史。本章首先介绍 Java 语言的核心——JVM(Java 虚拟机)的工作原理、字节码的概念,然后详细介绍 Java 语言的基础知识,包括关键字、运算符、表达式、语句以及控制流程等,并且介绍 Java 语言的编程规范和注释的使用,最后总结出 Java 语言程序设计的特点和注意事项。

2.1 JVM 工作原理和字节码

Java 是由 Sun 公司于 1995 年 5 月推出的程序设计语言和程序运行平台的总称,由 Java 虚拟机(Java Virtual Machine,JVM)和 Java 应用编程接口(Application Programming Interface,API)构成。Java 语言的一个目标是跨平台,因此采用了解释执行而不是编译执行的运行环境,在执行过程中根据所在的不同硬件平台把程序翻译成当前机器的指令系统,从而实现跨平台运行。动态下载程序代码的机制完全是为了适应网络计算的特点,程序可以根据需要把代码实时地从服务器中下载过来执行,在此之前还没有任何一种语言能够支持这一点。

Java 语言是完全面向对象编程语言,前面已经指出在面向对象程序设计中,基本单位是类。在 Java 语言中,这些类首先被编译成一种中介码,称之为字节码。字节码并不是硬件系统最终能认识和处理的机器指令,还需要一个翻译系统将其翻译成机器能认识的基本指令,这就是 Java 平台中的 Java 虚拟机(JVM)的作用,并且这种中介码的设计机制和生命程序的 DNA 编码非常类似。

2.1.1 Java 虚拟机

Java 语言的核心是 Java 虚拟机,它是一个虚构出来的计算机,是通过在实际的计算机上仿真模拟各种计算机功能单位来实现的。Java 虚拟机有自己完善的硬件架构,例如处理器、堆栈、寄存器等,还具有相应的指令系统。它是 Java 字节码程序和下层操作平台之间的一个翻译,换句话说,它是自己的指令系统和实际操作平台的 CPU 指令系统之间的转换程序。在文献[4]中详细介绍了 JVM 的定义和工作原理,它是 Java 语言在网络体系结构中之所以成功的关键技术,也正是由于 JVM 技术,Java 语言才能做到平台无关性、安全性和网络移动性,它还支持程序的动态编译和装载。图 2-1 为 Java 程序的编译和运行示意图,在图中我们可以看到编译器将源代码程序编译成与平台无关的字节码程序,也称为 class 文件或类,通过本地文件系统或网络系统装入JVM中,根据需要JVM再动态地装入Java API中的类,最后翻译成特定平台的机器码指令执行。

Java虚拟机将在机器内部创建一个运行时系统,以下列方式来执行代码:

(1) 加载.class文件并完成校验;

(2) 执行字节码程序;

(3) 管理内存和调度线程;

(4) 回收垃圾对象所占的内存。

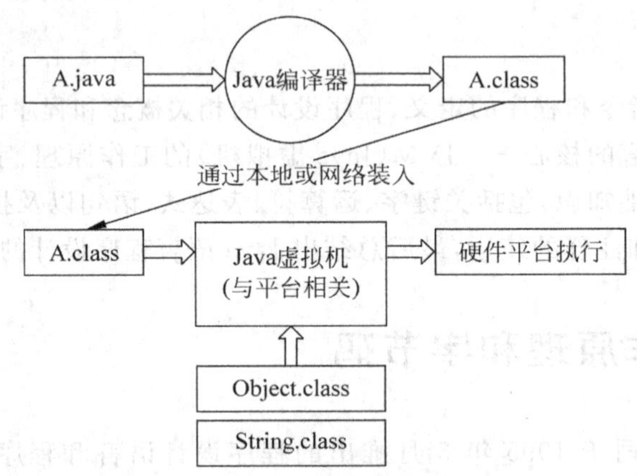

图 2-1 Java程序编译和运行原理图

2.1.2 类装载器

Java虚拟机装载类是通过类装载器完成的,在文献[7]中详细解释了JVM中类装载器的体系结构和装载原理,如图2-2所示。Java虚拟机中包含一个类装载器(Class Loader),它可以从文件系统或内存中装载class文件。Java采用的是一种动态装载和执行方式,即在程序执行过程中根据需要相应的类代码才会被装载,然后交由执行引擎来解释执行。

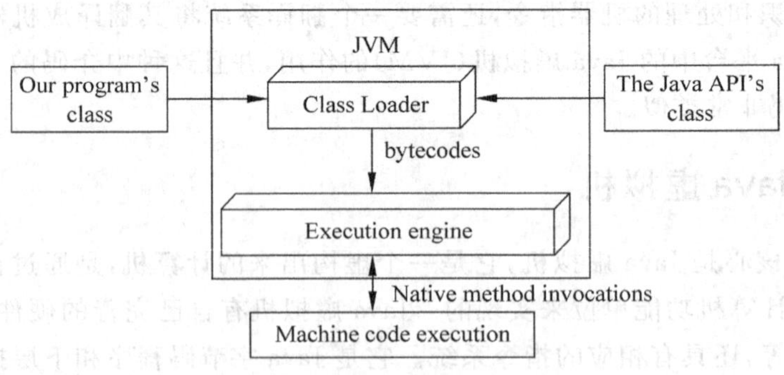

图 2-2 类装载器示意图

用户自定义的类装载器使得在运行时动态扩展Java应用程序成为可能。当程序运行时,能够决定它需要装入哪些额外的类,能够决定是否使用新的类装载器来装入其他类。如果类装载器使用Java语言编写,可以用任何在Java代码中可以识别的风格进行类的装载,这些类可以通过网络下载,可以从数据库中获得,也可以动态生成。在文献[2]和[3]中介绍了通过一种 Delta 文件来动态修改已经编译好的 Java 字节码程序,使之能够适应新的应用环境,这也是目前非常流行的面向方面编程主要使用的技术原理。

2.1.3 字节码

Java 语言能成功的另外一个关键技术就是前面不断提到的 class 文件,即字节码技术。Java 语言的字节码指的是 Java 语言源程序编译后生成的一种中介码,它与运行平台无关,是一种非常接近硬件机器码指令的字节指令码序列,这和生命体细胞中的 DNA 序列非常相似,必须经过再次翻译和解释才能变成对应的硬件指令序列,通过运行后才能表现出具体的程序功能。

在文献中,对 Java 的字节码文件格式有完整、详细的解释。Java 字节码是对 Java 程序二进制文件格式的精确定义,每一个 Java 字节码文件都对一个 Java 类或者 Java 接口做出了全面描述,如表 2-1 所示。对 Java 字节码文件的精确定义使得所有 JVM 都能够正确地读取和解释所有的 Java 字节码文件,当然,JVM 和 Java 语言的字节码文件是有版本的对应关系的,同一版本的字节码文件的格式是完全相同的,不同版本稍有不同。由于 Java 语言编译后生成的类具有如此严格的格式化描述,我们可以通过程序来装入和分析字节码文件,就像装入和分析一张特定的图像文件一样。图 2-3 给出了第 1 章中的 HelloWorld 类编码的存储代码,它是使用 Uedit32 编辑器查看的十六进制格式的显示结果。

表 2-1 Java 字节码文件的存储格式

类 型	名 称	数 量
u4	magic	1
u2	minor_version	1
u2	major_version	1
u2	constant_pool_count	1
cp_info	constant_pool	constant_pool_count-1
u2	access_flags	1
u2	this_class	1
u2	super_class	1
u2	interfaces_count	1
u2	interfaces	interfaces_count
u2	fields_count	1
field_info	fields	fields_count
u2	methods_count	1
method_info	methods	Methods_count
u2	attributes_count	1
attribute_info	attributes	attributes_count

说明：u1、u2、u4、u8 分别表示 1 个、2 个、4 个、8 个字节无符号类型。

正如表 2-1 所示,Java 字节码文件中包含了 Java 虚拟机需要知道的关于类和接口的所有信息,一个 Java 字节码文件其实就是一个用 JVM 的字节码指令集编写的类文件,其格式和内容是固定的。这是其他计算机语言所没有的特点,我们可以编写程序来读取 class 文

```
00000000h: CA FE BA BE 00 00 00 33 00 35 0A 00 0F 00 18 09 ;   ?..3.5......
00000010h: 00 19 00 1A 08 00 1B 0A 00 1C 00 1D 07 00 1E 0A ; ................
00000020h: 00 05 00 18 08 00 1F 0A 00 05 00 20 06 40 00 00 ; ........... .@..
00000030h: 00 00 00 00 00 0A 00 21 00 22 0A 00 05 00 23 0A ; .......!."....#.
00000040h: 00 05 00 24 07 00 25 07 00 26 01 00 06 3C 69 6E ; ...$..%..&...<in
00000050h: 69 74 3E 01 00 03 28 29 56 01 00 04 43 6F 64 65 ; it>...()V...Code
00000060h: 01 00 0F 4C 69 6E 65 4E 75 6D 62 65 72 54 61 62 ; ...LineNumberTab
00000070h: 6C 65 01 00 04 6D 61 69 6E 01 00 16 28 5B 4C 6A ; le...main...([Lj
00000080h: 61 76 61 2F 6C 61 6E 67 2F 53 74 72 69 6E 67 3B ; ava/lang/String;
00000090h: 29 56 01 00 0A 53 6F 75 72 63 65 46 69 6C 65 01 ; )V...SourceFile.
000000a0h: 00 0F 48 65 6C 6C 6F 57 6F 72 6C 64 2E 6A 61 76 ; ..HelloWorld.jav
000000b0h: 61 0C 00 10 00 11 07 00 27 0C 00 28 00 29 01 00 ; a.......'..(.)..
000000c0h: 0C 48 65 6C 6C 6F 20 57 6F 72 6C 64 21 07 00 2A ; .Hello World!..*
000000d0h: 0C 00 2B 00 2C 01 00 17 6A 61 76 61 2F 6C 61 6E ; ..+.,...java/lan
000000e0h: 67 2F 53 74 72 69 6E 67 42 75 69 6C 64 65 72 01 ; g/StringBuilder.
000000f0h: 00 0A 73 71 72 74 28 32 2E 30 29 3D 0C 00 2D 00 ; ..sqrt(2.0)=..-.
00000100h: 2E 07 00 2F 0C 00 30 00 31 0C 00 2D 00 32 0C 00 ; .../..0.1..-.2..
00000110h: 33 00 34 01 00 0A 48 65 6C 6C 6F 57 6F 72 6C 64 ; 3.4...HelloWorld
00000120h: 01 00 10 6A 61 76 61 2F 6C 61 6E 67 2F 4F 62 6A ; ...java/lang/Obj
00000130h: 65 63 74 01 00 10 6A 61 76 61 2F 6C 61 6E 67 2F ; ect...java/lang/
00000140h: 53 79 73 74 65 6D 01 00 03 6F 75 74 01 00 15 4C ; System...out...L
00000150h: 6A 61 76 61 2F 69 6F 2F 50 72 69 6E 74 53 74 72 ; java/io/PrintStr
00000160h: 65 61 6D 3B 01 00 13 6A 61 76 61 2F 69 6F 2F 50 ; eam;...java/io/P
00000170h: 72 69 6E 74 53 74 72 65 61 6D 01 00 07 70 72 69 ; rintStream...pri
00000180h: 6E 74 6C 6E 01 00 15 28 4C 6A 61 76 61 2F 6C 61 ; ntln...(Ljava/la
00000190h: 6E 67 2F 53 74 72 69 6E 67 3B 29 56 01 00 06 61 ; ng/String;)V...a
000001a0h: 70 70 65 6E 64 01 00 2D 28 4C 6A 61 76 61 2F 6C ; ppend..-(Ljava/l
000001b0h: 61 6E 67 2F 53 74 72 69 6E 67 3B 29 4C 6A 61 76 ; ang/String;)Ljav
000001c0h: 61 2F 6C 61 6E 67 2F 53 74 72 69 6E 67 42 75 69 ; a/lang/StringBui
000001d0h: 6C 64 65 72 3B 01 00 0E 6A 61 76 61 2F 6C 61 6E ; lder;...java/lan
000001e0h: 67 2F 4D 61 74 68 01 00 04 73 71 72 74 01 00 04 ; g/Math...sqrt...
000001f0h: 28 44 29 44 01 00 1C 28 44 29 4C 6A 61 76 61 2F ; (D)D...(D)Ljava/
00000200h: 6C 61 6E 67 2F 53 74 72 69 6E 67 42 75 69 6C 64 ; lang/StringBuild
00000210h: 65 72 3B 01 00 08 74 6F 53 74 72 69 6E 67 01 00 ; er;...toString..
00000220h: 14 28 29 4C 6A 61 76 61 2F 6C 61 6E 67 2F 53 74 ; .()Ljava/lang/St
00000230h: 72 69 6E 67 3B 00 20 00 0E 00 0F 00 00 00 00 00 ; ring;. ........
```

图 2-3 字节码文件的十六进制存储格式

件,并对其进行分析,从而得到该类中的所有信息,包括类中设计的所有数据和操作方法。这就可以让我们用自己的格式来表示一个字节码文件,在需要的时候就可以通过自定义的类装载器重新将其变成字节码流并装入 JVM 使其进入运行状态。

字节码的第一个优势是可移植性。无论计算机使用何种类型的 CPU(或操作系统),只要装有 JVM,那么 Java 程序就可以在其中执行。换言之,只要为某个特定环境实现了 JVM,每个 Java 程序就可以在该环境中运行。因此,通过使用字节码,Java 为程序员提供了“一次编写,随处运行”的能力。

字节码的第二个优势是安全性。由于字节码在 JVM 的控制下执行,因此,JVM 可以防止执行恶意操作的 Java 程序。保证主机安全的能力对于 Java 的成功是至关重要的,因为它允许创建 Applet,而 Applet 是可以通过 Internet 动态下载的小程序,字节码和 JVM 的结合,保证了 Applet 的安全执行。可以说,如果没有 Java 语言的出现,那么 Web 可能根本无法达到今天的地位和影响。

2.1.4 Java 程序的宏观工作原理

早期的 JVM 只是一个简单的字节码解释器,而现在,JVM 也可通过 JIT(Just In Time)技术将频繁调用的程序段翻译为机器码在内存中缓存,以提高程序的执行效率。Java 程序的编写、编译、运行原理如图 2-4 和图 2-5 所示。从图示原理我们可以看到 Java 语言程序和其他编译型计算机语言程序的区别,其主要区别在于 Java 语言提供了字节码这样一种中介编码,同时提供了装载和运行字节码的 JVM,使得 Java 程序可以做到与平台无关,可以基本实现"一次编写,随处运行"。

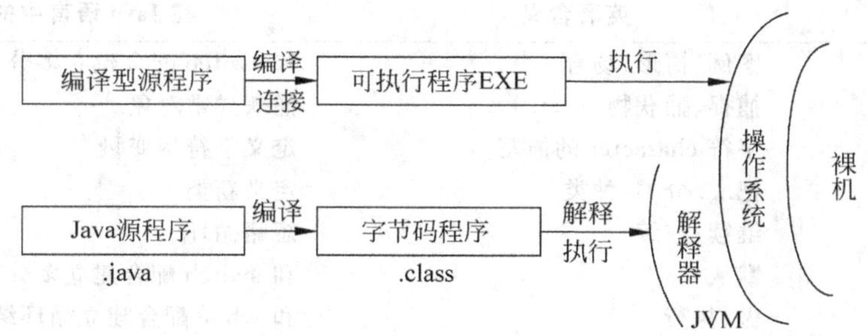

图 2-4 Java 语言和编译型语言的区别示意图 1

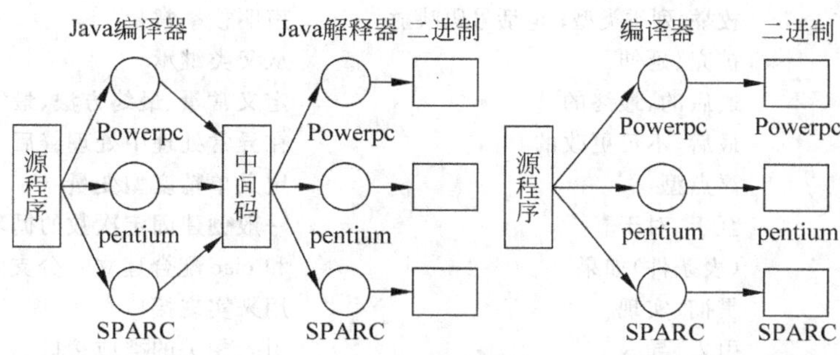

图 2-5 Java 语言和编译型语言的区别示意图 2

2.2 Java 语言基础

在实际的程序设计中,人们并不是使用字节码指令直接来编写程序,而是采用类似于人类自然语言的方式来设计程序。语言的本质是人和人之间沟通的一套符号体系,它由很多单词和语法规范组成。计算机语言是程序员和计算机之间沟通的一种语言,它由若干个关键字(单词)组成,规定了几种控制结构(语法规范),跟人不同的是,计算机没有意识,没有智能的判断能力,所以要求程序员必须严格地告诉计算机每一步的操作指令。下面对 Java 语言中的基础知识逐一给出叙述和解释。

2.2.1 Java 语言的关键字

关键字相当于一门语言中的单词,必须掌握这些基本单词的意思和用法才能学好这门语言,表 2-2 列出了 Java 中的关键字。

表 2-2 Java 中的关键字列表

关键字	英语含义	在 Java 语言中的作用
abstract	摘要、概要、抽象	定义抽象类或抽象方法
boolean	布尔逻辑	定义逻辑变量
break	休息、打破、折断	中断循环或跳出 switch 语句块
byte	字节、8 位元组	定义字节类型变量

续表

关键字	英语含义	在 Java 语言中的作用
case	案例、情形、场合	和 switch 配合建立多分支结构
catch	捕捉、捕获物	捕获异常对象
char	字符 character 的简写	定义字符型变量
class	把...分类、种类	定义新类
continue	继续、连续	短路循环
default	默认	和 switch 配合建立多分支结构
do	做、执行	和 while 配合建立循环结构
double	双精度型	定义双精度型变量
else	另外、否则	和 if 配合建立二分支结构
enum	枚举、列举类型；电话号码映射	声明枚举常量
extends	扩充、延伸	从父类继承
final	最后的、最终的	定义常量、最终方法、最终类
finally	最后、不可更改的	在异常处理中处理善后工作
float	浮点型	定义单精度型变量
for	至于、对于	一般创建固定次数的循环
if	(表条件)如果	和 else 配合建立二分支结构
implements	贯彻、实现	用来实现接口
import	引入、导入	引入相关的类或接口
instanceof	实例、运算符	测试此实例是否属于类或接口
int	整数 integer 的简写	定义整型变量
interface	界面、接口	用来定义新接口
long	长的	用来定义长整型变量
native	本地的	声明本地方法
new	新的、新建	新建一个对象
package	包裹、包	定义包
private	私人的、私有的	用来封装变量或方法
protected	保护、受保护的	定义受保护的变量或方法
public	公共的、公用的	提供给外部的访问接口
return	报告、回答、返回	从方法返回并可以返回值
short	短的	定义短整型变量
static	静态的	定义静态(类层次)的变量或方法
super	上等的	代表父类对象
switch	开关、电闸	和 case 配合建立多分支结构
synchronized	同步的	定义同步的方法或代码块
this	这个、本身	指对象自身
throw	扔、抛	抛出异常对象
throws	throw 的复数	用来声明一个方法可能抛出异常对象
transient	短暂的、瞬时的	定义非持久化的变量
try	尝试	尝试执行
void	空的、无效的、没有的	声明一个方法无返回值
volatile	可变的、不稳定的	声明其值可变的变量
while	当...的时候	建立 while 循环结构

另外，Java 中还保留了 const 和 goto 关键字，但在目前的版本中没有使用。

2.2.2 标识符

标识符(identifier)是用于标识常量、变量、类、方法等名字的，即给操作对象、调用方法等命名，主要是给程序员看的，编译器编译后即变成二进制的地址信息。

标识符的组成规则：Java 语言中的标识符必须以 unicode 字符集中的英文字母、汉字字符、美元符号 $ 、下划线字符_和数字组成，但标识符中的第一个符号不可以用数字，并且标识符不能和关键字重名。注意，Java 语言是大小写敏感的，即在所有的语法中都要区别大小写。例如，Count 和 count 是不一样的。

在定义标识符时应注意以下原则：

(1) 定义的标识符不能产生二义性。

(2) 表示常量值的标识符全部用大写字母，例如 RED。

(3) 表示公有方法和实例变量的标识符以小写字母开始，后面的描述性词则以大写开始，例如 getMoney()。

(4) 表示私有的或局部的变量的标识符全部用小写字母，例如 name、score。

(5) 定义的类名，各单词的第一个字母应该大写。

例如，以下是一些合法的标识符：

```
ab  x  str3  Person  identifier  userName  User_Name  _sys_value
```

以下是一些非法的标识符：

```
3ab  a+b  while  g.i  room#  class
```

2.3 Java 语言的基本数据类型和变量

2.3.1 基本数据类型概述

Java 中一共有 8 种基本数据类型，它们相当于物理世界中的基本原子，包括我们肉体在内的所有物质其实都是这些原子组合而成的。在 Java 程序设计中存在着同样的过程，从这些基本的数据类型创建复杂的类相当于有机物分子；再进行进一步组合形成更复杂的类，相当于这些有机物再进行组合形成了细胞乃至各种生物个体。

Java 中的 8 种基本数据类型分别是 byte、short、int、long、float、double、char、boolean，分别表示整数、实数、字符以及逻辑值。它们的默认值和长度如表 2-3 所示。

表 2-3　基本数据类型

类型	默认值	长度	数的范围
byte	0	8 位	−128 ～ 127
short	0	16 位	−32 768 ～ 32 767
int	0	32 位	−2 147 483 648 ～ 2 147 483 647

续表

类型	默认值	长度	数的范围
long	0	64 位	－9 223 372 036 854 775 808～9 223 372 036 854 775 807
float	0.0	32 位	3.4E－038～3.4E＋038
double	0.0	64 位	1.7E－308～1.7E＋308
char	'\u0000'	16 位	\u0000 ～ \uFFFF
boolean	false	1 位	false、true

2.3.2 常量

常量就是在程序执行过程中不会变化的量。在 Java 中提供的常量有两种，一种是字面量，例如 3.14、'A'等；另一种是通过 final 关键字修饰的有名称的常量，例如在 Math 类中定义的两个常量 public static final double PI＝3.141592653589793 和 public static final double E＝2.718281828459045 等。

2.3.3 变量

变量就是在程序执行过程中其值可以发生变化的量。在 Java 中，一般通过基本数据类型来定义基本变量，例如“int a;double x; ”等，此时在变量中存放的就是一个具体的基本数据类型的值，如图 2-6 所示；更多的是通过类或数组定义引用变量，例如“String str; Person zhangsan; int []array;”等，此时在变量中存放的是一个内存地址，如图 2-7 所示。

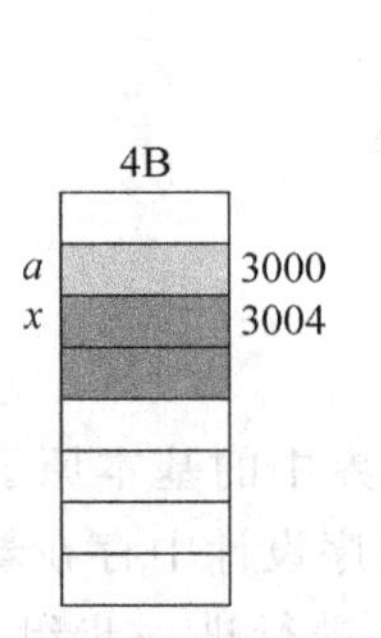

图 2-6 基本变量内存示意图

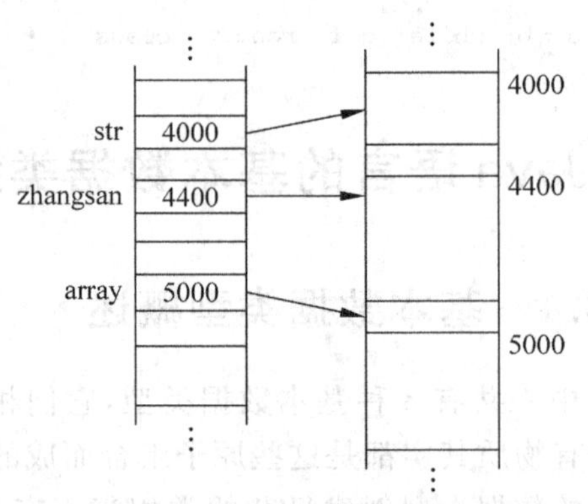

图 2-7 复合类型变量内存示意图

变量的定义方式为：

```
类型名 变量名;
```

或

```
类型名 变量名1,变量名2,变量名3, …
```

例如：

```
int x;                              //基本变量
```

```
int width,height;           //基本类型变量
float price,salary;         //基本类型变量
double weight;              //基本类型变量
boolean married;            //基本类型变量
String str1,str2;           //复杂类型引用变量
Person p1,p2;               //复杂类型引用变量
```

在Java中,变量必须先定义后使用,并且在程序中变量有下面4个属性。

(1) 变量名:程序中用来标识此变量的名称。

(2) 变量的类型:定义此变量时指定的类型,它有两个作用,其一用来指明此变量在内存中所占的字节数,即长度,其二是限制此变量能够参与的运算。

(3) 变量的当前值:在任何时刻此变量存储的具体的值。注意,引用变量存放的是另外一个内存地址,可能是对象的开始地址也可能是数组的开始地址。

(4) 变量的地址:变量在内存中的开始地址。

2.3.4 Java的基本数据类型

1. 整数类型

在Java中,byte、short、int、long都是整数类型,并且都是有符号整数,给整数类型变量赋值可以使用十进制、八进制或十六进制,如下例所示:

```
byte month = (byte)1;       //因为字面量1默认是int型,占4个字节
int x = 012;                //将八进制12,也就是十进制的10赋值给x
long y = 0x80               //将十六进制80,即十进制的128赋值给y
```

在Java中,整数的字面量一般处理为整型(int),占4个字节的空间,可以用byte或short转换为字节型或短整型。在一个整数后面跟l或L,代表长整型(long),占8个字节的空间。十进制直接写,八进制数以0开头,十六进制数以0x开头。

2. 实数(浮点)类型

在Java语言中支持两种浮点类型的数。

(1) float:占4个字节,共32位,称为单精度浮点数。

(2) double:占8个字节,共64位,称为双精度浮点数。

float和double类型都遵循IEEE754标准,该标准分别为32位和64位浮点数规定了二进制数据的表示形式。IEEE754采用二进制数据的科学记数法来表示浮点数。对于float浮点数,用1位表示数字的符号,用8位表示指数(底数为2),用23位表示尾数。对于double类型浮点数,用1位表示符号,用11位表示指数,用52位表示尾数。

在默认情况下,小数形式或十进制科学记数法表示的数字都是double类型,占8个字节,也可以直接在数后面加f或F表示它是一个float型,当然必须在float型的范围之内;还可以使用强制类型转换来赋值,如下例所示:

```
float f1 = 1.0f
float f2 = 1;               //将整数1赋值给f2, f2的取值为1.0
float f3 = (float)3.14;     //强制转换double型3.14存储到float型变量中
```

```
double d1 = 1000.1;
double d2 = 1.001E + 3;          //科学记数 1.001 * 10³
double d3 = 2.11E - 2;           //科学记数 2.11 * 10⁻²
```

对一些特殊的数字,Java 采取了特殊的表示方式,如表 2-4 所示。

表 2-4 在计算机内部表示的实数中的特殊数字

特殊数字	二进制形式	十六进制形式	描 述
Float. NaN	0111 1111 1100 0000 0000 0000 0000 0000	7FC00000	非数字
Float. POSITIVE_INFINITY	0111 1111 1000 0000 0000 0000 0000 0000	7F800000	无穷大
Float. NEGATIVE_INFINITY	1111 1111 1000 0000 0000 0000 0000 0000	FF800000	负无穷大

3. 字符型

在 Java 语言中,char 用来定义字符类型,并采用 unicode 字符编码。因为计算机的内存只能存储二进制数据,所以必须对各个字符进行相应的编码,即用一串二进制数据来表示特定的字符,称为字符编码,下面介绍几种常见的字符编码。

(1) ASCII 码:它是美国标准信息交换码,是 American Standard Code for Information Interchange 的缩写。ASCII 一共占 7 位,能表示 128 个字符,例如'A'的 ASCII 码是 65,二进制编码是 01000001。

(2) GB2312 码:它是 1980 年我国制定的一套编码集,一共收录了 7445 个字符,包括 6763 个汉字和 682 个其他符号,与 ASCII 字符编码兼容。

(3) GBK 码:它是对 GB2312 字符编码集的扩展,共收录了 21 886 个字符,分汉字区和图形符号区,汉字区包括 21 003 个字符,与 GB2312 兼容。

(4) Unicode 编码:由国际 Unicode 协会编制,收录了全世界所有语言文字的字符,是一种跨平台的字符编码。UCS(Universal Character Set)是指采用 Unicode 字符编码的通用字符集。Unicode 具有下面两种编码方案:

- 用两个字节(16 位)编码,采用这个编码方案的字符集被称为 UCS-2。Java 采用的就是两个字节的编码方案。
- 用 4 个字节(32 位)编码(实际上只用了 31 位,最高位必须为 0),采用这个编码方案的字符集被称为 UCS-4。

(5) UTF 编码:有些操作系统不完全支持 16 位或 32 位的 Unicode 字符编码,UTF(UCS Transformation Format)字符编码能够把 Unicode 字符编码转换为操作系统支持的编码,常见的 UTF 字符编码有 UTF-8、UTF-7、UTF-16。其中,UTF-8 就是以字节为单位对 UCS 进行编码,注意这种编码是可变长的,即一个字符编码完成后,可能一个字节,也可能两个字节,还可能 3 个字节,汉字就是 3 个字节。表 2-5 列出了 Unicode 和 UTF-8 的字符编码转换方式。

表 2-5 Unicode 和 UTF-8 编码转换表

UCS-2 字符编码	UTF-8 字节形式
0000-007F	0xxxxxxx
0080-07FF	110xxxx 10xxxxxx
0800-FFFF	1110xxxx 10xxxxxx 10xxxxxx

(6) ISO-8859-1 编码：又称为 Latin-1，是国际标准化组织(ISO)为西欧语言中的字符制定的编码集，它用一个字节(8 位)为字符编码，与 ASCII 字符编码兼容。

在 Java 中，字符常量用单引号括起来，例如'A'、'0'等，还有一种方式是直接用 Unicode 编码来表示，例如'\u0061'、'\u8001'等。个别字符被拿来用作分界符或有特殊意义，例如双引号、单引号等，当这些字符出现在变量或常量中时会产生二义性，为此 Java 提供了转义字符\，表 2-6 列出了一些常用的转义字符。

表 2-6　Java 中常用的转义字符

转义字符	描　　述	转义字符	描　　述
\n	换行	\f	走纸换页
\t	制表位	\'	单引号
\v	垂直制表	\\	斜杠
\b	退格	\"	双引号
\r	回车		

4. 布尔型

在 Java 中，boolean 型常量只有两个，即 true 和 false。可以定义 boolean 型变量并给它赋值，例如：

```
boolean isMarried = true;
boolean isStudent = false;
```

注意：不能将 boolean 型数据和其他数据放在一起进行运算，这一点跟 C 和 C++不同。

2.3.5　引用类型说明

除了基本类型以外，在 Java 中还提供了引用类型，引用实际上就是内存地址，就像 C 语言中的指针，只不过引用是加了约束的指针，不能进行随意转换和计算，前面提到的复合类型变量就是引用类型。存储引用的变量称为引用类型变量，在 Java 中引用类型可分为类引用、接口引用和数组引用。引用变量的默认初值是 null，即不指向任何有效内存地址。例如下面的实例，内存存储示意图如图 2-8 所示。

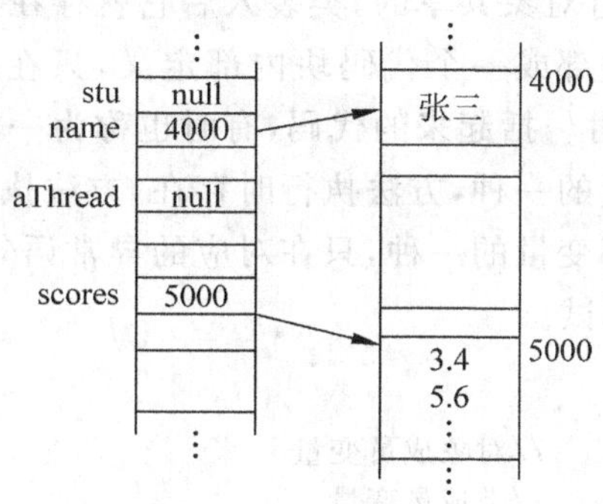

图 2-8　引用变量示意图

```
Student stu = null;
String name = new String("张三");
Runnable aThread;
double[] scores = {3.4,5.6,8.3,10.2};
```

在Java中,如果一个引用没有指向任何对象,则此引用的值为null;如果引用指向了一个对象,则可以通过引用来使用此对象。举例说明,如果我们班上没有一个叫张三的同学,那么"张三"这个引用指的是空,指的是无效对象;如果有一个同学的名字就是张三,则说到"张三"实际上指的就是那个同学。

2.3.6 数据类型的级别和类型转换

在Java中按照各数据所占的内存长度和复杂度将数据类型从低到高排列如下:

```
低————————————————→高
byte -> short -> char -> int -> long -> float -> double
```

在一个表达式中,如果包含几种不同的数据类型,将按照从低到高自动进行类型转换,即byte向short转换,long向float转换。同时,Java提供了强制类型转换,可以将高级类型转换为低级类型,如下例所示:

```
long l = 20;                    //自动转换
int a = (int)l;                 //强制类型转换
double d = 3.1415926f;          //自动转换
float f = (float)d;             //强制类型转换
```

2.3.7 变量的作用域

变量的作用域指的是它的存在范围,只有在这个范围内使用它才是有效的。其次,作用域决定了变量的生命周期。变量的生命周期是指从一个变量被创建并分配内存空间开始,到这个变量被销毁并清除其所占用内存空间的过程。当一个变量被定义时,它的作用域就被确定了。按照作用域的不同,变量可分为以下类型。

(1) 成员变量:成员变量又分为类层次成员变量和对象层次成员变量,对象层次成员变量随着对象的出现而出现,随着对象的毁灭而消失。类层次的成员变量由static修饰符修饰,不属于某一对象,是所有对象共享的,类装入后它就存在,直到类卸载。

(2) 局部变量:在方法内部或一个代码块内部定义,只在此方法内部或此代码块内部有效。一个代码块指的是一对{}括起来的代码,有时也称为一条复合语句。

(3) 方法参数:局部变量的一种,方法执行时存在,方法执行完消失。

(4) 异常处理参数:局部变量的一种,只在对应的异常语句块中有效。

【例2-1】 变量作用域测试。

```
public class Vartest {
    int var1 = 0;                   //对象成员变量
    static int var2 = 0;            //类成员变量
    void method1(int var3) {        //形参变量
        int var4 = 0;               //方法内局部变量
```

```
    if(var4 == 0){
      int var5 = 0;                  //代码块内局部变量
      var1++;
      var2++;
      var3++;
      var4++;
      var5++;
    }
      var1++;
      var2++;
      var3++;
      var4++;
      var5++;                        //非法,var5 已经消失
  }
  void method2(){
      var1++;
      var2++;
      var3++;                        //非法,不存在
      var4++;                        //非法,不存在
      var5++;                        //非法,不存在
  }
  public static void main(String[] args) {
     Vartest t1 = new Vartest();
     Vartest t2 = new Vartest();
     t1.var1++;                      //将 t1 对象的 var1 变量自加
     t2.var1++;                      //将 t2 对象的 var1 变量自加
     Vartest.var2++;                 //将类变量 var2 自加
  }
}
```

2.4　运算符、表达式和语句

运算符是提供计算功能的,任何编程语言都有自己的运算符,Java 语言也不例外,例如+、-、*、/等。大部分的运算符及其计算模式我们在小学、中学都已经学过,所以在此没有必要再一次学习,但是要注意下面两点:

(1) 要知道我们学过的运算符在 Java 语言中的对应形式和变化形式,例如"/"为除法运算符,"%"为求余(取模)运算符。

(2) 要将我们学过的各种物理公式、数学公式转换为 Java 编译器能识别的形式。

例如,对于一元二次方程的求根公式 $x_{1,2}=\dfrac{-b\pm\sqrt{b^2-4ac}}{2a}$,必须转换成两个式子,并使用 Java 语言能识别的运算符和函数,即 x1=(-b+Math.sqrt(b*b-4*a*c))/(2*a) 和 x2=(-b-Math.sqrt(b*b-4*a*c))/(2*a)。

运算符加上运算数形成的字符串称为表达式。一条语句指的是能完成一条具体指令或操作的语法单位,一般一个表达式加上分号";"可形成简单语句,当然还有我们后面讲到的

各种复杂控制语句。

注意：等号“=”在 Java 中为赋值运算符，不再是相等的意思，赋值运算符的功能是将右边表达式求值(计算)后将结果保存到左边的变量中，如下例所示。

```
int x,y;                    //定义两个整型变量
x = 10;                     //将 10 赋给 x
y = 4 * 5 - x;              //将表达式的值赋给 y,其中 x 取其当前值 10
x = x + 1;                  //将 x 的当前值取出来,加 1 后再赋给 x
```

2.4.1 算术运算符

算术运算符指能对各种整数、浮点数进行计算的运算符，如表 2-7 所示。

表 2-7 算术运算符表

运算符	含 义	示 例	求 值
+	加	$c = a + b$	
−	减	$c = a - b$	
*	乘	$c = a * b$	
/	除	$c = a / b$	
%	取模	$c = a \% b$	
++	递增	$a{+}{+}$	
−−	递减	$b{-}{-}$	
+=	相加并赋值	$c += a$	$c = c + a$
*=	相乘并赋值	$c *= a$	$c = c * a$
/=	相除并赋值	$c /= a$	$c = c / a$
%=	取模并赋值	$c \%= a$	$c = c \% a$
−	取负数	$c = -a$	

注意：

(1) “−”既可以是单目运算符也可以是双目运算符。

(2) 当“/”的两个运算数都是整数时，此运算符变成了整除运算符，如 7/3 结果为 2。

(3) “%”为求余运算符，如 4%3 结果为 1。

(4) “++”、“−−”为自加运算符和自减运算符，是单目运算符，如果放在变量的前面，是先给变量加减 1，然后取出变量的值参加表达式的运算；如果放在变量的后面，是先取出变量的值参与表达式的计算，然后再给变量加减 1。

(5) 形如“+=”的运算符称为复合赋值运算符，如上表中复合赋值运算符的示例可转换成另外一个式子。

2.4.2 关系运算符

关系运算符是用来比较两个运算数的大小或是否相等的运算符，如表 2-8 所示。

表 2-8 关系运算符表

运算符	含 义	示 例
==	等于	$a==b$
!=	不等于	$a!=b$
>	大于	$a>b$
<	小于	$a<b$
>=	大于或等于	$a>=b$
<=	小于或等于	$a<=b$

注意：

(1) 这些运算符和我们在数学中学过的符号有不同之处。

(2) 在Java语言中相等比较用的是"=="而不是"="，不等于用的是"!="而不是"≠"。

(3) 关系表达式的计算结果是逻辑值，若关系成立为true，不成立为false。

2.4.3 逻辑运算符

逻辑运算符是用来做命题运算的，我们在高中其实学过，在Java中提供的逻辑运算符如表2-9所示。

表 2-9 逻辑运算符表

运算符	含 义	示 例
&	逻辑与	$A\&B$
|	逻辑或	$A\|B$
^	逻辑异或	$A\hat{}B$
!	逻辑非	$!A$
||	短路或	$A\|\|B$
&&	短路与	$A\&\&B$

注意：

(1) "&"为逻辑与运算符，是"并且"的意思，我们有一个类比可以理解此运算符：如果明天早上天气很好并且我有空，那我就去爬山。即两个条件都成立，我才能够去爬山，否则就不能爬山。

(2) "|"为逻辑或运算符，是"或者"的意思，也有一个类比：如果今天晚上我很无聊或者有朋友请客我就去看电影。这两个条件只要满足一个，我就可以去看电影，除非两个都不满足。

(3) "^"为逻辑异或运算符，参与运算的两个命题必须相异，结果才能为true，否则为false。就像我们到民政局登记结婚，一男一女可以登记结婚，两个男的或两个女的不能登记结婚。

(4) "!"为逻辑非运算，是单目运算符，用于将true变为false，将false变为true。

(5) "&&"和"||"为短路与和短路或，是指在一个复杂表达式的计算中，如果运算符前面的子表达式值已经确定整个表达式的值，则运算符后面的表达式不再进行计算。例如$x>y$ &&$a<++b$，如果已经知道$x>y$为false，则不用再去计算后面的子表达式。

2.4.4 位运算符

位运算符是将常量或变量以二进制的方式按位对应进行逻辑运算或移位运算，在进行逻辑运算时，如果某位是1则看成true，如果是0则看成false。Java中的位运算符如表2-10所示。

表2-10 位运算符表

运算符	含 义	示 例
～	按位非(NOT)	$b=\sim a$
&	按位与(AND)	$c=a\&b$
|	按位或(OR)	$c=a\|b$
^	按位异或(XOR)	$c=a\hat{}b$
>>	右移	$b=a>>2$
>>>	右移，左边空出的位以0填充	$b=a>>>2$
<<	左移	$b=a<<1$

注意：

(1)“～”运算符按位进行取反，是单目运算符，例如字节01000001取反后为10111110，即65变为190。

(2)“&”按位进行与运算。例如：

```
  10001110
& 10111010
----------
  10001010
```

(3)“|”按位进行或运算。例如：

```
  10001110
| 10111010
----------
  10111110
```

(4)“^”按位进行异或运算。例如：

```
  10001110
^ 10111010
----------
  00110100
```

(5)“>>”为算术右移运算符，如果一个数的最高位(即符号位)为1，则移位后填充1；如果为0，则移位后填充0，目的是保持数的符号不变。例如：

```
10001110 >>3     01100110 >>3
11110001         00001100
负数右移          正数右移
```

(6)“>>>”为逻辑右移运算符，不考虑符号位，移位后左边空出的位以0填充。例如：

```
10001110 >>>3
00010001
```

(7)“<<”为左移运算符,移位后右边空出的位填 0,例如:

10001110 <<3

01110000

2.4.5 其他运算符

1. 条件运算符?:

条件运算符的格式如下:

条件表达式?表达式 1: 表达式 2

计算方式如下:

如果条件表达式的值为 true,则取表达式 1 的值;如果条件表达式的值为 false,则取表达式 2 的值。

【例 2-2】 条件运算符测试。

```
class TernaryOp {
    public static void main(String args[]) {
      int salary, daysPresent = 30;
      salary = daysPresent == 20 ? 2000 : 3000;
       System.out.println("您本月薪资为 $ " + salary);
    }
}
```

此程序的输出结果为:

您本月薪资为 $ 3000

2. instanceof 运算符

instanceof 运算符用来测试某一实例对象是否属于某一类型,返回逻辑值。其格式如下:

实例对象 instanceof 类名或接口名

对于接口将在第 4 章中讲述。

3. 字符串连接运算符+

使用该运算符可以将多个字符串连接起来,如果一个字符串和其他类型数据进行“+”运算,Java 会自动将其他类型转换为字符串。

2.4.6 运算符的优先级

Java 中运算符的优先级可以简单归纳如下:单目高于多目,算术运算符高于关系运算符,关系运算符高于逻辑运算符,逻辑运算符高于赋值运算符。总的优先级如表 2-11 所示。

表 2-11 运算符优先级表

优先级	运 算 符	说 明
1	() [] .	圆括号 下标运算符 点运算符
2	! ~ ++ -- - (类型)	逻辑非运算符 按位取反运算符 自增运算符 自减运算符 负号运算符 类型转换运算符
3	* / %	乘法运算符 除法运算符 求余运算符
4	+ -	加法运算符 减法运算符
5	<< >> >>>	左移运算符 算术右移运算符 逻辑右移运算符
6	< <= > >=	关系运算符
7	== !=	等于运算符,只比较变量的值 不等于运算符
8	& ^ |	逻辑与或按位与 逻辑异或或按位异或 逻辑或或按位或
9	&& ||	快速逻辑与运算符 快速逻辑或运算符
10	?:	条件运算符
11	instanceof	对象实例测试运算符
12	=、+=、-=、*=、/=、%=、 >>=、<<=、&=、^=、|=	赋值运算符和复合赋值运算符

【例 2-3】 运算符测试。

```
public class Operatortest {
  public static void main(String[ ] args) {
    int a,b,c,d,e;
    double v,w,x,y,z;
    boolean flag1 = true,flag2 = false;
    a = 3 + 4;
    b = 4 * 5;
    c = 67 - 23;
    d = 67/23;                               //整除
    e = 67 % 23;                             //求余
    System.out.println("a = " + a);
    System.out.println("b = " + b);
```

```
        System.out.println("c = " + c);
        System.out.println("d = " + d);
        System.out.println("e = " + e);
        v = 3.0 + 4.0;
        w = 4.0 * 5.0;
        x = 67.5 - 23.4;
        y = 65.0/23.0;
        z = 67.0 % 23.0;                          //在 Java 中浮点数也可以求余
        System.out.println(" *************************** ");
        System.out.println("v = " + v);
        System.out.println("w = " + w);
        System.out.println("x = " + x);
        System.out.println("y = " + y);
        System.out.println("z = " + z);
        System.out.println(" ***************************** ");
        System.out.println("a > b = " + (a > b));     //关系运算得逻辑值
        System.out.println("(v == 7.0) = " + (v == 7.0));
        System.out.println("(c!= d) = " + (c!= d));
        System.out.println(" *************************** ");
        System.out.println("a > b & c > d = " + (a > b&c > d));
        System.out.println("w >= v | flag1 = " + (w >= v | flag1));
        System.out.println("!flag2 = " + (!flag2));
        System.out.println("flag1 ^ flag2 = " + (flag1 ^ flag2));
        System.out.println("++a > 2 || ++b > 2 = " + (++a > 2 || ++b > 2));
        System.out.println("a = " + a + ", b = " + b);  //注意 a 加 1 但 b 没有加 1
        System.out.println(" ***************************** ");
        a = 142;
        b = 186;
        c = a&b; d = a|b; e = a ^ b;
        System.out.println("~" + Integer.toBinaryString(65) + " = " + Integer.toBinaryString(~
    65).substring(24));                          //Integer 为封装类,后面会讲到
        System.out.println("a = " + Integer.toBinaryString(a));
        System.out.println("b = " + Integer.toBinaryString(b));
        System.out.println("a&b = " + Integer.toBinaryString(c));
        System.out.println("a|b = " + Integer.toBinaryString(d));
        System.out.println("a ^ b = " + Integer.toBinaryString(e));          //注意前面的 0 省略
        byte i = (byte)142;
        System.out.println("i = " + Integer.toBinaryString(i).substring(24));
        System.out.println("" + i + ">> 3 = " + (i >> 3));
        c = Integer.parseInt("01100110",2);
        System.out.println("" + c + ">> 3 = " + (c >> 3));
    }
}
```

注意：此程序用到了封装类和字符串类的一些方法，在后面会马上讲到。

2.5 常用的类和包说明

在 JDK 中提供了下面几个基本包。

(1) java.lang.*：核心语言包，不用导入，包含有 Java 编程中使用的最基本的类。

(2) java.util.*：工具包，需导入，包含有很多有用的工具类，如复杂数据集合类。

(3) java.io.*：输入/输出包，需导入，包含各种输入/输出流类和相应异常类。

(4) java.net.*：网络包，需导入，包含 TCP/IP 协议族中大部分协议的实现。

(5) java.awt.*：抽象窗口工具包，包含创建 GUI 界面所需的基本组件。

为便于后面的学习，下面对几个常用的类进行简要概述。

1. Object 类

Object 类是所有 Java 类的祖先类，如果我们设计的类没有指定父类，则默认的父类就是 Object，大家在学了继承之后就会理解父类和子类的概念。Object 类实际上是一个框架设计，包含了所有对象都应该具有的行为，Object 类的主要成员方法如下。

(1) equals(Object obj)：用来比较两个对象的内容是否一样，默认的实现非常简单，只是比较这两个对象是否指向同一个内存地址，需要在子类中重新实现。

(2) notify()：从等待池中唤醒一个线程，把它转移到就绪池，将在第 8 章介绍。

(3) notifyAll()：从等待池中唤醒所有的线程，把它们转移到就绪池。

(4) wait()：使当前线程进入等待状态，直到其他线程调用 notify()或 notifyAll()方法唤醒它。

(5) hashCode()：返回该对象的哈希码。

(6) toString()：返回该对象的字符串表示，该方法的默认实现很简单，即输出“类名@对象的十六进制哈希码”，需要在子类中给出有意义的实现代码。

(7) finalize()：对于一个已经不再被引用的对象，当垃圾回收器准备回收该对象所占用的内存时，将自动调用该对象的 finalize()方法，用来破坏和回收此对象。

2. System 类

System 类也称系统类，它提供了 JVM 和操作平台的接口，通过 System 类我们使用操作平台提供的各种设施或系统属性等，有标准输入、标准输出和错误输出流；对外部定义的属性和环境变量的访问；加载文件和库的方法；快速复制数组的一部分的实用方法。

该类提供了 err 错误输出设备(一般指的是监视器)、out 标准输出设备(一般指的是监视器)、in 标准输入设备(一般是键盘)等，其常用的方法如下。

(1) currentTimeMillis()：返回以毫秒为单位的系统时间。

(2) exit(int status)：终止当前的 JVM。

(3) gc()：运行垃圾回收器。

(4) getProperty(String key)：获得指定键指示的系统属性。

(5) setProperty(String key, String value)：设置指定键指示的系统属性。

3. String 类、StringBuffer 类和 StringBuilder 类

在 Java 中处理字符串主要使用 String 类、StringBuffer 类和 StringBuilder 类，这 3 个类提供了很多字符串的实用处理方法。其中，String 类是不可变类，一个 String 对象所包含的字符串内容永远不会改变，因此运算的结果始终是一个新的 String 对象；StringBuffer 类是可变类，一个 StringBuffer 对象所包含的字符串内容可以被添加或修改。StringBuffer 中

的方法是同步的(Synchronized),这使得 StringBuffer 很适合多线程环境。JDK 1.5 之后增加了 StringBuilder 类,它是 StringBuffer 的非同步版本。

(1) String 类有许多构造方法,常用的构造方法如表 2-12 所示。

表 2-12 String 类常用的构造方法

构造方法	描　述
String()	初始化一个新创建的 String 对象,它表示一个空字符序列
String(byte[] bytes)	构造一个新的 String,方法是使用平台的默认字符集解码字节的指定数组
String(byte[] bytes, int offset, int length, String charsetName)	构造一个新的 String,方法是使用指定的字符集解码字节的指定子数组
String(byte[] bytes, String charsetName)	构造一个新的 String,方法是使用指定的字符集解码指定的字节数组
String(char[] value)	分配一个新的 String,它表示当前字符数组参数中包含的字符序列
String(char[] value, int offset, int count)	分配一个新的 String,它包含来自该字符数组参数的一个子数组的字符
String(StringBuffer buffer)	分配一个新的字符串,它包含当前包含在字符串缓冲区参数中的字符序列

String 类常用的方法如表 2-13 所示。

表 2-13 String 类常用的方法

返回类型	方法名和说明
char	charAt(int index):返回指定索引处的 char 值
int	compareTo(String anotherString):按字典顺序比较两个字符串
int	compareToIgnoreCase(String str):不考虑大小写比较两个字符串
String	concat(String str):将指定字符串连接到此字符串的结尾
boolean	contains(CharSequence s):当且仅当此字符串包含 char 值的指定序列时才返回 true
boolean	endsWith(String suffix):测试此字符串是否以指定的后缀结束
boolean	equals(Object anObject):比较此字符串与指定的对象
byte[]	getBytes():使用平台默认的字符集将此 String 解码为字节序列,并将结果存储到一个新的字节数组中
byte[]	getBytes(String charsetName):使用指定的字符集将此 String 解码为字节序列,并将结果存储到一个新的字节数组中
void	getChars(int srcBegin,int srcEnd,char[] dst,int dstBegin):将字符从此字符串复制到目标字符数组
int	hashCode():返回此字符串的哈希码
int	indexOf(int ch):返回指定字符在此字符串中第一次出现处的索引
int	indexOf(String str):返回第一次出现的指定子字符串在此字符串中的索引
int	length():返回此字符串的长度
boolean	matches(String regex):测试此字符串是否匹配给定的正则表达式

续表

返回类型	方法名和说明
String	replace(char oldChar, char newChar)：返回一个新的字符串，它是通过用 newChar 替换此字符串中出现的所有 oldChar 而生成的
String	replace(CharSequence target,CharSequence replacement)：使用指定的字面值替换序列替换此字符串匹配字面值目标序列的每个子字符串
String	replaceAll(String regex, String rep)：使用给定的 rep 字符串替换此字符串匹配给定的正则表达式的每个子字符串
String[]	split(String regex)：根据给定的正则表达式的匹配来拆分此字符串
String[]	split(String regex, int limit)：根据匹配给定的正则表达式来拆分此字符串
boolean	startsWith(String prefix)：测试此字符串是否以指定的前缀开始
boolean	startsWith(String prefix, int toffset)：测试此字符串是否以指定的前缀开始，该前缀以指定索引开始
String	substring(int beginIndex)：返回一个新的字符串，它是此字符串的一个子字符串
String	substring(int beginIndex, int endIndex)：返回一个新字符串，它是此字符串的一个子字符串
char[]	toCharArray()：将此字符串转换为一个新的字符数组
String	toLowerCase()：使用默认语言环境的规则将此 String 中的所有字符都转换为小写
String	toUpperCase()：使用默认语言环境的规则将此 String 中的所有字符都转换为大写
String	trim()：返回字符串的副本，忽略前导空白和尾部空白
static String	valueOf(boolean b)：返回 boolean 参数的字符串表示形式
static String	valueOf(char c)：返回 char 参数的字符串表示形式
static String	valueOf(char[] data)：返回 char 数组参数的字符串表示形式
static String	valueOf(double d)：返回 double 参数的字符串表示形式
static String	valueOf(float f)：返回 float 参数的字符串表示形式
static String	valueOf(int i)：返回 int 参数的字符串表示形式
static String	valueOf(long l)：返回 long 参数的字符串表示形式
static String	valueOf(Object obj)：返回 Object 参数的字符串表示形式

【例 2-4】 字符串测试。

```
class Stringtest{
  public static void main(String[] args){
      String str1 = "书到用时方恨少，事非经过不知难";
      String str2 = new String("若论成道本来易，欲除妄想真个难");
      String str3 = "The heart of the wise is in the house of mourning; but the heart of fools is in the house of mirth.";
      String str4 = new String("Whatsoever thy hand findeth to do, do it with thy might; for there is no work, nor device, nor knowledge, nor wisdom, in the grave, whither thou goest.");
      String str5 = null;
      System.out.println("str1 的长度是 " + str1.length());
      System.out.println("str3 的长度是 " + str3.length());
      str5 = str1 + str2;
      System.out.println("str5 = " + str5);
      System.out.println(str3.concat(str4));
      System.out.println(str1.substring(8));
      String str6 = "理可顿悟，事须渐修";
```

```
        String str7 = new String("理可顿悟,事须渐修");
        System.out.println(str6.equals(str7));
        System.out.println(str1.compareTo(str2));
        System.out.println(str2.charAt(2));
        System.out.println(str3.indexOf("wise"));
        System.out.println(str4.replace('h','*'));
        System.out.println(str3.toLowerCase());
        System.out.println(str4.toUpperCase());
        String str8 = " 闲观扑纸蝇,笑痴人自生障碍,静觇竞巢鹊,叹杰士空逞英雄. ";
        System.out.println(str8.trim());
    }
}
```

(2) StringBuffer 类表示缓冲字符串,它的构造方法如表 2-14 所示。

表 2-14 StringBuffer 类的构造方法

构造方法	描　述
StringBuffer()	构造一个其中不带字符的字符串缓冲区,其初始容量为 16 个字符
StringBuffer(int capacity)	构造一个不带字符,但具有指定初始容量的字符串缓冲区
StringBuffer(String str)	构造一个字符串缓冲区,并将其内容初始化为指定的字符串内容

StringBuffer 类的常用方法如表 2-15 所示。

表 2-15 StringBuffer 类的常用方法

返回类型	方法名和说明
StringBuffer	append(boolean b): 将 boolean 参数的字符串表示形式追加到此序列
StringBuffer	append(char c): 将 char 参数的字符串表示形式追加到此序列
StringBuffer	append(char[] str): 将 char 数组参数的字符串表示形式追加到此序列
StringBuffer	append(double d): 将 double 参数的字符串表示形式追加到此序列
StringBuffer	append(float f): 将 float 参数的字符串表示形式追加到此序列
StringBuffer	append(int i): 将 int 参数的字符串表示形式追加到此序列
StringBuffer	append(long lng): 将 long 参数的字符串表示形式追加到此序列
int	capacity(): 返回当前容量
char	charAt(int index): 返回此序列中指定索引处的 char 值
StringBuffer	delete(int start, int end): 移除此序列的子字符串中的字符
StringBuffer	deleteCharAt(int index): 移除此序列指定位置的 char
int	indexOf(String str): 返回第一次出现的指定子字符串在该字符串中的索引
StringBuffer	insert(int offset, boolean b): 将 boolean 参数的字符串形式插入此序列中
StringBuffer	insert(int offset, char c): 将 char 参数的字符串形式插入此序列中
StringBuffer	insert(int offset,double d): 将 double 参数的字符串形式插入此序列中
StringBuffer	insert(int offset, float f): 将 float 参数的字符串形式插入此序列中
StringBuffer	insert(int offset, int i): 将 int 参数的字符串形式插入此序列中
StringBuffer	insert(int offset, long l): 将 long 参数的字符串形式插入此序列中
StringBuffer	insert(int offset, Object obj): 将 Object 参数的字符串形式插入此字符序列中
StringBuffer	insert(int offset, String str): 将字符串插入此字符序列中
int	length(): 返回长度(字符数)

续表

返回类型	方法名和说明
StringBuffer	replace(int start, int end, String str):使用给定 String 中的字符替换此序列的子字符串中的字符
StringBuffer	reverse():将此字符序列用其反转形式取代
void	setLength(int newLength):设置字符序列的长度
String	toString():返回此序列中数据的字符串表示形式

【例 2-5】 缓冲字符串类 StringBuffer 测试。

```
class StringBuffertest{
  public static void main(String[] args){
    String str1 = "从来富贵都是梦";
    str1 = str1 + "未有圣贤不读书";          //注意此 str1 的存储地址已发生变化
    System.out.println(str1);
    StringBuffer sb1 = new StringBuffer("精思生智慧,");
    StringBuffer sb2 = sb1.append("慧可解怨!"); //注意 sb1 和 sb2 指向同一个地址
    sb2.insert(6,"识可转智,");
    System.out.println("sb1 = " + sb1);
    System.out.println("sb2 = " + sb2);
    sb1.append(Math.E);
    System.out.println(sb1);
    System.out.println(sb1.charAt(2));
    System.out.println("sb1 的长度 = " + sb1.length());
    System.out.println("sb1 的容量 = " + sb1.capacity());
  }
}
```

(3) StringBuilder 类是缓冲字符串的非同步版本,它的构造方法如表 2-16 所示。

表 2-16 StringBuilder 类的构造方法

构造方法	描 述
StringBuilder()	构造一个不带任何字符的字符串生成器,其初始容量为 16 个字符
StringBuilder(CharSequence seq)	构造一个字符串生成器,它包含与指定的 CharSequence 相同的字符
StringBuilder(int capacity)	构造一个不带任何字符的字符串生成器,其初始容量由 capacity 参数指定
StringBuilder(String str)	构造一个字符串生成器,并初始化为指定的字符串内容

StringBuilder 类的方法和 StringBuffer 相同,在此不再赘述。

【例 2-6】 缓冲字符串类 StringBuilder 测试。

```
public class StringBuilderTest {
    public static void main(String[] args){
        StringBuilder sb1 = new StringBuilder("LanZhou");
        StringBuilder sb2 = new StringBuilder("LanZhou");
        System.out.println(sb1 == sb2);
        System.out.println("sb2's capacity:" + sb2.capacity());
        StringBuilder sb3 = sb2;
```

```
        System.out.println(sb3 == sb2);
        sb3.append(" University");
        System.out.println("sb2 now = " + sb2);
    }
}
```

4. Scanner 类

Scanner 是 JDK 1.5 之后新增的一个类，可以使用该类创建一个输入对象，例如：

```
Scanner keyin = new Scanner(System.in);          //System.in 代表键盘
```

此类常用的方法有 nextByte()、nextDouble()、nextFloat()、nextInt()、nextLong()、nextShort()、nextBoolean()，分别用来输入各种基本数据类型，nextLine()用于输入一行字符串。

【例 2-7】 Scanner 类测试。

```
import java.util.Scanner;                                  //导入 Scanner 类
class Scannertest {
  public static void main(String[] args) {
     double d;
     float f;
     int i;
     long l;
     boolean b;
     Scanner keyin = new Scanner(System.in);
     System.out.println("请输入一个双精度数: ");
     d = keyin.nextDouble();
     System.out.println("请输入一个单精度数: ");
     f = keyin.nextFloat();
     System.out.println("请输入一个整数: ");
     i = keyin.nextInt();
     System.out.println("请输入一个长整数: ");
     l = keyin.nextLong();
     System.out.println("请输入一个逻辑值: ");
     b = keyin.nextBoolean();
     System.out.println("你输入的数分别是: ");
     System.out.print("d = " + d + "\nf = " + f + "\ni = " + i + "\nl = " + l + "\nb = " + b);
  }
}
```

5. Math 类

在 Java 中，Math 类封装了各种数学运算的静态方法，包括指数运算、对数运算、开平方根和大量的三角函数运算等。Math 类还有两个静态常量，即 E(自然对数)和 PI(圆周率)。Math 类是 final 类型的，因此不能产生子类。另外，Math 类的构造方法是 private 类型的，所以 Math 类不能被实例化。

Math 类常用的方法如表 2-17 所示。

表 2-17 Math 类常用的方法

方法名	功 能
static double abs(double a)	返回 double 值的绝对值
static double cos(double a)	返回角的三角余弦
static double exp(double a)	返回欧拉数 e 的 double 次幂的值
static double floor(double a)	返回最大的(最接近正无穷大)double 值，该值小于或等于参数，并且等于某个整数
static double log(double a)	返回(底数是 e)double 值的自然对数
static double max(double a, double b)	返回两个 double 值中较大的一个
static double min(double a, double b)	返回两个 double 值中较小的一个
static double pow(double a, double b)	返回第一个参数的第二个参数次幂的值
static double random()	返回带正号的 double 值，其大于或等于 0.0，小于 1.0
static double sin(double a)	返回角的三角正弦
static double sqrt(double a)	返回正确舍入的 double 值的正平方根
static double tan(double a)	返回角的三角正切

【例 2-8】 Math 类测试。

```
class Mathtest {
    public static void main(String[ ] args) {
            System.out.println("ceil(2.3) = " + Math.ceil(2.3));
            System.out.println("abs( - 2.3) = " + Math.abs( - 2.3));
            System.out.println("sqrt(2) = " + Math.sqrt(2));
            System.out.println("random() = " + Math.random());
            System.out.println("sin(3.14/6) = " + Math.sin(3.14/6));
            System.out.println("exp(1) = " + Math.exp(1));
            System.out.println("log(2.71828) = " + Math.log(2.71828));
            System.out.println("pow(2,3) = " + Math.pow(2,3));
            System.out.println("toDegrees(3.14/6) = " + Math.toDegrees(3.14/6));
    }
}
```

6. 封装类

在某些场合，需要将基本数据类型的数据看成对象，为了把基本类型数据当作对象来使用，Java 针对每个基本类型提供了封装类，如表 2-18 所示。

表 2-18 基本类型对应的封装类

8 种基本类型对应的 8 个封装类			
byte	Byte	float	Float
short	Short	double	Double
int	Integer	char	Character
long	Long	boolean	Boolean

封装类主要的作用是提供了一种封装手段，提供了一系列实用的方法，例如将字符串解析为相应的基本类型以及各种基本类型之间的转换等。封装类提供的转换方法如表 2-19 所示。

表 2-19　封装类提供的转换方法

封装类和字符串类的转换方法	
Byte. parseByte(String s)	Float. parseFloat(String s)
Integter. parseInt(String s)	Double. parseDouble(String s)
Short. parseShort(String s)	Boolean. parseBoolean(String s)
Long. parseLong(String s)	

除了上表中的解析方法外，封装类还提供了 valueOf()方法将字符串转换成相应的基本类型，提供了 toString()方法返回相应的字符串形式。对于数字型封装类还提供了 xxxValue()方法，其中，xxx 可以是 byte、int、long、short、double、float 中的一种，用来返回对象所表示的相应的值。

【例 2-9】 封装类测试。

```
class WrapClasstest {
    public static void main(String[] args) {
        Boolean bln = new Boolean(true);
        Byte b = new Byte((byte)1);
        Character c = new Character('c');
        Short s = new Short((short)32);
        Integer i = new Integer(45);
        Long l = new Long(20L);
        Float f = new Float(1.0f);
        Double d = new Double(1.0);
        Integer ii = new Integer("22");
        Double dd = new Double("3.14D");
        int a = Integer.parseInt("123");
        float f1 = Float.valueOf("22.3f");
        int myint = a + i - 3;          //在 JDK 1.5 以后，允许基本类型和封装类型进行混合数学运算
        System.out.println("That's OK!");
    }
}
```

2.6　枚举、自动装箱和拆箱

在 JDK 1.5 以后，Java 语言引入了枚举和自动装箱机制，可以利用枚举给一个变量或者方法创建一系列的有效值，在使用 enum 时，可以很容易地限制程序只能采用其中的某一个有效值，而自动装箱和拆箱机制大大简化了程序编程中重复的类型转换工作。

2.6.1　enum 类型

与其他语言中的枚举类型相比，Java 中的 enum 类型更加强大，其提供的 enum 是完整的类，所以提供了通过声明类可以得到的所有好处，允许添加任意的方法和字段，以及实现任意的接口等。enum 类型的对象可以彼此比较，也可以被序列化。

例如要创建一周中各天的列表，用枚举声明如下：

```
enum WeekDays {
    MONDAY, TUESDAY, WEDNESDAY, THURSDAY, FRIDAY, SATURDAY, SUNDAY;
}
```

这个声明把整数序数赋给各个常量，即“MONDAY=0，TUESDAY=1”，以此类推，并可以添加 toString 方法或其他需要的方法，如下演示：

【例 2-10】 枚举演示。

```
public class WeekDaysList {
    public static void main(String[ ] args){
        System.out.println("Days of week: ");
        for(DaysOfTheWeek day:DaysOfTheWeek.values()){
            System.out.print(" " + day);
        }
        System.out.println();
    }
}
enum DaysOfTheWeek {
    MONDAY,TUESDAY,WEDNESDAY,THURSDAY,FRIDAY,SATURDAY,SUNDAY;
    @Override
    public String toString(){
        String s = super.toString();                //只有第一个字母大写
        return s.substring(0,1) + s.substring(1).toLowerCase();
    }
}
```

当定义一个枚举类时，编译器就会创建一个扩展 java.lang.Enum 类的类定义，这个类是 java.lang.Object 的一个直接后代。与普通类不同的是，枚举类具有以下属性：

(1) 没有公开的构造器，因此不可能把它实例化。

(2) 隐式为 static。

(3) 每个枚举常量只有一个实例。

(4) 可以调用枚举类中的方法。

2.6.2 自动装箱和拆箱

自动装箱(autoboxing)和拆箱(unboxing)用于自动地在基本数据类型及其封装类之间进行转换。在编程过程中，对于简单的任务使用基本类型很方便，因为可以对它们应用许多运算符而不必调用方法。但在有些场合，基本类型无法直接使用，只能先使用封装类将其封装为对象然后再使用，例如在数据集合中。即在需要对象的时候要做装箱，例如以下代码：

```
Integer a = new Integer(100);                    //装箱
int b = 2 * a.intValue();                        //拆箱
```

从 JDK 1.5 开始，不再需要这种显式的装箱和拆箱操作了，现在装箱和拆箱都是隐式、自动地进行，由编译器帮助我们完成，例如下面的实例演示。

【例 2-11】 自动装箱和拆箱演示。

```
public class Autobox{
```

```
    public static void main(String args[]) throws Exception{
        System.out.println("Demonstrating power of autoboxing/unboxing");
        Integer a = 100;                              //自动装箱
        int b = 200;
        int c = a + b;                                //自动拆箱并计算
        System.out.println("Autoboxing in action: arithmetic expressions");
        System.out.printf(" %d +  %d =  %d%n%n",a,b,c);
        System.out.println("Autoboxing in action: method parameters and return types");
        System.out.printf(" %d +  %d = %d%n",a,b,adder(a,b));
    }
    private static Integer adder(Integer a, Integer b){
        return a + b;
    }
}
```

2.7 流程控制

流程控制是程序设计的核心，是实现程序预期目标的关键。在计算机程序设计中有3种主要的流程结构，即顺序结构、分支结构、循环结构，配合方法调用和跳转形成了完整的程序设计方法。

2.7.1 顺序结构

第1章和本章前面几节的实例使用的都是顺序结构，顺序结构是指程序从开始到结束顺序执行程序指令，相当于人从生到死这样一个必然过程，这是程序的主要流程。

【例 2-12】 计算长方形的面积和周长。

```
import java.util.Scanner;
class Rectangle {
    public static void main(String[] args) {
        double w,l,S,s;
        Scanner keyin = new Scanner(System.in);
        System.out.print("请输入长方形的长:");
        l = keyin.nextDouble();
        System.out.print("请输入长方形的宽:");
        w = keyin.nextDouble();
        S = w * l;                                    //计算面积
        s = 2 * (w + l);                              //计算周长
        System.out.println("此长方形的面积:" + S + "\n此长方形的周长:" + s);
    }
}
```

2.7.2 二分支结构

分支是部分程序代码在满足特定条件的情况下才会被执行，其中，二分支结构是程序使用的最普遍的分支选择结构，其基本语法如下：

```
if(条件表达式)语句
if(条件表达式)语句 1 else 语句 2
```

注意：在Java中，条件表达式的值必须是逻辑值。另外，if语句可以嵌套，嵌套的if语句可以形成多分支结构。

【例 2-13】 求解一元二次方程的根。

```
class Root {
    public static void main(String[] args) {
        double a,b,c,x1,x2,dt,sb,xb;
        a = 2.0;
        b = 5.0;
        c = 2.0;
        dt = b * b - 4 * a * c;
        if(dt >= 0) {
            x1 = ( - b + Math.sqrt(dt))/(2 * a);
            x2 = ( - b - Math.sqrt(dt))/(2 * a);
            System.out.println("x1 = " + x1);
            System.out.println("x2 = " + x2);
        } else {
            sb = - b/(2 * a);
            xb = Math.sqrt( - dt)/(2 * a);
            System.out.println("x1 = " + sb + " + " + xb + "i");
            System.out.println("x2 = " + sb + " - " + xb + "i");
        }
    }
}
```

【例 2-14】 测试从键盘输入的字符是数字还是字母。

```
import java.io.*;
class iftest1 {
    public static void main(String[] args) throws IOException {
        int a;
        a = System.in.read();
        if(a >= 48&&a <= 57) {
            System.out.println("数字");
        } else {
            if((a >= 'A'&&a <= 'Z')||(a >= 'a'&&a <= 'z')) { //嵌套 if 语句
                System.out.println("字母");
            } else {
                System.out.println("其他字符");
            }
        }
    }
}
```

【例 2-15】 从键盘输入一个整数，测试其是否为偶数。

```
import java.util.*;
class iftest2 {
```

```
    public static void main(String[ ] args) {
        int a;
        Scanner keyin = new Scanner(System.in);
        a = keyin.nextInt();
        if(a % 2 == 0)
            System.out.println("偶数");
        else
            System.out.println("奇数");
    }
}
```

【例 2-16】 求 $y=\begin{cases}2x & x>0\\ 2+\cos(x) & x=0\\ x^2+1 & x<0\end{cases}$ 的值。

```
import java.util.Scanner;
class iftest3 {
  public static void main(String[ ] args) {
     double y,x;
     Scanner keyin = new Scanner(System.in);
     System.out.print("请输入 x 的值: ");
     x = keyin.nextDouble();
     if(x > 0) y = 2 * x;
     else
       if(x == 0) y = 2 + Math.cos(x);            //嵌套 if 语句
       else y = x * x + 1;
     System.out.println("y = " + y);
  }
}
```

2.7.3 多分支结构

虽然嵌套的 if else 可以处理多分支情况，但有时采用 switch 语句简洁明了，switch 语句又叫开关语句，其语法格式如下：

```
switch(表达式) {
    case  常量 1:
            若干条语句;
            break;
    case  常量 2:
            若干条语句;
            break;
            …
    case  常量 n:
            若干条语句;
            break;
    default:
            若干条语句;
}
```

注意：首先，switch 语句的表达式或常量可以是 byte、short、char、int、enum 和 String 类型；其次，多个 case 语句不能产生二义性；最后，如果一条 case 语句没有 break 语句，则程序会按照顺序执行下一个 case 语句块。

【例 2-17】 计算银行利息的程序(以 2007 年的利率为参考)。

```
class bankaccount {
        String name;
        double benjin;
        int years;
        double rate;
        public double getMoney() {
          switch(years) {
            case 0:rate = 0.81;break;
            case 1:rate = 4.14;break;
            case 2:rate = 4.68;break;
            case 3:
            case 4:rate = 5.40;break;
            case 5:rate = 5.85;break;
            default:rate = 5.85;break;
          }
          double x;
          if(years == 0)
            x = benjin * rate/100 + benjin;
          else
            x = benjin * rate * years/100 + benjin;
          return x;
        }
      }
      class switchtest {
        public static void main(String[] args) {
          bankaccount zhangsan = new bankaccount();
          zhangsan.name = "zhangsan";
          zhangsan.benjin = 200000000;
          zhangsan.years = 3;
          System.out.println("zhangsan's Money = " + zhangsan.getMoney());
        }
      }
```

2.7.4 循环结构

循环是根据特定的条件反复执行某一段语句的流程控制结构，Java 提供了 while、do-while 和 for 3 种循环。

注意：Java 的 3 种循环可以互相代替，并且循环可以嵌套。

1. while 语句

while 语句的一般格式如下：

```
while(条件表达式) {
```

```
    语句块                                    //循环体
}
```

【例 2-18】 计算 1+2+3+…+100 的值。

```
class whiletest {
    public static void main(String[ ] args)  {
      int i,sum;
      i = 1;sum = 0;
      while(i <= 100)  {
        sum = sum + i;
        i++;
      }
      System.out.println("sum = " + sum);
      System.out.println("i = " + i);
    }
}
```

【例 2-19】 打印 ASCII 码和对应的字符。

```
class whiletest1 {
  public static void main(String[ ] args) {
    int a = 32;
    while(a <= 127)  {
      System.out.print(" " + a + ":" + (char)a);
      a++;
    }
  }
}
```

2. do-while 语句

do-while 语句的格式如下：

```
do{
    语句块                                    //循环体
  }while(条件表达式);
```

【例 2-20】 计算 $1^2+2^2+3^2+\cdots+100^2$ 的值。

```
class dowhiletest {
  public static void main(String[ ] args)  {
    int i = 1;
    int sum = 0;
    do {
        sum = sum + i * i;
        i++;
    }while(i <= 100);
    System.out.println("sum = " + sum);
  }
}
```

【例 2-21】 将 100 以内 3 的倍数打印出来。

```
class dowhile {
  public static void main(String[ ] args)  {
     int i = 1;
     do {
        if(i % 3 == 0) System.out.print("   " + i);
        i++;
     }while(i <= 100);
  }
}
```

3. for 语句

for 语句的一般格式如下：

```
for(初始表达式; 条件表达式; 步进表达式){
   语句块                                    //循环体
}
```

这里,初始表达式一般为循环变量赋初值；条件表达式用来判断循环是否继续；步进表达式用来对循环变量进行修改。在 JDK 1.5 以后,还可以使用 for-each 循环,可以在不使用索引值的情况下遍历数组或集合。for-each 循环的一般格式如下：

```
for (类型变量: 数组或集合){
    循环体
}
```

【例 2-22】 演示格式控制,打印乘法口诀表。

```
class chengfa {
  public static void main(String[ ] args)  {
     int i,j;
     System.out.print(" * ");
     for(i = 1;i <= 9;i++) System.out.print("\t" + i);
     System.out.println();
     for(i = 1;i <= 9;i++) {
        System.out.print(i);
        for(j = 1;j <= i;j++) {
           System.out.print("\t" + i * j);
        }
        System.out.println();
     }
  }
}
```

【例 2-23】 打印菱形(演示格式控制)。

```
import java.util.Scanner;
class lingxing {
   public static void main(String args[])  {
      int row;
```

```
        Scanner keyin = new Scanner(System.in);
        System.out.print("请输入菱形的行数:");
        row = keyin.nextInt();
        for(int i = 1;i <= row/2 + 1;i++) {
            repeat(' ',row/2 + 1 - i);
            repeat('*',2 * i - 1);
            System.out.println();
        }
        for(int i = row/2;i >= 1;i--) {
            repeat(' ',row/2 + 1 - i);
            repeat('*',2 * i - 1);
            System.out.println();
        }
    }
    public static void repeat(char ch, int m) {        //抽象一个重复字符的方法
        for(int i = 1;i <= m;i++) System.out.print(ch);
    }
}
```

因为菱形由一个上三角和一个下三角组成，分析上三角（设有 4 行）的图形抽象出以下规律：

行数	空格数	星号数
1	3	1
2	2	3
3	1	5
4	0	7
…	…	…
n	$4-n$	$2*n-1$

```
   *
  ***
 *****
*******
 *****
  ***
   *
```

2.7.5　break 语句和 continue 语句

break 语句在循环中用来中断循环，continue 语句则用来使循环短路，即结束本次循环进入下一次循环。

【例 2-24】　用 break 语句求 1＋2＋3＋…，直到和大于 50 000 为止。

```
public class breakdemo {
    public static void main(String[] args) {
        int sum = 0,j;
        for(j = 1;;j++)  {
            sum = sum + j;
            if(sum > 50000) break;
        }
        System.out.println("j = " + j);
        System.out.println("sum = " + sum);
    }
}
```

【例 2-25】 使用 continue 输出 1 到 100 之间的所有素数。

```
class continuetest {
  public static void main(String[] args) {
    boolean prime;
    for(int j = 2;j <= 100;j++) {
      prime = true;
      for(int k = 2;k < j;k++)  {
          if(j % k!= 0) continue;
          else {
              prime = false;
              break;
          }
      }
      if(prime) System.out.println(j + " is prime");
    }
  }
}
```

2.8 数组和命令行参数

2.8.1 数组

数组是一组同类型数据或对象的集合,它提供了一个组织相关信息的简便方法。数组的类型可以是基本类型,也可以是类或接口。使用数组中的元素通过数组名加上序号来实现。当数组类型是基本类型时,数组元素的值就是对应类型的一个具体的值,当数组是复杂类型时,其数组元素的值仅是一个引用(即内存地址),此引用必须要指向一个具体的对象才有意义,例如下面实例中的字符串数组必须要分别指向具体的字符串对象。

在 Java 语言中,数组是一种特殊的对象,数组与对象的使用一样,它们都需要定义类型(声明)、分配内存空间(创建)和释放。Java 的数组用 new 运算符创建,通过 new 运算符为数组分配内存空间。另外,数组对象只有一个 length 属性,用来存储数组中的元素个数。

【例 2-26】 数组使用示例。

```
class ArrayTest {
   public static void main(String[] args) {
      int[] a;
      String[] b;
      a = new int[10];
      b = new String[3];
      for(int i = 0;i<10;i++) {
          a[i] = (int)(100 * Math.random());
      }
      b[0] = new String(" China!");
      b[1] = "Good morning!";                          //兼容 C 语言的赋值方式
      b[2] = b[0] + b[1];
      for(int i = 0;i<10;i++) {
```

```
            System.out.println("a[" + i + "] = " + a[i]);
        }
        System.out.println(b[0] + "\n" + b[1] + "\n" + b[2]);
        System.out.println("a 中元素个数: " + a.length);
        System.out.println("b 中元素个数: " + b.length);
    }
}
```

在以上程序中，首先定义了一个整型数组引用变量 a，又定义了一个复合类型字符串类型数组引用变量 b。大家注意，基本类型整型数组可以直接赋值为整数，但复合类型数组元素必须要创建对象或将指向实例对象的引用赋给它才可以，如图 2-9 所示。

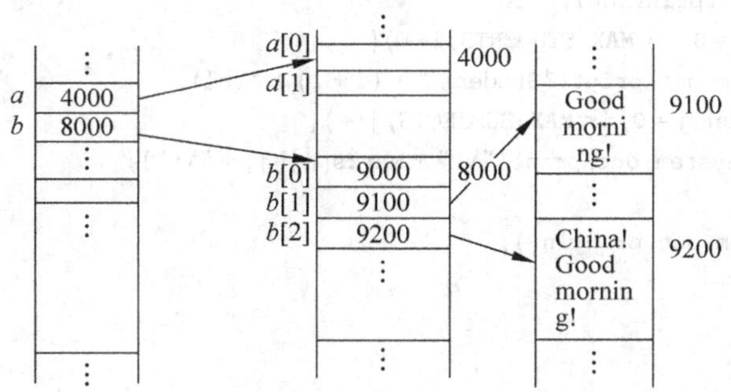

图 2-9 数组存储示意图

【例 2-27】 数组及字符串分割演示。

```
public class StringSpliter {
  public static void print(String[] s) {
     for(int i = 0;i < s.length;i++) System.out.print(s[i] + " ");
     System.out.println();
  }
  public static void main(String[] args) throws Exception {
    String[] result;
    String str = "user = Linda";
    result = str.split(" = ");
    print(result);
    str = "11:23:14";
    result = str.split(":");
    print(result);
    str = "11::14";
    result = str.split(":");
    print(result);
  }
}
```

在 Java 中可以创建多维数组，JDK 编译器将多维数组的上限设为 255，其中一维和二维数组的使用最频繁，下面是一个二维数组演示示例。

【例 2-28】 二维数组演示。

```
public class MultiDimArrayApp {
    public static void main(String[] args) {
```

```
        final int MAX_STUDENTS = 50,MAX_SUBJECTS = 3;
        int [][] marks = new int[MAX_STUDENTS][MAX_SUBJECTS];
        for(int i = 0;i < MAX_STUDENTS;i++){
            for(int j = 0;j < MAX_SUBJECTS;j++){
                marks[i][j] = (int)(Math.random() * 100);
            }
        }
        System.out.print("Student  \t");
        for(int j = 0;j < MAX_SUBJECTS;j++){
            System.out.print("Subject " + j + "\t");
        }
        System.out.println();
        for(int i = 0;i < MAX_STUDENTS;i++){
            System.out.print("Student " + (i + 1) + "\t");
            for(int j = 0;j < MAX_SUBJECTS;j++){
                System.out.print("\t" + marks[i][j] + "\t");
            }
            System.out.println();
        }
    }
}
```

2.8.2 命令行参数

命令行参数是操作系统传给Java应用程序的参数,是通过命令行进行传递的。

(1) Java应用程序的main方法可以从命令行中接收任意数量的参数。

(2) 每个参数被视为字符串,分别存储在main函数的参数数组中。

(3) 可以使用双引号将多个字符串作为一个整体字符串传递。

(4) Java应用程序的命令行参数可以是数组形式也可以不定参数形式。

【例2-29】 命令行参数使用演示1。

```
class cmdtest1 {
   public static void main(String[] args) {
      double x,y,result = 0;
      char op;
      x = Double.parseDouble(args[0]);
      y = Double.parseDouble(args[2]);
      op = args[1].charAt(0);
      switch(op) {
         case '+': result = x + y;break;
         case '-': result = x - y;break;
         case '*': result = x * y;break;
         case '/': result = x/y;break;
         default:System.out.println("Error op!");
      }
      System.out.println("result = " + result);
   }
}
```

【例 2-30】 命令行参数使用演示 2。

```
class cmdtest2 {
  public static void main(String...bb) {
    double sum = 0.0;
    for(int i = 0;i < bb.length;i++) {
        sum = sum + Double.parseDouble(bb[i]);
    }
    System.out.println("sum = " + sum);
  }
}
```

注意：从命令行传进来的参数是字符串类型，要想以其他类型数据使用，必须在使用前做相应的数据类型转换工作。

2.9 Java 中的注释和编程规范*

良好的编程规范和合理地使用注释是一个合格的程序员必须具备的品质，很多刚开始学习编程的人可能会认为我们编写程序代码仅是让 CPU 执行的，这是不正确的，尤其在当前计算机程序空前发达的时代。实际上，我们编写的源程序主要是给别人看的，可能是其他程序员，更多的是自己将来要看，要牢牢记住这一点，正因为如此，每一个软件公司都有自己的编程规范。

2.9.1 Sun 公司建议的 Java 语言编程规范

1. 命名规则

1）基本的命名规则

（1）标识符尽量只使用字符集中的 26 个英文字母、0 到 9 的阿拉伯数字和下划线。在 Java 中，类、方法、变量、常量尽量用字母表达，没有特别的理由不能用任何其他字符。命名需要有一定的意义，推荐采用问题域中的术语命名，使命名在一定程度上是自描述的。

（2）命名尽量短，如果命名太长，可以采用别名的方式，或者通过缩写来简化命名。缩写一定要有意义，而且需要在整个项目中维护这些缩写的意义。另外，不要用前导下划线，也不要在命名的末尾用下划线。

2）名称缩写的规则（对于类名、方法名、变量名称、包名称等适用）

（1）删除所有的原音字母，压缩重复字母。例如 button，缩写为 btn。

（2）如果发生命名冲突，则在某一缩写中保留原音。例如 batton，为了不与 button 冲突，可缩写为 batn。

2. 常量的命名

（1）所有的字符都必须大写，采用有意义的单词组合表达，单词与单词之间以下划线隔开。

（2）命名尽量简短，不要超过 16 个字符。例如：

```
public final int MAX_SIZE = 120;
public final double PI = 3.1415926;
public final int MAX_WIDTH = 100;
public final String PROPERTY_NAME = "menu";
```

3. 变量的命名

(1) 避免在命名中采用数字,除非命名意义明确,程序更加清晰,在对实例变量的命名中不应该有数字。

(2) 变量名称是名词意义。

(3) 采用有符合问题域意义的单词或单词组合,第一个单词全部小写,后续的每个单词采用首字母大写,其余小写(特殊单词除外,例如 URL)。

(4) 命名尽量简短,不要超过 16 个字符。

(5) 除了生命周期很短的临时变量外,避免采用单字符作为变量名,实例变量的命名不要用单字符。常用的单字符变量,如整型用 i、j、k、m、n,字符型用 c、d、e,坐标用 x、y、z。

(6) 如果不是特别的情况,Java 不推荐采用前缀,而是推荐保持名称的语义。

例如:

```
public int width;
public String fileName;
public static ApplicationContext context;
```

4. 方法的命名

(1) 采用有符合问题域意义的单词或单词组合,第一个单词采用小写,后续的每个单词采用首字母大写,其余小写(特殊单词除外,例如 URL),没有特别理由不用下划线作为分隔符。

(2) 在 Java 中对属性方法的命名遵循 JavaBean(Java 的标准组件)的标准。

- getter 方法:get+属性名,boolean 类型采用 is+属性名,有些特定的属性名用 has,用 can 代替 is 可能更好。
- setter 方法:set+属性名。

(3) 构造方法的命名与类名一致。

例如:

```
String getName(); boolean isStopped(); void connect();
```

5. 类和接口的命名

(1) 采用有符合问题域意义的单词或单词组合,每个单词的首字母大写,其余字母小写(特殊单词除外,例如 URL)。

(2) 接口的第一个字符采用 I。

例如:

```
public class Figure
```

```
public interface FigureContainer
public class StdFigure                    //std 为 Standard 的缩写
```

6. 包的命名(包的概念将在第 4 章介绍)

(1) 包名所有的字符都为小写。

(2) 两个不同业务的包之间不要双向依赖,可以单向依赖。

(3) 采用逻辑上的层次结构,从而减少依赖。

一般的约定是包名的前缀总是一个顶级域名,通常是 com、gov、edu、mil、net、org,或 1981 年 ISO 3166 标准指定的标识国家的英文双字符代码。包名的后续部分根据不同机构各自内部的命名规范不尽相同。这类命名规范可能以特定目录名的组成来区分部门(department)、项目(project)、机器(machine)或注册名(login names)。例如:

```
com.sun.eng
com.apple.quicktime.v2
edu.cmu.cs.bovik.cheese
```

7. 格式编码规范

(1) 为了使源程序代码易于阅读,通常采用层次结构,每 4 个空格常被作为缩进排版的一个单位。在编程时应尽量避免一行长度超过 80 个字符,因为很多终端和工具不能很好地处理它。

(2) 当一个表达式无法容纳在一行内时,可以根据以下一般规则断开:

- 在一个逗号后面断开。
- 在一个操作符前面断开。
- 选择较高级别(higher-level)的断开,而非选择较低级别(lower-level)的断开。
- 新的一行应该与上一行同一级别表达式的开头处对齐。
- 如果以上规则导致代码混乱或者使代码都堆挤在右边,那就代之以缩进 8 个空格。

2.9.2 注释

Java 语言中有两类注释,即一般注释(implementation comments)和文档注释(document comments)。一般注释是那些大家在 C 语言或 C++ 语言中见过的,使用/*…*/和//界定的注释。文档注释(被称为 doc comments)是 Java 独有的,由/**…*/界定。文档注释可以通过 Javadoc 工具转换成 HTML 文件。

一般注释用于注释代码或者实现细节。文档注释从实现自由(implemtentation-free)的角度描述代码的规范,它可以被那些手头没有源码的开发人员读懂。注释应被用来给出代码的总括,并提供代码自身没有提供的附加信息。注释应该仅包含与阅读和理解程序有关的信息。例如,相应的包如何被建立或位于哪个目录下的信息不应包括在注释中。

在注释里,对设计决策中重要的或者不是显而易见的地方进行说明是可以的,但应避免提供代码中已清晰表达出来的重复信息,多余的注释很容易过时,通常应避免那些代码更新有可能过时的注释。

注意:频繁的注释有时反映出代码的低质量。当你觉得被迫要加注释的时候,要考虑一下重写代码使其更清晰。注释不应写在用星号或字符画出来的大框里,不应包括诸如制表符和回退符之类的特殊字符。

1. 一般注释的格式

Java程序有4种实现注释的风格,即块(Block)、单行(single-line)、尾端(trailing)和行末(end-of-line)。

(1) 块注释:通常用于提供对文件、方法、数据结构和算法的描述。块注释被置于每个文件的开始处以及每个方法之前,它们也可以被用于其他地方,比如方法的内部。在功能和方法内部的块注释应该和它们所描述的代码具有一样的缩进格式。

例如:

```
/**
  * This class provides default implementations for the JFC Action
  * interface. Standard behaviors like the get and set methods for
  * Action object properties (icon, text, and enabled) are defined
  * here. The developer need only subclass this abstract class and
  * define the actionPerformed method.
  */
```

(2) 单行注释:短注释可以显示在一行内,并与其后的代码具有一样的缩进层级。如果一个注释不能在一行内写完,就该添加块注释。在单行注释之前应该有一个空行,使用行头注释(//),即在代码行的开头进行注释,主要是为了使该行代码失去意义。

例如:

```
// x = x + 1
/ * special case */
```

(3) 尾端注释:极短的注释可以与它们所要描述的代码位于同一行,但是应该有足够的空白来分开代码和注释。若有多个短注释出现于大段代码中,它们应该具有相同的缩进。

例如:

```
if (a == 2) {
    return TRUE;                                  /* 特殊情况 */
} else {
    return isPrime(a);                            /* 只能为奇数 */
}
```

2. 文档注释

文档注释用来描述Java的类、接口、构造器、方法以及字段(field)。每个文档注释都会被置于注释界定符/**…*/之中,一个注释对应一个类、接口或成员,一般用来对类、接口、成员方法、成员变量、静态字段、静态方法、常量进行说明。Javadoc工具程序可以用它生成HTML格式的代码文档,为了增加可读性,可以有缩进和格式控制。文档注释常采用一些标签进行特定用途描述或链接,常用的Javadoc注释标签如下。

- @author：对类的说明，标明开发该类模块的作者。
- @version：对类的说明，标明该类模块的版本。
- @see：对类、属性、方法的说明，参考转向，也就是相关主题。
- @param：对方法的说明，对方法中某个参数的说明。
- @return：对方法的说明，对方法返回值的说明。
- @exception：对方法的说明，对方法可能抛出的异常进行说明。

例如以下代码示例：

【例 2-31】 文档注释示例。

```
import java.io.*;
/**
 * Title:JavaDocdemo 类<br>
 * Descripte:这是一个使用 javadoc 程序的例子<br>
 * Copyright:(c)2004 年 9 月 20 日 www.majun.com.cn<br>
 * Company:flyhorsespace(飞马研究中心)<br>
 * @author 马俊
 * @version 1.00
 */
public class javadocdemo {
  public String name;
/**
 * 这是 person 对象的构造函数
 * @param name javadocdemo 的名字
 */
public javadocdemo(String str){
        name = str;}
/**
 * 这是 setwork 方法的说明
 * @param workarea 工作领域
 * @param workage 工龄
 * @return 返回修改成功否
 */
public boolean setwork(String workarea,int workage){
    return true;
}
}
```

注意：使用“javadoc -d myapi javadocdemo.java”生成 API 文档。

3. 注释使用规范

(1) 注释应该使代码更加清晰、易懂。

(2) 注释要简单明了，只要能够提供明确理解程序所必需的信息就可以了。如果注释太复杂，说明程序需要修改调整，使设计更加合理。

(3) 注释不仅描述程序做什么，还要描述为什么这样做以及约束。

(4) 一般的 getter、setter 方法不用注释。

(5) 注释不能嵌套。

2.10 Java语言的主要特点和注意事项

通过前两章的学习,用户对Java语言应该有了一个基本的认识,Java语言能够在今天的信息领域广受欢迎,主要是因为Java语言具有以下特点。

(1) 面向对象：Java是纯面向对象编程语言,在Java中任何东西都是类或对象,不存在独立于类和对象的变量或方法。因此,在Java中应将编写程序的重点放到类的抽象和类的实现上。

(2) 平台无关性：对于Java程序,不管是Windows平台还是UNIX平台,或者其他平台,只要安装了Java运行系统,Java的字节码程序就可以在其上运行。这些字节码指令由Java虚拟机执行,JVM装入字节码后将其转换成平台CPU能认识的机器码程序交由CPU执行。

(3) 直接支持分布式的网络应用：除了支持基本的语言功能外,Java还提供了包含广泛的例程库,可处理HTTP和FTP这样的TCP/IP协议。Java应用程序可通过一个特定的URL打开并访问对象,就像访问本地文件系统那样简单。

(4) 安全性和健壮性：Java致力于检查程序在编译和运行时的错误,类型检查能够帮助用户检查出许多开发早期出现的错误。同时,Java提供的自动内存管理减少了内存出错的概率。Java还能检测数组边界,避免了覆盖数据的可能。在Java语言中,指针和释放内存等功能均被去掉,从而避免了非法内存操作的危险。

(5) 直接支持多线程：Java在其核心类库中提供了Thread类和Runnable接口,并提供了多线程编程技术的支持,使用户很容易在线程的级别上编写程序。

注意事项：

- 文件名必须和public修饰的类名一致,以java作为扩展名,如果定义的类不是public的,则文件名与类名可以不同。
- 在一个源程序文件中可以有多个class,但是只有一个public修饰的类。
- Java源代码文件编译后,一个类对应生成一个.class文件。
- 一个Java应用程序应该包含一个main()方法,而且其签名是固定的,它是应用程序的入口方法,可以定义在任意一个类中,不一定是public修饰的类。

2.11 程序建模示例

仿真建模是指在实际系统尚不存在或实物实验条件比较困难的情况下对于系统或活动本质的抽象化、模型化或符号化的一种实现。通过对仿真模型进行实验来达到研究系统的目的,或用符号化的计算模型对系统进行虚拟化的、过程化的实验测试过程。从广义上讲,仿真建模就是利用系统的相似性的基本原理,通过模型研究某种事物或系统的一种方法论。

仿真建模技术在计算机出现之前早已出现,军队沙盘模型、军事地图都是仿真建模的实际例子。随着计算机技术的出现和发展,仿真建模技术有了本质的、突飞猛进式的进展。在计算机问世之前,基于物理模型的实验一般称为“模拟”,它一般附属于其他相关学科。自从计算机(特别是数字计算机)出现以后，其超强的计算能力和巨大的存储能力使得复杂的数值计算成为可能，数字仿真技术得到蓬勃的发展，从而使仿真建模成为一门专门学科——系统仿真学科。

在本书中引入计算机程序仿真建模的基本概念(即通过数据结构模拟系统结构，通过程序代码模拟系统功能)，希望用户通过计算机程序模拟实际问题并解决实际问题，我们把它称为程序仿真或程序建模，下面举例说明。

【程序建模示例 1】 现有 12 个瓶子，来自同一个模型，它们的外表和形状是完全相同的，但有一个瓶子的质量和其他 11 个瓶子的质量不同，我们称之为次瓶子，现在给你一个天平，只允许使用 3 次，要求找到那个次瓶子，如图 2-10 所示。

图 2-10 瓶子问题建模

分析：对于这个问题可以使用程序建模技术来仿真解决，用变量来模拟瓶子，用一次二分支判断来模拟一次天平操作。首先需要在计算机中构造出一个符合问题的程序模型，用一个含有 12 个元素的整型数组 $a[12]$来模拟这 12 个瓶子，给它们赋一个整型值 m 用来模拟瓶子的质量，然后随机抽取一个下标 $k(0\leqslant k\leqslant 11)$，为其赋一随机值 $n(2m\geqslant n\geqslant 0)$，并且 $n\neq m$，用来模拟一个随机的瓶子和瓶子的质量不等于标准质量，构造的程序如下：

```
class pingzi {
  public static void main(String[ ] args) {
     int i,k;
     int a[];
     a = new int[12];
     for(i = 0;i < 12;i++) a[i] = 10;

     i = (int)(12 * Math.random());
     while(a[i] == 10) a[i] = (int)(20 * Math.random());
      for(i = 0;i < 12;i++) System.out.print("   " + a[i]);
  }
}
```

剩下的问题就是编写嵌套不超过 3 层的 if-else 语句来找到那个值不是标准值的下标元素。当然，此问题的建模和解法不唯一，本书配套的源代码中给出了一种可能的解法。本书配套源码也可通过 http：//pan.baidu.com/share/home？uk＝17703062＃category/type＝

0(作者的百度网盘)来下载。

【程序建模示例 2】 牛顿迭代法程序建模。

牛顿迭代法(Newton's method)又称为牛顿-拉夫逊(拉弗森)方法(Newton-Raphson method),它是牛顿在 17 世纪提出的一种在实数域和复数域上近似求解方程的方法。多数方程不存在求根公式,因此求精确根非常困难,甚至不可能,从而寻找方程的近似根显得特别重要。该方法使用函数 $f(x)$ 的泰勒级数的前面几项来寻找方程 $f(x)=0$ 的根。

迭代法也称辗转法,是一种不断用变量的旧值递推新值的过程,和迭代法相对应的是直接法(或者称为一次解法),即一次性解决问题。迭代算法是用计算机解决问题的一种基本方法。它利用计算机运算速度快、适合做重复性操作的特点,让计算机对一组指令(或一定步骤)重复执行,在每次执行这组指令(或这些步骤)时都从变量的原值推出它的一个新值。利用迭代算法解决问题,需要做好以下 3 个方面的工作。

(1) 确定迭代变量:在可以用迭代算法解决的问题中,至少存在一个可直接或间接地不断由旧值递推出新值的变量,这个变量就是迭代变量。

(2) 建立迭代关系式:所谓迭代关系式,指如何从变量的前一个值推出其下一个值的公式(或关系)。迭代关系式的建立是解决迭代问题的关键,通常可以使用递推或倒推的方法来完成。

(3) 对迭代过程进行控制:在什么时候结束迭代过程?这是编写迭代程序必须考虑的问题,不能让迭代过程无休止地执行下去。迭代过程的控制通常分为两种情况,一种是所需的迭代次数是一个确定的值,可以计算出来;另一种是所需的迭代次数无法确定。对于前一种情况,可以构建一个固定次数的循环来实现对迭代过程的控制;对于后一种情况,需要进一步分析得出可用来结束迭代过程的条件,比如某个值达到一个临界值。

首先设 r 是 $f(x)=0$ 的根,选取 x_0 作为 r 的初始近似值,过点 $(x_0,f(x_0))$ 做曲线 $y=f(x)$ 的切线 L,则切线方程为 $y-f(x_0)=f'(x_0)(x-x_0)$,令 $y=0$ 则得此切线与 x 轴的交点 x_1,即 $x_1=x_0-\dfrac{f(x_0)}{f'(x_0)}$,称 x_1 为 r 的一次近似值,如图 2-11 所示。重复此过程将得到第 $n+1$ 次近似值,即 $x_{n+1}=x_n-\dfrac{f(x_n)}{f'(x_n)}$,也就是牛顿迭代公式。

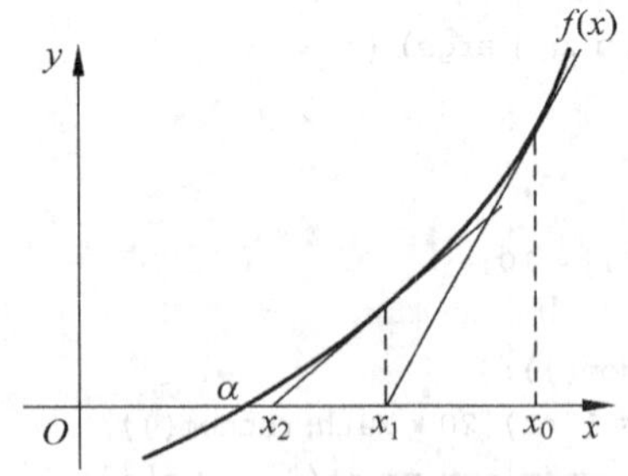

图 2-11 牛顿迭代法示意图

试利用牛顿迭代法求解方程 $f(x)=x^3-7.6x^2+19.2x-15.4$ 在 $x=1$ 附近的根,经分析后源程序代码如下:

```
class niudun{
```

```
    public static double f(double x){
        return (x*x*x-7.6*x*x+19.2*x-15.4);
    }
    public static double fd(double x){
        return (3*x*x-15.2*x+19.2); }
    public static void main(String[] args){
        double x0 = 1.0;
        while(Math.abs(f(x0))>0.0001){
            x0 = x0 - f(x0)/fd(x0);
        }
        System.out.println("x = " + x0);
        System.out.println("f(x) = " + f(x0));
    }
}
```

2.12 本章小结

本章介绍了Java语言中的基础知识，包括组成Java程序的关键字、基本数据类型、变量的定义、运算符、表达式和基本的输入/输出；介绍了在Java程序设计中常用的一些包和类，以及JDK 1.5提供的枚举和自动装箱/拆箱；介绍了程序设计中的关键技术——流程控制，并通过大量的示例程序演示了各种流程控制语句。

然后介绍了Java语言中的数组和命令行参数，强调了数组在Java语言中的特殊性，数组是最简单的复合数据类型，是有序数据的集合，数组中的每个元素具有相同的数据类型，可以用一个统一的数组名和下标来唯一地确定数组中的元素。数组元素有一个length属性，用来表示数组元素的个数。

最后简单介绍了Java语言中的注释和编程规范、主要特点和注意事项，以及Java语言API参考文档的使用，其中编程规范和注释建议同学们自己学习。

本章是基础，也是学习的重点，是我们学习后面知识的起点，所以要尽量消化。

习题

一、选择题

1. Java语言程序的执行模式是(　　)。
   A. 全编译型　　B. 全解释型
   C. 半编译和半解释型　　D. 同脚本语言的解释模式
2. 下列关于虚拟机说法错误的是(　　)。
   A. 虚拟机可以用软件实现
   B. 虚拟机可以用硬件实现
   C. 字节码是虚拟机的机器码
   D. 虚拟机把代码程序与各操作系统和硬件分开

3. Java 中的 int 数据类型在所有机器的内存中都表示为(　　)。

A. 两个字节　　B. 4 个字节

C. 8 个字节　　D. 可由程序员指定

4. 以下(　　)选项不是 Java 的关键字。

A. int　　B. switch　　C. NULL　　D. float

5. 以下(　　)选项不是合法的标识符。

A. Tel_Num　　B. emp1　　C. 8678　　D. batch. no

6. 以下(　　)选项不是基本数据类型。

A. boolean　　B. float　　C. Integer　　D. char

7. total+=initialvalue+0.5 * difference,此表达式说明(　　)。

A. Total 等于 initialvalue 加上 0.5 和 difference 的乘积

B. Total 等于 initialvalue 加上 0.5,再乘以 difference

C. Total 等于 initialvalue 加上 difference 的一半,再加上原来 Total 变量的值

D. Total 等于 difference 的一半加上 initialvalue 的两倍

8. 下列声明和赋值语句错误的是(　　)。

A. double w=3.1415;　　B. String strl="bye";

C. float z=6.74567　　D. boolean truth=true;

9. 在 Java 中,八进制数以(　　)开头。

A. 0x　　B. 0　　C. 0X　　D. 08

10. 以下语句将在标准输出结果中输出(　　)。

```
System.out.println(5 & 8);
```

A. 0　　B. 5　　C. 8　　D. 7

11. 分析下列代码行:

```
if(5&7 > 0&&5|2) System.out.println("true");
```

以下说法正确的是(　　)。

A. 此代码行不会编译

B. 此代码行可以编译,但在标准输出结果中将不显示任何内容

C. 此代码行可以编译,并在标准输出结果写入字符串 true

12. 将小容量数据类型转换到大容量数据类型,优先次序为(　　)。

A. char-int-long-float-double

B. int-long-float-double-char

C. long-float-int-double-char

D. 以上都不对

13. 在 Java 中,Integer.MAX_VALUE 表示(　　)。

A. 浮点类型最大值　　B. 整数类型最大值

C. 长整型最大值　　D. 以上说法都不对

14. 以下(　　)在编译时不会显示警告或错误。

A. float f=1.3;　　B. char c="a";　　C. byte b=257;

D. boolean b＝null；E. int I＝10；

15. 一个字节的大小可以是(　　)。

A. －128～127　　B. (－2)2－1～22　C. －255～256　　D. 与JVM有关

16. 在下列语句片段中,four的值为(　　)。

```
int three = 3;   char one = '1';
char four = (char)(three + one);
```

A. 3　　B. 1　　C. 31　　D. 4

17. 下列数据类型转换,必须进行强制类型转换的是(　　)。

A. byte→int　　B. short→long　　C. float→double　　D. int→char

18. 在Java中,关键字(　　)用来定义常量。

A. final　　B. ＃define　　C. float　　D. const

19. 关于变量的作用范围,下列说法错误的是(　　)。

A. 异常处理参数的作用域为整个类

B. 局部变量作用域声明该变量的方法代码段

C. 类变量作用域声明该变量的类

D. 方法参数作用于传递到方法内的代码段

20. 以下对数组的定义中,(　　)是正确的。

A. int integer[2]＝{5,6}；　　B. char charray＝new char[10]；

C. char charray[]＝new char[10]　　D. int integer[]＝{5,6}；

21. 编译和运行下列程序会出现结果(　　)。

```
public class TestIf{
    public static void main(String args[]){
        boolean b = false;
        if(b = false) System.out.println("The value of b is" + b);
    }
}
```

A. 运行错误,因为布尔值不能和字符串使用＋

B. 编译错误,因为if语句的表达式不能使用＝

C. 编译运行后输出 The value of b is false

D. 编译运行后没有输出

22. 下列(　　)不能作为switch的参数。

A. byte b＝1　　B. int i＝1；

C. boolean b＝false；　　D. char c＝'c'

23. 为了利用数组的长度属性控制循环退出条件,下列(　　)是正确的使用格式。

A. myarray. length()　　B. myarray. length

C. myarray. size　　D. myarray. size()；

24. 下列有关使用String类的语句中正确的是(　　)。

A. String s[]＝{"Zero","One","Two","Three","Four"}；

B. String s[5]＝new String[]{"Zero","One","Two","Three","Four"}；

C. String s[]=new String[]{"Zero","One","Two","Three","Four"};

D. String s[]=new String[]={"Zero","One","Two","Three","Four"};

25. 下列 test 类中的变量 *c* 的最后结果为(　　)。

```
public class test {
  public static void main(String args[]) {
     int a = 10;
     int b;
    int c;
    if(a > 50) { b = 9;}
     c = b + a;
  }
}
```

A. 10　　B. 0　　C. 19　　D. 编译出错

26. 00101010(&)00010111 语句的执行结果为(　　)。

A. 00000010　　B. 11111111　　C. 00111111　　D. 11000000

27. 在 Java 中语句 37.2%10 的运算结果为(　　)。

A. 7.2　　B. 7　　C. 3　　D. 0.2

28. 在 Java 语句中,运算符 && 实现的运算是(　　)。

A. 逻辑或　　B. 逻辑与　　C. 逻辑非　　D. 逻辑相等

29. 在 Java 语句中,位运算操作数只能为整型或(　　)数据。

A. 实型　　B. 字符型　　C. 布尔型　　D. 字符串型

30. 00101010 | 00010111 语句的执行结果为(　　)。

A. 00000000　　B. 11111111　　C. 00111111　　D. 11000000

31. ～0010101 语句的执行结果为(　　)。

A. 1101010　　B. 0010101　　C. 11111111　　D. 00000000

32. 关于 while 和 do-while 循环,下列说法正确的是(　　)。

A. 两种循环除了格式不同外,功能完全相同

B. 与 do-while 语句不同的是,while 语句的循环至少执行一次

C. do-while 语句首先计算终止条件,当条件满足时才去执行循环体中的语句

D. 以上都不对

33. 下列表达式中(　　)的结果为真。

A. (36+6)/7>=5%4+7

B. ! False&&! (4%2-4==4)&&7 * 4-5>20

C. ! (4>2&&4<6)

D. ! (45>23&&70/7==0)

二、简答题

1. Java 的基本数据类型有哪些?
2. float 型常量和 double 型常量在表示上有什么区别?
3. 在 Java 中有哪些运算符?这些运算符的优先关系是怎样的?

4. 将下列陈述或公式转换成Java对应的表达式。

(1) x 是一个正的偶数。

(2) x 是一个能被3整除的正数。

(3) y 不是一个闰年。

(4) z 是一个在1～100之间且能被7整除的偶数。

(5) 求根公式 $x_{1,2}=\dfrac{-b\pm\sqrt{b^2-4ac}}{2a}$

(6) 求三角形面积公式 $S=\dfrac{1}{2}ab\sin\theta$

(7) 求向心力的公式 $\mathrm{F}=m\dfrac{4\pi^2}{T^2}R$

5. 下列两个语句的作用等价吗？

```
char x = 97;
char x = 'a';
```

6. 数组是基本类型吗？怎样获取数组的长度？

7. 下列两个语句的作用等价吗？

```
int[ ]a = {1,2,3,4,5,6,7,8};
int[ ] a = new int[8];
```

8. 试说明String类和StringBuffer类的区别。

9. 试说明Java中数组的使用特点以及与其他语言的区别。

三、编程题

1. 编写一个应用程序，给出汉字"你"、"我"、"他"在unicode表中的位置。

2. 编写一个Java应用程序，用户从键盘只能输入整数，程序输出这些整数的乘积。

3. 编写一个计算圆周率 π 的近似值，使用以下公式：

$$\pi=4*(1-1/3+1/5-1/7+1/9-1/11+\cdots)$$

4. 编程求解鸡兔问题，鸡、兔共有49只，但有100条腿，计算鸡和兔各多少只。

5. 输入一组大于0的浮点数，输入−1.0表示结束，计算这些数的个数、平均值、最大值以及最小值并输出。

6. 输入1000～5000之间的一个年份，判断并输出该年是否是闰年。

7. 编程计算 $\sum_{k=1}^{20}k!$，并输出计算结果。

8. 输入两个正整数 m 和 n，计算它们的最大公约数和最小公倍数并输出。

9. 用迭代法计算 $y=\sqrt{x}$，输入一个大于0的 x 值，输出 y 的值，求平方根的迭代公式为 $y_{n+1}=\left(y_n+\dfrac{x_n}{y_n}\right)/2$，要求前、后两次求出的 y 的差的绝对值小于 10^{-5}。

10. 输入一行字符，分别统计出其中英文字母、空格、数字和其他字符的个数。

11. 输入20个数，以数组的形式存放，将这20个数按递减顺序排序后输出。

12. 输入 10 个整数,以-1 表示结束,将这组数以输入顺序的逆序形式输出。

13. 一个球从 100m 高度自由下落,每次落地后反跳回原高度的一半,再落下,求它在第 10 次落地时共经过多少米? 第 10 次反弹多高?

14. 输入一个字符串,将字符串中的字符按照逆序形式输出,例如输入 morning,则输出 gninrom。

第3章 面向对象程序设计原理和Java语言实现

正如第1章所提到的,最初的计算机程序设计语言主要集中在指令和语义的抽象上,并将操作和被操作的数据隔开,分为代码段和数据段。随着程序的复杂度越来越高,这种方法的局限性越来越大,后来计算机科学家将程序设计中模块化的思想进一步强化,将待操作的数据和相应的操作行为组织在一起,形成了著名的面向对象程序设计方法。在面向对象设计中,用户可以从大量的实际对象当中抽象出一个个类,类中有描述对象内部结构状态的数据部分,还有描述此对象具有的功能和行为的指令部分。在计算机进程中对象又是类的具体化实例,用一个设计好的类可以创建许多对象。简单地说,类就是对象的代码抽象,是创建对象的代码模板,对象是类的具体化的实例。对象比结构化程序设计中讲到的函数、过程更具有实际意义,人类认识世界的基础就是从一个一个基本的实际对象开始的,所以,面向对象程序设计具有现实的认知基础。

从世界观的角度来看,面向对象的基本哲学认为世界是由各种各样具有自己的运动规律和内部状态的对象所组成的,不同对象之间的相互作用和通信构成了完整的现实世界。因此,程序员应当按照现实世界的本来面目来理解世界,直接通过对象及其相互关系来反映世界,这样建立起来的系统才能符合现实世界的本来面目。

从方法学的角度来看,面向对象的方法是面向对象的世界观在程序开发方法中的直接运用。它强调系统的结构应该直接与现实世界的结构相对应,应该围绕现实世界中的对象来构造系统,而不是围绕功能来构造系统。

从程序设计的角度考虑,程序对象应该是将组成对象的数据代码和对象具备的功能代码封装成一个整体,符合强内聚和弱耦合的原则。当然,面向对象的程序设计语言必须有描述对象内部结构及其相互之间关系的语法和规则。

3.1 面向对象程序设计的基本概念

对象和类是面向对象程序设计的核心概念,程序员使用对象和类进行程序设计。类可以分成两种,一种是程序员可以直接使用的类,是由 JDK 提供的或其他人写好的;另一种需要程序员自行设计。设计一个类大致可分为下面两步:

(1) 对现实世界的实体进行抽象,抽取其合适的状态和行为,形成思维中的类;

(2) 用 Java 语言来描述思维中的类,使思维中的类变成一个 Java 语言类。

对象是类的实例,同一个类可以建立多个对象实例,通过使用对象可以达到程序设计的目的。对象和类既有区别又有联系,类是创建实例对象的代码模板,对象则是按照类创建出来的一个个实例,有点像汽车的设计图纸和汽车的关系。采用面向对象程序设计技术的原因主要有两个,一是我们认识、研究世界乃至于改造世界都是以“对象”为基本单位进行的,将这一人类活动衍生到计算机编程中顺理成章;二是为了提高程序设计的效率,尤其是在越来越复杂的问题环境中解决模块的颗粒度问题,即内聚性和耦合性的分界线问题。

3.1.1 对象

在现实世界中,对象一般指一个独立于我们的客观实体,它一般有一定的内部结构,对外表现出一定的属性和行为,并且和周围的世界有一定的交互性,至少占有一定的空间和时间。

在面向对象程序设计中,对象就是数据空间结构加上指令代码,或称数据与代码的组合。换句话说,面向对象编程中的最基本的概念就是“对象”(Object),它是理解面向对象程序设计技术的关键。为了理解这一点,我们首先来环顾现实世界中的对象。我们周围的汽车、电视机、狗、书桌、自行车等都是现实世界中的物理实体,也就是我们所说的对象。现实世界中的对象具有3个特征,即状态、行为和事件响应能力,例如,自行车有状态(传动装置、步度、两个车和齿轮的数目等)和行为(刹车、加速等)。对事件的响应能力是通过行为方法实现的,它代表了一个对象和周围世界或其他对象的一种交互能力。其次,我们再来看看软件对象,软件对象是现实世界中的对象在计算机内部的模拟化产物,它们也有状态和行为。软件对象把状态用数据来表示并存放在变量中,而行为则用方法(程序代码)来实现。

软件对象用于模拟现实世界中的实体,其对象模型是根据现实世界中实体的状态和动作来确定的,程序设计中的对象用特定的数据结构表示其内部组织结构,用操作数据的方法描述其可产生的行为。在程序设计中,不仅现实世界中的物体可以表示为一个对象,一个抽象的概念也可以是一个对象。例如在图形用户界面的交互式窗口系统中,“事件”就是一个普通的对象,用来表达用户对鼠标或键盘的操作。

把一个对象的数据加以包装并置于其方法的保护之下称为封装。所谓封装,就是对内部数据的隐藏。封装实现了把数据和操作这些数据的代码包装成一个对象,而将数据和操作细节(方法)隐藏起来。如果增加某些限制,使得对数据的访问可按照统一的方式进行,这样就能比较容易地产生更为健壮的程序代码。

面向对象程序设计还体现了另外一个哲学思想,即意识和物质的不可分性,行为和肉体的不可分性。以人的大脑为例,如果没有了大脑的神经元细胞物质组成部分,也就无所谓意识,大家都会明白,这样的人是不会存在的,因为意识没有载体。同样,如果一个人的大脑的物质组成正常,将其意识行为去掉,大家明白这样的人只是“植物人”,不是一个真正的人。所以,结构决定了行为,行为又改变着结构,它们是不可分的一体两面。

我们只有设计出精巧的数据结构再配以合适的方法代码加上继承和多态,才是真正的面向对象程序设计。

3.1.2 类

在我们的物理或生物世界中,类代表一种抽象概念,例如猫代表一类动物的统称,它们都具有一些基本的、相同的属性和行为。在科学研究中我们使用类属概念将世界分门别类,再进行归纳、演绎和研究。

在计算机程序设计中，类是一个蓝图或模板，定义了某种类型的所有对象具有的数据特征和行为特征。在Java语言中，程序设计的基本单位就是类，也就是说，一个Java程序是由许多设计好的类组成的。对象实际上是程序运行时通过类创建的一个实例，生成实例的过程称为“把一个对象实例化”。一个实例化的对象实际上是由若干个实例变量和实例方法组成的。当创建出一个类的实例时，系统将为实例变量指定内存，然后即可利用实例方法去做某些工作。

为了更好地理解类和对象的概念，我们拿生命现象中的相关概念进行类比。如果将胚胎细胞中的DNA分子链看成是由4种基本的核糖核酸ATGC组成的编码序列，是一种代码模板，对应的就是我们此处讲的类。那么经过胚胎发育，最后成长为一个个生物个体，例如人、猫、狗、马等，就是由此代码模板创建的一个个实例对象，实例对象具有生命周期，对应于内存中对象的初始化、消息交互、死亡等。

3.1.3　消息

跟我们所处的世界一样，不存在孤立系统，所以在程序中，一个孤立的对象是没有用的。对象往往是作为一个组员出现在包含有许多其他对象的大程序或应用软件之中，通过这些对象的相互作用可以实现高层次的操作和更复杂的功能。某对象通过向其他对象发送消息与其他对象进行交互和通信。例如，当对象A要执行对象B中的方法时，对象A便发送一个消息给B。有时，接受消息的对象需要更多的信息以便能精确地知道做什么。消息以参数的形式传递给某个方法，一个消息通常由下面3个部分组成：

- 接受消息对象的名称；
- 要执行方法的名称；
- 方法需要的参数。

举例说明，胡亥给李斯打电话，叫他准备明天早上10点上朝；在这里，胡亥是消息的发送者，李斯是消息的接收者，将要执行的方法是“上朝”，参数是第二天早上10点。

消息的优点在于提供了对象交互的统一手段，不同进程中或不同计算机上的对象也可以通过消息相互作用。在计算机程序中，消息实际上就是一个方法调用过程，是一个类或对象调用其他对象或类方法的过程。

3.2　面向对象程序设计的基本原则

面向对象程序设计原则也就是我们在设计程序时应该遵循的基本设计思路，这些原则是若干计算机程序员积累下来的对我们设计程序很有用的技巧和指导原则。在第1章中已经简单地对这些原则进行了介绍，本章进一步强化和细化这些概念。

3.2.1　抽象原则

抽象就是从大量的、普遍的个体中抽象出共有的属性和行为，从而形成一般化概念的过程。在现实世界中，人们正是通过抽象来理解复杂的事物。例如，人们并没有把汽车当作成百上千的零件组成来认识,而是把它当作具有自己特定行为的对象。我们可以忽略发动机、液压传输、刹车系统等如何工作的细节,而习惯于把汽车当作一个整体来认识。

如果从一个抽象模型中去除足够多的细节,则它将变得足够通用,足以适用于多种情况或场合,这样的抽象在程序设计中非常有用。经过对大量事物的抽象和归类,可以形成相应的类属层次,图 3-1 所示为自然界中各事物的一个分类抽象。

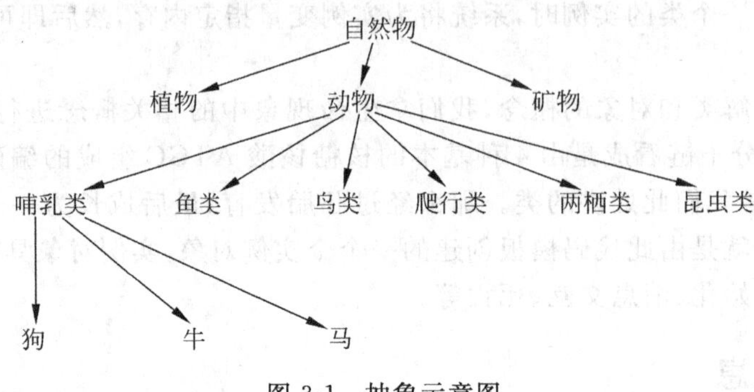

图 3-1 抽象示意图

3.2.2 封装原则

封装原则是一个自然法则,正如我们看到的、学习到的,以及我们周围的一切实体,包括动物、植物、各种人造物品都是封装的。一般情况下,我们只能看到这些物体的"外壳",而看不到其内部结构。

这种将内部结构和功能对外隐藏,只留下必要的接口和外界进行能量或信息交流的机制就是封装。例如人类,内脏、血管、神经都被封装在皮肤里面,对外表现出来的仅仅是皮肤和五官接口,也就是说,我们都是内聚性很强的对象个体,但我们又留有眼、耳、鼻、口等接口,我们通过这些接口在世间生存和忙碌。如果仔细观察,动物世界中的大多数动物都具有很好的封装性。

在面向对象程序设计中,我们应该遵循同样的原则,将对象的内部结构对外做信息隐藏,让外部不可访问,但提供一系列的公有接口,用来进行信息和能量交换。在 Java 语言中,实现封装的关键字是 private,提供接口的关键字是 public,如图 3-2 所示。

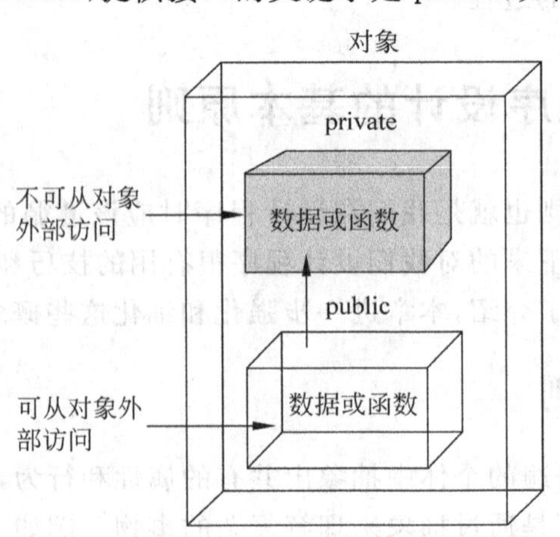

图 3-2 封装示意图

3.2.3　继承原则

继承原则也是一个自然法则，正如第 1 章提到的一样，如果没有继承，我们的生物世界就会永远处在生物链的底端，就不会出现如此丰富多样的生命世界。继承是发展的一部分，只有不断地继承旧的、成熟的东西，才能发展出更新的、更先进的东西，否则，我们就会在原地踏步，永远重复。继承也是存储的另一种形式，是“代码”的动态存储方式。我们的学习、工作都依赖于此，如果没有继承，则我们早晨起床后就会是一个“新”的我，跟昨天没有关系。我们的生长和记忆都是在继承昨天的基础上开始的。继承不是简单的复制，其基本内涵就有改变的含义，所以有继承才有进化，这也是“生命是程序”的另一个证据。

在面向对象程序设计中，我们将从已经存在的类产生新类的机制称为继承。原来存在的类叫父类（或叫基类），新类叫子类（或叫派生类），子类中会自动拥有父类中的设计代码，还可以改写原来的代码或添加新的代码。继承带来的好处有两个方面，一方面可减少程序设计的错误，另一方面做到了代码复用，可简化和加快程序设计，提高了工作效率。

继承不仅仅是简单的拥有父类的设计代码，继承机制本身就具有进化的能力，跟生物世界一样，子代总是比父代更能适应环境。我们通过对父类的设计做一些局部的修改，使得子类对象具有更好的适应能力和强大的生存能力。图 3-3 所示为一个继承示意图。

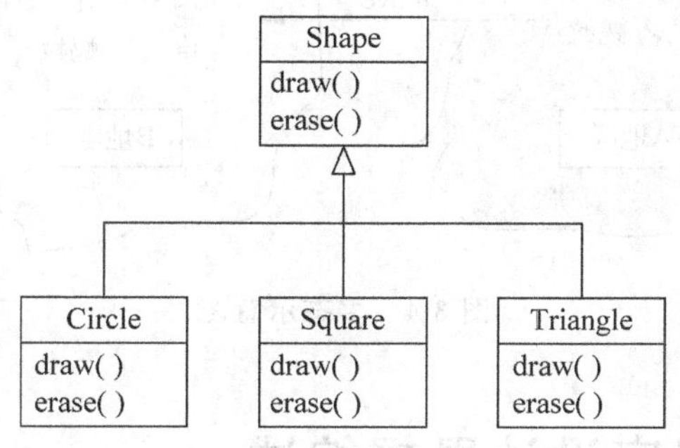

图 3-3　继承示意图

3.2.4　多态原则

多态原则是生物多样性在面向对象程序设计中的应用，正如第 1 章中说过的一样，面对同样的刺激、消息等，不同动物的反应是不一样的。在面向对象程序设计中，如果我们有许多不同的对象，每个对象都具有相应的行为模式（即执行代码），对每个对象发送同样的消息，每个对象的执行代码是不一样的，这就是面向对象程序设计中的多态。

在具体实现上指程序中定义的引用变量所指向的具体对象和通过该引用变量发出的方法调用在编程时并不确定，而是在程序运行期间才确定，即一个引用变量到底会指向哪个类的实例对象，该引用变量发出的方法调用到底是哪个类中实现的方法，必须在程序运行期间才能决定。因为在程序运行时才确定具体的对象，这样不用修改源程序代码就可以让引用变量绑定到各种不同的类实现上，从而导致该引用调用的具体方法随之改变，即不修改程序代码就可以改变程序运行时所绑定的具体代码，让程序可以选择多个运行状态，这就是多态性，多态性增强了软件的灵活性和扩展性。

多态性(polymorphism)是面向对象编程的基础属性,它允许多个方法使用同一个接口,从而导致在不同的上下文中对象的执行代码可以不一样。Java 从多个方面支持多态性,其中两个方面最为突出,一是每个方法都可以被子类重写;二是设立 interface 关键字。另外,Java 还支持通过方法重载实现的静态多态方式,即通过在编译时根据方法的参数不同选择编译不同的实现代码来实现多态,在运行时不再根据上下文改变。

由于超类(父类)中的方法可以在派生类(子类)中重写,因此,创建类的层次结构非常简单。在类的层次结构中,每个子类都是它的父类的特化(specialization)。从类属关系上来讲,属于底层类的对象肯定属于高层类。例如,小学生类是学生类的子类,学生类是人类的子类等,如果张三是一个小学生,则张三一定是一个学生,并且张三一定是一个人。在 Java 中,父类的引用可以指向子孙类对象,从而可以通过父类引用来调用子类对象的方法。在 Java 中,多态是通过动态绑定实现的,在通过父类的引用调用某子类对象的一个方法时会自动执行由该子类重写后的版本。因此,可以用父类来定义对象的形式并提供对象的默认实现,而子类根据这种默认实现进行修改,以更好地适应具体情况的要求。总之,在父类中定义的一个接口可以作为多个不同实现的基础。多态性原理如图 3-4 所示。

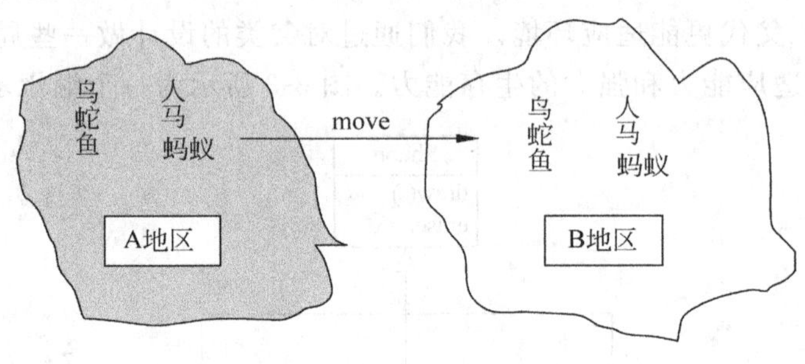

图 3-4 多态示意图

3.3 面向对象程序设计思想综述

面向对象最初是一种编程方式,现在成为了一种思想,一种在具体编程、软件设计、企业架构设计等领域广为应用的核心思想。在维基百科中给出了面向对象程序设计的基本概念,即使用“对象”这一概念将数据和操作数据的方法统一起来封装成一个整体,每个对象都有表示自己内部结构的数据,我们称之为属性,同时还有可以操作这些数据以改变对象的内部结构的函数①(在 Java 中称为方法),以便对外界表现出某种行为。对象之间通过“消息”来交互,而消息本质上就是一个对象或系统对另一个对象发起的一次函数调用。一般来讲,一个完整的应用程序的功能由多个对象的协同工作来完成。在 Sun 公司的网站中较为通俗地说明了“对象”就是将相关的状态和行为捆绑在一起的基本软件单位,常用来模拟我们客观世界中和日常生活中的实体或头脑中的概念。

在面向对象程序设计中,程序设计的目标逐渐发生了改变,设计的重点不再是流程设计,而是抽象出一套代码模板(类似于细胞中的染色体上的基因码段),这套代码模板称为

① 计算机程序中的函数指的就是经过抽象得到的固定、有序的指令集,可以完成一个独立的计算功能。

类。在程序运行时,用这些类创建出需要的对象,可以是一个也可以是多个,每一个对象都有自己的状态(数据)和自己的行为(操作)。这些对象互相联系、协同工作,完成整个程序的功能。正如在生命体中,决定每一种细胞的基因是确定的,由这部分基因表达后形成特定种类的细胞,在这里细胞可以看成是对象,基因可以认为是类(代码模板),而染色体就是类代码的串行存储结构,类似于前后相互连接的火车车厢,一种基因组的抽象如图 3-5 所示。

genome ($gene_0$ $gene_1$ $gene_2$ $gene_3$ $gene_4$ $gene_5$ $gene_6$ $gene_7$ ……)

图 3-5　染色体 DNA 分子链中的基因组织图

3.3.1　类设计的一般规则

类是创建对象的代码模板,一般由两个部分组成,即描述对象状态和结构的成员变量和描述对象行为的成员方法。类是面向对象程序设计的基本要素,通过设计类来实现前面我们讲过的抽象、封装、继承以及多态,对象是由类创建的,当使用一个类创建一个对象时,我们也常说这个类实现了一个实例。

在语法上,类由两个部分组成,即类声明和类体。其基本格式如下:

```
class 类名[extends 父类名][implements 接口名]{类体的内容 }
```

其中,class 是定义类的关键字,extends 是继承关键字,implements 是实现接口的关键字,类体部分代表此类的主体部分,又包括两个部分。

1. 成员变量(用来描述对象的属性)

```
[修饰符] 类型 变量名[ = 初值][,变量名[ = 初值] …];
```

说明:

(1) 类型:可以是 Java 的基本类型,例如 int、float 等,也可以是复杂类型,例如我们自己定义的类,或者数组、接口等。

(2) 变量名:必须是合法的 Java 标识符。

(3) 修饰符:说明变量的访问权限和某些使用规则,可以是 public、private、protected、static、final 等,在后面会一一讲到。

(4) 当成员变量含有自己的初始化表达式时,可以对变量初始化,即赋初值。

2. 成员方法(用来描述对象的行为)

方法是对实体行为的描述,对象通过执行它的方法对传来的消息做出响应。方法的定义只能在类中进行,它是完成某种功能的程序块,一个类或对象可以有多个方法。

方法的定义指描述方法的处理过程及其所需的参数,并用一个方法名来标识这个处理过程。方法定义中的形式参数并没有实际值,仅仅是为了描述处理过程而引入的占位符。

方法的使用就是通过向实例对象发送消息执行方法所定义的处理功能。在使用方法时给出参数的实际值,这些实际值称为实际参数(简称实参)。

[修饰符] 返回类型 方法名([形式参数列表])[throws 异常列表]
{ 方法体 }

说明：

(1) 返回类型：说明此方法执行完后会返回一个值，这里指的是返回值的数据类型，可以是基本类型，也可以是复杂类型。如果返回类型为 void，表示返回值为 null，即不返回任何值。

(2) 方法名：方法的名称，必须是合法的 Java 标识符。

(3) 形式参数列表：说明使用此方法所需要的参数列表，可以有 0 个或多个，多个参数之间用逗号“,”隔开。在方法执行时，调用者会将调用时的实际参数值复制(传递)一份到形参变量中，传递过程是按照顺序依次对应传递。

(4) 修饰符：说明此方法的访问权限和某些使用规则，可以是 public、private、protected、static、abstract 和 final 等。

(5) 方法体：用一对花括号“{}”括起来，包含局部变量定义和相应的执行语句。

(6) 异常列表：说明本方法有可能产生的异常，需要调用者处理，在后面会详细讲解。

举例说明，我们需要抽象复数类，大家在数学中应该学过，一个复数由两个部分组成，即一个实部、一个虚部，组成形如 $a+bi$ 的形式，复数的各种运算大家也应该清楚，则一种可能的抽象如下例所示。

【例 3-1】 复数类抽象。

```
import java.util.Scanner;
public class fushu {
      private double realpart;
      private double imaginarypart;
      fushu(){realpart = 0;imaginarypart = 0;}                         //默认构造方法
      fushu(double s,double x){realpart = s;imaginarypart = x;}        //构造方法
      public void input() {
        Scanner keyin = new Scanner(System.in);
        System.out.print("real:");
        realpart = keyin.nextDouble();
        System.out.print("imaginary:");
        imaginarypart = keyin.nextDouble();
      }
      public void display() {
              String str = "" + realpart;
              if(imaginarypart < 0.0) str = str + imaginarypart + "i";
              else str = str + " + " + imaginarypart + "i";
              System.out.println(str);
      }
      public static void main(String[] args) {
          fushu m1 = new fushu(3.4,8.0);
          m1.input();
          m1.display();
      }
}
```

3.3.2 引用和引用变量

在第 2 章中已经介绍过引用了，此处进一步阐述。引用其实类似于C语言中的指针概念，但在C语言中指针是一个内存地址，用一个大于 0 的正整数来表示，可以进行加减运算。Java 中的引用不能进行加减运算，含有指向一个对象的意思，理论上它也代表一个对象的内存开始地址，其中，null(即 0)代表空引用，即不指向任何对象。

如果用一个类定义一个变量或数组变量，或后面讲到的接口变量，则该变量就是一个引用类型变量，可以存储引用(即一个对象的地址信息)了。基本类型变量和引用类型变量的存储结构示意图参考第 2 章的图 2-6 和图 2-7。

在 Java 中通常通过 new 创建一个对象和引用进行关联，例如：

```
fushu m1 = new fushu(3.4,8.0);
```

这样不仅创建了一个对象和引用 m1 进行关联，同时也进行了初始化。如果我们定义了一个引用，但没有指向任何对象，例如用上例中的复数类定义一个变量，即“fushu myvar;”，此时 myvar 的值为 null，即没有指向任何实际对象。如果调用它的成员方法或访问成员变量就会导致发生异常，因为对象还不存在，所以对象的属性和方法都不存在。

引用可以作为方法的参数，通过引用来传递对象，从而可以改变对象的内部状态，类似于你给派出所自己的身份证号码，派出所可以通过身份证号码定位你的信息，并可以修改你的信息，例如将未婚修改为已婚等，但引用本身并不发生变化。

注意：如果用类来定义数组，则该数组变量就是一个引用变量，因为 Java 语言中的数组为对象，同时每一个数组元素也是引用变量，用来指向该类的一个实例对象，这类似于 C 语言中的指针数组概念。

3.3.3 this 关键字

Java 用 this 引用指向对象自己，也就是说，当一个对象创建好后，Java 虚拟机就会给它分配一个引用自身的指针 this。在使用对象的成员变量和成员方法时，如果没有指定相应的对象约束，则默认使用的就是 this 引用。

在程序中，我们一般在以下情况使用 this 关键字：

- 在类的构造方法中，通过 this 语句调用这个类的另一个构造方法。
- 在一个非静态成员方法中，局部变量或形参变量与非静态成员变量同名，成员变量被屏蔽，要使用 this. varname 这种形式来指代成员变量。
- 在一个方法调用中，可以使用 this 将当前实例的引用作为参数进行传递。

3.3.4 匿名对象

所谓匿名对象，就是创建的对象没有特定的引用指向它，如下例所示：

```
public class StudentTest {
  public static void main(String[] args) {
    new Student("张三",'M',23).introduceMe();                //匿名对象
```

```
        }
    }
```

匿名对象在使用完后即变成垃圾对象,等待垃圾回收器回收。

3.3.5 方法重载

在同一个类中有多个同名的方法,但方法的参数列表不同,执行代码也不同,我们称之为方法重载。Java 中的方法重载也是实现多态性的方法之一,但方法重载是静态绑定的,即在编译时已确定好要执行的方法代码。方法重载主要通过实参列表和形参列表的配对来确定要使用哪个方法,例如下例。

【例 3-2】 方法重载演示。

```
class Calculation {
  public void add( int a, int b) {
    int c = a + b;
    System.out.println("两个整数相加得 " + c);
  }
  public void add( float a, float b) {
    float c = a + b;
    System.out.println("两个浮点数相加得" + c);
  }
  public void add( String a, String b) {
    String c = a + b;
    System.out.println("两个字符串相加得 " + c);
  }
  public void add(fushu a, fushu b) {
       fushu f = new fushu(a.shibu + b.shibu, a.xubu + b.xubu);
       System.out.println("两个复数相加得 " + f);
  }
}
class CalculationDemo {
  public static void main(String args[ ]) {
    Calculation c = new Calculation();
    c.add(10,20);
    c.add(40.0F, 35.65F);
      c.add("早上", "好");
      fushu f1 = new fushu(3.4,2.8);
      fushu f2 = new fushu(1.6, - 7.8);
      f1.display();
      f2.display();;
      c.add(f1,f2);
  }
}
```

3.3.6 构造方法设计和对象的创建

前面已经讲过,对象是类实例化后的产物,所谓实例化就是按照类的设计创造对象,就是给此对象分配内存并初始化,即要进行一系列的构造工作,使其变成一个合适的、可用的对象，这就是构造方法所完成的工作。构造方法是类中的一个特殊方法，特殊之处在于此方法要与类名同名，并且不能有返回类型。

注意：构造方法不能有返回类型并不代表它不能有返回值，实际上它要返回对象在内存中的开始地址。

构造方法可以重载，并且我们把没有任何参数的构造方法称为默认构造方法。如例 3-1 中的 fushu()是默认构造方法，而 fushu(double s,double x)则是带有两个形参的构造方法。在 Java 中，如果程序员没有提供构造方法，则 Java 编译器会自动提供一个默认的构造方法，如果程序员提供了构造方法，则 Java 编译器不再提供任何构造方法。

除了特殊的设计模式以外，建议大家最好提供一个默认的构造方法，例如我们抽象一个学生类。

【例 3-3】 学生类 Student。

```
import java.util.Scanner;
public class Student {
    private String name;
    private char sex;
    private int  age;
    private String[ ] coursenames;
    private double[ ] coursescores;
    public Student(){                                              //默认构造方法
        name = "unknown name!";
        sex = 'M';
        age = 0;
        coursenames = new String[3];
        coursescores = new double[3];
        coursenames[0] = new String("语文");
        coursenames[1] = new String("数学");
        coursenames[2] = new String("英语");
        coursescores[0] = coursescores[1] = coursescores[2] = 0.0;
    }
    public Student(String n, char s, int a){                       //带参数的构造方法
        name = n;
        sex = (s == 'F')?s:'M';                                    //过滤数据
        if(a >= 0&&a <= 40) age = a;                               //过滤数据
        else age = 18;
        coursenames = new String[3];
        coursescores = new double[3];
        coursenames[0] = new String("语文");
        coursenames[1] = new String("数学");
        coursenames[2] = new String("英语");
        coursescores[0] = coursescores[1] = coursescores[2] = 0.0;
    }
    public void introduceMe() {
        System.out.println("我的名字是:" + name);
        System.out.println("我的性别和年龄分别是:" + sex + " 和 " + age);
        System.out.println("我的成绩还没有输入!");
    }
}
```

在定义完类后,就可以用类来创建对象并使用对象了。关键字 new 通常称为创建运算符,用于分配对象内存,并将该内存初始化为默认值,然后调用构造方法来执行对象具体初始化。例如下例:

```
public class StudentTest {
    public static void main(String[] args) {
        Student stu1 = new Student();                    //调用默认构造方法
        Student stu2 = new Student("张三",'M',23);       //调用带参数的构造方法
        stu1.introduceMe();
        stu2.introduceMe();
    }
}
```

在 new 分配内存后,各种类型变量的默认初始值如表 3-1 所示,也就是调用构造方法之前的值。

表 3-1 成员变量的默认值

类　型	默认值	类　型	默认值
byte	(byte)0	char	'\u0000'
short	(short)0	float	0.0F
int	0	double	0.0D
long	0L	对象引用	null
boolean	false		

注意:如果一个构造方法通过 this 调用另一个构造方法,则该调用语句必须出现在第一句。

3.3.7 get 方法和 set 方法设计

前一节已初步设计好 Student 类,我们对它内部的数据做了封装,使得类外不能直接访问,例如在 StudentTest 类的 main 方法中,我们想直接给 stu1 对象的年龄 age 赋值,即"stu1.age=200;",这是错误的,这种破坏封装的语句在 Java 编译时不允许通过。封装给我们带来了两个好处,一是被封装的数据对外是不可见的,二是我们通过提供一系列的 get 方法和 set 方法去读写这些数据。在这些方法中我们可以过滤传进来的数据,就像人的消化系统一样,所有的食物经过消化系统后变成了对人有用的营养,而非法数据则被过滤,这就是对象对外提供的交换接口。

get 方法和 set 方法的编写也很简单,一般以 get 和 set 开头,后面单词的第一个字母一般大写。例如给 Student 类加上合适的 set 和 get 方法:

```
public String getName(){return name;}
public void setName(String n){name = n;}
public char getSex(){return sex;}
public void setSex(char s){sex = (s == 'F')?s:'M';}
public int getAge(){return age;}
public void setAge(int a){age = (a >= 0&&a <= 40)?a:18;}
public String[] getCoursenames(){return coursenames;}
```

```
public String getCoursename(int i){return coursenames[i];}
public void setCoursenames(String[] cn){coursenames = cn;}
public void setCoursename(String cn,int i) {
    coursenames[i] = cn; }
public double[] getCoursescores(){return coursescores;}
public double getCoursescore(int i){return coursescores[i];}
public void setCoursescores(double[] cs){coursescores = cs;}
public void setCoursescore(double cs, int i){coursescores[i] = cs;}
```

注意：针对具有多值的成员变量，一般是数组或集合，我们应该至少提供两套 get()方法和 set()方法，如上例所示。

3.3.8　toString 方法和 equals 方法设计

在上一章介绍了 Object 类，说 Object 类是 Java 中所有其他类的根，也可以说，它是我们所有类的一个框架设计，在此类中有两个重要的方法。

- toString()方法：用来将一个对象转换成字符串描述形式。
- equals()方法：用来比较两个对象的内容是否一样。

它们的原始实现非常简单，我们需要在类中给出更有意义的、更具体的执行代码，实际上这叫方法重写，在下一章中会讲到。

```
public boolean equals(Object obj){
    if(obj == this){
        return true;
    }
    if(!(obj instanceof Student)){
        return false;
    Student anotherstu = (Student)obj;
    if(!name.equals(anotherstu.getName()) return false;
    else if(age!= anotherstu.getAge()) return false;
    else if(sex!= anotherstu.getSex()) return false;
    return true;
}
public String toString() {
  String myinfo = "   name:" + name + "\tsex:" + sex + "\tage:" + age;
  myinfo = myinfo + "\n ============================================= \n";
  for(int i = 0;i < coursenames.length;i++) {
    myinfo = myinfo + "    " + coursenames[i] + "   \t";
  }
  myinfo = myinfo + "\n";
  for(int i = 0;i < coursescores.length;i++)  {
    myinfo = myinfo + "    " + coursescores[i] + "   \t";
  }
  myinfo = myinfo + "\n ============================================= ";
  return myinfo;
}
```

【例 3-4】　复数类新版，添加了 equals()和 toString()方法。

```
import java.util.Scanner;
public class fushu {
    private double realpart;
```

```
    private double imaginarypart;
    fushu(){realpart = 0;imaginarypart = 0;}
    fushu(double s,double x){realpart = s;imaginarypart = x;}
    public boolean equals(fushu another) {
        return (this.realpart == another.realpart
            && this.imaginarypart == another.imaginarypart);
    }
    public String toString() {
        String str = "" + realpart;
        if(imaginarypart < 0.0) str = str + imaginarypart + "i";
        else str = str + " + " + imaginarypart + "i";
        return str;
    }
    public void input() {
      Scanner keyin = new Scanner(System.in);
      System.out.print("real:");
      realpart = keyin.nextDouble();
      System.out.print("imaginary:");
      imaginarypart = keyin.nextDouble();
    }
    public void display() {
       System.out.println(toString());
    }
    public static void main(String[] args) {
       fushu m1 = new fushu(3.4,8.0);
       fushu m2 = new fushu(3.4,8.0);
       System.out.println("m1 == m2 = " + (m1 == m2));
       System.out.println("m1.equals(m2) = " + m1.equals(m2));
       fushu m3 = new fushu(4.4, - 8.9);
       System.out.println("m1 = " + m1);
       System.out.println("m3 = " + m3);
       m2.input();
       m2.display();
    }
}
```

3.3.9 其他功能方法设计

在类的设计中,除了针对封装属性提供的接口和重写从父类中继承的方法以外,每一个类都应该有自己独特的功能方法,例如针对学生类求总分以及输入数据等。

```
public double total() {
    double sum = 0.0;
    for(int i = 0;i < coursescores.length;i++)   {
        sum += coursescores[i];
    }
    return sum;
  }
  public void inputData() {
    Scanner in = new Scanner(System.in);
    System.out.println("请输入" + name + "的成绩: ");
    for(int i = 0;i < coursescores.length;i++) {
```

```
            System.out.print(coursenames[i] + ":");
            coursescores[i] = in.nextDouble();
        }
    }
```

到此为止，我们的学生类才初具模型，在后面的章节中会有更完整的代码。

3.4 方法递归

所谓递归(recursion)，在数学上就是利用自身结构来描述自己。例如：

- 自然数：1 是一个自然数，一个自然数的后继者是一个自然数。
- 阶乘运算：$0!=1$，如果 $n>0$，那么 $n!=n*(n-1)!$。
- 斐波纳契数列：$f(0)=1, f(1)=1, f(n)=f(n-1)+f(n-2)$。

在 Java 语言程序设计中，在一个方法内部直接或间接地调用自身，我们称之为递归方法。编写递归方法必须满足以下 3 个条件：

(1) 知道递归公式的描述。

(2) 每次递归调用必须使得其进程逐步接近递归的终止条件。

(3) 必须要有递归终止条件。

【例 3-5】 递归演示。

```
public class RecursionDemo {
    public long fac(int n) {
        if(n == 0)                                      //终止条件
            return 1;
        else
            return (n * fac(n - 1));                    //递归公式
    }
    public long fbnc(int n) {
        if(n == 0||n == 1)                              //终止条件
            return 1;
        else
            return(fbnc(n - 1) + fbnc(n - 2));          //递归公式
    }
    public static void main(String[] args) {
        RecursionDemo rcs = new RecursionDemo();        //调用默认构造方法创建对象
        System.out.println("5!= " + rcs.fac(5));        //调用对象的 fac()方法
        System.out.println("f(20) = " + rcs.fbnc(20));  //调用对象的 fbnc()方法
    }
}
```

3.5 Java 语言中的访问权限

Java 语言采用访问控制修饰符来控制类及成员方法和成员变量的访问权限，Java 中的访问控制分为下面 4 个级别。

(1) 公开级别：用 public 修饰，对外完全公开。

(2) 受保护级别：用 protected 修饰，对子类和同一个包中的类公开。

(3) 默认级别：没有访问控制修饰符，对同一个包中的类公开。

(4) 私有级别：用 private 修饰，只有类本身可以访问，不对外公开。

注意：访问级别仅仅适用于类及类的成员，而不适用于局部变量。局部变量只能在方法内部被访问，不能用 public、protected 或 private 修饰。

成员变量、成员方法和构造方法可以处于 4 个级别中的一个，而类又分为顶层类和内部类，顶层类只可以处于公开或默认级别，因此不能用 private 和 protected 类修饰，内部类可以有各种访问权限。表 3-2 列出了 Java 语言中的访问权限。

表 3-2 4 种访问级别的访问范围

访问控制	private 成员	默认的成员	protected 成员	public 成员
同一类中的成员	√	√	√	√
同一包中的其他类	×	√	√	√
不同包中的子类	×	×	√	√
不同包中的非子类	×	×	×	√

3.6 内部类和匿名类

3.6.1 内部类

内部类是指在一个外部类的内部再定义一个类，内部类作为外部类的一个成员，是依附于外部类存在的。内部类可以是静态的，可以用 protected 和 private 修饰(外部类只能使用 public 和默认的包访问权限)。内部类主要有成员内部类、局部内部类、静态内部类、匿名内部类。内部类允许把一些逻辑相关的类组织在一起，并且能控制内部类代码的可视性，将包含此内部类的类称为外部类或顶层类。

【例 3-6】 内部类演示 1。

```
class A {
    int a;
    public A(){a = 29;}
    public void print() {
        System.out.println("a = " + a);
        B myb = new B();                          //使用内部类创建对象
        myb.display();
    }
    class B {                                     //内部类,默认访问级别
        int b;
        B(){b = 78;}
        public void display() {
            System.out.println("a = " + a);       //可以直接访问外部类的成员变量
            System.out.println("b = " + b);
        }
```

```
        }
    }
    class innertest {
        public static void main(String[ ] args) {
            A mya = new A();
            mya.print();
            A.B innerobj = new A().new B();                    //在其他类中创建内部类对象
            innerobj.display();
        }
```

【例 3-7】 内部类演示 2。

```
class innerouter {
    private class inner {                                  //内部类,私有访问级别
        private String name;
        private int age;
        public int step;
        inner(String s,int a) {
            name = s;
            age = a;
            step = 0;
        }
        public void run() {
            step++;
        }
    }
    public static void main (String args[ ]) {
        innerouter a = new innerouter();                   //创建外部类对象
        innerouter.inner d = a.new inner("Tom",3);         //创建内部类对象
        d.step = 25;                                       //访问内部类的属性
        d.run();                                           //调用内部类的方法
        System.out.println(d.step);
    }
}
```

注意:如果一个内部类由 static 修饰,则此类会自动变成和顶层类同级,即不能再直接访问外部类非静态成员变量。

3.6.2 匿名类

匿名内部类(简称匿名类)就是没有名字的内部类。匿名类是一种特殊的内部类,这种类没有名字,通过 new 关键字直接创建某一个类的匿名子类的对象来使用。那么,在什么情况下需要使用匿名内部类呢?如果满足下面的一些条件,使用匿名内部类是比较合适的:

(1) 只用到类的一个实例。

(2) 类在定义后马上用到。

(3) 类非常小(Sun 公司推荐是在 4 行代码以下)。

(4) 给类命名并不会导致代码更容易被理解。

在使用匿名内部类时,用户要记住下面几个原则:

(1) 匿名内部类不能有构造方法。
(2) 匿名内部类不能定义任何静态成员、方法和类。
(3) 匿名内部类不能是 public、protected、private、static。
(4) 只能创建匿名内部类的一个实例。
(5) 一个匿名内部类一定是在 new 的后面,用其隐含实现一个接口或实现一个类。
(6) 因匿名内部类为局部内部类,所以局部内部类的所有限制都对其生效。

下例用于演示匿名类的使用技巧。

【例 3-8】 匿名类演示。

```
class Anonymousedemo {
    Anonymousedemo(){
        System.out.println("默认构造方法!");
    }
    Anonymousedemo(int x){
        System.out.println("带一个参数的构造方法!");
    }
    void method(){
      System.out.println("一成员方法");
    }
    public static void main(String[] args)
    {
      new Anonymousedemo().method();                    //创建匿名对象并调用成员方法
      Anonymousedemo a = new Anonymousedemo(){          //匿名类,实际上是子类
          void method(){
            System.out.println("匿名类中的成员方法");
          }
      };
      a.method();
    }
}
```

3.7 Java 的垃圾回收机制

垃圾回收作为一种内存管理技术已经存在了很长时间,但是 Java 使它焕发出崭新的活力。在 C++等语言中,内存必须人工管理,程序员必须显式地释放不再使用的对象。这是问题产生的根源,因为忘记释放不再使用的资源,或者释放了正在使用的资源都是很常见的事情。Java 代替程序员完成了这些工作,从而防止了此类问题的发生。在 Java 中,所有的对象都是通过引用访问的,这样,当垃圾回收器发现一个没有引用的对象时,就知道此对象已经不被使用,并且可以回收了。如果 Java 允许对象的直接访问(与简单数据类型的访问方式类似),那么这种有效的垃圾回收方法将无法实现。

Java 的垃圾回收策略在普遍意义上反映了 Java 的理念,那就是简化 Java 程序员的工作复杂度,提高程序员的编程效率。Java 设计人员花费大量的精力来防止其他编程语言经常出现的典型问题,例如程序员经常忘记释放资源,或者错误地释放正在使用的资源。因此,使用垃圾回收策略有效地避免了此类问题的发生。

Java 的垃圾回收具有以下特点：

(1) 只有当对象不再被程序中的任何引用变量引用时，它的内存才可能被回收。

(2) 程序无法迫使垃圾回收器立即执行垃圾回收操作。

(3) 当垃圾回收器将要回收无用对象的内存时，先调用该对象的 finalize()方法，该方法释放对象所占的相关资源，但也有可能是对象复活，不再回收该对象的内存。

3.8 程序建模示例

【程序建模示例 1】 Hanoi 塔问题的递归解法。

在印度有这么一个古老的传说：在世界中心贝拿勒斯(在印度北部)的圣庙里，一块黄铜板上插着 3 根宝石针。印度教的主神梵天在创造世界的时候，在其中一根针上从下到上穿好了由大到小的 64 片金片，这就是所谓的汉诺塔。不论白天黑夜，总有一个僧侣在按照下面的法则移动这些金片：一次只移动一片，不管在哪根针上，小片必须在大片的上面，如图 3-6 所示。僧侣们预言，当所有的金片都从梵天穿好的那根针上移到另外一根针上时，世界将在一声霹雳中消灭，而梵塔、庙宇和众生也将同归于尽。

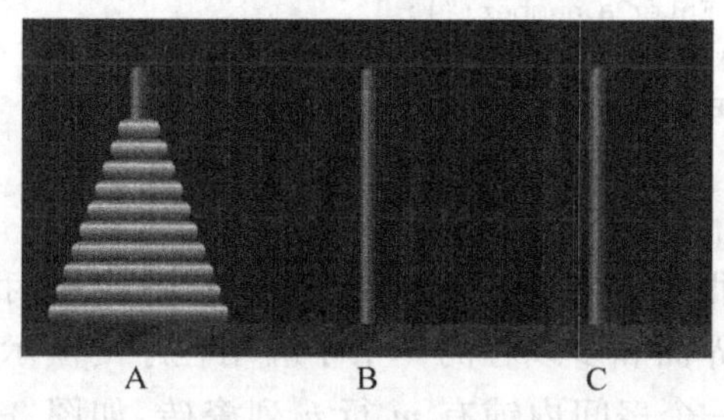

图 3-6 汉诺塔演示

分析：不管这个传说的可信度有多大，如果考虑把 64 片金片由一根针移到另一根针上，并且始终保持上小下大的顺序，需要移动多少次呢？这里需要用到递归方法，假设有 n 片，移动次数是 $f(n)$，则移动次数如表 3-3 所示。

表 3-3 所需移动次数

金片数	所需移动次数 $f(n)$	金片数	所需移动次数 $f(n)$
1	1	…	…
2	3	n	2^n-1
3	7		

如表 3-3 所示，当 $n=64$ 时，$f(64)=2^{64}-1=18\,446\,744\,073\,709\,551\,615$。假如每秒钟一次，共需多长时间呢？一个平年 365 天，大约有 31 536 000s，闰年 366 天，有 31 622 400s，平均每年 31 556 952s，计算一下，18 446 744 073 709 551 615/31 556 952=584 554 049 253.855 年。

这表明移完这些金片需要 5845 亿年以上，而地球存在至今不过 45 亿年，太阳系的预期寿命据说也就数百亿年。真的过了 5845 亿年，不说太阳系和银河系，至少地球上的一切生命，连同梵塔、庙宇等，都早已灰飞烟灭。

下例使用递归方法简单地演示了 Hanoi 塔移法：

```
//Hanoi.java
import java.util.Scanner;
public class Hanoi{
  void moves(char a,char c){
     System.out.println("From " + a + " to " + c);
  }
  void hanoi(int n,char a,char b,char c){
     if(n == 1) moves(a,c);
     else {
        hanoi(n - 1,a,c,b);
        moves(a,c);
        hanoi(n - 1,b,a,c);
     }
  }
  public static void main(String[] args) {
     int n;
     Scanner keyin = new Scanner(System.in);
     Hanoi test = new Hanoi();
     System.out.print("Enter a number:");
     n = keyin.nextInt();
     test.hanoi(n,'A','B','C');
  }
}
```

大家还可以上网看到很多基于图形界面的 Hanoi 塔演示，我们的源代码包中包含了 Bob Kirkland 的基于图形界面和多线程的一个小应用程序的演示。

【程序建模示例 2】 一个房间内铺有 m 行 n 列瓷砖，如图 3-7 所示。一个跳蚤随机从一个瓷砖开始，每次随机选择一个方向，前进一个瓷砖，当碰到墙时，代表此方向不能前进，试编程模拟此过程，当跳蚤遍历所有瓷砖时，输出每块瓷砖被经历的次数和跳蚤跳跃的总次数。

图 3-7 跳蚤实验

分析：我们抽象一个房子类，保存有 m 和 n 的值，以及一个模拟地板瓷砖的二维数组，用二维数组中每一个元素的值记录跳蚤经过此瓷砖的次数。再抽象一个跳蚤类，保存跳蚤所在的瓷砖位置，然后随机产生一个方向进行跳跃。一种可能的程序模拟如下：

```
//Tiaozao.java
class House{
  private int m;
  private int n;
  private int[][] a;
  public House(){
    m = 10;n = 10;
    a = new int[m][n];
    for(int i = 0;i<m;i++)
      for(int j = 0;j<n;j++) a[i][j] = 0;
  }
  public House(int m,int n){
    this.m = m;this.n = n;
    a = new int[m][n];
    for(int i = 0;i<m;i++)
      for(int j = 0;j<n;j++) a[i][j] = 0;
  }
  public int getM(){return m;}
  public int getN(){return n;}
  public int[][] getA(){return a;}
  public int getElement(int i,int j){return a[i][j];}
  public void setElement(int i,int j,int v){ a[i][j] = v; }
  public boolean checkZero(){
    for(int i = 0;i<m;i++)
      for(int j = 0;j<n;j++) {
        if(a[i][j] == 0) return true;
      }
    return false;
  }
  public void display() {
    for(int i = 0;i<m;i++){
      for(int j = 0;j<n;j++) {
        System.out.print("" + a[i][j] + " ");
      }
      System.out.println();
    }
  }
}
public class Tiaozao{
   private static final int UP = 0;
   private static final int DOWN = 1;
   private static final int RIGHT = 2;
   private static final int LEFT = 3;
   private int x,y;
   private int totals;
   private House ahouse;
   public Tiaozao(House h){
      ahouse = h;
      totals = 0;
```

```
        x = (int)(Math.random() * ahouse.getM());
        y = (int)(Math.random() * ahouse.getN());
    }
    public int getTotals(){return totals;}
    public boolean walk(int direction) {
        System.out.println("x = " + x + ",y = " + y + ",direction = " + direction);
        switch(direction)    {
          case UP: if(y == 0) return false;
                   else {
                     ahouse.setElement(x,y,ahouse.getElement(x,y) + 1);
                     y = y - 1;
                   }
                   return true;
          case DOWN: if(y == ahouse.getN() - 1) return false;
                   else {
                     ahouse.setElement(x,y,ahouse.getElement(x,y) + 1);
                     y = y + 1;
                   }
                   return true;
          case LEFT: if(x == 0) return false;
                   else {
                     ahouse.setElement(x,y,ahouse.getElement(x,y) + 1);
                     x = x - 1;
                   }
                   return true;
          case RIGHT: if(x == ahouse.getM() - 1) return false;
                   else {
                     ahouse.setElement(x,y,ahouse.getElement(x,y) + 1);
                     x = x + 1;
                   }
                   return true;
          default: System.out.println("非法移动!");return false;
        }
    }
    public void move() {
        int nextdirection;
        boolean success;
        do{
          nextdirection = (int)(Math.random() * 4);
          success = walk(nextdirection);
          if(success) totals++;
        }while(ahouse.checkZero());
    }
    public static void main(String[] args) {
        House ahouse = new House(4,4);
        Tiaozao atiaozao = new Tiaozao(ahouse);
        atiaozao.move();
        ahouse.display();
        System.out.println("Totals = " + atiaozao.getTotals());
    }
}
```

程序的执行结果如图 3-8 所示。

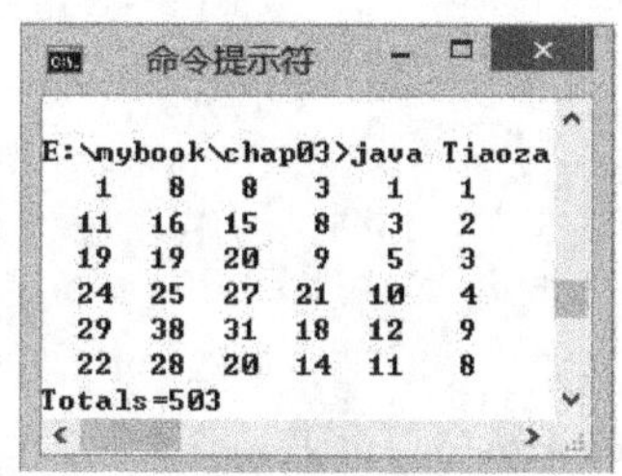

图 3-8　跳蚤程序的执行结果

3.9　本章小结

本章详细介绍了面向对象程序设计的基本概念和基本的设计原则，包括抽象原则、封装原则、继承原则、多态原则，还介绍了对象和类的基本概念，类和对象的关系以及类设计的一般规则。类是 Java 语言程序设计的基本元素，它定义了一个对象的结构和功能，类中主要包含属性和方法。本章通过程序实例演示了数据的封装技巧、方法重载、get 方法、set 方法以及功能方法的设计技术。在本章中还介绍了构造方法、方法递归等基本概念，辨析了引用和引用变量，简述了内部类和匿名类的概念，最后通过程序建模演示了面向对象程序设计中的抽象、封装等设计技巧。

习题

一、选择题

1. 下列不属于面向对象编程的特征的是(　　)。

   A. 封装　　B. 指针操作　　C. 多态性　　D. 继承

2. (　　)是一组有相同属性、共同行为和共同关系的对象的抽象。

   A. 类　　B. 方法　　C. 属性　　D. 以上都不对

3. (　　)是指在调用一个方法时，每个实际参数"值"的副本都将被传递给此方法形参。

   A. 按引用传递　　B. 按值传递　　C. 按对象传递　　D. 按形参传递

4. java.lang 包的 Object 的(　　)方法将比较两个对象是否相等，如果相等则返回 true。

   A. toString()　　B. compare()　　C. equals()　　D. none of above

5. (　　)是指子类中的一个方法与父类中的方法有相同的方法名，并具有相同参数和类型的参数列表。

   A. 重载方法　　B. 覆盖方法　　C. 强制类型转换　　D. none of above

6. 当编译并运行下列程序段时，将会(　　)。

```
class VarField {
  int i = 99;
  void amethod(){
    int i;
    System.out.println(i);
  }
}
public class VarInit{
  public static void main(String args[])
  {
     VarField m = new VarField();
     m.amethod();
  }
}
```

A. 输出 99　　B. 输出 0　　C. 编译时出错　　D. 执行时出错

7. 对于下列定义的类,通过(　　)可以使它既符合类的封装性,又能操作类中的属性。

```
class Staff{
  int salary;
}
```

A. 将属性 salary 定义为 private
B. 将属性 salary 定义为 public
C. 将属性 salary 定义为 private,并且定义 public 的 get 和 set 方法访问属性 salary
D. 将属性 salary 定义为 public,并且定义 public 的 get 和 set 方法访问属性 salary

8. 关于对象的删除,下列说法正确的是(　　)。
A. 必须由程序员完成对象的清除
B. Java 把没有引用的对象作为垃圾收集起来并释放
C. 只有当程序中调用 System.gc()方法时才能进行垃圾收集
D. Java 中的对象都很小,一般不进行删除

9. 关于构造方法,下列说法错误的是(　　)。
A. 构造方法不可以进行方法重写
B. 构造方法用来初始化该类的一个新对象
C. 构造方法具有和类名相同的名称
D. 构造方法不返回任何数据类型

10. 在 Java 中,为了使一个名为 Example 的类成功地编译和运行,必须满足(　　)。
A. Example 类必须定义在 Example.java 文件中
B. Example 类必须声明为 public 类
C. Example 类必须定义一个正确的 main()方法
D. Example 类必须导入 java.lang 包

11. 给出以下代码,该程序的输出结果是(　　)。

```
class Example{
  public static void main(String[] args) {
```

```
        Float f1 = new Float("10.4F");
        Float f2 = new Float("10.4f");
        System.out.print(f1 == f2);
        System.out.print("\t" + f1.equals(f2));
    }
}
```

A. true false　　B. true true　　C. false true　　D. false false

12. 编译并执行下列程序段，将会输出(　　)。

```
class Test1{
    private int i = 100;
    public Test1(){}
    public void putI(int n){i = n;}
    public int getI(){return i;}
}
class Test2{
    public void method1(){
        int i = 200;
        Test1 obj1 = new Test1();
        obj1.putI(20);
        method2(obj1,i);
        System.out.print(obj1.getI());
    }
    public void method2(Test1 v,int i){
        i = 0;
        v.putI(30);
        Test1 obj2 = new Test1();
        v = obj2;
        System.out.print(v.getI() + "," + i + ",");
    }
}
public class Main{
    public static void main(String[] args){
        Test2 obj = new Test2();
        obj.method1();
    }
}
```

A. 20,200,0　　B. 100,30,0　　C. 100,0,30

D. 200,30,0　　E. 200,20,30

13. 下列(　　)选项能较好地体现面向对象的封装性。

A. 类中的方法全部是私有的，以避免意外地修改成员变量的值

B. 类中的属性都是公有的，以便其他对象方便地访问

C. 类中的所有属性都是私有的，以防止意外地被修改

D. 一般情况下，类的属性是私有的，方法是公有的，通过公有方法来访问或修改私有属性

二、简答题

1. 什么是对象? 什么是类? 类和对象有什么关系?
2. 如何定义一个类? 类中包含哪几个部分?
3. 如何创建对象? 如何对对象进行初始化?
4. 请说明比较两个对象时,使用"=="比较两个引用变量和使用 equals()方法比较两个引用变量的区别。
5. 类的实例变量在什么时候会被分配内存空间?
6. 什么是匿名对象? 什么是内部类?

三、编程题

1. 设计一个 Timer 类,属性包括小时、分、秒,然后编写含有 main 方法的类创建一个 Timer 对象进行测试。
2. 对学生成绩管理系统进行完善,补充修改、删除等功能。
3. 编写一个类,用该类创建的对象可以计算等差数列的和。
4. 试对平面直角坐标上的点、直线、三角形等简单图形编写一个程序,并在程序中求出对应图形的面积和周长。
5. 修改课本中的复数类,使其能进行复数的四则混合运算。
6. 编程打印出杨辉三角形(要求打印出 10 行,如下图所示)。

```
          1
         1 1
        1 2 1
       1 3 3 1
      1 4 6 4 1
    1 5 10 10 5 1
     …………
```

第4章 Java特殊关键字的学习和面向对象原理进阶

通过观察生物世界我们发现,生物从受精卵到胚胎再到成熟的个体都是从一套遗传基因 DNA 编码开始的,生命的本质其实就是一个复杂的进程。生命体中的每一个细胞都可以看作是一个小对象,构造此细胞对象的代码存储在 DNA 编码中,同时维持细胞生命现象的指令代码也存储在 DNA 编码中,即 DNA 编码中既有构成细胞结构的数据编码,例如构成线粒体、高尔基体、细胞膜等各种细胞器的蛋白组织,同时也有控制细胞新陈代谢的各种化学反应指令代码,例如酶蛋白、mRNA 等。将数据和指令封装在一起形成简单对象,再由简单对象通过复合、协同工作构成复杂对象,这是自然界构造对象的基本特点。与之可以形成对应的是计算机领域中我们的程序员也是在做同样的工作。

上一章介绍了面向对象的基本设计规则中的抽象和封装,本章继续对面向对象进行研究和进阶,以深入了解继承、多态等概念,并给出 Java 语言中的实现机制。Java 对关键字的定位和使用比以往的计算机语言更为贴切和到位,本章首先介绍 Java 语言针对面向对象原理给出的一些特殊关键字,同时给出 Java 语言中的一种特殊的面向对象程序设计机制——**接口**,我们会看到接口在人类社会生活中被广泛地使用,在面向对象程序设计中引入接口,作者认为具有很好的哲学意义,然后阐述 Java 语言中的另一个很有特色的程序设计机制,即在语言层面上引入了工程组织和管理的概念,也就是 Java 语言中包的概念。

4.1 static 关键字

static 是静态的意思。在 Java 语言中,static 关键字修饰的成员是属于类层次的,是属于所有对象共享的,在类装入以后,可通过类名直接访问,static 有下面 3 种用法:

(1) static 修饰成员变量,为类成员变量。

(2) static 修饰成员方法,为类成员方法。

(3) static 代码块用来初始化类成员变量,当虚拟机加载类时自动执行此代码块。

4.1.1 类变量

在设计类时,由 static 关键字修饰的变量称为静态成员变量或类层次成员变量,此变量在内存中只有一份,为所有对象所共享,不用创建对象就可以通过类名访问,所以没有 this 指针,即不能通过 this 来访问。

一般情况下,我们将没有 static 修饰符修饰的变量称为实例变量或对象层次的变量,它们的区别如下：

(1) 对于类变量,内存中只有一份,可通过类名或对象引用来访问。

(2) 对于实例变量,每创建一个对象,就会分配一次内存,即每个对象有一份内存。

(3) 类变量主要用来在各个对象之间共享数据或传递信号,实例变量主要描述的是对象特有的属性或数据。

注意：一般建议通过类名访问类变量,通过对象名访问实例变量,而不是通过对象名访问类变量。

【例 4-1】 静态变量测试。

```
class staticvartest {
    int a;
    static int b;
    staticvartest(){a = 20;b = 30;}
    public static void main(String args[] ) {
      staticvartest ss = new staticvartest();
      staticvartest sb = new staticvartest();
      ss.a = 60;ss.b = 80;
      sb.a = 100;sb.b = 10000;
      System.out.println("ss.a = " + ss.a);
      System.out.println("ss.b = " + b);
      System.out.println("sb.a = " + sb.a);
      System.out.println("sb.b = " + b);
    }
}
```

4.1.2 类方法

用 static 修饰的方法称为类方法或静态方法,在静态方法中不能使用 this 关键字,也不能直接访问所属类的实例变量和实例方法,但是可以直接访问所属类的静态变量和静态方法,类方法同样建议通过类名来访问。

前面已经学过 JDK 类库中的一些静态方法,例如 Math.sqrt()、Math.sin()、Math.cos()、Double.parseDouble()、System.exit()等,它们都是不用创建对象,直接通过类名来访问的。因为在类刚开始加载时还没来得及创建对象,而静态方法可以不通过对象调用,所以主方法 main 必须定义成静态的,这样就可以直接运行了。

【例 4-2】 静态方法测试。

```
class Staticmethod {
public static int add(int x,int y) {
    return x + y;
}
public static void main(String[] args) {
    int result = Staticmethod.add(10,20);      //调用静态方法
    System.out.println("result =  " + result);
  }
}
```

4.1.3 static代码块

类中可以包含静态代码块,即用 static 修饰的代码块,它不存在于任何方法中。JVM 加载类时会执行这些静态代码块。如果类中包含多个静态代码块,那么 Java 虚拟机将按照它们在类中出现的顺序依次执行,静态代码块只执行一次。

静态代码块和静态方法一样,因为没有创建对象,所以没有 this 指针,也就不能直接访问类的实例变量和实例方法,必须通过创建实例对象后才能访问它们。静态代码块的作用主要是初始化类变量。

【例 4-3】 静态代码块测试。

```
class Staticblock {
  static int[] values = new int[10];              //静态数组成员
  static {
     System.out.println("运行初始化块");
     for(int i = 0;i < values.length;i++)
        values[i] = (int)(100 * Math.random());
  }
  void listValues() {
     System.out.println();
     for(int i = 0;i < values.length;i++) {
        System.out.print("   " + values[i]);
     }
  }
  public static void main(String[] args) {
    Staticblock test = new Staticblock();
    System.out.println("\n 第一个对象:");
    test.listValues();
    test = new Staticblock();
    System.out.println("\n 第二个对象:");
    test.listValues();
  }
}
```

【例 4-4】 static 关键字综合演示。

```
public class Voter {
  private static int MAX_COUNT = 100;             //静态变量,最大投票数
  private static int count;                       //静态变量,已投票数
  private static Voter[] voters = new Voter[MAX_COUNT];
  private String name;
  public Voter(String name){this.name = name;}
  public String getName(){return name;}
  public void voteFor(){
    if(count == MAX_COUNT){
       System.out.println("投票活动已经结束");
       return;
    }
    if(isExisted(this))
```

```
            System.out.println(name + " :你不允许重复投票");
        else {
            votersadd(this);
            System.out.println(name + " :感谢你投票");
        }
    }
    public static boolean isExisted(Voter obj) { //判断是否已投过票了
        for(int i = 0;i < count;i++) {
            if(voters[i].getName().equals(obj.getName())) {
                return true;
            }
        }
        return false;
    }
    public static void votersadd(Voter obj){        //将已投票人加入数组
        voters[count++] = obj;
    }
    public static void printVoteResult(){
        System.out.println("当前投票数为: " + count);
        System.out.println("参与投票的选民如下: ");
        for(int i = 0;i < count;i++)
            System.out.println(voters[i].getName());
    }
    public static void main(String[] args) {
        Voter majun = new Voter("马俊");
        Voter flyhorse = new Voter("云中飞马");
        Voter mike = new Voter("Mike");
        Voter majian = new Voter("马健");
        majun.voteFor();
        flyhorse.voteFor();
        mike.voteFor();
        mike.voteFor();                                 //测试一个人是否可以多次投票
        majian.voteFor();
        Voter.printVoteResult();
    }
}
```

4.2 extends 关键字和 Java 中的继承机制

4.2.1 继承

前面的章节已经讲过，继承是面向对象的基本设计原则，主要目的是代码复用。在 Java 语言中，用 extends 关键字来表示一个类继承了另一个类，例如：

```
public class Sub extends Base{  类体  }
```

此段代码表明 Sub 类继承了 Base 类。那么 Sub 类到底继承了 Base 类的哪些东西呢？这需要分为以下两种情况：

(1) 当Sub类和Base类位于同一个包中时，Sub类继承Base类中public、protected和默认访问级别的成员变量和成员方法。

(2) 当Sub类和Base类位于不同的包中时，Sub类继承Base类中public和protected访问级别的成员变量和成员方法。

假定Sub和Base类位于同一个包中，以下程序演示在Sub类中可以继承Base类的哪些成员变量和方法。

【例 4-5】 继承演示。

```
public class Base{
    public int publicVarOfBase = 1;       //public 访问级别
    private int privateVarOfBase = 1;     //private 访问级别
    int defaultVarOfBase = 1;             //默认访问级别
    protected void methodOfBase(){}       //protected 访问级别
  }
  public class Sub extends Base{
    public void methodOfSub(){
    publicVarOfBase = 2;                  //合法，可以访问 Base 类的 public 类型的变量
    defaultVarOfBase = 2;                 //合法，可以访问 Base 类的默认访问级别的变量
    privateVarOfBase = 2;                 //非法，不能访问 Base 类的 private 类型的变量
    methodOfBase();                       //合法，可以访问 Base 类的 protected 类型的方法
  }
  public static void main(String args[]){
    Sub sub = new Sub();
    sub.publicVarOfBase = 3;              //合法，Sub 类继承了 Base 类的 public 类型的变量
    sub.privateVarOfBase = 3;             //非法，Sub 类不能继承 Base 类的 private 类型的变量
    sub.defaultVarOfBase = 3;             //合法，Sub 类继承了 Base 类的默认访问级别的变量
    sub.methodOfBase();                   //合法，Sub 类继承了 Base 类的 protected 类型的方法
    sub.methodOfSub();                    //合法，这是 Sub 类本身的实例方法
  }
}
```

Java语言不支持多重继承，只支持单一继承，即一个类只能有一个直接父类。例如以下代码会导致编译错误：

```
class Sub extends Base1,Base2,Base3{ … } //编译错误
```

Java的继承和我们生物的继承一样，也是通过继承形成类的层次模型。如图4-1所示，Animal是Dog、Cat、Tiger的父类，Creature是Animal和Vegetation的父类，而Creature的父类是Object。

所有的Java类都直接或间接地继承了java.lang.Object类。Object类是所有Java类的祖先，在这个类中定义了所有的Java对象都具有的相同行为，假如在定义一个类时没有使用extends关键字，那么这个类直接继承Object类。例如，以下Sample类的直接父类为Object类。

```
public class Sample{ … }
```

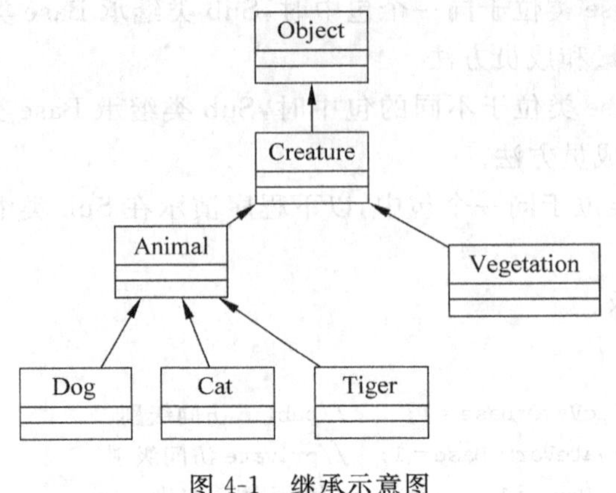

图 4-1 继承示意图

4.2.2 super 关键字

前面讲过,this 关键字代表对象本身。在继承关系中,用 super 关键字代表父类对象,通过 super 可以访问被子类覆盖了的方法或隐藏了的属性。

在程序中,在以下情况下一般会使用 super 关键字:

- 在类的构造方法中,通过 super 语句调用这个类的父类的构造方法。
- 在子类中访问父类的被屏蔽的方法和属性。

注意:如果在子类的构造方法中通过 super()调用父类的构造方法,则此调用必须出现在子类构造方法的可执行语句的第一句。如果程序员没有明确地调用父类的构造方法,编译器会自动加一条调用父类的默认构造方法。所以,除特殊情况外,一般建议对每一个类都给一个默认的构造方法。

4.2.3 方法覆盖和属性隐藏

方法覆盖(方法重写)是指在子类中对父类中继承下来的方法给出一套新的执行代码,要求子类中的方法和父类中的方法的方法名、返回类型、参数个数和类型相同,否则就变成了方法重载。**属性隐藏**是指在子类中重新定义了父类中的成员变量,在子类对象中看不到父类中的成员变量。子类通过方法覆盖和成员变量隐藏以及增加新的方法和属性完成类的进化和完善,尤其对父类中较模糊的行为给出具体的符合自身的行为实现。

【例 4-6】 super 关键字和属性隐藏、方法覆盖演示 1。

```
class SuperClass {
  int a;
  SuperClass(){ a = 10; }
  public void printA(){System.out.println("父类中 a = "+a);}
}
class SubClass extends SuperClass {
  int a;
  SubClass(int a){ this.a = a; }
  public void printA() {
    System.out.println("父类中 a= " + super.a);
```

```
        System.out.println("子类中 a = " + a); }
    }
public class OverrideDemo {
    public static void main(String args[]) {
        SuperClass s1 = new SubClass(20);
        s1.printA();
    }
}
```

【例 4-7】 super 关键字和属性隐藏、方法覆盖演示 2。

```
class Base {
  String var = "Base's Variable";
  void method(){System.out.println("call Base's method"); }
}
class Sub extends Base {
  String var = "Sub's variable";              //隐藏父类的 var 变量
  void method(){                              //覆盖父类的 method()方法
    System.out.println("call Sub's method");
  }
  void test(){
    String var = "Local variable";            //局部变量
    System.out.println("var is " + var);  //打印 test()方法的局部变量
    System.out.println("this.var is " + this.var);    //打印 Sub 实例的实例变量
    System.out.println("super.var is " + super.var); //打印 Base 类中的实例变量
    method();                                 //调用 Sub 实例的 method()方法
    this.method();                            //调用 Sub 实例的 method()方法
    super.method();                           //调用在 Base 类中定义的 method()方法
  }
  public static void main(String args[]) {
    Sub sub = new Sub();
    sub.test();
  }
}
```

在 Java 继承机制中要注意以下几点：

(1) 构造方法不能被继承。

(2) private 类型的成员变量和成员方法不能被继承，但依旧存在并占用空间。

(3) 覆盖方法时不能缩小父类方法的访问权限，但可扩大。

(4) 覆盖方法时子类方法不能抛出比父类方法更多的异常(异常参看第 5 章)。

(5) 不能将静态方法覆盖为非静态方法，也不能将非静态方法覆盖为静态方法。

(6) 由于私有方法不能继承，所以不存在覆盖的问题。

4.2.4　方法覆盖和方法重载的异同

方法覆盖指的是在继承关系中子孙类对父类中继承下来的方法进行了重写，是在不同的类中，而方法重载指的是在同一个类中有多个同名的方法，但方法的执行代码各不相同。方法覆盖要求子孙类中的方法声明和父类中的方法声明完全一样，而方法重载则要求这些重载的方法的参数列表不一样。

被覆盖的方法在程序运行时才能决定调用哪一个方法,即动态绑定。重载的方法是在编译时决定执行哪一个方法的代码,即静态绑定。

4.3 final 关键字

final 是最终的意思,可修饰类、方法、变量。

- final 修饰的类为最终类,此类不能派生子类。
- final 修饰的方法为最终方法,此方法不允许在子类中重写。
- final 修饰的变量为最终变量,此变量不允许修改。

4.3.1 final 类

出于安全或效率的考虑,我们一般将类声明为 final 类型,使得这个类不能被继承。在 JDK 提供的类库中有大量的 final 类,例如 String 类、Math 类等。

```
final class TestFinal {                         //最终类
    int i = 7;
    int j = 1;
    void f() {}
}
class Further extends TestFinal {}              //错误
```

4.3.2 final 方法

在某些情况下,出于安全的原因,父类不允许子类覆盖某个方法,此时可以把这个方法声明为 final 类型。例如在 java.lang.Object 类中,getClass()方法为 final 类型,而 equals()方法不是 final 类型:

```
public class Object {
   public final Class getClass(){...}
   public boolean equals(Object o){...}
      …
}
```

一个 final 方法只能被实现一次,final 类的所有方法默认为 final 方法。例如:

```
class TestFinal {
    final void f() {}                          //最终方法
}
class Further extends TestFinal {
    final void f(){}                           //错误
}
```

4.3.3 final 变量

被 final 修饰的变量会变成常量,一旦赋值就不能改变。常量可以在初始化时直接赋值，也可以在构造方法中赋值，并且只能在这两种方法中二选一，不能不为常量赋值。内部类要访问局部变量，局部变量必须定义成final类型。编译以下代码会产生编译错误：

```
class FinalDemo {
public static void main(String args[ ]){
        final int noChange = 20;              //定义常量
        noChange = 30;                        //错误
    }
}
```

4.3.4　由final想到的继承和进化的关系

前面学习了面向对象的基本设计原则中有继承设计法则，也学习了与继承相关的关键字，同时我们认为Java程序设计和运行机制非常类似于生命世界中DNA程序的运行机制，自然地，Java语言继承也就类似于生命世界中的继承机制。生命世界中的继承是进化的先决条件，新物种总是在继承了父辈的遗传信息的基础上保留适合外部环境的变异，从而实现进化。在Java程序设计中，子类也是在父类的基础上进行相应的方法覆盖从而实现子类的进化设计，使得子类对象更适合新的程序运行环境。

final关键字给出了另一种机制，即进化终止信号。当用final修饰一个类时，可以认为此类的进化终止了，即到了进化的终点。当用final修饰一个方法时，可以认为此类对象的相应功能进化终止了，不能再变异了。类似于生物中的进化树，在某一个进化分支上，进化最终会终止，final给出了面向对象程序设计中的实现技术。

4.4　abstract关键字

abstract表示抽象的修饰符，是Java语言中最重要的一个修饰符，可以修饰类和方法，分别称为抽象类和抽象方法。比如动物就是一个很抽象的类的概念，具体到某个动物的实例时，总是归类于某个具体动物物种类。所以说，在需要某个抽象类的对象实例时，只能够用某个具体类的实例来代替。抽象类不能实例化，不能生成抽象类的对象，但能定义一个引用。

在程序设计中，抽象类相当于一个类的半成品，需要子类继承并覆盖其中的抽象方法，这时子类才有了创建实例的能力，如果子类没有实现父类的抽象方法，那么子类也会变为抽象类。抽象类一般位于继承树的抽象层，表示此类的设计还不具体、还不完善，必须在子类中进一步完善后才可以创建对象实例。

abstract修饰的方法没有实现代码，称为抽象方法。同样，抽象方法用来描述系统具有什么功能，但不提供具体的实现。抽象方法代表了某种接口标准在子类中去实现功能（子类继承了父类，并需要给出从父类继承的抽象方法的实现）。

【例4-8】 抽象类和抽象方法测试1。

```
abstract class Employee {
  int basic = 2000;
  abstract void salary();                    //抽象方法
```

```
}
class Manager extends Employee {
    void salary() {
        System.out.println("薪资等于 " + basic * 5);
        System.out.println(" ******************** ");
    }
}
class Worker extends Employee {
    void salary() {
        System.out.println("薪资等于 " + basic * 2);
            System.out.println(" =================== ");
    }
}
class abstracttest {
    public static void main(String [] args)  {
        Manager m = new Manager();
        Worker w = new Worker();
        m.salary();
        w.salary();
    }
}
```

在使用 abstract 修饰符时需要注意以下规则：

(1) 抽象类中可以没有抽象方法，即定义类时有 abstract 修饰符。但不管有没有 abstract 修饰符，只要一个类包含了抽象方法，则此类会自动变成抽象类。类中的抽象方法有 3 种获得方式：

- 自己定义，即有 abstract 修饰符，没有实现代码。
- 从父类继承而来。
- 从接口继承而来。

(2) 没有抽象的构造方法，也没有抽象静态方法。

(3) 抽象类和抽象方法不能被 final 修饰符修饰，但抽象类可以包含 final 方法。

(4) abstract 和 private、final、static 连用是无意义的，会导致编译错误。

4.5 interface 关键字和接口

在 Java 语言中，interface 关键字用来定义接口或界面，此接口实际上是一种规范或标准。Java 语言取消了其他面向对象语言中的多继承机制，采用了单一继承机制，有点类似于我们已经习惯的生物世界，就拿人类来举例说明：张三是一个农民，他生了一个儿子张小三，张小三长大后要当农民、律师、会计师、运动员，按照早期面向对象语言的继承机制，张小三必须要同时有几个父亲，即一个农民、一个律师、一个会计师和一个运动员。而在现实生活中，这是不可能的，从生物遗传的角度来看，他只能有一个生物学意义上的父亲。那么，这个农民的儿子难道就不能成为律师、会计师或运动员吗？当然可以，在 Java 语言中，我们采用了接口这样一个概念，跟我们的现实世界是一样的，农民的子女也可以成为律师、会计师，律师的子女也可以成为运动员、音乐家等，只要他们努力学习达到了这个行业的认可标准就可以了。张小三通过学习和考试，拿到律师资格证，就可以当律师，拿到注册会计师证，就可以当会计师。同样，我们国家制定了大量的国家标准和规范，例如电视机的标准等，不管是哪个厂生产的电视机，具体电路如何，都能够接入我国的220V电压，能够接收我国的各个电视台播放的电视节目。

换句话说，接口就是法规、标准、规范、资格等。例如要当律师，就要拿到律师资格证，要当会计师，就要考取注册会计师，要当教师，就要取得教师资格证等；换到设备制造领域也是如此，要生产电视机，就要参考相应的行业标准，要生产电脑主板，就要留有合适的插口等。

在Java中也是如此，我们设计或制定接口规范不关心细节，只关心功能和相应的数据指标要求，即在Java的接口中只存在公有抽象的方法和公有静态的常量。换句话说，不管程序员是否明确地给出相应的修饰符，编译器都会自动添加上这些修饰符。

4.5.1 Java 接口的定义和编译

接口的定义和类的定义很相似，语法如下：

```
interface  接口名  [extends 父接口列表] {
    //接口体,只包含公有抽象方法和常量
}
```

举例说明：

```
public interface myinterface {
    public abstract void add(int x, int y);
    public abstract void volume(int x,int y, int z);
    public static final double price = 1450.00;
        public static final int counter = 5;
}
```

注意：Java中的接口之间是可以继承的，并且可以是多继承，如下所示。

```
interface superinterface1{}
interface superinterface2{}
interface interface_multi_father extends superinterface1,superinterface2{}
```

接口的编译和类是一样的，使用javac进行编译，如图4-2所示。接口编译完后生成的还是字节码文件，所以在Java中自定义的类型可以分为两种，一种是类类型，另一种是接口类型。

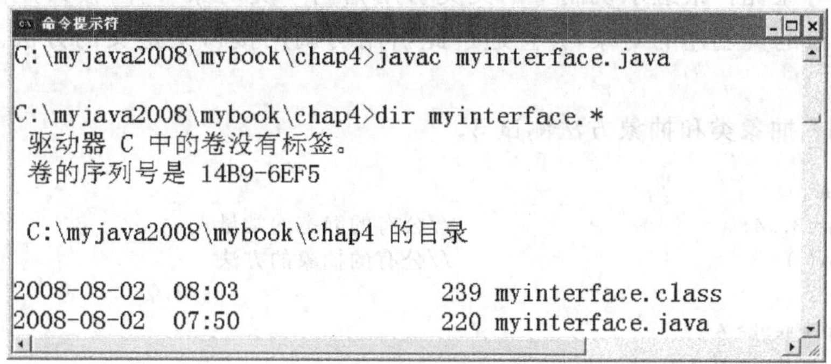

图4-2 接口编译

在Java中,接口的出现使得面向对象程序的设计理念又向前推进了一大步,也使得面向对象程序设计技术更接近现实世界。也许将来类的设计和我们生物世界中的DNA一样,有单继承对应单性繁殖,也有双继承对应双性繁殖。

4.5.2 Java 接口的使用

一个类通过使用关键字 implements 声明自己实现了一个或多个接口,如果实现多个接口,用逗号隔开。也就是说,类的继承是单一的,但可以实现多个接口。例如:

```
class demo implements myinterface
class demo implements Mycalc, Mycount
```

如果一个类实现了某个接口,跟继承机制一样,此类会自动拥有接口中定义的常量和抽象方法。常量可以直接使用,但方法是抽象的,必须在类中提供具体的方法体,类才可以使用,否则类就变成了抽象类,不能创建对象。

一个Java源程序文件就是由类和接口组成的。

【例 4-9】 抽象类和抽象方法测试2。

```
interface A {
  double g = 9.8;                        //公有的静态的常量
  void show( );                          //公有的抽象的方法
}
class B implements A {
   public void show( ) {
    g = 23.4;                            //错误,不能改变
   System.out.println("g = " + g);
 }
}
class InterfaceTest {
  public static void main(String args[ ]) {
        B a = new B( );                  //定义引用并创建对象
        a.show( );                       //调用方法
  }
}
```

前面已经说过,接口也是类型,所以可以定义引用,但不能创建对象,那么接口定义的引用要指向什么对象呢?跟继承机制中的父类引用指向子类对象一样,接口定义的引用可指向实现了此接口的类创建的对象,并且通过此引用可调用接口中定义的方法。下面将上例做一个改动:

【例 4-10】 抽象类和抽象方法测试3。

```
interface A {
  double g = 3.14;                       //公有的静态的常量
  void show( );                          //公有的抽象的方法
}
class B implements A {
   public void show( ) {
    g = 23.4;                            //错误,不能改变
```

```
    System.out.println("g = " + g);
  }
}
class InterfaceTest {
  public static void main(String args[ ]){
      A a = new B( );                        //定义接口引用,创建子类对象
      a.show( );                             //通过接口引用调用方法
  }
}
```

【例 4-11】 抽象类和抽象方法测试 4。

```
interface Computable {
  int M = 10;
  int f(int x);
  public abstract int g(int x,int y);
}
class A implements Computable {
  public int f(int x){ return M + 2 * x;}
  public int g(int x,int y){return M * (x + y);}
}
class B implements Computable {
  public int f(int x){return x * x * x;}
  public int g(int x,int y){return x * y * M;}
}
public class interfacedemo {
  public static void main(String[ ] args){
    A a = new A();                          //可换为 Computable a = new A();
    B b = new B();                          //可换为 Computable b = new B();
    System.out.println(a.M);
    System.out.println("" + a.f(20) + ", " + a.g(12,2));
    System.out.println(b.M);
    System.out.println("" + b.f(20) + ", " + b.g(12,2));
  }
}
```

接口(interface)可以说成是抽象类的一种特例,接口中的所有方法都必须是抽象的。接口中的方法定义默认为 public abstract 类型,接口中的成员变量的类型默认为 public static final。但接口和抽象类还是有区别的,下面比较两者在使用上的区别:

(1) 抽象类可以有构造方法,接口中不能有构造方法。

(2) 抽象类中可以有普通成员变量,接口中没有普通成员变量。

(3) 抽象类中可以包含非抽象的普通方法,接口中的所有方法必须都是抽象的,不能有非抽象的普通方法。

(4) 抽象类中可以包含静态方法,接口中不能包含静态方法。

(5) 抽象类和接口中都可以包含静态成员变量,抽象类中的静态成员变量的访问类型可以任意,但接口中定义的变量只能是 public static final 类型,并且默认为 public static final 类型。

(6) 一个类可以实现多个接口,但只能继承一个抽象类。

接口更多的是在系统架构设计方面发挥作用，主要用于定义模块之间的通信契约。而抽象类在代码实现方面发挥作用，可以实现代码的重用。例如，模板方法设计模式是抽象类的一个典型应用，假设某个项目的所有 Servlet 类都要用相同的方式进行权限判断、记录访问日志和处理异常，那么就可以定义一个抽象的基类，让所有的 Servlet 都继承这个抽象基类，在抽象基类的 service 方法中完成权限判断、记录访问日志和处理异常的代码，在各个子类中只是完成各自的业务逻辑代码，代码如下：

```
public abstract class BaseServlet extends HttpServlet{
      public final void service(HttpServletRequest request, HttpServletResponse response)
throws IOExcetion,ServletException{
                 记录访问日志
                 进行权限判断
      if(具有权限){
        try{
             doService(request,response);
        }catch(Excetpion e){
                 记录异常信息
        }
      }
    }
    protected abstract void doService (HttpServletRequest request, HttpServletResponse
response) throws IOExcetion,ServletException;
//注意访问权限定义成 protected,显得既专业,又严谨,因为它是专门给子类用的
}
public class MyServlet1 extends BaseServlet{
protected void doService(HttpServletRequest request, HttpServletResponse response) throws
IOExcetion,ServletException{
             本 Servlet 只处理的具体业务逻辑代码
        }
}
```

父类方法中间的某段代码不确定，留给子类实现，采用抽象方法的设计。

4.6 多态示例

在上一章曾经讲过，在面向对象程序设计中，多态原则是一个基本的设计原则，所谓多态就是针对不同的对象发出同样的消息，这些对象的响应是不一样的。多态在生物界中表现出来的就是生物的多样性。

如图 4-3 所示，因为要地震了，A 地区的所有动物都收到了一个消息，让它们统统迁移到 B 地区，接到消息后，各种动物的移动方式不一样，有的在空中飞，有的在地上跑，有的在地上爬，还有的在水里游，这就是生物的多样性，对应到面向对象程序设计就是多态。

在 Java 语言中如何实现多态呢？一般认为有两种方式，一种是通过方法重载，静态联编的方式实现；一种是通过方法覆盖(或方法重写)，动态联编的方式实现。现在多态更多的是指动态的方式，即在运行时决定使用哪一段执行代码。在 Java 语言中，主要是通过父类引用或接口引用去调用子类对象的各种方法来实现多态，如下面的实例演示：

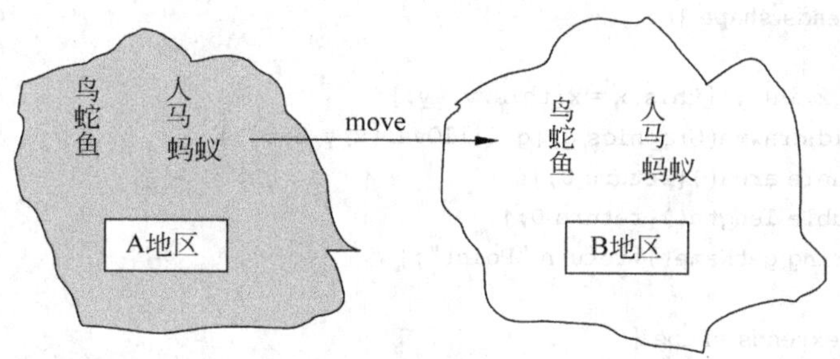

图 4-3 多态示意图

【例 4-12】 通过抽象类来实现多态 1。

```
abstract class Employee {
  int basic = 2000;
  abstract void salary();                        //抽象方法
}
class Manager extends Employee {
   void salary() {
     System.out.println("薪资等于 " + basic * 5);
     System.out.println(" ******************** ");
   }
}
class Worker extends Employee {
   void salary() {
   System.out.println("薪资等于 " + basic * 2);
       System.out.println(" ================== ");
   }
  }
class abstracttest {
    public static void main(String [] args) {
           Employee [] p = new Employee[5];
           p[0] = new Manager();
           p[1] = new Worker();
           p[2] = new Worker();
           p[3] = new Manager();
           p[4] = new Worker();
           for(int i = 0;i < p.length;i++) p[i].salary();
    }
}
```

【例 4-13】 通过抽象类来实现多态 2。

```
// shape.java 文件内容
import java.awt.Graphics;
abstract class shape {
        public abstract void drawme(Graphics g);
        public abstract double area();
        public abstract double length();
        public abstract String getName();
}
```

```
class point extends shape {
    int x,y;
    point(int x,int y){this.x = x;this.y = y;}
    public void drawme(Graphics g){g.fillOval(x,y,5,5);}
    public double area(){return 0;}
    public double length(){return 0;}
    public String getName(){return "Point";}
}
class triangle extends shape {
    point a,b,c;
    triangle(point aa,point bb,point cc){a = aa;b = bb;c = cc;}
    public void  drawme(Graphics g) {
        g.drawLine(a.x,a.y,b.x,b.y);
        g.drawLine(b.x,b.y,c.x,c.y);
        g.drawLine(c.x,c.y,a.x,a.y);
    }
    public double area() {
        double a_b = Math.sqrt((b.x - a.x) * (b.x - a.x) + (b.y - a.y) * (b.y - a.y));
        double a_c = Math.sqrt((c.x - a.x) * (c.x - a.x) + (c.y - a.y) * (c.y - a.y));
        double c_b = Math.sqrt((b.x - c.x) * (b.x - c.x) + (b.y - c.y) * (b.y - c.y));
        double l = (a_b + a_c + c_b)/2;
        double s = Math.sqrt((l - a_b) * (l - a_c) * (l - c_b) * l);
        return s;
    }
    public double length() {
        double a_b = Math.sqrt((b.x - a.x) * (b.x - a.x) + (b.y - a.y) * (b.y - a.y));
        double a_c = Math.sqrt((c.x - a.x) * (c.x - a.x) + (c.y - a.y) * (c.y - a.y));
        double c_b = Math.sqrt((b.x - c.x) * (b.x - c.x) + (b.y - c.y) * (b.y - c.y));
        return a_b + a_c + c_b;
    }
    public String getName(){return "Triangle";}
}
class circle extends shape {
    point c;
    int r;
    circle(point cc,int rr){c = cc;r = rr;}
    public void drawme(Graphics g) {
        g.drawOval(c.x - r,c.y - r,2 * r,2 * r);
    }
    public double area(){return 3.14159 * r * r;}
    public double length(){return 2 * 3.14159 * r;}
    public String getName(){return "circle";}
}
class rectangle extends shape {
    point a,b;
    rectangle(point aa,point bb){a = aa;b = bb;}
    public void drawme(Graphics g) {
        g.drawRect(a.x,a.y,b.x - a.x,b.y - a.y);
    }
    public double area(){return (b.x - a.x) * (b.y - a.y);}
    public double length(){return 2 * (b.x - a.x + b.y - a.y);}
```

```
        public String getName(){return "rectangle";}
}
//shapetest.java 文件内容
import java.applet.*;
import java.awt.*;
public class shapetest extends Applet {
      shape[] myshape;
      public void init() {
            myshape = new shape[5];
            myshape[0] = new point(50,50);
            point a1 = new point(24,24);
            point a2 = new point(100,200);
            point a3 = new point(200,120);
            myshape[1] = new triangle(a1,a2,a3);
            myshape[2] = new circle(a2,50);
            myshape[3] = new circle(a3,100);
            myshape[4] = new rectangle(new point(100,100),new point(200,200));
      }
      public void paint(Graphics g) {
         for(int i = 0;i < myshape.length;i++) {
            myshape[i].drawme(g);
                  System.out.println(myshape[i].getName() + ":" + myshape[i].area()
+ "," + myshape[i].length());
         }
     }
}
```

对应的 HTML 网页文件的内容如下：

```
<html>
<body>
<applet code = "shapetest.class" width = 400 height = 400 >
</applet>
</body>
</html>
```

同样，多态也可以通过接口来实现。

【例 4-14】 通过接口来实现多态。

```
//shape.java 文件内容
import java.awt.Graphics;
public interface shape {
        void drawme(Graphics g);
        double area();
        double length();
        String getName();
}
class point implements shape {
      int x,y;
      point(int x,int y){this.x = x;this.y = y;}
      public void drawme(Graphics g){g.fillOval(x,y,5,5);}
```

```
        public double area(){return 0;}
        public double length(){return 0;}
        public String getName(){return "Point";}
    }
    class triangle implements shape {
        point a,b,c;
        triangle(point aa,point bb,point cc){a = aa;b = bb;c = cc;}
        public void drawme(Graphics g) {
            g.drawLine(a.x,a.y,b.x,b.y);
            g.drawLine(b.x,b.y,c.x,c.y);
            g.drawLine(c.x,c.y,a.x,a.y);
        }
        public double area() {
            double a_b = Math.sqrt((b.x - a.x) * (b.x - a.x) + (b.y - a.y) * (b.y - a.y));
            double a_c = Math.sqrt((c.x - a.x) * (c.x - a.x) + (c.y - a.y) * (c.y - a.y));
            double c_b = Math.sqrt((b.x - c.x) * (b.x - c.x) + (b.y - c.y) * (b.y - c.y));
            double l = (a_b + a_c + c_b)/2;
            double s = Math.sqrt((l - a_b) * (l - a_c) * (l - c_b) * l);
            return s;
        }
        public double length() {
            double a_b = Math.sqrt((b.x - a.x) * (b.x - a.x) + (b.y - a.y) * (b.y - a.y));
            double a_c = Math.sqrt((c.x - a.x) * (c.x - a.x) + (c.y - a.y) * (c.y - a.y));
            double c_b = Math.sqrt((b.x - c.x) * (b.x - c.x) + (b.y - c.y) * (b.y - c.y));
            return a_b + a_c + c_b;
        }
        public String getName(){return "Triangle";}
    }
    class circle implements shape {
        point c;
        int r;
        circle(point cc,int rr){c = cc;r = rr;}
        public void drawme(Graphics g) {
            g.drawOval(c.x - r,c.y - r,2 * r,2 * r);
        }
        public double area(){return 3.14159 * r * r;}
        public double length(){return 2 * 3.14159 * r;}
        public String getName(){return "circle";}
    }
    class rectangle implements shape {
        point a,b;
        rectangle(point aa,point bb){a = aa;b = bb;}
        public void drawme(Graphics g) {
            g.drawRect(a.x,a.y,b.x - a.x,b.y - a.y);
        }
        public double area(){return (b.x - a.x) * (b.y - a.y);}
        public double length(){return 2 * (b.x - a.x + b.y - a.y);}
        public String getName(){return "rectangle";}
    }
    // shapetest.java 文件内容
    import java.applet.*;
```

```
import java.awt.*;
public class shapetest extends Applet {
      shape[] myshape;
      public void init() {
            myshape = new shape[5];
            myshape[0] = new point(50,50);
            point a1 = new point(24,24);
            point a2 = new point(100,200);
            point a3 = new point(200,120);
            myshape[1] = new triangle(a1,a2,a3);
            myshape[2] = new circle(a2,50);
            myshape[3] = new circle(a3,100);
            myshape[4] = new rectangle(new point(100,100),new point(200,200));
      }
      public void paint(Graphics g) {
              for(int i = 0;i < myshape.length;i++) {
                myshape[i].drawme(g);
                System.out.println(myshape[i].getName() + ":" +
    myshape[i].area() + "," + myshape[i].length());
              }
      }
}
```

对应的 HTML 网页文件的内容和前面抽象类的一样。

4.7 package 关键字和包

Java 语言中提供了管理类和其他资源的包关键字 package,包主要有下面 3 个作用:

(1) 包允许将类组合成较大的单元。

(2) 有助于避免命名冲突。

(3) 包允许在更广的范围内保护类、数据和方法。

包可以是类、接口和子包的集合,包的定义方式如下:

```
package mypackage;                          //mypackage 是包名
```

如果源程序中定义了包,则此 package 语句必须出现在 Java 源程序的第一句(指有效语句)。在 Java 语言中,包还可以包含子包,子包用“.”分开,例如 www.flyhorse.com。

在 Java 语言中,包的层次严格对应于操作系统的目录结构,换句话说,Java 编译器和虚拟机要找到某一个包中的类,首先要找到相应的目录,然后在目录中寻找类和装入字节码。

包的使用有下面两种方式。

- 包名.类名:例如 mypackage.My_Class。
- import 包名.类名或 import 包名.*:导入某一个类或所有类,* 为通配符。

对于带有包的 Java 程序的编译和运行,一般采用以下方式:

(1) javac　-d 路径　-classpath　路径列表　java 源程序文件

(2) java　-classpath　路径列表　包名.类

注意：在(1)中，Java 编译器要将 Java 源程序编译后生成的字节码文件存储到—d 参数指定的路径中，如果此源程序是包，编译器会自动按照包名结构创建目录结构；如果在编译过程中需要用到其他类，则应该到—classpath 参数指定的路径列表中去搜索，如果—classpath 参数省略，就用操作系统的环境变量 classpath 的值作为搜索路径。

在(2)中，JVM 要到—classpath 参数指定的路径列表中寻找以包名命名的目录，然后在此目录中寻找类并装入执行。如果—classpath 参数省略，就用操作系统的环境变量 classpath 的值作为搜索路径。

【例 4-15】 Java 的包测试。

```
package mypg;
public class packtest {
  public void display() {
      System.out.println("Math.sqrt(2.0) = " + Math.sqrt(2.0));
  }
}
class B {
  public static void main(String [] args) {
      packtest a = new packtest();
      a.display();
  }
}
```

假设要把编译后的字节码放在 C:\lls 目录下，编译前如图 4-4 所示。

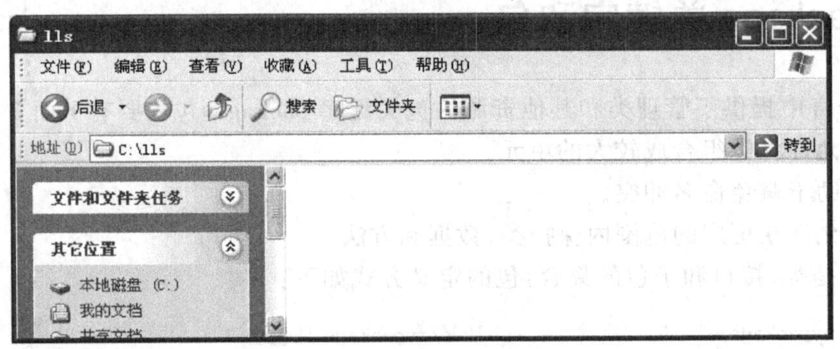

图 4-4 编译前的目录内容

编译过程如图 4-5 所示，编译后生成的目录结构如图 4-6 所示。

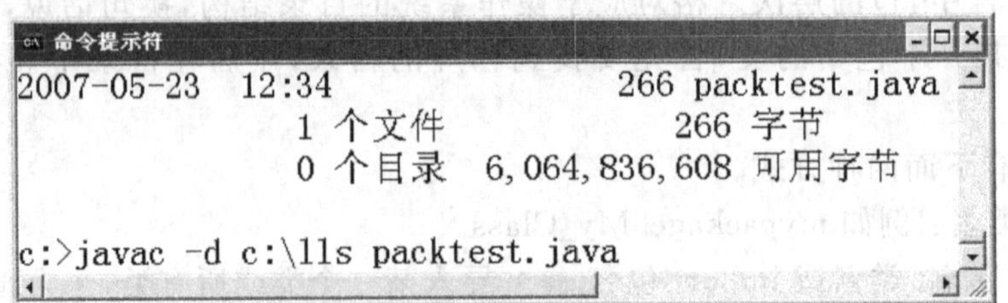

图 4-5 编译带包的类

执行结果如图 4-7 所示。

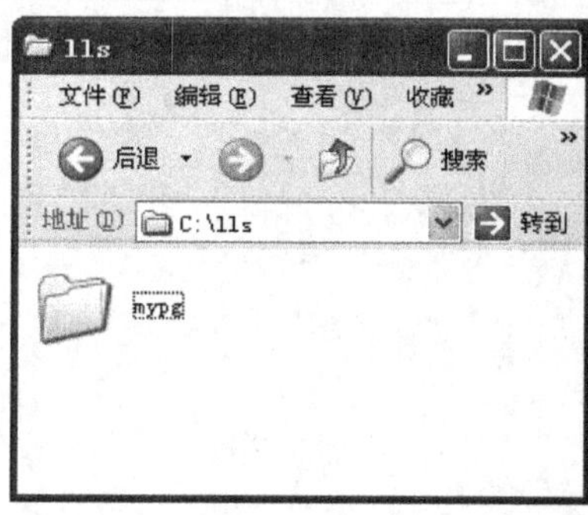

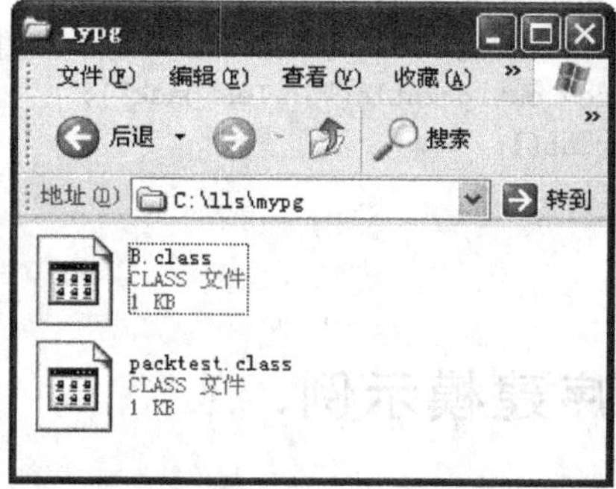

图 4-6　编译生成目录结构

```
命令提示符

c:>java -classpath c:\lls mypg.B
Math.sqrt(2.0)=1.4142135623730951

c:>
```

图 4-7　包使用示意图

【例 4-16】　不同包中类的使用测试。

```
package mypack;                              //包 mypack
public class A {
  public void print() {
     System.out.println("In AAAAAA");
  }
}
class B {
  public static void main(String[ ] args) {
     A  a = new A();                        //同一个包可直接访问使用
     a.print();
  }
}
package mypg;                                //包 mypg
class testpack  {
  public static void main(String[ ] args) {
     mypack.A a = new mypack.A();           //带包名使用
     System.out.println("in Testpack");
     a.print();
  }
}
```

【例 4-17】　不同包中类的使用导入测试。

```
package mypg;                                //包 mypg
import mypack.A;                             //导入包 mypack 中的 A
class testpack {
```

```
    public static void main(String[] args) {
        A a = new A();                          //直接使用
        System.out.println("in Testpack");
        a.print();
    }
}
```

4.8 程序建模示例

【程序建模示例 1】 试建模我国 2013 年工资缴税程序。

我国 2013 年工资个税的计算公式为应纳税额=(工资薪金－"五险一金"－扣除数)×适用税率－速算扣除数,个税免征额是 3500,使用超额累进税率的计算方法如表 4-1 所示。

表 4-1　2013 年我国应纳税速算表

级数	全月应纳税所得额	税率(%)	速算扣除数
1	不超过 1500 元的	3	0
2	超过 1500 元至 4500 元的部分	10	105
3	超过 4500 元至 9000 元的部分	20	555
4	超过 9000 元至 35 000 元的部分	25	1005
5	超过 35 000 元至 55 000 元的部分	30	2755
6	超过 55 000 元至 80 000 元的部分	35	5505
7	超过 80 000 元的部分	45	13 505

缴税=全月应纳税所得额×税率－速算扣除数

实发工资=应发工资－四金－缴税

全月应纳税所得额=(应发工资－四金)－3500

扣除标准:个税按 3500 元/月的起征标准算。

例如张三的工资收入为 6609.50 元,他应纳个人所得税为(6609.50－934.13(三险一金)－3500(个税起征点))×10%－105=121.3 元。而某公司职员里斯在扣除三险一金后的月收入为 10 000 元,位于表 4-1 中的第 3 档,对应的税率为 20%,速算扣除数为 555,则应纳税额为(10 000 元－个税起征点 3500 元)=6500 元,个税=6500×20%－555 元=745 元。程序如下:

```
import java.util.Scanner;
/**
 * 个人所得税计税说明(2013)
 * 应纳税额 = (工薪税收入 - 扣除基数)* 适用税率 - 速算扣除数
 * 备注: 工薪税收入 = 财政工资实发数 + 其他收入
 * 个人所得税税率表(基数 3500)
 * 级数  全月应纳税所得额              税率(%)  速算扣除数
 * 1     不超过 1500 元                3        0
 * 2     超过 1500 元至 4500 元的部分   10       105
 * 3     超过 4500 元至 9000 元的部分   20       555
 * 4     超过 9000 元至 35000 元的部分  25       1005
```

```
 *5      超过 35000 元至 55000 元的部分  30          2755
 *6      超过 55000 元至 80000 元的部分  35          5505
 *7      超过 80000 元的部分             45          13505
 */
class TaxPolicy {                    //国家税收政策抽象和封装
    public static int getDeduct(double income){
        income = income - 3500;
        if(income <= 1500) return 0;
        else if(income <= 4500) return 105;
        else if(income <= 9000) return 555;
        else if(income < 35000) return 1005;
        else if(income < 55000) return 2755;
        else if(income < 80000) return 5505;
        else return 13505;
    }
    public static int taxRate(double income){
        income = income - 3500;
        if(income <= 1500) return 3;
        else if(income <= 4500) return 10;
        else if(income <= 9000) return 20;
        else if(income < 35000) return 25;
        else if(income < 55000) return 30;
        else if(income < 80000) return 35;
        else return 45;
    }
}
/**
 * 雇员类抽象,抽象出工资号、姓名、工资以及三险一金
 */
class Employee {                            //雇员类
    private String staff_no;                //工资号
    private String name;
    private double salary;                  //应发工资
    private double insurancesandfund;  //"三险一金"数额
    Employee(String ID, String name){  //带两个参数的构造方法
        this.staff_no = ID;
        this.name = name;
    }
    Employee(String ID, String name, double salary, double insurancesandfund){//带4个参数的构
造方法
        this.staff_no = ID;
        this.name = name;
        this.salary = salary;
        this.insurancesandfund = insurancesandfund;
    }
    public String getStaff_no() {
        return staff_no;
    }
    public String getName() {
        return name;
    }
```

```
    public double getSalary() {
        return salary;
    }
    public double getInsurancesandfund() {
        return insurancesandfund;
    }
    public void setStaff_no(String iD) {
        staff_no = iD;
    }
    public void setName(String name) {
        this.name = name;
    }
    public void setSalary(double salary) {
        this.salary = salary;
    }
    public void setInsurancesandfund(double insure) {
        this.insurancesandfund = insure;
    }
    public double getTax(){
        return
(salary - insurancesandfund - 3500) * TaxPolicy.taxRate(salary)/100.0 - TaxPolicy.getDeduct
(salary);

    }
    public double getRealIncome(){
        return salary - getTax() - insurancesandfund;
    }
}
/**
 * 主控类抽象
 */
public class PayrollTax{
    public static void main(String[] args){
        Employee emp1 = new Employee("1001","张三",6581,812.82);
        Employee emp2 = new Employee("1002","李四");
        System.out.println("编号:" + emp1.getStaff_no() + ",姓名:" + emp1.getName() + " 的应
纳税额
是:" + emp1.getTax() + ",税后收入是: " + emp1.getRealIncome());
        Scanner mykey = new Scanner(System.in);
        System.out.print("请输入李四的应发工资: ");
        double s = mykey.nextDouble();
        System.out.print("请输入李四的三险一金: ");
        double insurance = mykey.nextDouble();
        emp2.setSalary(s);
        emp2.setInsurancesandfund(insurance);
        System.out.println("编号:" + emp2.getStaff_no() + ",姓名:" + emp2.getName() + " 的应
纳税额
是:" + emp2.getTax() + ",税后收入是: " + emp2.getRealIncome());
    }
}
```

【程序建模示例2】 利益最大化的程序模拟。

这是一道很有趣的推理题，据统计，在美国20分钟内能回答出这道题的人平均年薪在8万美金以上，题目如下：

n个海盗抢到了100颗宝石，每一颗价值连城，为了利益最大化，他们决定这么分配：

(1) 抽签决定自己的号码(1、2、3、4、5、…)。

(2) 首先，由1号提出分配方案，然后大家一起进行表决，当且仅当半数和超过半数的人同意时，按照他的提案进行分配，否则他将被扔进大海喂鲨鱼。

(3) 如果1号死后，由2号提出分配方案，然后再进行表决，当且仅当半数和超过半数的人同意时，按照他的提案进行分配，否则他将被扔入大海喂鲨鱼。

(4) 以此类推。

本问题还给出了一个附加条件：每个海盗都是很聪明的人，都能很理智地判断得失，从而做出符合理智的选择。现在提出的问题是第一个海盗提出怎样的分配方案才能使自己的收益最大化？换句话说，如果你是第一个海盗，你如何分配才能使自己得到最大的利益，当然不能丢掉性命！

首先通过分析，我们用递推法找出一定的规律，然后再用程序建模来解决该问题，经过分析得到一张表，如表4-2所示。

表4-2 海盗钻石分配表

海盗数	第一个海盗需要的票数	分配方案
1	需要一票	100
2	需要一票	100 0
3	需要两票	99 0 1
4	需要两票	99 0 1 0
5	需要3票	98 0 1 0 1
…	…	…
n	需要 $n/2-1$ 票	$100-n/2+1$ 0 1 0 1 0 …

首先设计一个类来模拟海盗，抽象出他的编号以及已开始的分配方案，设计出他的投票行为。再设计一个裁判类，用来对某一个海盗的方案进行评估，使得票数必须大于或等于总人数的一半，程序设计如下：

```
//MaxInterest.java
import java.util.*;
class Pirate {
  private String name;
  private int[] schemes;
  private int index;
  public Pirate(int t,int i){
     name = "unknown";
     index = i;
     schemes = makeSchemes(t);
  }
  public String getName(){return name;}
  public void setName(String s){name = s;}
```

```
    public int getIndex(){return index;}
    public int[] getSchemes(){return schemes;}
    public int handvote(int table[]){
      return myhandvote(table, index);
    }
    private int myhandvote(int[] t,int i) {
      if(t[i] == 0) return 0;
      else if(i == 1) return 0;
      else { return 1; }
    }
    public int[] makeSchemes(int t){
          int vote = 0;
          schemes = new int[t - index];
          do{
              int needvote = (int)Math.ceil((float)(t - index)/2) - 1;
              schemes[0] = 100 - needvote;
              for(int i = 1;i < schemes.length;i++){
                schemes[i] = (i + 1) % 2;
              }
            for(int i = 0;i < schemes.length;i++){
                vote = vote + myhandvote(schemes, i);
            }
          }while(!(2 * vote >= t/2));
          return schemes;
    }
}
class Judger {
    int[] allot;
    Pirate[] pirates;
    public Judger(Pirate[] pirates,int[] a){
        this.pirates = pirates;
        allot = a;
    }
    public int[] getAllot(){return allot;}
    public void setAllot(int[] a){ allot = a;}
    public Pirate[] getPirates(){return pirates;}
    public void setPirates(Pirate[] p){pirates = p;}
    public boolean evaluate() {
        int vote = 0;
        for(int i = 0;i < pirates.length;i++) {
              vote += pirates[i].handvote(allot);
        }
        if(2 * vote >= pirates.length) return true;
        else return false;
    }
}
class MaxInterest{
    public static void main(String[] args){
        int piratecounts = 5;
        Pirate[] pirates = new Pirate[piratecounts];
        for(int i = 0;i < piratecounts;i++){
```

```
            pirates[i] = new Pirate(piratecounts,i);
            pirates[i].setName("name" + i);
        }
        int[] table = pirates[0].getSchemes();
        Judge ajudge = new Judge(pirates,table);
        if(ajudge.evaluate()){
            int[] scheme = ajudge.getAllot();
            for(int i = 0;i < scheme.length;i++) System.out.print("  " + scheme[i]);
        }
    }
}
```

程序建模是训练逻辑思路和抽象思维的有效工具。

4.9 本章小结

本章讲述了 Java 语言中的一些特殊关键字，例如 static、final、abstract、extends、interface、package 等，并讲述了 Java 语言中的继承机制、多态机制以及 Java 特有的接口模型。

static 用来修饰静态变量或方法，类中的静态变量或静态方法属于类所有，并为所有的实例对象共享，一般通过类名来访问它们。

final 用来定义常量、最终方法和最终类，abstract 用来定义抽象方法和抽象类。

Java 中的接口代表一个标准或规范，它只包含公有抽象的方法和公有的常量，而多态指的是多个对象对于同样的消息响应是不一样的。

Java 中的包是组织类和资源的基本单位，它是类、接口和其他子包的集合，要注意的是 Java 中的包对应于操作系统的目录结构。

习题

一、选择题

1. 下面是关于类及其修饰符的一些描述，不正确的是(　　)。
   A. abstract 类只能用来派生子类，不能用来创建 abstract 类的对象
   B. final 类不仅可以用来派生子类，还可以用来创建 final 类的对象
   C. abstract 不能和 final 同时修饰一个类
   D. abstract 方法必须在 abstract 类中声明，但 abstract 类定义中可以没有 abstract 方法
2. 关键字 super 的作用是(　　)。
   A. 用来访问父类被隐藏的成员变量　　B. 用来调用父类中被重写的方法
   C. 用来调用父类的构造函数　　D. 以上都是
3. 若需要定义一个类变量或类方法，应使用修饰符(　　)。
   A. static　　B. package　　C. private　　D. public

4. 若在某一个类定义中定义了如下方法:

```
abstract void performDial( );
```

则该方法属于(　　)。

A. 本地方法　　B. 最终方法　　C. 静态方法　　D. 抽象方法

5. 设有下面两个类的定义:

```
class Person {
    long   id;          //身份证号
    String  name;       // 姓名
    char sex;           //性别
}
```

```
class Student extends Person {
    int score;      // 入学总分
    int getScore(){
       return score; }
}
```

则类 Person 和类 Student 的关系是(　　)。

A. 包含关系　　B. 继承关系

C. 关联关系　　D. 无关系,上述类定义有语法错误

6. 在 Java 中,一个类可以同时定义许多同名的方法,这些方法的形式参数的个数、类型或顺序各不相同,传回的值也可以不相同,这种面向对象程序特性称为(　　)。

A. 隐藏　　B. 覆盖

C. 重载　　D. Java 不支持此特性

7. 下列说法正确的是(　　)。

A. Java 中包的主要作用是实现跨平台功能

B. package 语句只能放在 import 语句的后面

C. 包(package)由一组类(class)和界面(interface)组成

D. 可以用 #include 关键词标明来自其他包中的类

8. 以下(　　)代码能够编译通过。

A.

```
class Fruit { }
public class Orange extends Fruit {
public static void main(String [ ]args){
Fruit f = new Fruit();
Orange o = f;
}}
```

B.

```
class Fruit {}
public class Orange extends Fruit {
public static void main(String [ ]args){
Orange o = new Orange();
Fruit f = o;
}}
```

C.

```
interface Fruit {}
```

```
public class Apple implements Fruit {
public static void main(String [ ]args){
Fruit f = new Fruit();
Apple a = f;
}}
```

D.

```
interface Fruit {}
public class Apple implements Fruit {
public static void main(String [ ]args){
Apple a = new Apple();
Fruit f = a;
}}
```

E.

```
interface Fruit {}
class Apple implements Fruit {}
class Orange implements Fruit {}
public class MyFruit {
public static void main(String [ ]args){
Orange o = new Orange();
Fruit f = o;
Apple a = f;
}}
```

9. 下面(　　)是合法的语句(以下 Panel、Applet 和 Frame 类来自于 java. awt 包,请查阅相关的 JavaDoc 文档了解它们是否有继承关系)。

A. Object o = new String("abcd");　　B. Boolean b = true;

C. Panel p = new Frame();　　D. Applet a = new Panel();

E. Panel p = new Applet();

10. 当编译并运行下列程序段时,将会(　　)。

```
class VarInBase{
    int i = 10;
    public void print(){
        System.out.println("i = " + i);
    }
}
class VarInSub extends VarInBase{
    int i = 100;
    public void print(){
        int i = 1000;
        System.out.println("i = " + i);
    }
}
public class Main{
    public static void main(String args[ ]){
        VarInBase m = new VarInSub();
        m.print();
```

```
    }
}
```

A. 输出 i=10　　B. 输出 i=100　　C. 输出 i=1000　　D. 编译错误

二、简答题

1. 继承有哪些优点和缺点?
2. 方法覆盖必须满足哪些规则?
3. 父类的 final 方法可以被子类重写吗?
4. 什么类中可以有 abstract 方法?
5. 以下代码能否编译通过?假如能编译通过,运行时将得到什么打印结果?

```
Object o = new String("abcd");
String s = o;
System.out.println(s);
System.out.println(o);
```

6. 以下代码能否编译通过?假如能编译通过,运行时将得到什么打印结果?

```
class Base{
abstract public void myfunc();
public void another(){
System.out.println("Another method");
}}
public class Abs extends Base{
public static void main(String argv[]){
Abs a = new Abs();
a.amethod();
}
public void myfunc(){
System.out.println("My func");
}
public void amethod(){
myfunc();
} }
```

7. 试解释 Java 语言中接口的特点。
8. 抽象类和接口有哪些区别?
9. 简述 Java 语言中包(package)的使用规则。
10. 请将以下程序补充完整。

```
________ class C {
abstract void callme();
void metoo {
    System.out.println("类 C 的 metoo()方法");
  }
}
class D ________ C {
    void callme() {
```

```
        System.out.println("重载C类的callme()方法");
    }
}
public class Abstract {
    public static void main(String args[]){
}
C c = ________D();
c.callme();
c.metoo();
}}
```

三、编程题

1. 编写一个定义了包 mytest.mypg 的类,在该类中通过方法 print()输出"Hello",然后定义另一个包 mytest.mainpg,其中有主类,使用 import 语句引入前一个类,并在主类的 main()方法中创建一个该类的对象,调用 print()方法。

2. 编写一个类,该类有一个方法 public int f(int a,int b){返回 a 和 b 的最大公约数},然后编写一个该类的子类,要求子类重写方法 f(),而且重写的方法将返回两个整数的最小公倍数。要求:在重写的方法的方法体中首先调用被隐藏的方法返回 a 和 b 的最大公约数 m,然后将 $(a*b)/m$ 返回;在应用程序的主类中分别使用父类和子类创建的对象,并分别调用 f()计算两个正整数的最大公约数和最小公倍数。

3. 编程:定义一个坐标类 Pointer,属性包括 x 和 y;设置成员方法 setX、setY、getX、getY、display 以及构造方法、toString 方法、equals 方法,还应包括一个静态方法 distance 用来计算两点间的距离。设计一个测试类,在类的 main()方法中创建两个 Pointer 对象并计算两点坐标的中点。

4. 某个公司采用公用电话传递数据,数据是4位的整数,在传递过程中是加密的,加密规则如下:每位数字都加上5,然后用和除以10的余数代替该数字,再将第一位和第四位交换,第二位和第三位交换,试编程模拟此过程。

5. 定义一个 BookShop 类,属性包括书名、出版社、单价、出版年份、作者,定义默认的构造方法和带参数的构造方法,定义相应的 get 方法和 set 方法,定义 equals 方法和 toString 方法,最后定义一个 main()方法来进行测试。

第5章 Java异常处理

由于软件设计中存在错误，于1996年6月4日发射的阿丽亚娜5型飞行器501(Ariane 5 Flight 501)在发射后40s内就失败了，损失了5千万美元。原因仅是一个细小的软件错误造成的，这个错误就是一些本来为之前版本的阿丽亚娜4型飞行器编写的程序代码抛出了异常。这种特殊情况本不会轻易发生，该程序段在飞行中并不是真正需要的，但还是被留下来了。该段程序计算出了非常大的数字，并试图保存到很短的数据存储空间中，从而造成了溢出，但程序没有提供处理程序来捕获和处理这种情况。即使提供空的错误处理程序，也有可能挽救这种失败，但是在缺少错误处理程序的情况下错误传播到了操作系统，终止了该进程。遗憾的是该程序是火箭的引导程序，火箭就这样自我毁灭了。

从以上故事中我们可以看出异常处理的重要性，用户在设计和开发软件时，事先无论如何仔细考虑，或多或少都会出现一些意想不到的问题或错误，这使得程序员在软件开发过程中越来越重视测试环节。在编程过程中，经常会出现的错误有语法错误、逻辑错误以及异常情况，本章来讨论在Java语言中如何处理异常。

5.1 异常的概念和处理机制

5.1.1 异常的定义

异常是一项工作流程中的非正常状况，它会改变正常的流程，导致错误的结果，或者流程无法进行等。在计算机的进程中一旦引发异常，该进程将突然中止，且控制权将返回操作系统。发生异常后之前分配的所有资源都保留在相同的状态，这将导致资源漏洞。

在程序中试图处理这些异常称为异常处理。Java语言提供了一套比较完整的异常处理机制，正确地运用这套机制，有助于提高程序的健壮性。所谓程序的健壮性，就是指程序在多数情况下能够正常运行，返回预期的正确结果；如果偶尔遇到异常情况，程序也能采取周到的解决措施。不健壮的程序则没有事先充分预计到可能出现的异常，或者没有提供强有力的异常解决措施，导致程序在运行时经常莫名其妙地终止，或者返回错误的运行结果，而且难以检测出现异常的原因。

5.1.2 异常的处理机制

Java语言采用了面向对象的思想来处理异常，这使得程序具有更好的可维护性。即正在运行的Java应用程序在发生异常时会创建异常对象来封装错误信息并将其抛出，程序的控制权会发生转移，转移到捕获代码处并尝试捕获此异常对象，如果捕获成功，则程序的控制权会转移到此处继续执行，以便进行相应的异常分析和异常处理。Java 异常处理机制具有以下优点：

(1) 把各种不同类型的异常情况进行分类，用 Java 类来表示异常情况，这种类被称为异常类。把异常情况表示为异常类，可以发挥类的可扩展性和可重用性的优势。

(2) 异常流程代码和正常流程代码分离，提高了程序的可读性，简化了程序的结构。

(3) 可以灵活地处理异常，如果当前方法有能力处理异常，就捕获异常并处理它，否则只需要抛出异常对象，由方法调用者来处理它。

在 Java 中采用了 5 个关键字来处理异常。

(1) try：尝试执行的代码段。

(2) catch：用来捕获异常对象代码段。

(3) finally：不管是否有异常，最终都要执行的代码段。

(4) throw：用来明确地抛出异常对象。

(5) throws：用来声明方法可能会出现的异常。

一般情况下，异常流程由 try-catch-finally 语句来控制。如果程序中还包含 return 和 System. exit()语句，就会使流程变得更加复杂。所以，在异常处理模块中尽量不要出现 return 或 System. exit()语句。

5.1.3 程序的异常级别

程序的异常可以被分为重量级的和轻量级的异常。重量级的异常是指错误发生时程序无法继续执行，它们有时也被称为硬错误。这种类型的典型实例就是 OutOfMemoryError，通常，这些类型的致命错误由 Java API 或 Java 虚拟机本身抛出。

轻量级的异常也被称为非致命错误，即程序出现异常但不是那么严重，并且应用程序在绝大多数情况下是可以恢复的。这种类型的实例很多，比如应用程序试图打开某个文件，但文件没有找到，应用程序能够捕获此类异常并给出相应的纠正措施，可以提供输入界面重新输入文件名以及适当的路径，也可以给出提示信息，以便重新执行。

5.2 Java 语言中的异常类层次

在程序运行中，任何中断正常流程的因素都被认为是异常。按照面向对象的思想，Java 语言用异常类对象来封装错误发生时的环境信息及可能的情况信息。所有异常类的祖先类为 java. lang. Throwable 类，它的实例表示具体的异常对象，可以通过 throw 语句抛出。Throwable 类提供了访问异常信息的一些方法，常用的方法如下。

- getMessage()：返回 String 类型的异常信息。
- printStackTrace()：打印跟踪方法调用栈而获得的详细异常信息。在程序调试阶段，此方法可用于跟踪错误。

JDK 提供的异常类如图 5-1 所示。

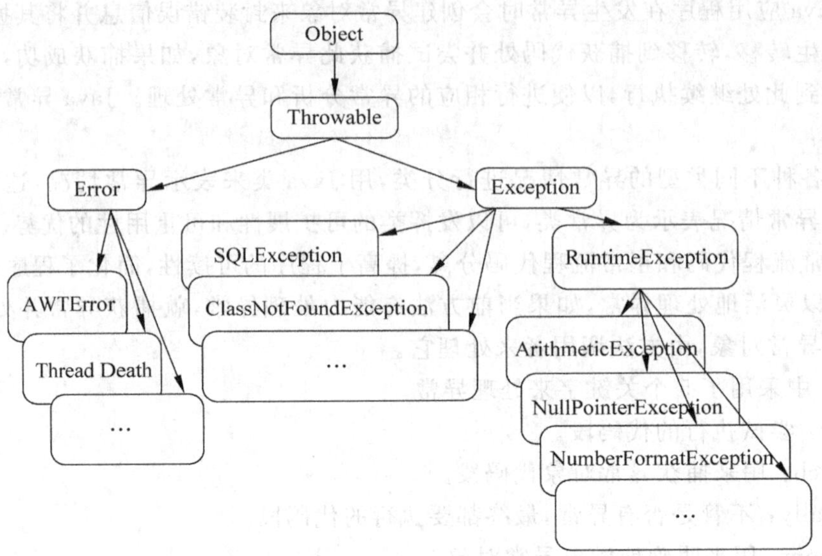

图 5-1 异常类的层次图

可以看到,在 Java 中所有的异常类都是 Throwable 的子类,它派生出两个类,其中,Exception 类表示程序本身可以处理的轻量级异常,即程序运行时会出现这类异常,我们的程序可以捕获并应该尽可能地处理,使程序能够恢复执行;Error 类及其子类表示仅靠程序本身无法修复的重量级异常,比如内存空间不足,或者 JVM 方法调用栈溢出。在大多数情况下,当遇到这样的错误时,建议终止程序的运行。表 5-1 列出了 Java 语言中常见的异常类。

表 5-1 常见的异常类说明

异常类名	异常说明
Exception	可捕获的异常类的父类
ClassNotFoundException	编译或运行时找不到需要加载的类
IllegalAccessException	非法的访问异常
InterruptedException	休息的线程被中断时产生的异常
NoSuchMethodException	调用方法时,没有相应的方法异常
RuntimeException	运行时异常类的父类
ArithmeticException	数学类异常,比如整数除法中除数为 0
IllegalArgumentException	调用方法时,非法参数异常
IllegalThreadStateExcepton	非法的线程状态异常
NegativeArraySizeException	数组元素个数为负数异常
IOException	输入/输出流读写异常
NullPointerException	空引用异常,一般在 null 引用上访问成员产生此异常
SecurityException	违法安全性规则异常
DirectoryNotFoundException	找不到相应的目录异常
EndOfStreamException	流结束异常
SQLException	数据库访问异常
FileNotFoundException	找不到相应的文件异常

续表

异 常 类 名	异 常 说 明
NumberFormatException	字符串转换为数字时产生的数字格式异常
ArrayIndexOutOfBoundsException	数组下标越界异常
StringIndexOutOfBoundsException	字符串下标越界异常

注：建议初学者应首先掌握粗体标示的基本异常类。

Java 语言中可用的异常处理方式有下面两种。

(1) 自行处理：将可能引发异常的语句封入 try 块内，而将处理异常的相应语句封入 catch 块内。

(2) 回避异常：在方法声明中包含 throws 子句，通知潜在调用者，如果发生了异常，必须由调用者处理。

5.2.1 自行异常处理

为了在程序中捕获轻量级的异常，Java 提供了名为 try-catch 的语句结构。将运行时可能产生异常的可疑代码放到 try 代码块中，将处理异常的代码放到对应的 catch 块中，其基本结构的语法如下：

```
try {
    //可能引起异常的代码段
}catch(Exception e) {
    //处理异常 e
}
```

当 try 代码块中出现一个异常时，这个代码块的剩余部分将终止执行，程序会生成并抛出一个异常对象，然后转入 catch 模块捕获异常，当捕获到异常对象时，则转入对应的 catch 代码块执行。如上所示，catch 代码块中的参数 e 类似于方法定义中的形参 e，当 catch 捕获到一个异常对象时，引用 e 就会指向此异常对象，并可以使用相应的方法，例如下例。

【例 5-1】 演示 try-catch 结构。

```
public class trycatch {
  public static void main(String[ ] args) {
    int x = 12;int y = 0;
    try {
      x = x/y;
      System.out.println("You won't see this!");
    }catch(Exception e){
        System.out.println("Catch a Exception!");
        e.printStackTrace();                              //打印调用堆栈
    }
  }
}
```

有时，单个代码片段可能会引起多个异常，在这种情况下可提供多个 catch 块分别处理各种异常类型。比如在一个跨国高速公路的出口处,我们同时设置了好几个检查站,有海关部门、缉毒部门、刑侦部门、卫生防疫部门等,根据不同的异常情况可由不同的部门进行处理,例如下例。

【例 5-2】 演示多 catch 结构。

```
import java.util.Scanner;
public class trycatchdemo {
  public static void main(String[ ] args) {
    int a = 0,b = 0,c = 0;
    try {
      a = Integer.parseInt(args[0]);
      b = Integer.parseInt(args[1]);
      c = a/b;
      System.out.println("c = " + c);
      System.out.println(" ****** 正常执行 ***** ");
      System.out.println("实数的除法不产生数学类异常: 3.0/0.0 = " + (3.0/0.0));
    }
    catch(ArrayIndexOutOfBoundsException e1) {
       System.out.println("此程序要输入两个参数!");
    }
    catch(NumberFormatException e2) {
       System.out.println("必须输入数字! ");
    }
    catch(ArithmeticException e3) {
      System.out.println("除数不能为 0!");
      System.out.print("请重新输入除数: ");          //演示如何补救
      Scanner in = new Scanner(System.in);
      b = in.nextInt();
      c = a/b;
      System.out.println("c = " + c);
    }
  }
```

注意:在多个 catch 的情况下,子类异常应该出现在父类异常之前,否则子类异常永远不会捕获到,因为前面第 4 章讲过,父类引用可以指向子类对象。

5.2.2 回避异常处理

回避异常是指在异常发生的方法中不使用 try-catch 做异常处理,而是将异常交给调用者来处理,通常在定义此方法时要用 throws 声明可能抛出的异常类型。

【例 5-3】 演示 throw 和 throws 配合处理异常。

```
class ThrowsDemo {
  public static void main(String [] args) {
      Person zhangsan = new Person();
      try     {
          zhangsan.setName("张三");
          zhangsan.setAge(20);
          zhangsan.display();
```

```
        }
        catch(Exception e)  {
            System.out.println(e.getMessage());
        }
    }
}
class Person  {
  private int age;
  private String name;
  public int getAge(){return age;}
  public String getName(){return name;}
  public void setAge(int a) throws Exception {
    if(a<0)
      throw new Exception("出现异常：年龄不能小于零!");
    if(a>150)
      throw new Exception("出现异常：年龄大于 150 的概率很小!");
    age = a;
  }
  public void setName(String nn){name = nn;}
  public void display(){
    System.out.println("我叫" + name + "\n" + "我今年" + age + "岁!");
  }
}
```

注意：throws 可以抛出多种类型的异常，异常类型之间用逗号分隔。

5.2.3 异常情况下的资源回收和清理工作

前面已经说过，当异常发生时已经分配的资源会保持原来的状态，不能被释放。为了避免这种情况，Java 提供了 finally 关键字用来修饰一个代码块，该代码块不管有没有异常发生都要执行，主要用来释放和清理有关的资源或善后工作，完整的 try-catch-finally 语法如下：

```
try {
    尝试执行的代码块
}catch(异常类 变量名){
    异常处理代码块
}
finally {
    总是要执行的代码块
}
```

可以将 finally 和 try 结合使用而无须 catch 块，换而言之，在程序代码中完全可以省略 catch 块。finally 的演示示例如下所示。

【例 5-4】 演示 finally 关键字。

```
class FinallyDemo {
int no1,no2;
FinallyDemo(String args[]){
try {
```

```
no1 = Integer.parseInt(args[0]);
no2 = Integer.parseInt(args[1]);
System.out.println("相除结果为 " + no1/no2);
}
catch(ArithmeticException i) {
System.out.println("不能除以 0");
}
catch(ArrayIndexOutOfBoundsException e1) {
        System.out.println("此程序要输入两个参数!");
    }
    catch(NumberFormatException e2) {
      System.out.println("必须输入数字! ");
    }
finally {
System.out.println("Finally 已执行,用来做清理工作!");
}
}
public static void main(String args[]) {
new FinallyDemo(args);
}
}
```

注意:当代码中的 return 语句被执行时,finally 块不会执行,finally 块中如果出现 break、continue 语句可能会破坏异常处理过程。try 块可以有零个或多个 catch 块,但最多只能有一个 finally 块。

5.2.4 带资源的 try 语句

为了简化编程,Java SE 7 给 try 块增加了新的语法,从而提供更简单的方法来清理资源。使用这种新的语法,可在 try 语句中打开资源,当语句执行结束时会自动清理或关闭资源,可在 try 块中包含多个资源,每一个资源用分号隔开,如下例程序所示。

【例 5-5】 演示带资源的 try 语句。

```
import java.io.*;
public class FileCopy {
    public static void main(String[] args){
        try (InputStream fis = new FileInputStream(new File("src.txt"));
            OutputStream fos = new FileOutputStream(new File("dest.txt"))) {
            byte[] buf = new byte[8192];
            int i;
            while((i = fis.read(buf))!= -1){
                fos.write(buf,0,i);
            }
        }catch(Exception e){
            e.printStackTrace();
        }
    }
}
```

5.3 自定义异常

JDK 提供的异常类不可能涵盖所有的异常类型，所以在特定的问题领域可以通过扩展 Exception 类或其子类来创建自定义的异常类，以适合特定的商业逻辑，例如在 ATM 上取款，单日累计不能超过 20 000，计算机不会因为 20 000 或 20 001 产生错误，这是人的逻辑，所以需要自定义异常类。自定义异常类应该包含与异常相关的信息，有助于负责捕获异常的 catch 代码块正确地分析并处理异常。

【例 5-6】 演示通过 Exception 的子类派生的自定义异常类。

```
class ArraySizeException extends NegativeArraySizeException{
   ArraySizeException() {
      super("您传递的是非法的数组大小");
   }
}
class UserExceptionDemo {
   int size, array[];
   UserExceptionDemo(int s) {
   size = s;
    try {checkSize();     }
    catch(ArraySizeException e) {System.out.println(e);}
}
void checkSize() throws ArraySizeException {
   if(size < 0) throw new ArraySizeException();
   array = new int[size];
   for(int i = 0; i < size; i++) {
      array[i] = i + 1;
   System.out.print(array[i] + " ");
}}
public static void main(String arg[]) {
   new UserExceptionDemo(Integer.parseInt(arg[0])); }
}
```

【例 5-7】 演示 Exception 类派生的自定义异常类。

```
class myexception extends Exception {
   String mymsg = "我自己定义的异常!";
   double mynum = 2.0;
   myexception(){super("首字母不能为 A!");}
   myexception(String msg){super(msg);}
   public void displayme(){System.out.println(mymsg);}
   public double mymethod(){return Math.sqrt(mynum);}
}
class exceptiontest {
    public static void main(String[] args) {
      try {
        if(args[0].charAt(0) == 'A') {
```

```
                myexception e = new myexception();
                System.out.println("kkkk:" + e.mymethod());
                e.displayme();
                System.out.println(" *********** in try ********** ");
                throw e;
            }
            else if(args[0].charAt(0) == 'B') {
                throw new myexception("第一个字符不应是 B!");
            }else{System.out.println(args[0]);}
        }
        catch(myexception aaaa) {
                System.out.println(aaaa.getMessage());
                aaaa.displayme();
                System.out.println("" + aaaa.mymethod());
        }
        catch(ArrayIndexOutOfBoundsException e){
                System.out.println("命令行参数个数错!");
        }
    }
}
```

从该例可以看出,异常类的设计和普通类的设计区别不大,只不过是异常类对象可以用 throw 关键字抛出,由 catch 捕获而已。

5.4 使用异常的指导原则

如何明智地、有效地使用异常处理,是每一个资深程序员必须要掌握的技巧。异常处理的黄金法则如下:

(1) 要具体;

(2) 早抛出;

(3) 晚捕获。

并且如果能进行简单的检查就可以避免抛出异常,则尽量使用检查语句。例如,在一个空对象上调用方法会抛出 NullPointerException 异常,用 if(ref! =null) {...}要比用 try-catch 语句有效得多;再比如执行堆栈上的弹出操作时,必须确认堆栈不为空,简单地进行检查将会发现这种情况,这比异常处理的效率更高。

初学者喜欢将 try-catch 块放到程序代码中任何可能的地方,使用过多的 try-catch 将导致代码凌乱,并可能掩盖程序的主要逻辑。在单个 try 块中组织所有可疑的语句,并为这个 try 块提供多个 catch 处理程序。如果喜欢,可以抛出异常对象给调用者,然后集中所有的异常处理。

另外,永远不要使用空的异常处理语句,即 catch(Exception e){},因为在任何时候如果出现异常,异常将会被悄悄地忽略,而忽略异常将导致不可预知的程序状态,这将是很难诊断和修复的。

5.5　程序建模示例

【程序建模示例 1】　试建模一个年历程序，在字符界面下输入年份，在屏幕上打印如图 5-2 所示的年历，该程序的要点是格式控制，图形界面出现之前的早期计算机程序都是采用这种基于字符的输出控制完成程序设计的。

```
                        1月                                                   2月
====================================================  ====================================================
星期日 星期一 星期二 星期三 星期四 星期五 星期六  星期日 星期一 星期二 星期三 星期四 星期五 星期六
                     1      2      3      4                                                1
5      6      7      8      9      10     11     2      3      4      5      6      7      8
12     13     14     15     16     17     18     9      10     11     12     13     14     15
19     20     21     22     23     24     25     16     17     18     19     20     21     22
26     27     28     29     30     31            23     24     25     26     27     28
****************************************************  ****************************************************
                        3月                                                   4月
====================================================  ====================================================
星期日 星期一 星期二 星期三 星期四 星期五 星期六  星期日 星期一 星期二 星期三 星期四 星期五 星期六
                                          1                    1      2      3      4      5
2      3      4      5      6      7      8      6      7      8      9      10     11     12
9      10     11     12     13     14     15     13     14     15     16     17     18     19
16     17     18     19     20     21     22     20     21     22     23     24     25     26
23     24     25     26     27     28     29     27     28     29     30
30     31
****************************************************  ****************************************************
                        5月                                                   6月
====================================================  ====================================================
星期日 星期一 星期二 星期三 星期四 星期五 星期六  星期日 星期一 星期二 星期三 星期四 星期五 星期六
                            1      2      3      1      2      3      4      5      6      7
4      5      6      7      8      9      10     8      9      10     11     12     13     14
11     12     13     14     15     16     17     15     16     17     18     19     20     21
18     19     20     21     22     23     24     22     23     24     25     26     27     28
25     26     27     28     29     30     31     29     30
****************************************************  ****************************************************
                        7月                                                   8月
====================================================  ====================================================
星期日 星期一 星期二 星期三 星期四 星期五 星期六  星期日 星期一 星期二 星期三 星期四 星期五 星期六
              1      2      3      4      5                                         1      2
6      7      8      9      10     11     12     3      4      5      6      7      8      9
13     14     15     16     17     18     19     10     11     12     13     14     15     16
20     21     22     23     24     25     26     17     18     19     20     21     22     23
27     28     29     30     31                   24     25     26     27     28     29     30
                                                 31
****************************************************  ****************************************************
                        9月                                                   10月
====================================================  ====================================================
星期日 星期一 星期二 星期三 星期四 星期五 星期六  星期日 星期一 星期二 星期三 星期四 星期五 星期六
       1      2      3      4      5      6                    1      2      3      4
7      8      9      10     11     12     13     5      6      7      8      9      10     11
14     15     16     17     18     19     20     12     13     14     15     16     17     18
```

图 5-2　打印年历

分析：如果直接使用输出语句在屏幕上进行格式控制并打印输出，将非常困难，此处采用构造字符串数组的方式，将图 5-2 所示的屏幕上的每一行看成是一行字符。首先在程序中抽象月份类，在类中抽象存储日历的二维数组，该月第一天的星期日历以及该月总的天数等。然后在构造方法中通过传来的参数构造字符串形式的日历数组，并编写一次在屏幕上打印两个月的方法。在主方法中通过JDK 提供的 Calendar 类取得相关日历数据构造 12 个月份对象，然后调用相应的打印方法即可，源代码如下。

```
import java.util.*;
import java.text.DateFormatSymbols;
class MyMonth{
    private int month;
    private int start_of_week;
    private int days_in_month;
    public static String[] weekdayNames = new DateFormatSymbols().getShortWeekdays();
    private String[][] data = new String[7][8];
    public MyMonth(int m,int s,int d){
        month = m;
```

```
        days_in_month = d;
        start_of_week = s;
        for(int j = 1;j < 8;j++){
            data[0][j] = new String(MyMonth.weekdayNames[j]);
        }
        int days = 1,day_of_week = start_of_week,r = 1;
        do{
            data[r][day_of_week] = String.valueOf(days);
            days++;
            day_of_week++;
            if(day_of_week == 8) {
                day_of_week = 1;
                r++;
            }
        }while(days <= days_in_month);
    }
    public void display(){
        System.out.println("\t\t\t" + (month + 1) + "月");
        System.out.println(" ================================================== ");
            for(int i = 0;i < 7;i++){
                for(int j = 1;j < 8;j++){
                    if(data[i][j] == null)System.out.print("\t");
                    else System.out.print(data[i][j] + "\t");
                }
                System.out.println();
            }
        System.out.println(" ************************************************** ");

    }
    public int getMonth(){return month + 1;}
    public int getDaysInMonth(){return days_in_month;}
    public String[][] getData(){return data;}
}
class MyCalendarTest{
    public static void main(String[] args){
        Calendar d = Calendar.getInstance();
        Scanner keyin = new Scanner(System.in);
        System.out.print("请输入要显示年历的年份:");
        int year = keyin.nextInt();
        d.set(Calendar.YEAR, year);
        MyMonth[] mymonth = new MyMonth[12];
        for(int i = 0;i <= Calendar.DECEMBER;i++){
            d.set(Calendar.MONTH, i);
            d.set(Calendar.DAY_OF_MONTH, 1);  //d为本月的开始日期
             mymonth[i] = new MyMonth(i, d.get(Calendar.DAY_OF_WEEK), d.getActualMaximum
(Calendar.DAY_OF_MONTH));
        }
        for(int i = 0;i <= Calendar.DECEMBER;i += 2){
            displayTwoMonth(mymonth[i],mymonth[i + 1]);
```

```
        }
    }
    public static void displayTwoMonth(MyMonth mon1,MyMonth mon2){
        System.out.print("\t\t\t" + mon1.getMonth() + "月");
        System.out.println(" \t\t\t\t\t\t " + mon2.getMonth() + "月");

        System.out.print(" ================================================= ");
        System.out.println("     ================================================= ");
        String[][] d1 = mon1.getData();
        String[][] d2 = mon2.getData();
        for(int i = 0;i < 7;i++){
            for(int j = 1;j < 8;j++){
                if(d1[i][j] == null)System.out.print("\t");
                else System.out.print(d1[i][j] + "\t");
            }
            for(int j = 1;j < 8;j++){
                if(d2[i][j] == null)System.out.print("\t");
                else System.out.print(d2[i][j] + "\t");
            }
            System.out.println();
        }

        System.out.print(" ************************************************************ ");
        System.out.println(" ************************************************************ ");
    }
}
```

【程序建模示例 2】 模拟博弈论策略"一报还一报"(即 TIT FOR TAT 策略)。

博弈论最简单的策略一报还一报(TIT FOR TAT)也称为以牙还牙策略，其要点是首先以善意的合作开局，此后采取以其人之道还治其人之身的策略，俗名"胡萝卜加大棒"的原则。它强调的是永远不先背叛对方，就像我们国家主张的不首先使用核武器一样。因此，采用这种策略会采取背叛的行动来惩罚对手前一次的背叛。在众多策略中，以牙还牙是最有效的，曾连续数年击败由计算机科学家、经济学家和心理学家等团队所提出的策略。博弈论者尽管没有实质证据，但他们认为以牙还牙是最佳的策略。

以牙还牙策略有下面 4 个特点。

(1) 友善：以牙还牙者开始一定采取合作态度，不会背叛对方。

(2) 报复性：遭到对方背叛，以牙还牙者一定会还击做出报复。

(3) 宽恕：当对方停止背叛时，以牙还牙者会原谅对方，继续合作。

(4) 不羡慕对手：以牙还牙者个人永远不会得到最大利益，整个策略以全体的最大利益为目的。

先假设有两个参与者陷入囚徒困境，每人有 6 次选择机会，如果两个参与者都选择合作，则双方各得 3 分；如果都选择背叛，双方各得 1 分；如果一方选择合作，另一方选择背叛，则选择背叛的一方得 5 分，另一方得 0 分。

从系统的角度看，尽管以牙还牙者有可能从来没有赢过一场比赛，而背叛者从未输过一场比赛，考虑到系统的最大共同利益，以牙还牙仍然是最好的策略。程序代码如下：

```
import java.util.Scanner;
public class Game_test {
public static void main(String[] args){
    System.out.print("此程序用来测试重复囚徒困境中的博弈策略: 1--- 以牙还牙策略,2---
随机策略,3--- 退出");
    Scanner myinputkey = new Scanner(System.in);
    int inputakey = myinputkey.nextInt();
    while(inputakey!= 3){
        switch(inputakey){
            case 1:titfortatpolicy();break;
            case 2:randomizedpolicy();break;
        }
        System.out.print("此程序用来测试重复囚徒困境中的博弈策略: 1--- 以牙还牙策略,
2--- 随机策略,3--- 退出");
        inputakey = myinputkey.nextInt();
    }
}
    public static void titfortatpolicy(){
        int computerscores = 0,userscores = 0;
        StringBuffer computerselected = new StringBuffer();
        char computernowselected,usernowselected;
        int rounds = 1;
        StringBuffer userselected = new StringBuffer();
        Scanner myinputkey = new Scanner(System.in);
        computernowselected = 'A';
        while(true){
            System.out.print("A-合作,B-背叛,Q-结束,请输入你的第" + rounds + "轮次的选择: ");
            usernowselected = myinputkey.nextLine().toUpperCase().charAt(0);
            if(usernowselected == 'Q') break;
            if(usernowselected == 'A'&computernowselected == 'A') {
                computerscores += 3;
                userscores += 3;
            }else if(usernowselected == 'A'&computernowselected == 'B'){
                computerscores += 5;
                userscores += 0;
            }else if(usernowselected == 'B'&computernowselected == 'A'){
                computerscores += 0;
                userscores += 5;
            }else{
                computerscores += 1;
                userscores += 1;
            }
            computerselected.append(computernowselected);
            userselected.append(usernowselected);
            computernowselected = usernowselected;
            rounds++;
        }
        System.out.println("Computer:" + computerselected + ", the final score is:" +
```

```
computerscores);
        System.out.println("User    :" + userselected + ",the final score is:" + userscores);
        if(computerscores > userscores){ System.out.println("The computer is winner!");}
        else if(computerscores < userscores){ System.out.println("The user is the winner!");}
        else{System.out.println("We both are winners!");}
        System.out.println("The total scores is:" + (computerscores + userscores));
    }
    /*随机策略没有什么特点,每次计算机随机选择合作或背叛
     */
    public static void randomizedpolicy(){
        int computerscores = 0,userscores = 0;
        StringBuffer computerselected = new StringBuffer();
        char computernowselected,usernowselected;
        int rounds = 1;
        StringBuffer userselected = new StringBuffer();
        char preparedanswer[] = {'A','B'};
        Scanner myinputkey = new Scanner(System.in);
        computernowselected = preparedanswer[(int)(Math.random() * 2)];
        while(true){
            System.out.print("A-合作,B-背叛,Q-结束,请输入你的第" + rounds + "轮次的选择: ");
            usernowselected = myinputkey.nextLine().toUpperCase().charAt(0);
            if(usernowselected == 'Q') break;

            if(usernowselected == 'A'&computernowselected == 'A') {
                computerscores += 3;
                userscores += 3;
            }else if(usernowselected == 'A'&computernowselected == 'B'){
                computerscores += 5;
                userscores += 0;
            }else if(usernowselected == 'B'&computernowselected == 'A'){
                computerscores += 0;
                userscores += 5;
            }else{
                computerscores += 1;
                userscores += 1;
            }
            computerselected.append(computernowselected);
            userselected.append(usernowselected);
            computernowselected = preparedanswer[(int)(Math.random() * 2)];
            rounds++;
        }
        System.out.println("Computer:" + computerselected + ", the final score is:" +
computerscores);
        System.out.println("User    :" + userselected + ",the final score is:" + userscores);
        if(computerscores > userscores){ System.out.println("The computer is winner!");}
        else if(computerscores < userscores){ System.out.println("The user is the winner!");}
        else{System.out.println("We both are winners!");}
        System.out.println("The total scores is:" + (computerscores + userscores));
    }
}
```

5.6 本章小结

本章介绍了Java程序中异常处理的相关知识,正在运行的程序可能会遇到错误,甚至可能崩溃,在程序中提供异常处理代码可以最大程度地减少发生这种情况的概率。Java将异常分为重量级异常和轻量级异常,重量级异常通常超出了程序员的控制并通常导致应用程序崩溃,轻量级异常则可以被程序员捕获并及时处理。

Java的异常处理使用了5个关键字,即try、catch、throw、throws、finally。异常处理流程由try、catch和finally 3个代码块组成。其中,try代码块包含了可能发生异常的程序代码;catch代码块紧跟在try代码块的后面,用来捕获并处理异常;finally代码块用于释放被占用的相关资源。

Java提供了完整的多层次异常类库,Throwable类表示可抛出的异常类的父类,派生出的Error类表示严重的错误,无法单由程序来处理;而Exception类表示程序中出现的轻量级异常,可以由程序捕获并能处理的异常。在无法找到内置的异常类能充分说明异常的情况下,程序员可以提供自己的异常类。

Java的异常处理有两种方式,一种是在本方法中通过try-catch处理,另一种是通过throws声明此方法有可能抛出异常,需要调用者来处理。

习题

一、选择题

1. 在Java中需要监测错误的代码放在(　　)。

A. try块　　B. catch块
C. finally块　　D. 以上选项都不正确

2. 在编写异常处理的Java程序中,每个catch语句块都应该与(　　)语句块对应,以用该语句块启动Java的异常处理机制。

A. if-else　　B. switch　　C. try　　D. throw

3. 在Java的异常处理中,不管有没有异常,总要执行的代码块是(　　)。

A. try块　　B. catch块　　C. finally块　　D. throws块

4. 语句"System.out.println(args[i]);"有可能引发(　　)异常。

A. ArithmaticException　　B. ArrayIndexOutOfBoundsException
C. NumberFormatException　　D. FileNotFoundException

5. 下列程序编译或执行的结果是(　　)。

```
public static void main(String[ ]args){
    try{
        return;
        }finally{System.out.println("Finally");}
}
```

A. 程序正常运行,但不输出任何结果
B. 程序正常运行,并输出“Finally”
C. 编译能通过,但运行时会出现一个异常
D. 因为没有 catch 语句块,所以不能通过编译

6. Java 中用来抛出异常的关键字是(　　)。

A. try　　B. catch　　C. throw　　D. finally

7. 关于 Java 中的异常,下列说法正确的是(　　)。

A. 异常是一种对象
B. 一旦程序运行,异常将被创建
C. 为了保证程序的运行速度,要尽量避免异常控制
D. 以上说法都不对

8. 下面(　　)类是所有异常类的父类。

A. Throwable　　B. Error　　C. Exception　　D. AWTError

9. 用 java MultiCatch 执行下列程序,说法错误的是(　　)。

```
class MultiCatch {
  public static void main(String args[])    {
    try {
        int a = args.length;
        int b = 42/a;
        int c[] = {1};
        c[42] = 99;
        System.out.println("b = " + b);
    } catch(ArithmeticException e) {
        System.out.println("除 0 异常: " + e);
    } catch(ArrayIndexOutOfBoundsException e) {
        System.out.println("数组超越边界异常: " + e);
  }
  }}
```

A. 程序将输出第 15 行的异常信息
B. 程序的第 10 行出错
C. 程序将输出“b=42”
D. 程序将输出第 9 行的异常信息

二、简答题

1. 什么是异常? 什么是重量级异常? 什么是轻量级异常?

2. 简述 Java 的异常处理机制。

3. 简述 throw 和 throws 关键字的区别。

4. 如果在一个方法内出现了一个异常并抛出异常,方法内又没有异常处理代码块,将会发生什么情况?

5. 下列程序段的输出结果是什么?

```
public class test{
```

```
    public static void main(String args[]){
      int flag = 90;
      try{
        System.out.println("try - catch entered");
        if(flag >= 0)
        throw new Exception("The grade is A");
        }catch(Exception e{
          System.out.println("Exception is:" + e.getMessage());
        }finally{
          System.out.println("after catch - block");
                }
      }
    }
```

如果修改 flag 为－80,结果又是什么?

6. 在下面程序段中的合适位置加上 throws 关键字,使程序正确。

```
public static void procedure(int n){
        if(n<0)        throw new Exception("negative number");
}
```

7. 下面程序抛出了一个"异常"并捕捉它,请在横线处填入适当内容完成程序。

```
class ThrowsDemo {
  static void procedure() throws IllegalAccessExcepton  {
    System.out.println("inside procedure");
    throw ________ IllegalAccessException("demo");
  }
public static void main(String args[]) {
    try {
            procedure();
    }________________________________{
            System.out.println("捕获: " + e);
    }
  }
```

三、编程题

1. 输入一个以 24 小时为周期的时间,将其转换为以 12 小时为周期的时间,例如 23:12,转换为 11:12PM。如果输入时间非法,则抛出一个异常。

2. 读取一个字符串,字符串中的单词以空格分隔,分离单词并将其转换为整型量,如果单词中出现了非 0~9 的字符,则抛出异常,然后继续处理后续单词。

3. 编写一个带 throws 子句的检查方法,用来检查字符串是否仅由英文字符和数字组成,如果是空字符串或包含非法字符则抛出异常对象,并编写测试方法进行测试。

第6章 输入/输出类库

到第 5 章为止，我们已经学习了 Java 语言的基本语法、类、接口、数组以及其他和该语言相关的内容，也学习了面向对象程序设计的基本原理和基本抽象技巧。在前面的章节中介绍的大多数程序使用的类都来自 java. lang 包，这个包中的类在程序设计时是自动导入的，现在 Java 语言的基本语法我们已经学完，从本章开始介绍 JDK 提供的其他包中的类和相关的编程知识。

一个完整的应用程序应该由输入、处理、输出 3 个部分组成。针对输入与输出，Java 语言提供了专门用于文件操作和输入/输出功能的包 java. io，该包是 Java 语言的核心包之一，其中包含许多类和接口，有大量的方法用来访问文件系统、创建文件和目录、读取文件信息、处理文件的数据以及存储数据到文件中，等等；还提供了完善的、简便的针对磁盘文件系统操作和维护的类库和 API，以及利用输入/输出流进行的网络或设备的输入/输出等操作。

6.1 流机制概述

在本章中，我们将会讲述用来操作文件和目录的类和方法以及那些对文件内容进行读/写操作的类和方法。输入/输出技术本身并不能使人兴奋，但假如不具备读/写数据的能力，应用程序的功能便会受到限制。作为程序员我们应该知道，程序的主要任务是处理数据，一个典型的程序运行模型如图 6-1 所示。

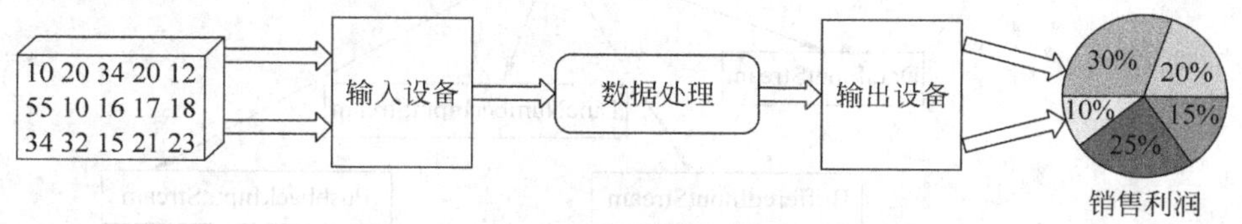

图 6-1　数据流向图

在 Java 语言中，对数据的输入/输出是以流的方式组织的，即字节或字符像水流一样源源不断地流入程序内存或流出程序内存或者在两块内存之间流动。根据操作的类型，我们可以把流分为输入流和输出流两种，应用程序从输入流读取数据，而向输出流写入数据。

流要么使用数据，要么提供数据。流常常被连接到物理设备，为数据流提供针对设备的统一接口。在输入流的例子中,连接的设备可能是物理磁盘、网络、键盘等;在输出流的例子中,可能连接到监视器、物理磁盘、网络等。

如果数据流处理的单位是字节,我们称之为字节流,如果数据流处理的单位是字符,我们称之为字符流。在 Java 的 I/O 类库中,java. io. InputStream 和 java. io. OutputStream 分别表示字节输入流和字节输出流,java. io. Reader 和 java. io. Writer 分别表示字符输入流和字符输出流。Java 以这 4 个抽象类为基础衍生出了一系列具体的类,利用这些类,几乎程序员想到的每一种输入/输出过程都可以完成。

Java 语言处理文件流、管道流、网络流以及对设备的数据访问都使用了流的机制,所以我们只要掌握基本的输入/输出流的访问机制就可以直接使用同样的机制去访问网络或其他设备。

6.2 常用的字节流类

字节流用于直接读/写二进制数据,比如图像和声音文件等。Java 语言中的所有字节流类的抽象父类为 java. io. InputStream 类和 java. io. OutputStream 类,再由它们派生出其他具体的字节流类。

6.2.1 字节流类的层次结构和常用方法

1. 字节输入流类的层次结构(如图 6-2 所示)

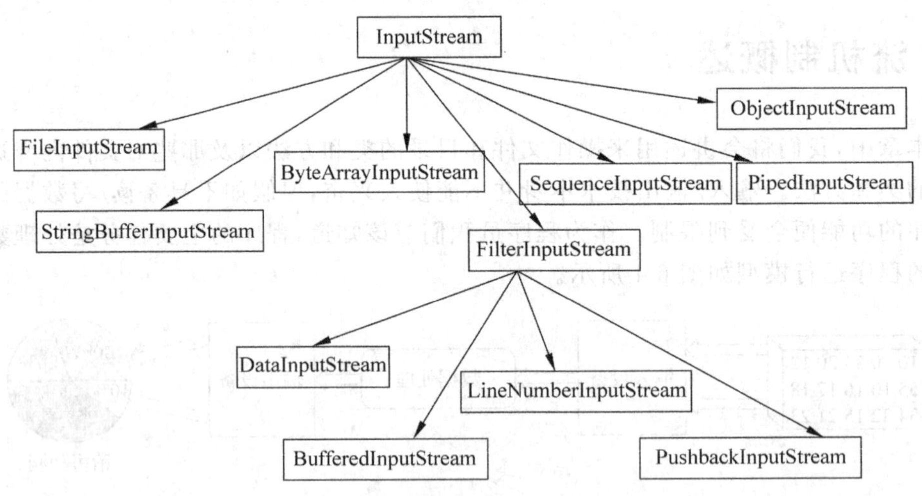

图 6-2 字节输入流类层次结构图

2. 字节输出流类的层次结构(如图 6-3 所示)

实际上,从上一章“异常”开始,我们的学习重点就转到了 JDK 提供的基本类库上,也就是说我们需要掌握一个类和类的方法,然后在这些基础上设计类和应用程序。

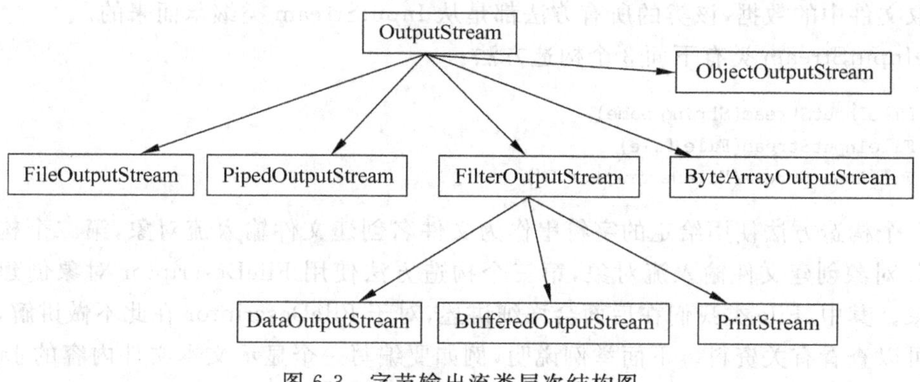

图 6-3 字节输出流类层次结构图

3. InputStream 类中常用的方法(如表 6-1 所示)

表 6-1 InputStream 类中的方法

方 法	说 明
abstract int read()	从流中读取下一个字节,返回此字节对应的整数(0～255)
int read(byte[] b)	读取若干个字节填充到 *b* 字节数组,返回的是实际读取的字节数
int read(byte[] b,int off, int len)	从流中读取 len 个字节填充到 *b* 字节数组的 off 开始位置,返回的是实际读取的字节数组
long skip(long n)	在流中跳过 *n* 个字节,返回实际跳过的字节数目
int available()	返回此流中剩余的字节数
void close()	关闭流对象并释放和流对象关联的系统资源
void mark(int readlimit)	在流中的当前位置做标记
void reset()	返回到流中的上一个标记位置
boolean markSupported()	测试此流是否支持标记操作

4. OutputStream 类常用的方法(如表 6-2 所示)

表 6-2 OutputStream 类中的方法

方 法	说 明
abstract void write(int n)	向流中写入一个字节,将整数的低字节(0～255)写出到流中
void write(byte[] b)	将一个字节数组写入到流中
void write(byte [] b,int off,int len)	将一个字节数组从 off 开始、长度为 len 的字节写入到流中
void close()	关闭流对象并释放和流对象关联的系统资源
void flush()	将缓冲区中的数据写入到流中,并清空缓冲区

其他的字节流类都是这两个类的子类,都继承了这些方法,并有特定的实现,所以我们可以利用多态机制使用这些方法。

6.2.2 FileInputStream 类

FileInputStream 类是 InputStream 的子类,称为文件字节输入流。文件字节输入流按字节读取文件中的数据,该类的所有方法都是从 InputStream 类继承而来的。

FileInputStream 类有下面 3 个构造方法:

```
(1) FileInputStream(String name)
(2) FileInputStream(File file)
(3) FileInputStream(FileDescriptor fd)
```

第一个构造方法使用给定的字符串作为文件名创建文件输入流对象,第二个构造方法使用 File 对象创建文件输入流对象,第三个构造方法使用 FileDescriptor 对象创建文件输入流对象。其中,File 类我们在后面会详细讲述,对于 FileDescriptor 在此不做讲解,感兴趣的同学可以查看有关资料。下面举例说明,例如要编写一个显示文本文件内容的 Java 程序来模拟操作系统提供的命令 type 或 cat,如图 6-4 所示。

分析:编写此程序,必须从命令行输入要显示的文件名,如果操作员没有输入文件名,则要捕获数组下标越界异常并显示提示信息,其他需要捕获的异常是文件不存在异常、输入输出异常等。程序的具体实现如下:

```
命令提示符
C:\myjava2007>type english.txt
1.In what _____ to a last minute stay of execution, a council announced that
rgency funding would keep alive two aging satellites.  #applies#accounts#atta
s#amounts#amounts
2.The wealth of a country should be measured _____ the material goods it can
duce. #in line with#in terms of#in regard with#by means of#in terms of
endend
```

图 6-4 显示文件内容

【例 6-1】 显示文本文件内容。

```
import java.io.*;
class mytype {
  public static void main(String[] args) {
      try{
        FileInputStream fin = new FileInputStream(args[0]);  //使用命令行参数创建输入流对象
        int ch = fin.read();                                  //读入一个字节
        while(ch!= -1) {
            System.out.print((char)ch);                      //转换成字符输出
            ch = fin.read();
        }
        fin.close();
      }catch(ArrayIndexOutOfBoundsException e1) {
          System.out.println("使用格式错误!正确格式是: java mytype 文本文件名");
          System.exit(0);
      }
      catch(FileNotFoundException e2){System.out.println("文件不存在!");}
      catch(IOException e3){System.out.println("输入流异常!");}
  }
}
```

FileInputStream 流顺序地读取文件,只要不关闭流,每次调用 read()方法就顺序地读取文件中的下一个字节,如果到达流的末尾,则返回-1。

6.2.3 FileOutputStream 类

与 FileInputStream 类相对应的类是 FileOutputStream 类，FileOutputStream 类提供了基本的文件写入能力，是 OutputStream 的子类，称为文件字节输出流。文件字节输出流按字节将数据写入到文件中，常用的构造方法有下面几种：

```
(1) FileOutputStream(String name)
(2) FileOutputStream(File name)
(3) FileOutputStream(String name,boolean append)
(4) FileOutputStream(File name,boolean append)
```

文件字节输出流可以使用从 OutputStream 类中继承下来的方法 write()将字节写到流中，我们也可以编写类似于操作系统提供的复制文件命令 copy，如图 6-5 所示。

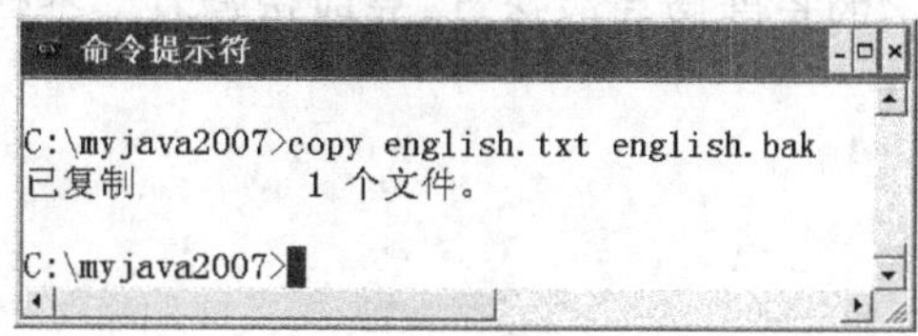

图 6-5　复制文件

分析：和前面显示文件内容一样，我们也需要从命令行输入源文件名和目标文件名，也要处理相应的异常。具体实现代码如下：

【例 6-2】 复制文件。

```
import java.io.*;
public class Copy {
    public static void main(String[] args) {
        int numberRead = 0;
        InputStream in = null;
        OutputStream out = null;
        byte buf[] = new byte[512];                    //磁盘扇区大小的典型值
        if(args.length!= 2){
            System.out.println("Usage: java Copy sourcefile destfile");
            System.exit(0);                            //终止程序,退出 JVM
        }
        try {
            in = new FileInputStream(args[0]);
            out = new FileOutputStream(args[1]);
            while((numberRead = in.read(buf))!= -1){
                out.write(buf,0,numberRead);
            }
        }catch(FileNotFoundException fe){
            System.out.println(args[0] + " not found.");
            System.exit(0);
        }catch(IOException ioe){
            System.out.println("Error reading/writing file.");
        }finally{
```

```
            try {
                in.close();
                out.close();
            }catch(Exception e){
                e.printStackTrace();
            }
        }
        System.out.println("1 file copied.");
    }
}
```

我们还可以在复制的基础上使用简单的加密技术对文件进行加密和解密。

分析:从一个文件中读取一个字节后,对这个字节做加密变换,然后将其写出到加密文件,解密正好相反,将读取的字节做解密运算,然后写出到解密文件。在下面的程序中,我们只是将读入的字节和口令字的长度做异或运算,异或运算有一个特点,就是一个数和另一个数异或两次会得到自身的值。

【例 6-3】 加密文件。

```
import java.io.*;
class jmcopy {
  public static void main(String[] args) {
      int ch;
      FileInputStream fin;
      FileOutputStream fout;
      try {
          fin = new FileInputStream(args[0]);
          fout = new FileOutputStream(args[1]);
          int key = args[2].length();
          ch = fin.read();
          while(ch!= -1) {
              fout.write(ch^key);
              ch = fin.read();
          }
          fin.close();fout.close();
      }catch(ArrayIndexOutOfBoundsException e1) {
    System.out.println("格式错误!正确格式为: java mycopy 源文件名 目标文件名 密码");
    System.exit(0);
      }
      catch(FileNotFoundException e3){System.out.println("文件没有找到!");}
      catch(IOException e2){System.out.println("流错误!");}
  }
}
```

【例 6-4】 解密文件。

```
import java.io.*;
class jmtype {
  public static void main(String[] args) {
    try{
      FileInputStream fin = new FileInputStream(args[0]);
```

```
        int key = args[1].length();
        int ch = fin.read();
        while(ch!= -1) {
           System.out.print((char)(ch^key));
           ch = fin.read();
        }
        fin.close();
      }catch(ArrayIndexOutOfBoundsException e1) {
        System.out.println("使用格式错误!正确格式是: java mytype 加密文件名 密码");
        System.exit(0);
      }
      catch(FileNotFoundException e3){System.out.println("文件没有找到!");}
      catch(IOException e2){System.out.println("输入流异常!");}
   }
}
```

6.2.4 ByteArrayInputStream 类和 ByteArrayOutputStream 类

ByteArrayInputStream 类创建的对象称为字节数组输入流，该流从内存中的字节数组读取数据，构造方法有下面两种。

(1) ByteArrayInputStream(byte[] buf)：参数 buf 指定要读取的字节数组。

(2) ByteArrayInputStream(byte[] buf,int offset, int length)：参数 buf 指定字节数组类型的数据源，offset 指定从数组中开始读取数据的起始下标位置，length 指定要读取的字节数。

和它对应的是 ByteArrayOutputStream 类，其创建的字节数组输出流对象向内存中的字节数组写入数据，构造方法有下面两种。

(1) ByteArrayOutputStream()：创建一个新的字节数组输出流。

(2) ByteArrayOutputStream(int size)：创建一个新的字节数组输出流，它具有指定大小的缓冲区容量，以字节为单位。

【例 6-5】 编写程序从字节数组读取数据。

```
import java.io.*;
public class ByteArrayTester {
  public static void main(String agrs[])throws IOException{
    byte[] buff = new byte[]{1,115,107,-2,-9,89};
    ByteArrayInputStream in = new ByteArrayInputStream(buff,1,4);
    int data = in.read();
    while(data!= -1) {
     System.out.print(data + " ");
     data = in.read();
    }
    in.close();
  }
}
```

该程序的字节数组输入流从字节数组 buff 的下标为 1 的元素开始读，一共读取 4 个元素。对于读到的每一个字节类型的元素，都会转换为 int 类型，所以运行的结果为“115 107 254 247”。

【例 6-6】 编写程序测试字节数组输出流。

```
import java.io.*;
public class ByteArrayOutputStreamTester {
  public static void main(String agrs[])throws IOException{
     ByteArrayOutputStream out = new ByteArrayOutputStream();
     out.write("中国人民".getBytes("UTF-8"));   //把"中国"的 UTF-8 编码写到字节数组中
     byte[] buff = out.toByteArray(); //获得字节数组
     out.close();
     ByteArrayInputStream in = new ByteArrayInputStream(buff);
     int len = in.available();
     byte[] buffIn = new byte[len];
     in.read(buffIn);                          //把 buff 字节数组中的数据读入到 buffIn 中
     in.close();
     System.out.println(new String(buffIn, "UTF-8"));  //由字符编码创建字符串
  }
}
```

以上程序把字符串"中国人民"的 UTF-8 字符编码写到一个字节数组中,然后用 ByteArrayOutputStream 类创建的对象 out 的 toByteArray()方法返回这个字节数组引用,再通过 ByteArrayInputStream 从字节数组中读取 UTF-8 字符编码,按照特定的字符编码创建一个 String 对象打印输出。

6.2.5 BufferedInputStream 类和 BufferedOutputStream 类

BufferedInputStream 类覆盖了基类中的读数据行为,利用缓冲区来提高读数据的效率。BufferedInputStream 类先把一批数据读入到缓冲区,接下来 read()方法只需要从缓冲区内获取数据就能减少物理性读取数据的次数。该类的构造方法有下面两种。

(1) BufferedInputStream(InputStream in):参数 in 指定需要被缓冲的输入流。

(2) BufferedInputStream(InputStreamin,int size):参数 in 指定需要被缓冲的输入流,参数 size 指定缓冲区的大小,以字节为单位。

当数据源为文件或键盘时,可以用 BufferedInputStream 类做缓冲,从而提高 I/O 操作的效率。

其对应的输出流类为 BufferedOutputStream,它覆盖了基类中的写数据行为,同样利用缓冲区来提高写数据的效率。BufferedOutputStream 类先把数据写到缓冲区,在默认情况下,只有当缓冲区满的时候才会把缓冲区的数据真正写到目的地,这样能减少物理写数据的次数。该类的构造方法有下面两种。

(1) BufferedOutputStream(OutputStream out):参数 out 指定需要被缓冲的输出流。

(2) BufferedOutputStream(OutputStream out, int size):参数 out 指定需要被缓冲的输出流,参数 size 指定缓冲区的大小,以字节为单位。

注意:在使用缓冲输出流时要使用 flush()方法及时地将缓冲区的内容输出到外存中。

6.2.6 DataInputStream 类和 DataOutputStream 类

DataInputStream 类和 DataOutputStream 类分别实现了 DataInput 和 DataOutput 接

口，用于读取基本类型数据，例如 int、float、long、double 等。另外，还提供了专门读/写 UTF-8 字符编码字符串的 readUTF()和 writeUTF()方法。DataInputStream 类和 DataOutputStream 类提供的常用方法如表 6-3 所示。

表 6-3 DataInputStream 类和 DataOutputStream 类的部分方法

方 法	说 明
readBoolean()	读取一个布尔值
readByte()	读取一个字节
readChar()	读取一个字符
readDouble()	读取一个双精度浮点数
readFloat()	读取一个单精度浮点数
readInt()	读取一个 int 型整数
reaadLong()	读取一个 long 型整数
readShort()	读取一个 short 型整数
readUnsignedByte()	读取一个无符号字节型数
readUnsignedShort()	读取一个无符号短整型数
readUTF()	读取一个 UTF 字符串
skipBytes(int n)	跳过给定数量的字节
writeBoolean(boolean v)	把一个布尔值作为单字节值写入
writeByte(int v)	写入一个字节
writeBytes(String s)	以字节方式写入一个字符串
writeChar(int c)	写入一个字符
writeChars(String s)	以字符方式写入一个字符串
writeDouble(double v)	写入一个双精度浮点数
writeFloat(float v)	写入一个单精度浮点数
writeInt(int v)	写入一个整型数
writeLong(long v)	写入一个长整型数
writeShort(int v)	写入一个短整型数
writeUTF(String s)	写入一个 UTF 字符串

以下程序演示了这些方法的使用。

【例 6-7】 输出各种基本数据类型数据。

```
import java.io.*;
class data_output {
public static void main(String args[]) throws IOException {
    FileOutputStream fos = new FileOutputStream("datatest.dat");
    DataOutputStream dos = new DataOutputStream (fos);
    try{
        dos.writeBoolean(true);
        dos.writeByte((byte)123);
        dos.writeChar('J');
        dos.writeDouble(3.141592654);
        dos.writeFloat(2.7182f);
        dos.writeInt(1234567890);
        dos.writeLong(998877665544332211L);
```

```
            dos.writeShort((short)11223);
            dos.writeUTF("中华人民共和国");
        }finally{  dos.close(); fos.close();}
    }
}
```

【例 6-8】 将例 6-7 输出的各种基本数据类型读入内存。

```
import java.io.*;
class data_input {
public static void main(String[] args) throws IOException {
   DataInputStream dis = new DataInputStream
     (new FileInputStream("datatest.dat"));
   try{ System.out.println("\t " + dis.readBoolean());
        System.out.println("\t " + dis.readByte());
        System.out.println("\t " + dis.readChar());
        System.out.println("\t " + dis.readDouble());
        System.out.println("\t " + dis.readFloat());
        System.out.println("\t " + dis.readInt());
        System.out.println("\t " + dis.readLong());
        System.out.println("\t " + dis.readShort());
        System.out.println("\t " + dis.readUTF());
   }finally{dis.close();}
  }
}
```

6.2.7 PipedInputStream 类和 PipedOutputStream 类

PipedInputStream 类和 PipedOutputStream 类是 JDK 提供的管道流,管道流是不同线程或进程之间直接传输数据的基本手段。一个线程通过它的输出管道发送数据,另一个线程从自己的输入管道读取数据,我们只要将这两个线程的管道相连接就可以了。管道的输入/输出流可以用下面两种方式进行连接:

(1) 在构造方法中进行连接。

```
PipedInputStream(PipedOutputStream pos);
PipedOutputStream(PipedInputStream pis);
```

(2) 通过各自的 connect()方法连接。

在类 PipedInputStream 中,调用 connect(PipedOutputStream pos)。

在类 PipedOutputStream 中,调用 connect(PipedInputStream pis)。

【例 6-9】 简单地演示管道流的使用。

```
import java.io.*;
class pipedstream {
  public static void main(String args[]) throws IOException {
     byte aByteData1 = (byte)123,aByteData2 = (byte)111;
     PipedInputStream pis  =  new PipedInputStream();
     PipedOutputStream pos  =  new  PipedOutputStream(pis);
     System.out.println("PipedInputStream");
```

```
        try {
            pos.write(aByteData1);
            pos.write(aByteData2);
            System.out.println((byte)pis.read());
            System.out.println((byte)pis.read ());
        }
        finally {
          pis.close();
          pos.close();
        }
    }
}
```

6.2.8 PrintStream 类

PrintStream 类创建的输出流能够输出格式化的数据，我们前面使用的 System.out 对象就是 PrintStream 类的对象，PrintStream 类的构造方法有 7 种，下面列出常用的 3 种。

(1) PrintStream(File name)：创建向某指定文件输出且不带自动刷新的新打印流。

(2) PrintStream(OutputStream out)：创建向 out 输出流输出且不带自动刷新的新打印流。

(3) PrintStream(String filename)：创建向某指定文件输出且不带自动刷新的新打印流。

PrintStream 类的写数据方法大部分以 print 开头，如表 6-4 所示。

表 6-4 PrintStream 的部分方法

方 法	说 明
print(int I)	向输出流写入一个 int 类型数据
print(long l)	向输出流写入一个 long 类型的数据
print(float f)	向输出流写入一个 float 类型的数据
print(String s)	向输出流写入一个 String 类型的数据，采用本地操作系统的默认字符编码
print(double d)	向输出流写入一个 double 型的数据
print(char c)	向输出流写入一个 char 型字符
print(char[] s)	向输出流写入一个字符数组，用默认的字符编码
print(Object o)	向输出流写入一个对象的字符串形式

除了表 6-4 中的 print 方法以外还有 println 方法、append 方法、printf 方法等，其中，println 方法和 print 方法的区别在于一个换行一个不换行。

6.3 System 类与标准数据流

java.lang 包中的 System 类包含一些有用的类层次的变量和方法，它不能被实例化，但提供了大量的静态方法(也称类方法)和 3 个静态流对象，分别代表标准输入流、标准输出流和标准错误输出流。我们可以直接使用这些流对象进行输入/输出，例如之前的例子使用过的 System.out 和 System.in；也可以使用静态方法完成对外部定义的属性和环境变量的访问、加载文件和库的方法，以及还有快速复制数组、标准流的重定向等。

表 6-5 列出了 System 类中提供的标准数据流对象，它们都是由 Java 虚拟机创建的，存在于程序运行的整个生命周期中，并且始终处于打开状态，除非程序显式地关闭它们，只要程序没有关闭这些流，在程序运行的任何时刻都可以通过它们输入或输出数据。

表 6-5 System 类中的输入/输出对象

输入/输出对象	说　明
static PrintStream err	标准错误输出流，默认监视器
static InputStream in	标准输入流，默认是键盘
static PrintStream out	标准输出流，默认是监视器

6.3.1 标准输入/输出重定向

在默认情况下，标准输入流从键盘读取数据，标准输出流和标准错误输出流向控制台(监视器)输出数据。System 类提供了一些用于重定向流的静态方法，如表 6-6 所示。

表 6-6 System 类中的流方法

流方法	说　明
static void setErr(PrintStream err)	重定向标准错误输出流
static void setIn(InputStream in)	重定向标准输入流
static void setOut(PrintStream out)	重定向标准输出流

【例 6-10】 把标准输入流重定向到 C:\test.txt 文件，把标准输出流重定向到 C:\out.txt 文件，把标准错误输出流重定向到 C:\err.txt 文件。

```
import java.io.*;
public class Redirecter {
  /** 为标准 I/O 重定向 */
  public static void redirect(InputStream in,PrintStream out,PrintStream err){
    System.setIn(in);
    System.setOut(out);
    System.setErr(err);
  }
  /** 把来自标准输入流的数据写到标准输出流和标准错误输出流 */
  public static void copy() throws IOException {
    InputStreamReader reader = new InputStreamReader(System.in);
    BufferedReader br = new BufferedReader(reader);
    String data;
    while((data = br.readLine())!= null && data.length()!= 0){
      System.out.println(data);                //向标准输出流写数据
      System.err.println(data);                //向标准错误输出流写数据
    }
  }
  public static void main(String args[])throws IOException{
    InputStream standardIn = System.in;
```

```
        PrintStream standardOut = System.out;
        PrintStream standardErr = System.err;
        InputStream in = new BufferedInputStream(new
    FileInputStream("C:\\test.txt"));
        PrintStream out = new PrintStream(
    new BufferedOutputStream(new FileOutputStream("C:\\out.txt")));
        PrintStream err = new PrintStream
    (new BufferedOutputStream(new FileOutputStream("C:\\err.txt")));
        redirect(in,out,err);                    //把标准 I/O 重定向到文件
        copy();           //把 C:\test.txt 文件中的数据复制到 C:\out.txt 和 C:\err.txt 文件中
        //对于用户创建的流,当不再使用它们时应该关闭
        in.close();
        out.close();
        err.close();
        redirect(standardIn,standardOut,standardErr);                //使标准 I/O 采用默认的流
        copy();                                  //把从键盘输入的数据输出到控制台
    }
}
```

6.3.2 System 类的其他常用方法

System 类除了我们前面讲到的标准输入/输出流重定向外,还提供了其他一些方法,例如数组复制、返回当前时间和基准时间之差、退出 Java、获取系统环境变量、获取系统属性等,如表 6-7 所示。

表 6-7 System 类的常用方法

方　法	说　明
static void arraycopy (Object src, int src _ position, Object dst, int dst _ position, int length)	复制一个数组到另一个数组,它从源数组的指定位置开始,复制到目标数组的指定位置
static long currentTimeMillis()	返回从 1970 年 1 月 1 日 00:00:00 时起到当前时间所历经的毫秒数
static void exit(int status)	终止 Java 当前运行的虚拟机
static void gc()	运行垃圾回收器
static String getenv(String name)	获取 name 所对应的系统环境变量
static Properties getProperties()	获取系统属性
Static String getProperty(String key)	获取由给定的 key 确定的系统属性值
static void setProperties (String props, String value)	设置指定键指示的属性值
static void setProperties(Properties props)	设定系统属性为指定值

【例 6-11】 显示部分系统属性。

```
public class Propertieshow {
   public static void main(String[] args) {
      String[]names = {"java.home","java.version","os.arch","os.name","os.version","user.
dir", "user.home","user.name"};
```

```
        for(int i = 0;i < names.length;i++)  {
            System.out.println("The key" + names[i] + "'s values = " +
            System.getProperty(names[i]));
        }
    }
}
```

6.4 字符流

由于字节流不能方便地操作各种字符,Java 专门提供了字符流一次读取或写入多个字节,即一个特定编码集的字符,因此可以使用字符流直接读/写包括汉字在内的各种字符。java.io.Reader 和 java.io.Writer 就是 JDK 中提供的字符流的抽象父类。由于 Reader 类和 Writer 类采用了字符编码转换技术,Java I/O 系统能够正确地访问采用各种字符编码的文本文件；另外,在为字符分配内存时,Java 虚拟机对字符统一采用 Unicode 字符编码,因此,Java 程序处理字符具有平台独立性。

字符输入流类的层次结构和字节输入流类的层次结构比较相似,如图 6-6 所示。

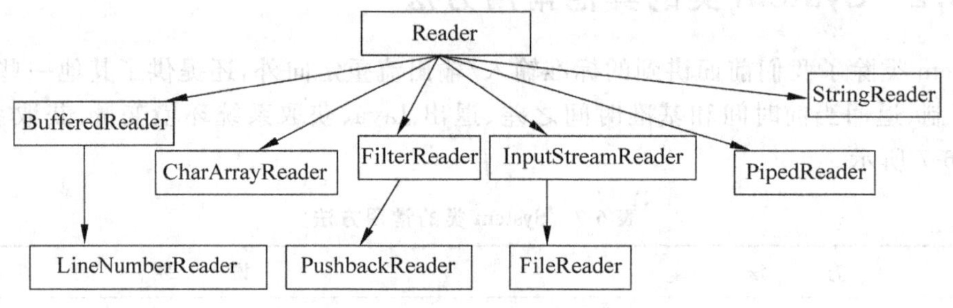

图 6-6 字符输入流类的层次结构图

字符输出流类的层次结构和字节输出流类的层次结构相似,如图 6-7 所示。

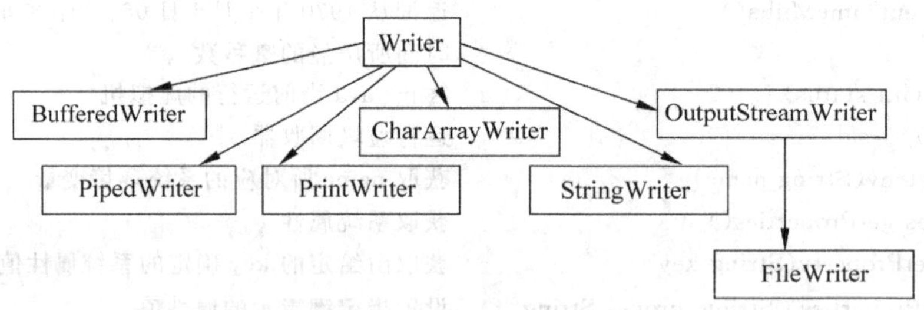

图 6-7 字符输出流类的层次结构图

6.4.1 FileReader 类和 FileWriter 类

FileReader 类是 Reader 的子类,称为文件字符输入流。FileWriter 类提供了字符的文件写入能力,是 Writer 类的子类,称为文件字符输出流。它们都是顺序流,只要不关闭流,就可以通过 read()方法和 write()方法顺序地从流中读/写字符。它们的构造方法和文件字节流类似，只要将字节换成字符就可以了。

【例 6-12】 演示 FileReader 类和 FileWriter 类的使用。

```
import java.io.*;
class filereader {
   public static void main(String args[]) {
      File file = new File("hello.txt");
      char b[] = "Hello World! 世界真精彩!".toCharArray();
      try {
         FileWriter out = new FileWriter(file);
         out.write(b);
         out.close();
         FileReader in = new FileReader(file);
         int ch = 0;
         while((ch = in.read())!= -1) {
            System.out.print((char)ch);
         }
         in.close();
      }catch(IOException e){System.out.println(e);}
   }
}
```

【例 6-13】 利用 FileWriter 类向 sin.txt 输出正弦函数表。

```
import java.io.*;
class FileWrite {
  public static void main(String[] args) throws IOException {
     FileWriter  myfile = new FileWriter("sin.txt");
     for(int i = 0;i <= 90;i++) {
        myfile.write("sin(" + i + ") = " + Math.sqrt(i) + "\n\r");
     }
     myfile.close();
  }
}
```

6.4.2 BufferedReader 类和 BufferedWriter 类

BufferedReader 类和 BufferedWriter 类是基于字符流的缓冲流类，和字节缓冲流一样，可以提高流的输入/输出效率，并且在 BufferedReader 类中提供了 readLine()方法，可以一次读取一行文本；在 BufferedWriter 类中提供了 newLine()方法，可以向输出流写入一个换行符。

6.4.3 InputStreamReader 类和 OutputStreamWriter 类

InputStreamReader 是字节流通向字符流的"桥梁"，它使用指定的 charset 读取字节并将其解码为字符。它使用的字符集可以由名称指定，否则接受平台默认的字符集。每次调用 InputStreamReader 中的一个 read()方法都会导致从基础输入流读取一个或多个字节。如果启用从字节到字符的有效转换，可以提前从基础流读取更多的字节，使其超过满足当前读取操作所需的字节。其常用构造方法如下：

```
InputStreamReader(InputStream in);                //默认编码规则
InputStreamReader(InputStream in, String enc);    //指定编码规则 enc
```

OutputStreamWriter 是字符流通向字节流的“桥梁”，它使用指定的 charset 将要向其写入的字符编码为字节。它使用的字符集可以由名称指定，否则接受平台默认的字符集。每次调用 write()方法都会针对给定的字符(或字符集)调用编码转换器。在写入基础输出流之前，得到的这些字节会在缓冲区累积。用户可以指定此缓冲区的大小，不过，默认的缓冲区对于多数用途来说已经足够大。其常用构造方法如下：

```
OutputStreamWriter(OutputStream out);              //默认编码规则
OutputStreamWriter(OutputStream out, String enc);  //指定编码规则 enc
```

【例 6-14】 演示将一种字符编码的文件转换成另一种字符编码。

```
import java.io.*;
public class FileUtil {
  /** 从一个文件中逐行读取字符串，采用本地平台的字符编码 */
  public void readFile(String fileName)throws IOException {
    readFile(fileName,null);
  }
/** 从一个文件中逐行读取字符串，参数 charsetName 指定文件的字符编码 */
  public void readFile(String fileName, String charsetName)throws IOException {
    InputStream in = new FileInputStream(fileName);
    InputStreamReader reader;
    if(charsetName == null)
      reader = new InputStreamReader(in);
    else
      reader = new InputStreamReader(in,charsetName);
    BufferedReader br = new BufferedReader(reader);
    String data;
    while((data = br.readLine())!= null)          //逐行读取数据
      System.out.println(data);
  br.close();
 }
/*把一个文件中的字符内容复制到另一个文件中，并且进行了相关的字符编码转换 */
public void copyFile (String from, String charsetFrom, String to, String charsetTo) throws
IOException {
    InputStream in = new FileInputStream(from);
    InputStreamReader reader;
    if(charsetFrom == null)
      reader = new InputStreamReader(in);
    else
      reader = new InputStreamReader(in,charsetFrom);
    BufferedReader br = new BufferedReader(reader);
    OutputStream out = new FileOutputStream(to);
    OutputStreamWriter writer = new OutputStreamWriter(out,charsetTo);
    BufferedWriter bw = new BufferedWriter(writer);
    PrintWriter pw = new PrintWriter(bw,true);
    String data;
```

```
        while((data = br.readLine())!= null)
            pw.println(data);                          //向目标文件逐行写数据
            br.close();
            pw.close();
    }
    public static void main(String args[])throws IOException {
        FileUtil util = new FileUtil ();
        util.readFile("test.txt");                     //按照本地平台的字符编码读取字符
        util.copyFile("test.txt",null,"out.txt","UTF - 8"); //把 test.txt 文件中的字符内容复
制到 out.txt 中,out.txt 采用 UTF - 8 编码
        util.readFile("out.txt");             //按照本地平台的字符编码读取字符,读到乱码的数据
        util.readFile("out.txt","UTF - 8");            //按照 UTF - 8 字符编码读取字符
    }
}
```

注意:字符流中的 PrintWriter 类自动采用 ISO-8859-1 编码。ISO-8859 系列定义了 13 个字符集编码来代表几十种语言文本,每个字符集编码最多可以有 256 个字符。ISO-8859-1 也称 Latin-1,包括 ASCII 字符集,并具有音调字符和一些其他符号。

6.5 随机访问和对象的序列化

6.5.1 随机访问流类 RandomAccessFile

前两节介绍的都是顺序文件的操作,其读/写操作总是从文件的起始位置开始,向文件尾部顺序进行,直到文件结束。顺序读/写方式比较直观且容易理解,但文件的操作效率较低。无论程序需要访问文件中的哪个字节,都需要从文件的第一个字节开始读取,即便是要读取最后一个字节,也必须依次读取前面的所有字节。而随机方式则不同,它可以在指定的位置随机地进行读/写。Java 语言中的 java.io.RandomAccessFile 类提供了随机访问的特性。表 6-8 给出了常用的 RandomAccessFile 类的方法。

表 6-8 RandomAccessFile 类中的部分方法

方 法	说 明
close()	关闭文件流
getFilePointer()	获取当前文件指针的位置
length()	获取文件的长度
read()	从文件中读取一个字节,返回整型
readBoolean()	从文件中读取一个布尔值
readByte()	从文件中读取一个有符号的 8 位值,返回字节型
readChar()	从文件中读取一个字符
readDouble()	从文件中读取一个双精度数
readFloat()	从文件中读取一个单精度数
readInt()	从文件中读取一个整型数
readLong()	从文件中读取一个长整型数
readShort()	从文件中读取一个短整型数

续表

方　法	说　明
readUTF()	从文件中读取一个 UTF 字符串
seek(long n)	设置文件指针到特定位置
skipBytes(int n)	跳过 n 个字节
write(byte[] b)	将一个字节数组写出到文件中
writeBoolean(Boolean v)	将一个布尔值写出到文件中
writeByte(int v)	将一个字节写出到文件中
writeBytes(String s)	将一个字符串以字节的方式写出到文件
writeChar(char c)	将一个字符写出到文件中
writeDouble(double d)	将一个双精度数写出到文件中
writeFloat(float f)	将一个浮点数写出到文件中
writeInt(int v)	将一个整型数写出到文件中
writeLong(long v)	将一个长整型数写出到文件中
writeShort(int v)	将一个短整型数写出到文件中
writeUTF(String s)	将一个 UTF 字符串写出到文件中

RandomAccessFile 类有下面两个构造方法。

(1) RandomAccessFile(File file, String mode):创建随机存取文件流对象,对应的读/写文件由 File 参数指定,读/写方式由 mode 指定。

(2) RandomAccessFile(String name, String mode):创建随机存取文件流对象,对应的读/写文件由字符串参数指定,读/写方式由 mode 指定。

【例 6-15】 将一个整型数组写出到文件中,再使用 seek()方法以倒序方式读取并输出到终端。

```
import java.io.*;
public class randomaccess {
    public static void main(String args[]) {
        int data_arr[] = {85,66,56,21,37,1,43,65,4,99};
        try {
            RandomAccessFile randf = new RandomAccessFile("temp.dat","rw");
            for (int i = 0;i < data_arr.length;i++)
                randf.writeInt(data_arr[i]);
            for(int i = data_arr.length - 1;i >= 0;i--) {
                randf.seek(i * 4);
                System.out.println(randf.readInt());
            }
            randf.close();
        }catch (IOException e){
            System.out.println("File access error: " + e);
        }
    }
}
```

【例 6-16】 再次演示 RandomeAccessFile 类的使用。

```
import java.io.*;
```

```
public class RandomTester {
  public static void main(String args[]) throws IOException {
    RandomAccessFile rf = new RandomAccessFile("c:\\test.dat","rw");
    for(int i = 1;i <= 10;i++) {
      rf.writeLong(i * 1000);
    }
    rf.seek(5 * 8);
    rf.writeLong(4321);
    rf.seek(0);
    for(int i = 1;i <= 10;i++)
      System.out.println("Value " + i + ": " + rf.readLong());
    rf.close();
  }
}
```

6.5.2 序列化和对象流(ObjectInputStream 类和 ObjectOutputStream 类)

在 Java 中,实现了 Serializable 接口的类的对象可以直接写入一个流或从流中读出,我们称之为序列化和反序列化。Java 序列化(也称串行化)技术可以将一个对象的状态写入一个字节流中,并且可以从其他地方把该字节流中的数据读出来,重新构造一个相同的对象。这种机制允许用户将对象通过网络进行传播,并可以随时把对象持久化到数据库、文件等系统中。Java 的序列化机制是 RMI、EJB 等技术的基础。

支持对象输入/输出的流称为对象流,由 ObjectInputStream 类和 ObjectOutputStream 类创建。JDK 中提供的大部分类都是序列化的,用户自己定义的类需要实现 Serializable 接口才能支持序列化和反序列化操作。

ObjectInputStream 和 ObjectOutputStream 都是中间流,不能够直接输入/输出到文件或网络,必须先创建节点流,再创建对象流。例如:

```
FileOutputStream fileout = new FileOutputStream("majun.dat");
ObjectOutputStream objectout = new ObjectOutputStream(fileout);
FileInputStream filein = new FileInputStream("majun.dat");
ObjectInputStream objectin = new ObjectInputStream(filein);
```

在操作对象流时,主要使用 readObject()和 writeObject()方法来读/写对象,writeObject()和 readObject()方法本身是线程安全的,在传输过程中是不允许被并发访问的,所以对象能一个一个接连不断地传过来。

【例 6-17】 编写一个简单的学生成绩管理系统,使用文件系统作为后端的数据存储系统。

分析:使用面向对象编程技术,首先要抽象学生类,然后抽象班级类,再使用菜单提供用户界面,文件系统作为后端存储,利用对象流作为输入/输出。

抽象的学生类 student.java 和第 3 章的学生类基本相同,不同之处在于这里 student 类实现了 Serializable 接口,在本书的源码中有完整的代码。抽象班级类 myclass.java 和学生类的抽象大同小异(参见源代码包中的代码),为了能够进行对象的输出,我们加了几个方法。代码如下:

```
public void inputData(String filename) {
```

```
        try {
            FileInputStream fi = new FileInputStream(filename);
            ObjectInputStream si = new ObjectInputStream(fi);
            counts = (Integer)si.readObject().intValue();
            stus = new Student[counts];
            for(int i = 0;i < counts;i++) {
                Stus[i] = (Student)si.ReadObject();
            }
            si.close();
            fi.close();
        }
        catch(Exception e) {
            System.out.println(e) ;
        }
    }
        public void outputData(String filename)  {
         try  {
            FileOutputStream fo = new FileOutputStream(filename);
            ObjectOutputStream so = new ObjectOutputStream(fo);
            so.writeObject(new Integer(counts));
            for(int i = 0;i < counts;i++)  {
                So.writeObject(stus[i]);
            }
            so.close();
            fo.close();
        }
        catch(Exception e)  {
            System.out.println(e) ;
        }
    }
}
```

另外,为了使用方便,我们增加了显示菜单的主控类 menu.java,代码如下:

```
import java.io.* ;
import java.util.* ;
class menu  {
    public static void main(String args[]) throws Exception  {
        int i;
        while(true)  {
          i = display();
          switch(i)  {
            case 1:
              createbj();break;
            case 2:
              managebj();break;
            case 3:
              System.exit(0);break;
            case 4:
            default:
            {System.out.println("选择有误!");break;}
```

```
            }
        }
    }
    public static int display() {
        System.out.println("\t\t ************************************ ");
        System.out.println("\t\t *   1 ----- 创建新的班级!         * ");
        System.out.println("\t\t *   2 ----- 显示某班级学生成绩!   * ");
        System.out.println("\t\t *   3 ----- 退出!                 * ");
        System.out.println("\t\t ************************************ ");
        try {
            int choice = System.in.read();
            if(choice >= 49&&choice <= 52)
            {  return choice - 48;}
            else  {
                return 0;
            }
        }
        catch(IOException e){ System.out.println("Error!");return 0;}
    }
    public static void createbj() throws Exception {
        Scanner in = new Scanner(System.in);
        System.out.println("请输入班级名: ");
        String classname = "";
        while(classname.trim().equals("")){
          classname = in.nextLine();
        }
 System.out.println("请输入班级人数: ");
 int rs = in.nextInt();
 Myclass myclass = new Myclass(classname,rs);
        myclass.inputData();
        myclass.outputToFile();
        myclass.outputData();
    }
    public static void managebj() throws Exception {
        Scanner in = new Scanner(System.in);
        System.out.println("请输入班级名: ");
        String classname = "";
        while(classname.trim().equals("")){
          classname = in.nextLine();
        }
        Myclass myclass = new Myclass();
        myclass.inputData(classname);
        myclass.outputData();
    }}
```

序列化只能保存对象的非静态成员变量，不能保存任何成员方法和静态成员变量，并且保存的只是变量的值，对于变量的任何修饰符都不能保存。

对于某些类型的对象，其状态是瞬时的，这样的对象是无法保存其状态的，例如线程对象或流对象。对于这样的成员变量,必须用 transient 关键字标明,否则编译器将报错,任何用 transient 关键字标明的成员变量都不会被保存。

另外,串行化可能涉及将对象存放到磁盘上或在网络上发送数据,这时会产生安全问题。对于一些需要保密的数据,不应保存在永久介质中(或者不应简单地不加处理地保存下来),为了保证安全,应在这些变量前加上 transient 关键字。

【例 6-18】 演示序列化对 transient 关键字的使用技术。

```
import java.io. * ;
import java.util. * ;
public class Logon implements Serializable {
    private Date date = new Date();
    private String username;
    private transient String password;
    Logon(String name, String pwd) {
            username = name;
            password = pwd;
    }
  public String toString() {
      String pwd = (password == null) ? "(n/a)" : password;
      return "logon info: \n  " + "username: " + username +
    "\n  date: " + date + "\n  password: " + pwd;
  }
public static void main(String[] args)  throws IOException,
ClassNotFoundException {
      Logon a = new Logon("flyhorse", "horsefly");
      System.out.println( "logon a = " + a);
      ObjectOutputStream o = new ObjectOutputStream(
              new FileOutputStream("Logon.out"));
      o.writeObject(a);
      o.close();
      System.out.println(" ***************************** ");
      ObjectInputStream in = new ObjectInputStream(
            new FileInputStream("Logon.out"));
      System.out.println("Recovering object at " + new Date());
      a = (Logon)in.readObject();
      System.out.println( "logon a = " + a);
  }
}
```

6.6 文件的管理

java.io 包中的 File 类提供了对文件系统的访问和操作,包括判断文件是否存在、文件大小、最后修改时间、访问时间、读/写以及隐藏属性等,File 类属于 java.io 包,但不是流类,它不负责数据的输入/输出,专门用于磁盘文件或目录的管理。表 6-9 给出了文件类 File 的常用方法。

表 6-9 File 类中的常用方法

方　法	说　明
File(String pathname)	构造方法,形参为字符串,代表路径名或文件名
File(File parent,String name)	构造方法,形参为父路径 File 对象和文件名字符串
boolean canRead()	测试文件或目录是否可读
boolean canWrite()	测试文件或目录是否可写
boolean createNewFile()	当文件不存在时,创建新文件并返回 true,否则返回 false
File createTempFile(String pfx, String sfx)	在临时目录中创建一个临时文件,文件名的前缀和后缀由形式参数定义
boolean delete()	删除此文件,如果成功,返回 true,否则返回 false
boolean deleteOnExit()	在虚拟机终止时,删除此文件或目录
boolean exists()	如果文件或目录存在,返回 true,否则返回 false
String getAbsolutePath()	返回文件或目录的绝对路径
String getName()	返回文件名或目录名
String getParent()	返回父目录名
String getPath()	返回相对文件或路径名
boolean isDirectory()	如果对象是一个目录,返回 true,否则返回 false
boolean isFile()	如果对象是一个文件,返回 true,否则返回 false
boolean isHidden()	如果对象是隐藏文件或隐藏目录,返回 true,否则返回 false
long lastModified()	返回文件或目录的最后修改时间
long length()	返回文件的长度,单位是字节
String[] list()	以字符串数组的形式返回当前目录中的文件清单
File[] listFiles()	以文件对象数组的形式返回当前目录中的文件列表
boolean renameTo(File f)	重命名文件或目录
boolean setReadOnly()	设置文件为只读
boolean setLastModified()	设置文件的最后修改时间

可以编写一个类似于操作系统中显示文件目录清单的命令 dir,如图 6-8 所示。

分析:首先从命令行取得要显示的路径,如果没有给出路径,则显示当前工作目录的目录清单,如果给出了目录或文件,则显示相应的目录清单或文件信息。

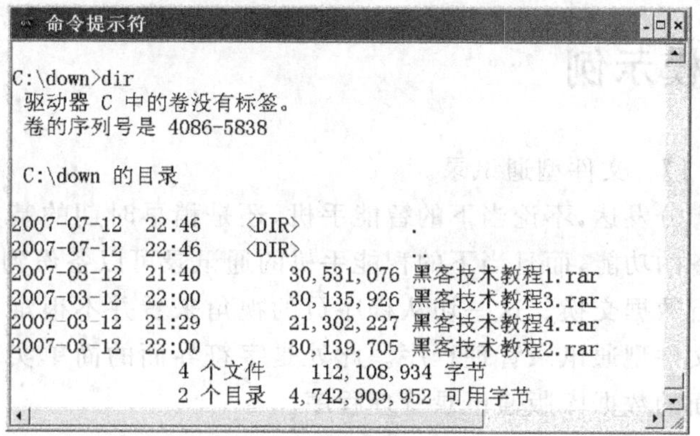

图 6-8 显示目录

编程如下：

【例 6-19】 显示目录信息。

```
import java.io.*;
import java.util.*;
class mydir {
    public static void main(String[] args) throws IOException {
        File file;
    if(args.length == 0)  {
            file = new File(".");
    } else {
            file = new File(args[0]);
    }
    if(file.isFile())  {
            Date filedate = new Date(file.lastModified());
            System.out.println("" + filedate + "\t" + file.length() +
              "\t" + file.getName());
        } else  {
            String[] dirlist = file.list();
            File currentfile = null;
            for(int i = 0;i < dirlist.length;i++)  {
                currentfile = new File(file.getAbsolutePath() + "/" + dirlist[i]);
                Date filedate = new Date(currentfile.lastModified());
                if(currentfile.isFile()) {
                    System.out.println("" + filedate + "\t" + currentfile.length() +
                    "\t" + dirlist[i]);
                } else  {
                    System.out.println("" + filedate + "\t" + "<DIR> " + "\t" + dirlist[i]);
                }
            }
        }
    }
}
```

6.7 程序建模示例

【程序建模示例 1】 文件型通讯录。

现代通讯产业十分发达，不论当下的智能手机，还是稍早时期的基本通话型手机，通讯录或地址簿都是必备的功能，而且当下的智能手机的通讯录可以备份到云服务器上，还可以在不同的手机上进行数据交换。这一切从程序员的视角来看并不很难，经过本章的学习我们也可以制作一个文件型通讯录管理程序。此处是字符界面的简单实现，后面我们还要建立一个基于图形界面的数据库版通讯录管理程序。

```
import java.io.*;
import java.util.Scanner;
class Person {
```

```
    private String name;
    private char sex;
    private String homePhone;
    private String officePhone;
    private String memo;
    public Person(){
        name = "";
        sex = 'M';
    }
    public Person(String name){
        this.name = name;
        sex = 'M';
    }
    public Person(String name,String homePhone){
        this.name = name;
    }
    public Person(String name,char sex,String homePhone){
        this.name = name;
        this.sex = sex;
        this.homePhone = homePhone;
    }
    public String getName(){ return name;}
    public void setName(String s){name = s;}
    public char getSex(){return sex;}
    public void setSex(char c){sex = (c == 'M')?'M':'F';}
    public String getHomePhone(){return homePhone;}
    public void setHomePhone(String hp){homePhone = hp == null?"":hp;}
    public String getOfficePhone(){return officePhone;}
    public void setOfficePhone(String op){officePhone = op == null?"":op;}
    public String getMemo(){return memo;}
    public void setMemo(String m){memo = m == null?"":m;}
    public String toString(){
        String personinfo = " ========================================== \n";
        personinfo += "姓名: " + name + " 性别:" + (sex == 'M'?'男':'女') + "\n";
        personinfo += "电话(H): " + homePhone + "\n";
        personinfo += "电话(O): " + officePhone + "\n";
        personinfo += "备注信息:" + memo + "\n";
        personinfo += " ========================================== ";
        return personinfo;
    }
    public void display(){
        System.out.println(toString());
    }
    public void writeToStream(BufferedWriter out) throws IOException{
        out.write(name + "," + sex + ",");
        if(homePhone!= null) out.write(homePhone + ",");
        else out.write(",");
        if(officePhone!= null) out.write(officePhone + ",");
        else out.write(",");
        if(memo!= null)out.write(memo);
        out.newLine();
```

```
    }
    public boolean readFromStream(BufferedReader in) throws IOException{
        String str = in.readLine();
        if(str.equals("end.")) return false;
        String[] info = str.split(",");
        this.setName(info[0]);
        this.setSex(info[1].charAt(0));
        if(info[2]!= null) this.setHomePhone(info[2]);
        if(info[3]!= null) this.setOfficePhone(info[3]);
        if(info[4]!= null) this.setMemo(info[4]);
        return true;
    }
    public void inputData(){
        Scanner in = new Scanner(System.in);
        System.out.print("姓名:");if(in.hasNext()) setName(in.next());
        System.out.print("性别(M/F):");setSex(in.next().charAt(0));
        System.out.print("电话(H):");setHomePhone(in.next());
        System.out.print("电话(O):");setOfficePhone(in.next());
        System.out.print("备注:");setMemo(in.next());
        System.out.println(toString());
    }
}
public class AddressBookTest {
    public static int displayMenu() {
       System.out.println("\t\t ********************************** ");
       System.out.println("\t\t *    1 ----- 创建新的通讯录      * ");
       System.out.println("\t\t *    2 ----- 显示存在的通讯录    * ");
       System.out.println("\t\t *    3 ----- 退出                * ");
       System.out.println("\t\t ************************************ ");
       try {
          int choice = System.in.read();
          System.in.skip(2);
          if(choice >= 49&&choice <= 52)
          { return choice - 48;}
          else  {
             return 0;
          }
       }
       catch(IOException e){ System.out.println("Error!");return 0;}
    }
    public static void main(String args[]) throws Exception  {
      int i;
      while(true)  {
         i = displayMenu();
         switch(i)  {
            case 1:
              newAddressBook();break;
            case 2:
              displayAddressBook();break;
            case 3:
              System.exit(0);break;
```

```
            case 4:
            default:
            {System.out.println("选择有误!");break;}
        }
    }
}
public static boolean yesno(String msg){
    Scanner keyin = new Scanner(System.in);
    System.out.print(msg);
    char ch = keyin.nextLine().charAt(0);
    if(ch == 'y' || ch == 'Y') return true;
    else return false;
}
public static void newAddressBook() {
    System.out.println(" ========>建立一个新的通讯录<======== ");
    System.out.println("注意,通讯录的初始容量为200条!");
    Person[] addressbook = new Person[200];
    int i = 0;
    boolean yesno = true;
    while(i<200){
        Person tmpPerson = new Person();
        tmpPerson.inputData();
        yesno = yesno("正确吗(Y/N)?");
        if(yesno){
            addressbook[i] = tmpPerson;
        } else {
            System.out.println("请重新输入!");
            continue;
        }
        yesno = yesno("继续吗(Y/N)?");
        if(!yesno) {
            break;
        }
        i++;
    }
    BufferedWriter addressFile = null;
    try {
        addressFile = new BufferedWriter(new FileWriter("addressbook.txt"));
        for(int k = 0;k<= i;k++){
            addressbook[k].writeToStream(addressFile);
        }
        addressFile.write("end.");
    }catch(IOException e){
        e.printStackTrace();
    }catch(Exception e1){
        e1.printStackTrace();
    }finally{
        try {
            if(addressFile!= null) addressFile.close();
        }catch(Exception e2){
            e2.printStackTrace();
```

```
            }
        }
        System.out.println("新通讯录已建立好!");
    }
    public static void displayAddressBook(){
        Person[] addressbook = new Person[200];
        BufferedReader filein = null;
        try {
            filein = new BufferedReader(new FileReader("addressbook.txt"));
            int i = 0;
            Person tmpPerson = new Person();
            boolean flag = tmpPerson.readFromStream(filein);
            while(flag){
                addressbook[i] = tmpPerson;
                addressbook[i].display();
                i++;
                tmpPerson = new Person();
                flag = tmpPerson.readFromStream(filein);
            }
            filein.close();
        }catch(IOException e1){
            e1.printStackTrace();
        }catch(Exception e2){
            e2.printStackTrace();
        }finally{
            try {
                if(filein!= null) filein.close();
            }catch(Exception e){}
        }
        System.out.println("通讯录显示结束!");
    }
}
```

【程序建模示例 2】 命令式磁盘管理系统。

```
//用 Java 模拟 DOS 常用磁盘管理命令
import java.io.*;
import java.nio.file.*;
import java.util.*;
import java.text.SimpleDateFormat;
public class CMD {
    private static String[] supportCmds = {"dir","copy","del","type","comp","help"};
    public static int findCmd(String c){
        int index = -1;
        for(int i = 0;i < supportCmds.length;i++){
            if(c.equalsIgnoreCase(supportCmds[i])){
                index = i;
                break;
            }
        }
        return index;
```

```
    }
    public static void main(String[] args){
        System.out.println("Java 命令行磁盘文件管理微系统!");
        String cmd = "";
        Scanner keyin = new Scanner(System.in);
        while(true){
            System.out.print(":");
            cmd = keyin.nextLine();
            if(cmd.equals("exit")) System.exit(0);
            String[] cmd_params = null;
            if(cmd!= null){
                cmd_params = cmd.split(" ");
            }
            int cmdindex = findCmd(cmd_params[0]);
            if(cmdindex!= -1){
                switch(cmdindex){
                    case 0:doDir(cmd_params);break;
                    case 1:doCopy(cmd_params);break;
                    case 2:doDel(cmd_params);break;
                    case 3:doType(cmd_params);break;
                    case 4:doComp(cmd_params);break;
                    case 5:doHelp();break;
                    default:
                }
            }else{
                System.out.println("暂时不支持此命令!");
            }
        }
    }
    public static void doDir(String[] args){
        File currentdir;
        String filename;
        int fcount = 0;
        if(args.length == 1){
            filename = ".";
        }else{
            filename = args[1];
        }
        currentdir = new File(filename);
        SimpleDateFormat datefmt = new SimpleDateFormat("yyyy/MM/dd  HH:mm");
        if(currentdir.isDirectory()) {
            String[] mydirs = currentdir.list();
            for(int i = 0;i < mydirs.length;i++){
               File mfile = new File(filename + "/" + mydirs[i]);
               Date mtime = new Date(mfile.lastModified());
               System.out.print(datefmt.format(mtime));
               if(mfile.isFile())
               {  System.out.print("\t\t");
                  System.out.println(mfile.length() + "\t" + mydirs[i]);
                  fcount++;
               }
```

```
                else
                {   System.out.print("\t<DIR>\t");
                    System.out.println("\t" + mydirs[i]);
                }
            }
        }else{
            fcount++;
            Date mtime = new Date(currentdir.lastModified());
            System.out.print(datefmt.format(mtime));
            System.out.print("\t\t");
            System.out.println(currentdir.length() + "\t" + currentdir.getName());
        }
        System.out.println("文件数: " + fcount);
    }
    public static void doCopy(String[] args){
        if(args.length!= 3){
            System.out.println("Usage: copy filename1 filename2");
        }else{
            Path source = Paths.get(args[1]);
            Path target = Paths.get(args[2]);
            try {
                Files.copy(source,target,StandardCopyOption.REPLACE_EXISTING);
            }catch(IOException e){
                e.printStackTrace();
            }
            System.out.println("The file has copied.");
        }
    }
    public static void doDel(String[] args){
            if(args.length!= 2){
            System.out.println("Usage: del filename");
        }else{
            Path source = Paths.get(args[1]);
            try {
                Files.deleteIfExists(source);
            }catch(IOException e){
                e.printStackTrace();
            }
            System.out.println("The file has deleted.");
        }
    }
    public static void doType(String[] args){
        String line = null;
        FileReader reader = null;
        BufferedReader br = null;
        if(args.length!= 2){
            System.out.println("Usage: type filename");
        }
        try {
            reader = new FileReader(args[1]);
            br = new BufferedReader(reader);
```

```
                line = br.readLine();
                while(line!= null){
                    System.out.println(line);
                    line = br.readLine();
                }
            }catch(FileNotFoundException fe){
                System.out.println(fe.getMessage());
            }catch(IOException ioe){
                System.out.println("Error reading/writing file");
            }finally{
                try{
                    reader.close();
                    br.close();
                }catch(Exception e){
                    e.printStackTrace();
                }
            }
        }
        public static void doComp(String[ ] args){
            Path path1 = Paths.get(args[1]);
            Path path2 = Paths.get(args[2]);
            if(Files.notExists(path1)){
                System.out.println(path1.toString() + " not existed!");
            }
            if(Files.notExists(path2)){
                System.out.println(path2.toString() + " not existed!");
            }
            try {
                if(Files.size(path1)!= Files.size(path2)) {
                    System.out.println("文件不相同!");
                    return;
                }
            }catch(IOException e) {
                e.printStackTrace();
            }
            try(InputStream inputStream1 = Files.newInputStream(
                path1,StandardOpenOption.READ);
                InputStream inputStream2 = Files.newInputStream(
                path2,StandardOpenOption.READ)) {
                int i1,i2;
                do {
                    i1 = inputStream1.read();
                    i2 = inputStream2.read();
                    if(i1!= i2){
                        System.out.println("文件不相同!");
                        return;
                    }
                }while(i1!= -1);
                System.out.println("文件相同!");
            }catch(IOException e){
                System.out.println("文件不相同!");
```

```
            }
        }
        public static void doHelp(){
            System.out.println("目前仅支持以下命令:");
            for(int i = 0;i < supportCmds.length;i++){
                System.out.print(supportCmds[i] + "  ");
            }
            System.out.println("exit");
        }
    }
```

6.8 本章小结

输入/输出是程序设计语言的一个重要功能,是程序与用户之间、程序与计算机文件系统之间沟通的桥梁。Java I/O类库对各种常见的数据输入/输出处理过程进行了抽象,应用程序不必知道最终的数据源头或目的地是一个磁盘上的文件还是一个内存中的数组,都可以按照统一的接口来处理程序的输入和输出。

Java I/O类库中具有下面两个对称性:

(1) 输入和输出对称。

① InputStream 和 OutputStream 对称;

② FilterInputStream 和 FilterOutputStream 对称;

③ DataInputStream 和 DataOutputStream 对称;

④ Reader 和 Writer 对称;

⑤ InputStreamReader 和 OutputStreamWriter 对称;

⑥ BufferedReader 和 BufferedWriter 对称。

(2) 字节流和字符流对称,例如 InputStream 和 Reader 分别表示字节输入流和字符输入流,OutputStream 和 Writer 分别表示字节输出流和字符输出流。

java.io 类库中的 File 类是用来管理文件系统的一个类,当一个 File 对象被创建后,它所代表的文件或目录有可能在文件系统中存在,也可能不存在,我们可以使用 File 类提供的相应方法判断文件是否存在或者创建相应的文件或目录。

习题

一、选择题

1. 流的传递方式是(　　)。

   A. 并行的　　B. 串行的　　C. 并行和串行　　D. 以上都不对

2. 以下(　　)属于 File 类的功能。

   A. 改变当前目录　　B. 返回父目录的名字

   C. 删除文件　　D. 读取文件中的数据

3. 当处理的数据量很多或向文件写很多次数据时，一般使用（　　）。

A. DataOutput　　B. FileOutput

C. BufferedOutput　　D. PipedOutput

4. 当把一个程序、线程或代码段的输出连接到另一个程序、线程或代码段的输入时，应使用（　　）。

A. DataOutput　　B. FileOutput

C. BufferedOutput　　D. PipedOutput

5. 如果要将一个文本文件作为一个数据库访问，读完一个记录后跳到另一个记录，当它们在文件的不同地方时，一般使用（　　）。

A. FileOutputStream　　B. RandomAccessFile

C. PipedOutputStream　　D. BufferedOutputStream

6. 以下（　　）是合法的构造 RandomAccessFile 对象的代码。

A. RandomAccessFile(new File("D:\\myex\\dir1\\..\\test.java"),"rw")

B. RandomAccessFile("D:\\myex\\test.java","r")

C. RandomAccessFile("D:\\myex\\test.java")

D. RandomAccessFile("D:\\myex\\test.java","wr")

7. 如果要使用输入/输出类，在程序的起始位置应加入语句（　　），程序才能通过编译。

A. import java.io.*;　　B. include java.util.*;

C. import java.util.*;　　D. include java.io.*;

8. 下列说法正确的是（　　）。

A. FileInputStream 的 seek()方法用于设置文件的位置

B. FileInputStream 的 read()方法用于从一个 FileInputStream 中读取字节

C. FileInputStream 的 get()方法用于从一个 FileInputStream 中读取字节

D. 一个 FileInputStream 能使用 close()方法关闭

9. 在程序中以字符方式读入文件内容时，能够以该文件名作为直接参数的类是（　　）。

A. FileReader　　B. BufferedReader

C. FileInputStream　　D. ObjectInputStream

10. java.io 包中的 File 类是（　　）。

A. 字符流类　　B. 字节流类

C. 对象流类　　D. 非流类

11. 下列描述中正确的是（　　）。

A. 在 Serializable 接口中没有定义抽象方法，也没有定义常量

B. 在 Serializable 接口中定义了抽象方法

C. 在 Serializable 接口中定义了成员方法

D. 在 Serializable 接口中定义了常量

12. File 类中用来判断一个对象是否为文件对象的方法是（　　）。

A. getPath()　　B. getName()　　C. isFile()　　D. isAbsolute()

13. 当从键盘上输入多个字符时，为了避免回车换行符的影响，需要使用（　　）方法。

A. write()　　B. flush()　　C. close()　　D. skip()

14. 以对象为单位把某个对象直接写入流,需要使用(　　)方法。

A. writeInt()　　B. writeObject()　　C. write()　　D. writeUTF()

15. 若一个类对象能够被整体写入流,则定义该类时必须实现下列(　　)接口。

A. Runnable　　B. ActionListener　　C. WindowAdapter　　D. Serializable

16. 下列能够把字符串直接写入文件的流类是(　　)。

A. FileOutputStream　　B. FileWriter

C. BufferedWriter　　D. OutputStream

17. 下列能够向文件输入逻辑型数据的类是(　　)。

A. FileOutputStream　　B. OutputStream

C. FileWriter　　D. DataOutputStream

18. 以下(　　)方法只对使用了缓冲的流类起作用。

A. read()　　B. write()　　C. skip()　　D. flush()

19. 在用 read()方法读取文件内容时,判断流结束的标志是读到(　　)。

A. 0　　B. 1　　C. −1　　D. 不确定

20. 下列属于对象输出流的是(　　)。

A. ObjectInputStream　　B. ObjectReader

C. ObjectOutputStream　　D. ObjectWriter

二、简答题

1. 什么是流?根据流的方向,流可以分为哪几种?
2. 为何使用缓冲流?
3. BufferedInputStream 对 InputStream 类有何优点?
4. FileInputStream 流的 read()方法和 FileReader 流的 read()方法有何不同?
5. 怎样使用输入/输出流技术复制对象?
6. File 类有哪些构造方法和常用方法?
7. 文件位置指针的作用是什么?RandomAccessFile 类提供了哪些方法实现对指针的控制?

三、编程题

1. 编程:将任意两个文件合并到一个文件。

2. 试编写一个学生成绩管理系统,学生的成绩信息保存在磁盘的文件中,使用以下菜单:

```
**************************************
*        1—显示所有学生信息          *
*        2—添加新的学生信息          *
*        3—修改学生成绩信息          *
*        4—删除单个学生信息          *
*        5—退出                      *
**************************************
```

3. 编程：利用文本编辑软件输入教师的姓名、基本工资、奖金，它们之间用空格分隔，每个教师占一行，然后编写程序读取每个教师的信息，统计所有教师的基本工资总额、奖金总额以及基本工资加上奖金的总额。

4. 编程：创建一个文件，设置其属性为只读，然后输出该文件的创建日期和路径名。

5. 下列程序用于显示指定目录下的子目录及文件名，请填写缺少的代码；

```
import java.io.*;
public class test{
    public static void main(String[] args){
        String s1,s2[];
        try {
            InputStreamReader in = new InputStreamReader(System.in);
            BufferedReader bin = new BufferedReader(in);
            System.out.println("please input a File name:");
            s1 = ________________________________;
            File f = new File(s1);
            System.out.println(f.isDirectory());
            if(________________){           //判断是否为目录
                int n = (f.list()).length;
                s2 = new String[n];
                s2 = ____________;           //获取子目录及文件名
                for(int i = 0;i < s2.length;i++){
                    System.out.println(s2[i]);
                }
            }
        }catch(IOException e){}
    }
}
```

6. 下列程序用于实现从当前目录的 date.ser 文件中读取内容并显示出来，请将程序补充完整。

```
import java.io.*;
import java.util.Date;
public class UnSerializeDate {
    UnSerializeDate() {
        Date d = null;
        try {
            FileInputStream f = new ___________("date.ser");
            ObjectInputStream s = new
                ObjectInputStream(____________);
            d = (Date) s.readObject();
            f.close();
        }catch(Exception e)  { e.____________;  }
          System.out.println("Unserialized Date object from date.set");
          System.out.println("Date:" + d);
        }
        public static void main(____________) {
          new UnSerializeDate();
        }}
```

第7章 GUI程序设计基础

随着计算机技术的发展，计算机越来越平民化、傻瓜化，这主要归功于图形用户界面的使用和普及。GUI(Graphic User Interface)即图形用户界面，因特有的亲和力和易用性普遍受到人们的欢迎，也正因为如此，计算机才能够脱离所谓的专家专用，普及到平民使用。本章主要介绍Java语言中功能强大的图形界面编程，主要包括AWT包和Swing包，以及通过它们处理图形用户界面的概念和方法，并通过实例介绍常见的图形界面组件的使用技巧。

7.1 GUI程序设计基本概念

随着1984年Macintosh计算机的出现，Apple公司的图形用户界面成为计算机发展的潮流并普及起来。Apple的用户界面起源于20世纪70年代Xerox的Palo Alto研究中心所做的工作。现在，图形用户界面已经在许多产品中出现，例如Apple公司的Macintosh、Microsoft公司的Windows、IBM公司的OS/2、UNIX操作系统上的X-Windows以及我们熟悉的各种Office软件和工具软件等，图7-1所示为一个Windows系统下的音乐播放器的界面。

归纳起来，这些图形用户界面都具有以下特征：

(1) 使用鼠标器、触摸屏等指针式输入设备。

(2) 以图形方式显示计算机正在工作或完成任务的窗口。

(3) 以各种图标(icon)表示文件、文件夹(目录)、应用程序等。

(4) 提供用户输入命令的各种菜单、对话框、按钮、滚动条、列表框、组合框等。

(5) 提供用户操作的各种事件监听和处理机制。

Java早期进行图形用户界面设计时使用java.awt包中提供的类，例如Button、TextField、List、TextArea等组件，AWT是Abstract Window Toolkit(抽象窗口工具包)的缩写。Java 2增加了一个新的javax.swing包，该包提供了功能更为强大的用来设计GUI界面的类库。Swing之所以强大，是因为它有一个更好的预设组件集。AWT只提供一些较普通的接口组件，并且在实现上因操作系统的不同会产生许多瑕疵，相比而言，Swing组件好用得多。首先，有些Swing组件可以绘制出HTML标签，这是AWT开发者连做梦都不敢想的事情。尽管如此，我们不能完全抛弃AWT，因为Swing依赖AWT的事件处理机制和布局管理器(Layout Manager)以及它的各种基本类。

图 7-1 QQ 音乐播放器

7.2 Java GUI 程序的运行原理

GUI 图形界面程序的运行过程和命令式程序稍有不同，在图形界面程序中包含 3 个部分内容。首先，要产生相应的像素集合组成的图形组件；其次，这些图形组件按照特定的逻辑关系和布局显示到显示器中；再次，程序捕获鼠标、键盘等设备的操作事件，或者系统产生的其他事件，调用相应的组件的事件处理代码，从而完成程序和外界的交互作用以及计算任务。所以，要想成为一名高效的 GUI 程序员，必须掌握以下内容：

(1) 掌握各种 GUI 组件，包括顶层容器(JFrame、JDialog 等)，以及可以添加到容器中的基本组件。

(2) 掌握布局管理器的使用，学会如何在容器中合理地组织组件。

(3) 掌握事件处理技巧，包括如何编写响应事件的代码，例如按钮单击、鼠标移动、调整窗口尺寸等。

7.3 AWT 包

在 Java 1.0 中，Sun 公司发布了最初的图形界面开发包 java.awt。该包按照面向对象的思想来创建 GUI，它提供了许多基本组件类、容器类和布局管理器类。其中，Component 类是 Java 语言提供的基本组件类的祖先类，从这个基本组件类派生出了 AWT 包和 Swing

包中其他的组件类,图 7-2 列出了 AWT 包中组件类的层次结构。

Java AWT 构建图形用户界面的机制包括以下内容:

(1) 提供了一些容器组件(例如 Frame、Panel),用来容纳其他的组件(例如 Button、Checkbox、TextField、Canvas 等)。

(2) 用布局管理器来管理组件在容器上的布局。

(3) 利用监听器来响应各种事件,实现用户与程序的交互。一个组件如果注册了某种事件的监听器,由这个组件触发的特定事件就会被监听器接收和响应。

(4) 提供了一套绘图机制来自动维护或刷新图形界面。

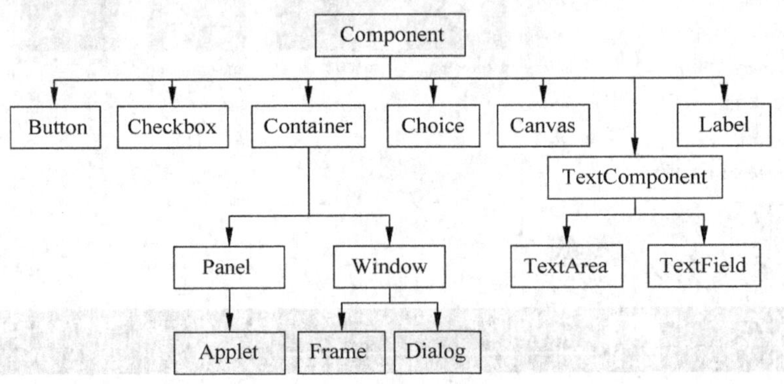

图 7-2 Component 类派生出的基本组件类(部分)

7.3.1 容器组件

任何一个 Java GUI 程序都是从一个容器组件开始的,容器组件是可以摆放组件的组件,并可以在容器上进行绘制和着色。java.awt 包中的 Container 类可直接或间接地派生出两个常用容器,即框架(Frame 类)和面板(Panel 类),其中,框架是一个带有边框的独立的窗口,面板则是包含在窗口中的一个不带边框的区域。

图 7-3 Frame 和 Panel

【例 7-1】 演示 Frame 和 Panel,效果如图 7-3 所示。

```
import java.awt.*;
public class SimpleFrame {
    public static void main(String[] args){
        Frame f = new Frame("Hello GUI");                    //创建 Frame
        Panel p = new Panel();                               //创建面板对象
        p.setBackground(Color.red);                          //改变背景颜色
        f.add(p,BorderLayout.NORTH);                         //将面板添加到 Frame 的北边
        f.setSize(200,200);                                  //设置 Frame 的大小
        f.setVisible(true);                                  //使 Frame 成为可见的
    }
}
```

注意: Window 类、Frame 类、Dialog 类的对象是不依赖其他容器独立存在的容器对

象，Panel 不能单独存在，只能存在于其他容器中，它有一个子类就是著名的 Applet。另外，以上程序没有添加事件处理，在退出时需要按 Ctrl+C 组合键来终止程序。

容器组件对象都有 setSize()方法用来设置其大小，setLayout()方法用来设置布局管理器，add()方法将其他组件添加到容器中。除了 Panel 类及其子类外，Window 类及其子类都有 setVisible()方法用来设置组件的可见性。

7.3.2 基本组件

如图 7-4 所示，在 AWT 包中提供了我们常用的各种基本组件类，对各类的使用说明如表 7-1 所示。

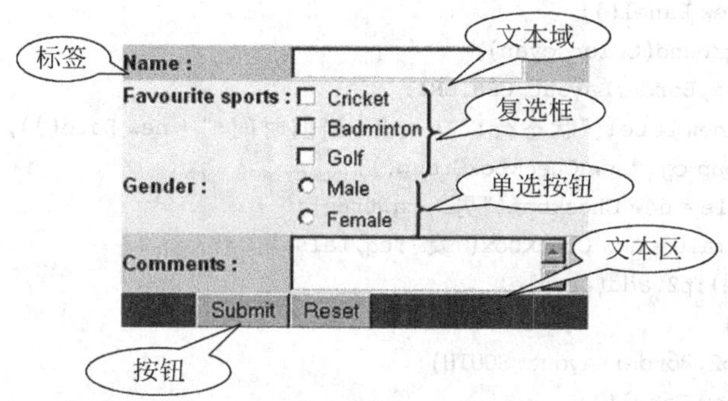

图 7-4 常用的基本组件

表 7-1 AWT 包中的各种基本组件类

类名	常用构造方法	说明
Label	Label(String title)	标签，主要用来显示信息
TextField	TextField() TextField(int m)	文本框，用来接收用户输入，只能接收一行输入
Checkbox	Checkbox() Checkbox(String title)	复选框，用于多选项输入
TextArea	TextArea() TextArea(int rows,int cols)	文本区域，用来接收用户输入，多行输入
Button	Button() Button(String title)	按钮，用来捕捉用户响应操作的简单组件
Choice	Choice()	选择框，用来在一个列表中选择一项或多项输入
Canvas	Canvas()	画布，用来画图

注意：在 AWT 中没有单独提供单选按钮，单选按钮是通过把复选框加入到一个管理组后自动形成的，管理组类为 CheckboxGroup()。

基本组件类的使用演示如下：

【例 7-2】 演示基本组件。

```
import java.awt.*;
import java.util.*;
class myframe {
```

```
    public static void main(String[ ] args) {
        Frame myapp = new Frame("图形界面测试!");
        Panel p1 = new Panel();
        p1.setBackground(Color.yellow);
        myapp.add(p1,BorderLayout.NORTH);
        Label lb = new Label("姓名: ");
        TextField tf = new TextField(10);
        TextArea ta = new TextArea();
        p1.add(lb);p1.add(tf);
        Button ok = new Button("提交");
        Button cc = new Button("取消");
        p1.add(ok);p1.add(cc);
        Panel p2 = new Panel();
        p2.setBackground(Color.cyan);
        myapp.add(ta,BorderLayout.CENTER);
        Label lb1 = new Label("状态行:          当前时间:" + new Date());
        CheckboxGroup cg = new CheckboxGroup();
        Checkbox male = new Checkbox("男",cg,true);
        Checkbox female = new Checkbox("女",cg,false);
        p2.add(male);p2.add(female);
        p2.add(lb1);
        myapp.add(p2,BorderLayout.SOUTH);
        Panel p3 = new Panel();
        p3.setBackground(new Color(128,128,0));
        Label lb3 = new Label("你喜欢的足球运动员是:");
        Choice moviestars = new Choice( );
        moviestars.addItem("安东尼奥.班德拉斯");
        moviestars.addItem("莱昂纳多.迪卡普尼奥");
        moviestars.addItem("桑德.布洛克");
        moviestars.addItem("休.葛兰特");
        moviestars.addItem("朱莉亚.罗茄茨");
        p3.add(lb3);p3.add(moviestars);
        myapp.add(p3,BorderLayout.EAST);
        Button btn = new Button("西部时空");
        myapp.add(btn,BorderLayout.WEST);
        myapp.setBounds(100,100,600,400);
        myapp.setVisible(true);
        myapp.setBackground(Color.red);
    }
}
```

注意:因没有添加事件处理,所以此程序不能正常退出,需按 Ctrl+C 组合键终止程序。

7.3.3 布局管理器

为了实现图形界面的平台无关性,主要是组件的摆放和显示与坐标的无关性,在 Java 中使用了一套布局管理器类来帮助用户完成组件在容器中的摆放。

组件在容器中的位置和尺寸是由布局管理器决定的,所有的容器都会引用一个布局管理器实例,通过它自动进行组件的布局管理。

1. 默认布局管理器

当一个容器被创建后,如果程序员没有为其设置布局管理器,则它就会使用默认的布局管理器。Window、Frame 和 Dialog 的默认布局管理器是 BorderLayout,Panel 和 Applet 的默认布局管理器是 FlowLayout。

2. 取消布局管理器

如果不希望通过布局管理器来管理布局,可以调用容器的 setLayout(null)方法取消容器的布局管理器。取消了容器的布局管理器后,必须使用组件的 setLocation()、setSize()或 setBounds()方法为组件定位。需要注意的是,这种手工布局将导致图形界面的布局不再是和平台无关的,也就是这时的图形界面将依赖于操作系统环境,例如下例。

【例 7-3】 演示手工布局。

```
import java.awt.*;
public class ManualLayout{
  public static void main(String args[]){
    Frame f = new Frame("MenualLayout");
    f.setLayout(null);
    f.setSize(300,100);
    Button b = new Button("测试按钮");
    b.setSize(100,30);                              //设置按钮大小
    b.setLocation(40,60);                           //设置放置坐标(40,60)
    f.add(b);
    f.setVisible(true);
  }
}
```

执行效果如图 7-5 所示。

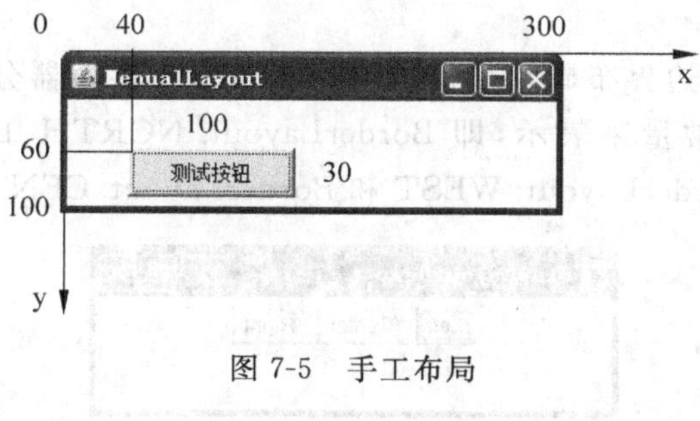

图 7-5 手工布局

3. 布局管理器类

java.awt 包提供了下面 5 种布局管理器。

- FlowLayout:流式布局管理器;
- BorderLayout:边界布局管理器;
- GridLayout:网格布局管理器;

- CardLayout：卡片布局管理器；
- GridBagLayout：网格包布局管理器。

(1) FlowLayout：流式布局管理器。FlowLayout 是最简单的布局管理器，按照组件的添加顺序将它们从左到右放置在容器中。当到达容器边界时，组件将被放置在下一行中。FlowLayout 允许以左对齐、居中对齐(默认方式)或右对齐的方式排列组件。FlowLayout 的特性如下：

- 不限制它所管理的组件的大小，而是允许它们有自己的最佳大小。
- 当容器被缩放时，组件的位置可能变化，但组件的大小不改变。

FlowLayout 的构造方法有 FlowLayout()、FlowLayout(int align)、FlowLayout(int align, int hgap,int vgap)。其中，参数 align 代表对齐方式，可选值有 FlowLayout.LEFT、FlowLayout.RIGHT、FlowLayout.CENTER，而参数 hgap 和 vgap 分别用于设定组件之间的水平和垂直间距。

【例 7-4】 演示 FlowLayout 布局，效果如图 7-6 所示。

```
import java.awt.*;
public class FlowLayoutDemo{
  public static void main(String[] args){
     Frame myapp = new Frame("FlowLayoutDemo");
     FlowLayout fl = new FlowLayout();                    //默认居中
     myapp.setLayout(fl);                                 //采用 FlowLayout 布局
     Button b1 = new Button("Left");
     Button b2 = new Button("Center");
     Button b3 = new Button("Right");
     myapp.add(b1);myapp.add(b2);
     myapp.add(b3);
     myapp.setSize(300,100);
     myapp.setVisible(true);
  }
}
```

(2) BorderLayout：边界布局管理器。BorderLayout 将容器分为 5 个区域，即东、南、西、北、中，分别用 5 个常量来表示，即 BorderLayout.NORTH、BorderLayout.SOUTH、BoderLayout.EAST、BorderLayout.WEST 和 BorderLayout.CENTER。

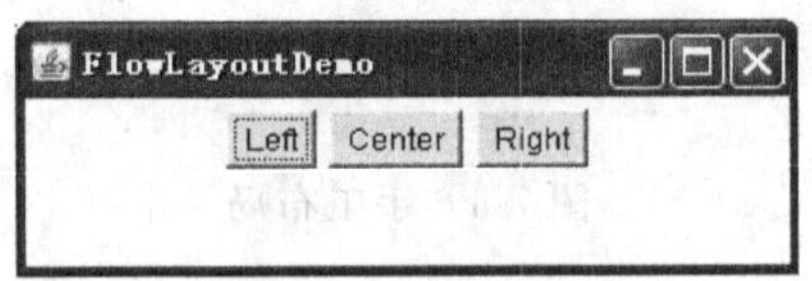

图 7-6 流式布局

BorderLayout 的特性如下：

- 位于东和西区域的组件保持最佳宽度，高度被垂直拉伸至和所在区域一样高；位于南和北区域的组件保持最佳高度，宽度被水平拉伸至和所在区域一样宽；位于中区域的组件的宽度和高度都被拉伸至和所在区域一样大小。

- 当窗口垂直拉伸时，东、西和中区域也拉伸；当窗口水平拉伸时，南、北和中区域也拉伸。
- 对于容器的东、南、西和北区域，如果某个区域没有组件，则这个区域的面积为0；对于中区域，不管有没有组件，BorderLayout 都会为它分配空间，如果该区域没有组件，在中区域显示容器的背景颜色。
- 当容器被缩放时，组件所在的相对位置不变化，但组件大小会改变。
- 如果在某个区域添加的组件不止一个，则只有最后添加的一个是可见的。

BorderLayout 的构造方法有 BorderLayout() 和 BorderLayout(int hgap, int vgap)，参数 hgap 和 vgap 分别用于设定组件之间的水平和垂直间距。当用 add()方法向其中添加组件时，一般要指定组件在容器的位置，如果不指定，则默认是 BorderLayout. Center。

【例 7-5】 演示 BorderLayout 布局，效果如图 7-7 所示。

```
import java.awt. * ;
public class BorderLayoutDemo{
public static void main(String[ ] args)   {
    Frame myapp = new Frame("BorderLayoutDemo");                 //默认就是 BorderLayout
    Button btnEast = new Button("东");
    Button btnWest = new Button("西");
    Button btnNorth = new Button("北");
    Button btnSouth = new Button("南");
    Button btnCenter = new Button("中");
    myapp.add(btnEast, BorderLayout.EAST);
    myapp.add(btnWest, BorderLayout.WEST);
    myapp.add(btnNorth, BorderLayout.NORTH);
    myapp.add(btnSouth, BorderLayout.SOUTH);
    myapp.add(btnCenter, BorderLayout.CENTER);
    myapp.setSize(300,300);
    myapp.setVisible(true);
  }
}
```

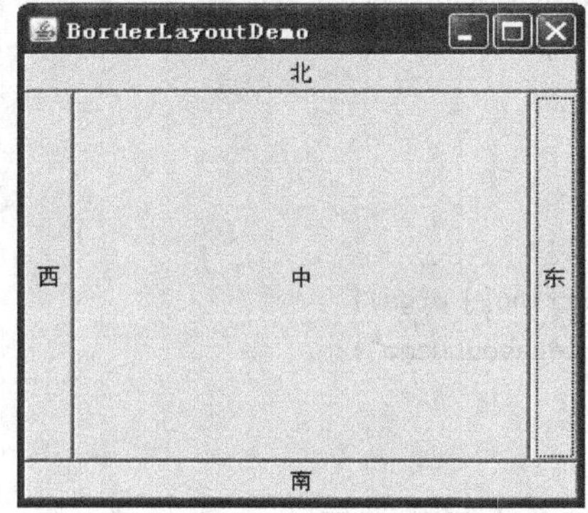

图 7-7　边界布局

(3) GridLayout:网格布局管理器。GridLayout 将容器分割成多行多列,按照添加的顺序,组件被依次从左到右放置在每一个网格中,当一行填满时,换到下一行再从左到右放置组件。

GridLayout 的特性如下:

- 组件的相对位置不随容器的缩放而改变,但组件的大小会随之改变。组件始终占据网格的整个区域。
- GridLayout 总是忽略组件的最佳大小,所有组件的宽度相同,高度也相同。
- 将组件用 add()方法添加到容器中的先后顺序决定它们占据哪个网格,GridLayout 从左到右、从上到下将组件填充到容器的网格中。

GridLayout 的构造方法有 GridLayout()、GridLayout(int rows,int cols)和 GridLayout(int rows, int cols, int hgap, int vgap)。参数 rows 和 cols 分别代表行数和列数,hgap 和 vgap 用于指定网格之间的水平间距和垂直间距。

【例 7-6】 演示 GridLayout 布局,效果如图 7-8 所示。

```
import java.awt. * ;
public class GridLayoutDemo extends Frame{
  private Panel panel;
  private Label label;
  private String[ ] names = {"7","8","9"," + ","4","5",
  "6"," - ","1","2","3"," * ","0","."," = ","/"};
  private Button[ ] buttons = new Button[16];
  public GridLayoutDemo(String title){
    super(title);
    label = new Label();
    panel = new Panel();
    panel.setLayout(new GridLayout(4,4));
    add(label,BorderLayout.NORTH);
    add(panel,BorderLayout.CENTER);

    for(int i = 0;i < buttons.length;i++){
      buttons[i] = new Button(names[i]);
      panel.add(buttons[i]);
    }
    pack();
    setVisible(true);
  }
  public static void main(String[ ] args){
    new GridLayoutDemo("GridLayoutDemo");
  }
}
```

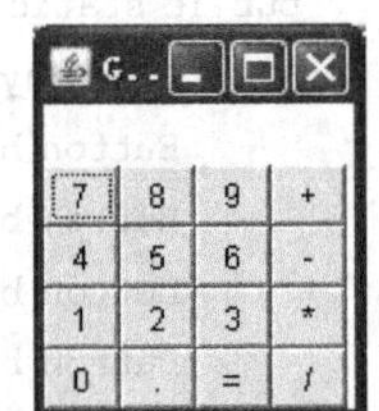

图 7-8 网格布局

(4) GridBagLayout: 网格包布局管理器。GridBagLayout 在网格的基础上提供了更为复杂的布局,和 GridLayout 不同的是,GridBagLayout 允许容器中各个组件的大小各不相同,还允许单个组件所在的显示区域占据多个网格,并且组件的放置顺序不一定是从左至右和由上至下。如果要使用此布局,必须提供各组件的大小和布局等信息。通过使用GridBagConstraints类来配合GridBagLayout类定位及调整组件大小所需的全部信息,有关此布局的演示请参考JavaDoc文档说明。

在使用GUI编程时,建议使用嵌套面板的方式来设计复杂的版面,如果使用集成式开发环境,则可先将容器的布局管理器设置为null,然后使用手动方式排列组件,待整个图形的界面符合要求时再将此容器的布局管理器设置为GridBagLayout。

7.3.4 常用的AWT类

AWT包中的组件虽然在GUI编程中使用的越来越少,但其中有一些常用类,在Swing的图形界面编程中也是必不可少的。

(1) Color类:表示颜色,创建一个Color对象很简单,通过将RGB(Red-Green-Blue)值传递给Color类的构造器就可以创建一个颜色对象。例如:

```
Color color = new Color(222,22,222);
```

Color类提供了返回一种特定颜色的静态常量,用于表示经常用到的颜色,例如BLACK、BLUE、GREEN、RED、CYAN、ORANGE、YELLOW等。例如可以用以下方式得到颜色对象:

```
Color color = Color.RED;
```

为了改变一个组件的颜色,可以调用该组件的setForeGround和setBackGround方法:

```
component.setForeGround(Color.YELLOW);
component.setBackGround(Color.CYAN);
```

(2) Font类:表示一种字体,下面是Font类的一个构造器。

```
public Font(String name, int style, int size)
```

这里的name是字体名称,size是字体的大小,style代表字体风格,使用一个整型位掩码,它可以是PLAIN、BOLD、ITALIC的组合。例如以下代码所示:

```
int style = Font.BOLD|Font.ITALIC;
Font font = new Font("Arial",style,12);
```

(3) Point类:表示直角坐标系中的一个点,它有两个成员变量x和y。常用的构造器如下:

```
public Point();
public Point(int x, int y);
public Point(Point b);
```

Point类的getX()和getY()方法分别返回double类型的x和y坐标值。

(4) Dimension类:以两个int值的成员表示一个尺寸,它有两个成员变量width和height,但getWidth()和getHeight()方法返回的却是double值。构造器如下:

```
public Dimension();                    //创建高和宽都为0的Dimension对象
```

```
public Dimension(Dimension d);
public Dimension(int width, int height);
```

(5) Rectangle 类：表示直角坐标系中的一个长方形的区域，它的 x 域和 y 域用来表示该长方形左上角的坐标，width 和 height 域分别指定长方形的宽度和高度。构造器如下：

```
public Rectangle();
public Rectangle(Dimension d);
public Rectangle(int width, int height);
public Rectangle(int x, int y, int width, int height);
```

(6) Graphics 类：该类是一个抽象类，用来在 AWT 组件或 Swing 组件中画图，它提供了一些基本的作图方法，例如 drawLine()、drawArc()、drawChars()、drawImage()、drawOval()、drawPolyline()、drawPolygon()、drawString()、fillOval()、fillRect()等。

(7) Toolkit 类：该类是所有 Abstract Window Toolkit 实际实现的抽象超类。Toolkit 的子类被用于将各种组件绑定到特定本机工具包实现，它提供了许多可以访问本机资源的方法。注意，该类对象是通过一个静态方法得到的，而不是通过 new 来创建，如下所示。

```
Toolkit tool = Toolket.getDefaultToolkit();
```

(8) Image 类：该类是表示图形图像的所有类的超类，必须以特定于平台的方式获取图像，常用 Toolkit 类对象的 getImage()方法装入一幅图像，Java 支持各种常用图片格式的识别、装入。

7.4 Swing 包

当用 java.awt 包中的类创建组件对象时，都有一个相应的本地组件在为它工作(称为它的同位体)。AWT 组件的设计原理是把与显示组件有关的许多工作交给相应的本地组件，因此把有同位体的组件称为重组件。基于重组件的 GUI 设计有很多不足之处，例如程序的外观在不同的平台上可能有所不同，而且重组件的类型也不能满足所有 GUI 设计的需要。例如，不可能把一幅图像添加到 AWT 按钮或 AWT 标签上，因为 AWT 按钮或标签外观的绘制是由本地的对等组件(即同位体)完成的，而同位体一般不是用 Java 语言编写的，它的行为是不能被 Java 扩展的。另外，使用 AWT 进行 GUI 设计可能会消耗大量的系统资源。

与 AWT 的重量级组件不同，Swing 中大部分是轻量级组件。Swing 包中的轻量级组件在设计上和 AWT 完全不同，轻量级组件把与显示组件有关的许多工作交给相应的 UI 代表来完成。这些 UI 代表是用 Java 语言编写的类，这些类被添加到 Java 的运行环境中，因此组件的外观不依赖平台，不仅在不同的平台上的外观是相同的，而且更容易控制。正是由于这个原因，Swing 几乎无所不能，不仅有各种各样先进的组件，而且更为美观、易用。所以，我们应该重点学习 Swing 包的使用。图 7-9 显示的是 Swing 类的层次结构。

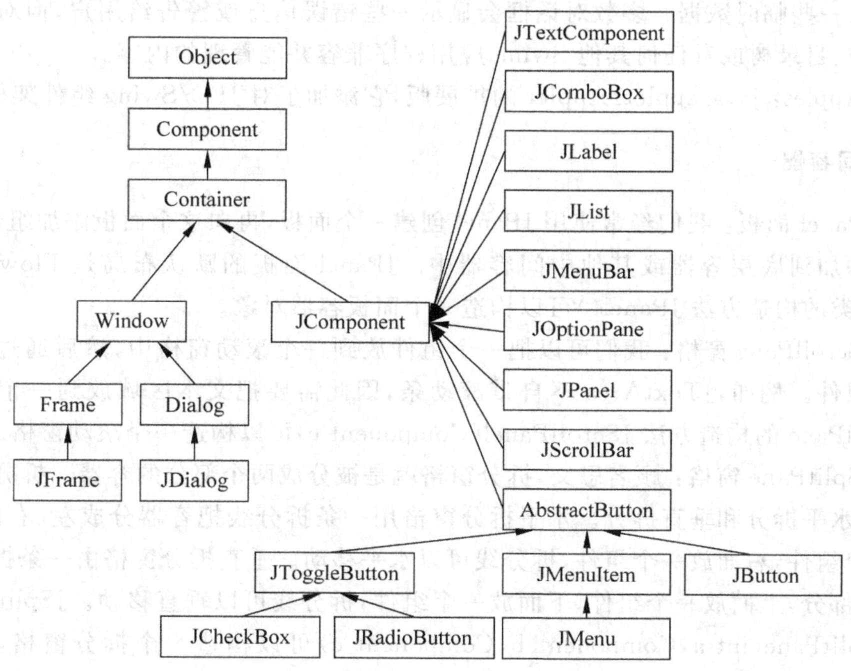

图 7-9 Swing 包中的类层次结构图

7.4.1 Swing 包中的容器组件

1. 顶级容器

(1) JFrame：该类是 java.awt 包中 Frame 类的子类，是用于框架窗口的类，此窗口带有边框、标题，以及用于关闭和最小化窗口的图标等。带 GUI 的应用程序通常最少使用一个框架窗口，和 Frame 不同的是不能直接将组件添加到窗口本身，JFrame 窗体含有一个被称为内容面板的容器，应该把组件添加到内容面板中。

【例 7-7】 JFrame 演示。

```
import java.awt.*;
import javax.swing.*;
public class JFrameTest {
    public static void main(String[] args){
      JFrame mywin = new JFrame("The First Window");       //创建特定标题的窗口
      mywin.setSize(300,200);                              //设置窗口的大小
      mywin.setLocation(50,50);                            //设置窗口的位置
      JLabel mylabel = new JLabel("This is a label");
      mywin.getContentPane().add(mylabel);
      mywin.setDefaultCloseOperation(JFrame.EXIT_ON_CLOSE);
      mywin.setVisible(true);
    }
}
```

(2) JDialog：对话窗口是主框架窗口之外的一个独立子窗口，主要用来显示一些临时

消息或输入一些临时数据。多数对话框会显示一些错误信息或警告给用户,但对话框也可能显示图像、目录树或者任何其他 Swing 应用程序兼容并能管理的内容。

(3) JApplet：java. applet. Applet 的扩展版,它添加了对 JFC/Swing 组件架构的支持。

2. 中间容器

(1) JPanel 面板：我们经常使用 JPanel 创建一个面板,再向这个面板添加组件,然后把这个面板添加到底层容器或其他中间容器中。JPanel 面板的默认布局是 FlowLayout 布局,JPanel 类的构造方法 JPanel()可以构造一个面板容器对象。

(2) JScrollPane 窗格：我们可以把一个组件放到一个滚动窗格中,然后通过滚动条来观察这个组件。例如,JTextArea 不自带滚动条,因此需要把文本区域放到一个滚动窗格中。JScrollPane 的构造方法 JScrollPanel(Component c)可以构造一个滚动窗格。

(3) JSplitPane 窗格：顾名思义,拆分窗格就是被分成两个部分的容器。拆分窗格有两种类型,即水平拆分和垂直拆分。水平拆分窗格用一条拆分线把容器分成左、右两个部分,左面放一个组件,右面放一个组件,拆分线可以水平移动。垂直拆分窗格由一条拆分线分成上、下两个部分,上面放一个组件,下面放一个组件,拆分线可以垂直移动。JSplitPane 的构造方法 JSplitPane(int a,Component b,Component c)可以构造一个拆分窗格,参数 a 取 JSplitPane 的静态常量 HORIZONTAL_SPLIT 或 VERTICAL_SPLIT,以决定是水平还是垂直拆分,另外两个参数决定要放置的组件。拆分窗格调用 setDividerLocation(double position)设置拆分线的位置。

(4) JLayeredPane 窗格：如果添加到容器中的组件经常需要处理重叠问题,可以考虑将组件添加到 JLayeredPane 容器。JLayeredPane 容器将容器分成 5 个层,容器使用 add(Jcomponent com, int layer)方法添加组件 com,并指定 com 所在的层,其中,参数 layer 取 JLayeredPane 类中的类常量,即 DEFAULT_LAYER、PALETTE_LAYER、MODAL_LAYER、POPUP_LAYER 或 DRAG_LAYER。

DEFAULT_LAYER 是最底层,添加到 DEFAULT_LAYER 层的组件如果和其他层的组件发生了重叠,将被其他组件遮挡。DRAG_LAYER 层是最上面的层,如果 JLayeredPane 中添加了许多组件,当用鼠标移动一个组件时,可以把移动的组件放到 DRAG_LAYER 层,这样,组件在移动过程中就不会被其他组件遮挡。添加到同一层上的组件,如果发生重叠,后添加的组件会遮挡先添加的组件。

JLayeredPane 对象调用 setLayer(Component c,int layer)可以重新设置组件 c 所在的层,调用 getLayer(Component c)可以获取组件 c 所在的层数,还可以使用 moveToFront(Component)、moveToBack(Component)和 setPosition()在组件所在的层中对其进行重定位。

(5) JTabbedPane：一个类似于卡片管理的组件,它允许用户通过单击具有给定标题或图标的选项卡在一组组件之间进行切换。

(6) JToolBar：JToolBar 提供了一个用来显示常用的 Action 或控件的组件,如图 7-10 所示。

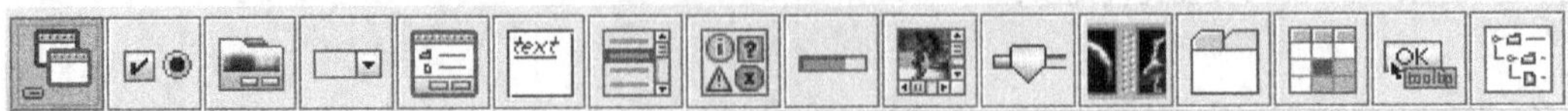

图 7-10 软件的工具条

7.4.2 Swing 包中常用的标准组件

Swing 中提供的标准组件是在 AWT 的基础上用纯 Java 代码重新编写的，所以跟 AWT 包中的组件大同小异，只不过类名前有大写字母 J，并且多了一些复杂组件，表 7-2 列出了 Swing 包中常用的标准组件。

表 7-2 Swing 包中常用的标准组件

组件名	常用的构造方法	说明
JTextField	JTextField(int col)	文本框
JPassword	JPassword(int col)	密码框
JLabel	JLabel(String text) JLabel(ImageIcon icon)	标签
JButton	JButton(String text) JButton(ImageIcon icon)	按钮
JCheckbox	JCheckbox(String text) JCheckbox(ImageIcon icon)	复选框
JRadioButton	JRadioButton(String text) JRadioButton(ImageIcon icon)	单选按钮
JComboBox	JComboBox(ComboBoxModel a) JComboBox(Object[] item)	组合框
JList	JList(ListModel a) JList(Object[] item)	列表框
JTable	JTable(int row,int col) JTable(TableModel a) JTable(Object[][]row,Object[][] col)	表格组件
JTree	JTree(TreeModel a) JTree(Object[] value)	树组件
JSpinner	JSpinner() JSpinner(SpinnerModel a)	微调组件
JProgressBar	JProgressBar()	进度条组件

【例 7-8】 演示 JTextField、JPassword、JLabel 的使用，效果如图 7-11 所示。

```
import java.awt.*;
import javax.swing.*;
import javax.swing.event.*;
public class TestTexts extends JFrame {
private JLabel label1 = new JLabel("Username:");
private JLabel label2 = new JLabel("Password:");
private JTextField textField;
private JPasswordField pwdField;
private JTextArea textArea;
public TestTexts() {
super("Test Texts");
setDefaultCloseOperation(EXIT_ON_CLOSE);
```

```
Container con = getContentPane();
textField = new JTextField(15);
textArea = new JTextArea(5, 15);
textArea.setLineWrap(true);
JPanel p = new JPanel();
p.setLayout(new GridLayout(2,2));
con.add(p,BorderLayout.NORTH);
p.add(label1);p.add(textField);
p.add(label2);p.add(pwdField);
con.add(textArea);
setSize(300, 200);
setVisible(true);
}
public static void main(String[] args) {
    TestTexts tt = new TestTexts();
} }
```

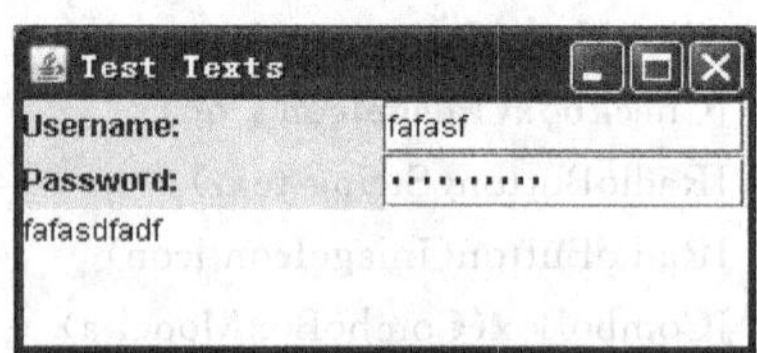

图 7-11 JTextField 的使用

7.4.3 Swing 包中新增加的布局管理器

BoxLayout 布局用 BoxLayout 类可以创建一个布局对象,称为盒式布局,BoxLayout 在 javax.swing 包中。javax.swing 包提供了 Box 类,该类也是 Container 类的一个子类,创建的容器称为盒式容器,盒式容器的默认布局是盒式布局,而且不允许更改盒式容器的布局。因此,在策划程序的布局时,可以利用容器的嵌套将某个容器嵌入几个盒式容器,从而达到布局目的。使用盒式布局的容器将组件排列在一行或一列,这取决于创建盒式布局对象时指定了是按行排列还是按列排列。

行型盒式布局容器中添加的组件的上沿在同一水平线上,列型盒式布局容器中添加的组件的左沿在同一垂直线上。使用 Box 类的类(静态)方法 createHorizontalBox()可以获得一个具有行型盒式布局的盒式容器;使用 Box 类的类(静态)方法 createVerticalBox()可以获得一个具有列型盒式布局的盒式容器。

如果想控制盒式布局容器中组件之间的距离,需要使用水平支撑或垂直支撑。Box 类调用静态方法 createHorizontalStrut(int width)可以得到一个不可见的水平 Struct 类型对象,称为水平支撑,该水平支撑的高度为 0、宽度为 width。Box 类调用静态方法 createVerticalStrut(int height)可以得到一个不可见的垂直 Struct 类型对象,称为垂直支撑,参数 height 决定垂直支撑的高度,垂直支撑的宽度为 0。

【例 7-9】 演示盒式容器的使用,效果如图 7-12 所示。

```
import javax.swing.*;
```

```
import java.awt.*;
import javax.swing.border.*;
class BoxLayoutTest extends JFrame {
Box baseBox,boxV1,boxV2;
BoxLayoutTest()  {
boxV1 = Box.createVerticalBox();

boxV1.add(new JLabel("输入您的姓名"));
      boxV1.add(Box.createVerticalStrut(8));
      boxV1.add(new JLabel("输入 email"));
      boxV1.add(Box.createVerticalStrut(8));
      boxV1.add(new JLabel("输入您的职业"));
      boxV2 = Box.createVerticalBox();
      boxV2.add(new JTextField(16));
      boxV2.add(Box.createVerticalStrut(8));
      boxV2.add(new JTextField(16));
      boxV2.add(Box.createVerticalStrut(8));
      boxV2.add(new JTextField(16));
      baseBox = Box.createHorizontalBox();
      baseBox.add(boxV1);
      baseBox.add(Box.createHorizontalStrut(10));
      baseBox.add(boxV2);
      Container con = getContentPane();
      con.setLayout(new FlowLayout());
      con.add(baseBox);
      con.validate();
      setBounds(120,100,300,130);
      setVisible(true);
      setDefaultCloseOperation(JFrame.EXIT_ON_CLOSE);
   }
   public static void main(String args[]) {
      new BoxLayoutTest();
   }
}
```

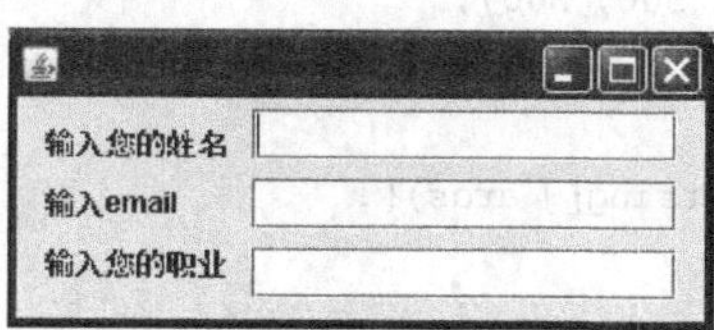

图 7-12　盒式布局

SpringLayout 根据一组约束布置其相关容器的子组件，每个由 Spring 对象表示的约束控制着两个组件边之间的垂直距离或水平距离。这两个边属于容器的任一子级，或属于该容器本身。例如，可以使用控制某组件东(右)和西(左)边之间距离的约束表示该组件允许的宽度。某个组件所允许的 y 坐标可以通过约束该组件北(上)边和其容器的北边之间的距离表示。

SpringLayout 控制的容器的每个子级及其容器本身都有一组与其相关的约束，这些约束由一个 SpringLayout.Constraints 对象表示。

【例 7-10】 演示弹簧布局的使用,效果如图 7-13 所示。

```
import java.awt.event.*;
import javax.swing.*;
public class SpringDemo extends JFrame {
    private JPanel jp = new JPanel();
    private JLabel jl = new JLabel("请将备注写在这里:");
    private JTextArea jta = new JTextArea();
    private JScrollPane jsp = new JScrollPane(jta);
    private SpringLayout sl = new SpringLayout();
    public SpringDemo() {
    jp.setLayout(sl);
    Spring jlx = Spring.constant(20);
    Spring jly = Spring.constant(10);
    Spring jlw = Spring.constant(150);
    Spring jlh = Spring.constant(15);
    jp.add(jl, new SpringLayout.Constraints(jlx, jly, jlw, jlh));
    Spring jlx1 = Spring.constant(140);
    Spring jly1 = Spring.constant(10);
    Spring jlw1 = Spring.constant(100);
    Spring jlh1 = Spring.constant(15);
    jp.add(new JTextField(10),new SpringLayout.Constraints(jlx1, jly1, jlw1, jlh1));
    Spring jpw = sl.getConstraint(SpringLayout.EAST, jp);
    Spring jph = sl.getConstraint(SpringLayout.SOUTH, jp);
    Spring jls = sl.getConstraint(SpringLayout.SOUTH, jl);
    Spring jspx = Spring.constant(5);
    Spring jspy = Spring.sum(Spring.constant(5), jls);
    Spring jspw = Spring.sum(jpw, Spring.minus(Spring.scale(jspx, 2.0f)));
    Spring jsph = Spring.sum(jph, Spring.minus(Spring.sum(jspx, jspy)));
    jp.add(jsp, new SpringLayout.Constraints(jspx, jspy, jspw, jsph));
    this.add(jp);
    this.setDefaultCloseOperation(JFrame.EXIT_ON_CLOSE);
    this.setTitle("弹簧布局示例");
    this.setBounds(100, 100, 300, 200);
    this.setVisible(true);
    }
    public static void main(String[] args){
    new SpringDemo();
    }
}
```

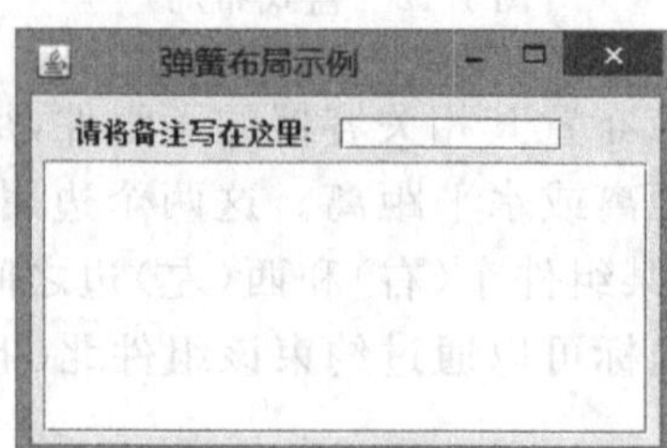

图 7-13 弹性布局演示

为了更好地学习和理解 GUI 编程，用户要学习程序设计中的事件和与事件编程有关的概念。

7.5 图形组件的事件处理

对于图形界面的程序来说，流程控制主要是通过事件驱动来实现的，所以，事件是 GUI 程序设计中非常重要的概念。所谓事件，就是用户和 GUI 程序交互或者系统和程序交互的一种手段。当用户与 GUI 程序交互时，比如移动鼠标、按下鼠标键、单击 Button 按钮、在文本框内输入文本、选择菜单项或者关闭窗口时，GUI 就会接收到相应的事件。

在 JDK 1.0 中，事件处理采用层次模式，从 JDK 1.1 开始，Java 语言的事件处理采用了授权事件模式(Delegation Event Model)。所谓授权事件模式，是指事件源对象可以把其自身所有可能发生的事件分别授权给不同的事件监听者来处理。

这里通过比喻来理解 Java 语言的授权事件模式或委托代理模式。假设张三是一个商人，张三在生意场上有可能碰到一些法律纠纷，为了能处理这些可能出现的事件，张三便将这类事件委托给一个律师李四，他们签有一个委托合同，没事的时候，他们各自按自己的方式工作、生活，当张三碰到一个合同纠纷需要打官司时，他就给李四打电话，让李四来处理此事件。当然，张三还可能有很多其他事件，例如得病，他可以将这个事件委托给一个私人医生王五，诸如此类。通过前面章节的学习，我们知道 Java 中的所有东西都是对象或类，所以事件处理也不例外。在 Java 的事件处理过程中，主要涉及下面 3 种对象。

(1) 事件源对象(Event Source)：发生事件的对象，例如前面的张三，在 Java 中通常是各个图形组件，例如按钮(Button)、文本框(TextField)等。

(2) 事件对象(Event)：用来记录事件源对象状态发生的改变，即事件信息，由事件类创建，例如单击按钮会产生 ActionEvent 类的对象。

(3) 事件监听者对象(Event Listener)：监听事件源的事件对象，并对其进行处理。

【例 7-11】 演示简单事件处理，效果如图 7-14 所示。

```
import java.awt.*;
import java.awt.event.*;
import javax.swing.*;
class WindowDestroyer extends WindowAdapter{
    public void windowClosing(WindowEvent e){
        System.exit(0);
    }
}
public class EventDemo {
    public static void main(String[] args) {
        JFrame.setDefaultLookAndFeelDecorated(true);
        JFrame myapp = new JFrame("请单击关闭按钮");
        myapp.setSize(200,200);
        myapp.setVisible(true);
        WindowDestroyer closer = new WindowDestroyer();
        myapp.addWindowListener(closer);
    }
}
```

图 7-14 事件演示

从上面的例子可以总结出Java语言事件处理的一般处理过程(如图7-15所示):

(1) 创建事件源对象。

(2) 根据事件源可能发生的事件类型定义事件监听者类和处理方法。

(3) 创建或拿到监听者对象。

(4) 使用事件源对象的事件注册方法注册监听者对象。

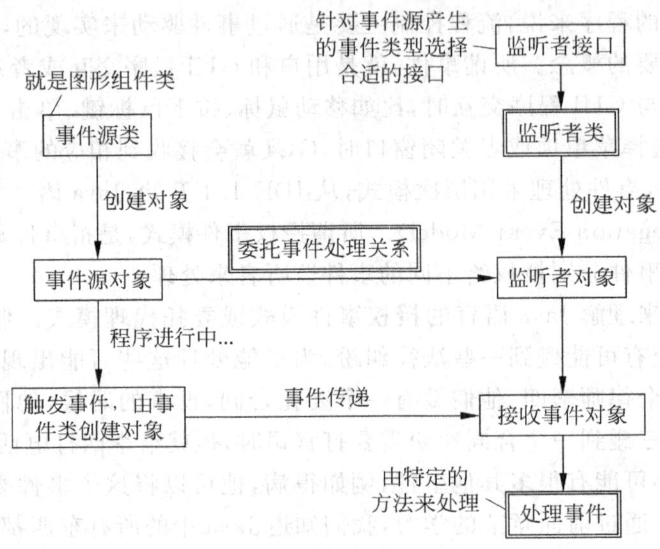

图 7-15 委托事件的工作原理

7.5.1 事件源类

在初级学习阶段,事件源类一般就是AWT包和Swing包中提供的各种图形组件类,例如Button、Label、TextField等,每一个事件源对象都有可能产生好几种事件对象,例如Button类对象既可以产生ActionEvent,也可以产生MouseEvent,还可以产生KeyEvent等。将来如果到了高级阶段,我们会发现事件源类、事件类、事件监听者接口都可以自己设计。

其中,注册方法就是事件源类提供的,针对不同的事件类有不同的注册方法。

(1) 注册监听者: public void add(事件类)Listener(ListenerTypelistener)

(2) 注销监听者: public void remove(事件类)Listener(ListenerTypelistener)

换句话说,事件源对象应该将自己可能发生的各种事件明确地委托给相应的事件监听者对象,这样事件监听者对象才可能处理它的事件。

7.5.2 事件类

在初级学习阶段,事件对象都是系统自动创建的。在java.awt.event包中定义了各种事件类、事件监听接口以及事件适配器类,如图7-16所示。具体的事件类共有10个,可以归为两大类,即低级事件和高级事件。低级事件主要是指基于组件和容器的事件,当一个组件上发生单击、鼠标的进入、拖放等动作时触发的事件。高级事件是基于语义的事件,它可以不和特定的动作相关联，而依赖于触发此事件的类，例如在文本框 TextField 中按 Enter 键会触发 ActionEvent 事件，滑动滚动条会触发 AdjustmentEvent 事件，或是选中项目列表的某一条就会触发 ItemEvent 事件。

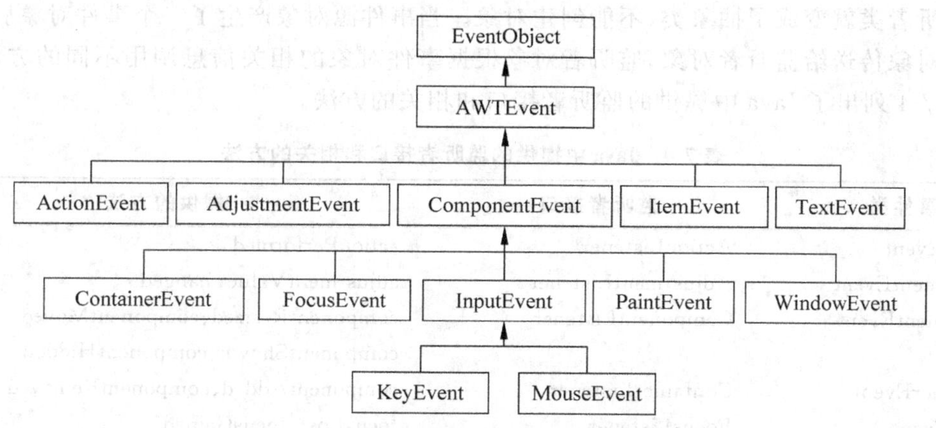

图 7-16 基本事件类的层次结构

表 7-3 是对 Java 提供的常用事件类的说明。

表 7-3 Java 提供的常用事件类

事件类名	说 明	事件源类
ActionEvent	通常按下按钮、双击列表项或选中一个菜单项时会生成此事件	Button、List、MenuItem、TextField
AdjustmentEvent	操纵滚动条时会生成此事件	Scrollbar
ComponentEvent	当一个组件移动、隐藏、调整大小或变成可见时会生成此事件	Component
ItemEvent	单击复选框或列表项时，或者当一个选择框或一个可选菜单的项被选择或取消时生成此事件	Checkbox、CheckboxMenuItem、Choice、List
FocusEvent	组件获得或失去键盘焦点时会生成此事件	Component
KeyEvent	接收到键盘输入时会生成此事件	Component
MouseEvent	拖动、移动、单击、按下或释放鼠标，或在鼠标进入或退出一个组件时，会生成此事件	Component
ContainerEvent	将组件添加至容器或从中删除时会生成此事件	Container
TextEvent	当文本区或文本域的值改变时会生成此事件	TextField、TextArea
WindowEvent	当一个窗口被激活、关闭、失效、恢复、最小化、打开或退出时会生成此事件	Window

7.5.3 监听者接口

每类事件都有对应的事件监听者接口，在介绍接口时已经说过，在 Java 语言中，接口(Interface)是国家标准或行业规范，虽然国家不知道每一个官司的具体过程，但可以规定打官司的具体流程和必须具备的手续等，事件监听者接口就是这样一类东西。Java 针对每一种事件类型规定了对应的事件监听者接口,用来指示事件监听者类的设计必须遵循哪些规范或实现哪些方法。

我们设计的监听者类必须实现相应的监听者接口,当然要实现接口中提供的方法,否则这个监听者类就变成了抽象类,不能创建对象。当事件源对象产生了一个事件对象后,就会将事件对象传送给监听者对象,监听者对象根据事件对象的相关信息调用不同的方法来处理。表 7-4 列出了 Java 中提供的监听者接口和相关的方法。

表 7-4 Java 中提供的监听者接口和相关的方法

事件类	监听者接口	提供的方法
ActionEvent	ActionListener	actionPerformed
AdjustmentEvent	AdjustmentListener	adjustmentValueChanged
ComponentEvent	ComponentListener	componentResized、componentMoved componentShown、componentHidden
ContainerEvent	ContainerListener	componentAdded、componentRemoved
FocusEvent	FocusListener	focusLost、focusGained
ItemEvent	ItemListener	itemStateChanged
KeyEvent	KeyListener	keyPressed、keyReleased、keyTyped
MouseEvent	MouseListener	mouseClicked、mouseEntered mouseExited、mousePressed mouseReleased
MouseEvent	MouseMotionListener	mouseDragged、mouseMoved
TextEvent	TextListener	textChanged
WindowEvent	WindowListener	windowActivated、windowDeactivated windowClosed、windowClosing windowIconified、windowDeiconified windowOpened

7.5.4 事件适配器类

前面已经提到,在设计事件监听者类时必须要实现监听者接口中提供的所有方法,否则就会变成抽象类。在 JDK 2 之后,为了使事件处理变得简单,Java 为具有多个方法的监听者接口提供适配器类。事件适配器类实现并提供了一个事件监听器接口中的所有方法,但这些方法都是空方法。也就是说,我们现在设计监听者类可以采用前面的实现监听者接口的方式,还可以采用从事件适配器类继承的方式。当从事件适配器类继承时,我们只重写那些关心的事件处理方法,对其他方法不再重写,简化了程序员的工作量。表 7-5 列出了 Java 提供的常用的适配器类和其对应的接口。

表 7-5 Java 提供的常用适配器类

适 配 器 类	事件监听器接口
ComponentAdapter	ComponentListener
ContainerAdapter	ContainerListener
FocusAdapter	FocusListener

续表

适 配 器 类	事件监听器接口
KeyAdapter	KeyListener
MouseAdapter	MouseListener
MouseMotionAdapter	MouseMotionListener
WindowAdapter	WindowListener

例如要设计一个用来关闭GUI应用程序、监听WindowEvent事件的监听者类,可以用下面两种方法实现。

1. 用接口实现

```
import java.awt.event. * ;
public class WindowCloser implements WindowListener {
  public void windowClosing(WindowEvent){
     System.exit(0);
  }
  public void windowOpened(WindowEvent){}
  public void windowIconified(WindowEvent){}
  public void windowDeiconified(WindowEvent){}
  public void windowClosed(WindowEvent){}
  public void windowActivated(WindowEvent){}
  public void windowDeactivated(WindowEvent){}
}
```

2. 用适配器类实现

```
import java.awt.event. * ;
public class WindowDestroyer extends WindowAdapter {
   public void windowClosing(WindowEvent e) {
      System.exit(0);
   }
}
```

7.6 常用的Swing组件类和事件类综合编程演示

本节对于常用的事件源类和事件类的使用通过大量的简单程序进行演示,同学们可以参考JavaDoc文档进一步学习,同时多动手练习,逐步掌握Swing包中每一个类和相关的事件类的使用技巧。

1. ActionEvent事件和JPanel、JButton组件

【例7-12】 设计一个画sin、cos图形的程序,效果如图7-17所示。

```
import java.awt. * ;
```

```
import java.awt.event.*;
import javax.swing.*;
class mycanvas extends JPanel  {
  private int flag;
  private int x,y;
  mycanvas(){flag = 0;}
  public int getFlag(){return flag;}
  public void setFlag(int i){flag = i;}
  public void paintComponent(Graphics g){
     super.paintComponent(g);
     g.drawLine(1,1,400,1);
     g.drawLine(1,1,1,220);
     g.drawLine(1,110,400,110);
     switch(flag) {
        case 1:
          for(int i = 0;i < 360;i++) {
            x = i;
            y = 110 - (int)(100 * Math.sin(x * 3.1415926/180.0));
            g.drawLine(x,y,x,y);
          }
          break;
       case 2:
          for(int i = 0;i < 360;i++)   {
            x = i;
            y = 110 - (int)(100 * Math.cos(x * 3.1415926/180.0));
            g.drawLine(x,y,x,y);
          }
          break;
       case 3:
          for(int i = 0;i < 360;i++) {
            x = i;
            y = 110 - (int)(4 * Math.sqrt(x));
            g.drawLine(x,y,x,y);
          }
          break;
       default:break;
     }
  }
}
public class MyActionEventTest extends JFrame {
   JPanel p1;
   JButton b1,b2,b3;
   mycanvas mc;
   public MyActionEventTest() {
      setTitle("画图演示");
      mc = new mycanvas();
      b1 = new JButton("SIN");
      b2 = new JButton("COS");
      b3 = new JButton("SQRT");
      p1 = new JPanel();
      p1.add(b1);p1.add(b2);p1.add(b3);
```

```
        myListener ml = new myListener();
        b1.addActionListener(ml);
        b2.addActionListener(ml);
        b3.addActionListener(ml);
        getContentPane().setLayout(new BorderLayout());
        getContentPane().add(p1,BorderLayout.NORTH);
        getContentPane().add(mc,BorderLayout.CENTER);
    }
    private class myListener implements ActionListener {
        public void actionPerformed(ActionEvent e) {
            if(e.getSource() == b1)  {
                mc.setFlag(1);
                mc.repaint();
            }else if(e.getSource() == b2) {
                mc.setFlag(2);
                mc.repaint();
            }else{
                mc.setFlag(3);
                mc.repaint();
            }
        }
    }
    public static void main(String[] args){
        JFrame.setDefaultLookAndFeelDecorated(true);
        MyActionEventTest myapp = new MyActionEventTest();
        myapp.setSize(400,300);
        myapp.setVisible(true);
        myapp.addWindowListener(new WindowDestroyer());
    }
}
```

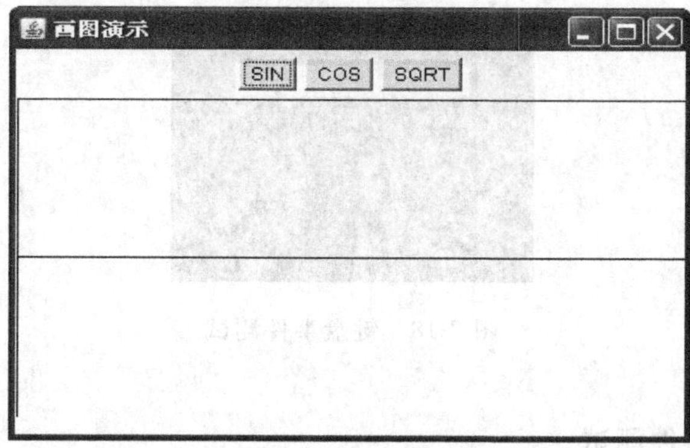

图 7-17 按钮事件测试

2. KeyEvent 事件测试

【例 7-13】 演示键盘事件处理,效果如图 7-18 所示。

```
import java.awt.*;
```

```
import java.awt.event.*;
import javax.swing.*;
class KeyTest extends JPanel {
  public KeyTest()   {
    JTextField tField = new JTextField(20);
    add(tField);
    MyKeyAdapter bAction = new MyKeyAdapter();
    tField.addKeyListener(bAction);
  }
  private class MyKeyAdapter extends KeyAdapter   {
     public void keyPressed(KeyEvent kevent)      {
       System.out.println("you pressed the key:" + kevent.getKeyText(kevent. getKeyCode()));
       setBackground(Color.blue); repaint();
     }
     public void keyReleased(KeyEvent kevent) {
         System.out.println("code:" + kevent.getKeyCode());
         setBackground(Color.red); repaint();
     }
     public void keyTyped(KeyEvent kevent) {
        if (kevent.getKeyChar() == 'x')  System.exit(0); }
     }
     public static void main(String[] args){
       JFrame myapp = new JFrame("键盘测试!");
       KeyTest mypanel = new KeyTest();
       myapp.add(mypanel);
       myapp.setSize(300,300);
       myapp.setVisible(true);
       myapp.addWindowListener(new WindowDestroyer());
     }
}
```

图 7-18 键盘事件测试

3. MouseEvent 事件测试

【例 7-14】 演示鼠标事件,效果如图 7-19 所示。

```
import java.awt.*;
import java.awt.event.*;
import javax.swing.*;
class MousePanel  extends JPanel {
      int x,y;
```

图 7-19 鼠标事件测试

```
        int mx,my;
        String msg = null;
        boolean isRight = false;
        public MousePanel()    {
                MyMouseAdapter mAction  =  new
    MyMouseAdapter();
                MyMouseAdapter1 mac = new
    MyMouseAdapter1();
                this.addMouseListener(mAction);
                this.addMotionListener(mac);
                msg = "I love you!";
        }
        public void paintComponent(Graphics g)    {
            super.paintComponent(g);
            if(!isRight)
                g.fillOval(x,y,10,10);
            else
                g.drawRect(x,y,10,10);
                g.drawString(msg,mx,my);
        }
      private class MyMouseAdapter extends MouseAdapter    {
              public void mouseClicked(MouseEvent m) {
                  x = m.getX();
                  y = m.getY();
                  if(m.getClickCount() == 2) {
                    if(msg.equals("I love you!"))
                        msg = "I hate you!!!";
                    else
                        msg = "I love you!";
                  }
                  if(m.getButton() == m.BUTTON3)
                      isRight = true;
                  else
                      isRight = false;
                  repaint();
              }
        }
      private class MyMouseAdapter1 extends MouseMotionAdapter    {
              public void mouseMoved(MouseEvent m) {
```

```
                mx = m.getX();
                my = m.getY();
                repaint();
            }
        }
}
public class MouseTest {
        public static void main(String args[])  {
                JFrame myframe = new JFrame("鼠标测试");
                MousePanel mp = new MousePanel();
                myframe.add(mp);
                myframe.setSize(400,400);
                myframe.setVisible(true);
                myframe.addWindowListener(new WindowDestroyer());
        }
}
```

通过以上实例演示了最常用的 3 类事件的使用技巧,用户需要注意的是,产生 ActionEvent 类事件的组件很多,例如按钮、文本框、菜单等。ActionEvent 事件类的常用方法如下:

- getActionCommand()　　//得到命令字符串
- getModifiers()　　//得到组合键,用来测试 Shift、Alt、Ctrl 等键的状态
- getSource()　　//得到事件源

在 KeyEvent 事件类中封装了键盘上的所有键,例如 VK_A 代表 A 键、VK_F1 代表 F1 键、VK_LEFT 代表左光标键等。表 7-6 列出了 KeyEvent 类中定义的各键的常量,用户可通过类名或对象引用来访问它们,KeyEvent 类的常用方法如下:

- getKeyCode()　　//得到键对应的整数代码
- getKeyChar()　　//得到键对应的字符
- getKeyText(int keyCode)　　//得到键相应的描述
- getSource()　　//得到事件源
- isAltDown()　　//测试 Alt 键是否按下

表 7-6　常用键的常量表

键常量名	键	键常量名	键	键常量名	键
VK_F1-VK_F12	功能键 F1～F12	VK_LEFT	左箭头	VK_PERIOD	.
VK_A-VK_Z	字母 A～Z	VK_HOME	Home 键	VK_SLASH	/
VK_0-VK_9	数字 0～9	VK_END	End 键	VK_ALT	Alt 键
VK_UP	上箭头	VK_QUOTE	单引号'	VK_CONTROL	Ctrl 键
VK_DOWN	下箭头	VK_BACK_SLASH	\	VK_ESCAPE	Esc 键
VK_RIGHT	右箭头	VK_SEMI-COLON	;	VK_SHIFT	Shift 键
VK_PAUSE	暂停	VK_TAB	Tab 键	VK_INSERT	插入键
VK_ENTER	回车键	VK_SPACE	空格键	VK_DELETE	删除键

在 MouseEvent 事件类中封装了鼠标的 3 个键,其中,BUTTON1 代表左键,BUTTON2 代表中键,BUTTON3 代表右键。MouseEvent 事件类的常用方法如下:

- getButton() //得到相应的鼠标键常量
- getClickCount() //得到单击次数
- getX() //得到鼠标的 X 坐标
- getY() //得到鼠标的 Y 坐标
- isPopupTrigger() //测试是否是该平台的弹出菜单触发事件

【例 7-15】 演示 Swing 中各种 Button 的使用,效果如图 7-20 所示。

```
import javax.swing.*;
import java.awt.event.*;
public class TestButtons {
JFrame frame = new JFrame("Test Buttons");
JButton jButton = new JButton("JButton");                       //按钮
JToggleButton toggle = new JToggleButton("Toggle Button");      //切换按钮
JCheckBox checkBox = new JCheckBox("Check Box");                //复选按钮
JRadioButton radio1 = new JRadioButton("Radio Button 1");       //单选按钮
JRadioButton radio2 = new JRadioButton("Radio Button 2");
JRadioButton radio3 = new JRadioButton("Radio Button 3");
JLabel label = new JLabel("Here is Status, look here.");        //不是按钮,是静态文本
public TestButtons() {
frame.setDefaultCloseOperation(JFrame.EXIT_ON_CLOSE);
frame.getContentPane().setLayout(new java.awt.FlowLayout());
/* 为一般按钮添加动作监听器 */
jButton.addActionListener(new ActionListener() {
public void actionPerformed(ActionEvent ae) {
label.setText("You clicked jButton");
}
});
/* 为切换按钮添加动作监听器 */
toggle.addActionListener(new ActionListener() {
public void actionPerformed(ActionEvent ae) {
JToggleButton toggle = (JToggleButton) ae.getSource();
if (toggle.isSelected()) {
label.setText("You selected Toggle Button");
} else {
label.setText("You deselected Toggle Button");
}}
});
/* 为复选按钮添加条目监听器 */
checkBox.addItemListener(new ItemListener() {
public void itemStateChanged(ItemEvent e) {
JCheckBox cb = (JCheckBox) e.getSource();
label.setText("Selected Check Box is " + cb.isSelected());
}
});
/* 用一个按钮组对象包容一组单选按钮 */
ButtonGroup group = new ButtonGroup();
/* 生成一个新的动作监听器对象,备用 */
ActionListener al = new ActionListener() {
public void actionPerformed(ActionEvent ae) {
JRadioButton radio = (JRadioButton) ae.getSource();
```

```
if (radio == radio1) {
label.setText("You selected Radio Button 1");
} else if (radio == radio2) {
label.setText("You selected Radio Button 2");
} else {
label.setText("You selected Radio Button 3");
}}};
/* 为各单选按钮添加动作监听器 */
radio1.addActionListener(al);
radio2.addActionListener(al);
radio3.addActionListener(al);
/* 将单选按钮添加到按钮组中 */
group.add(radio1);
group.add(radio2);
group.add(radio3);
frame.getContentPane().add(jButton);
frame.getContentPane().add(toggle);
frame.getContentPane().add(checkBox);
frame.getContentPane().add(radio1);
frame.getContentPane().add(radio2);
frame.getContentPane().add(radio3);
frame.getContentPane().add(label);
frame.setSize(200, 250);
}
public void show() {
frame.show();
}
public static void main(String[] args) {
TestButtons tb = new TestButtons();
tb.show();
}}
```

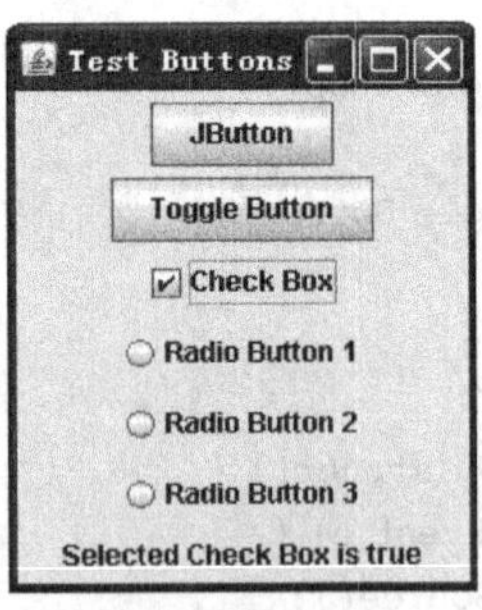

图 7-20 按钮的使用

【例 7-16】 演示高级组件 Spinner 的使用,效果如图 7-21 所示。

```
import javax.swing.*;
import java.awt.Color;
import java.awt.Container;
import java.util.Calendar;
import java.util.Date;
```

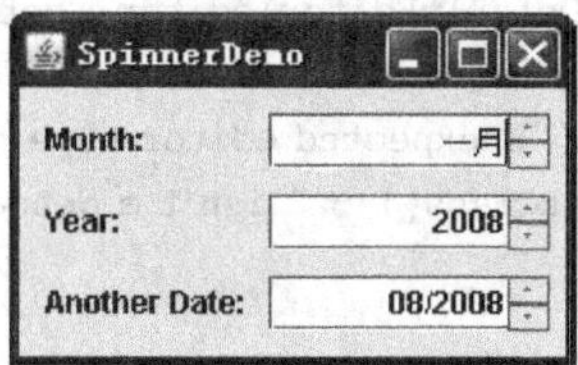

图 7-21 Spinner 组件的使用

```
public class SpinnerDemo extends JPanel {
    public SpinnerDemo(boolean cycleMonths) {
        super(new SpringLayout());
        String[] labels = {"Month: ", "Year: ", "Another Date: "};
        int numPairs = labels.length;
        Calendar calendar = Calendar.getInstance();//获得日历对象
        JFormattedTextField ftf = null;
        String[] monthStrings = getMonthStrings();//获得月份
        SpinnerListModel monthModel = null;
        if (cycleMonths) {                          //使用自定义模式
            monthModel = new CyclingSpinnerListModel(monthStrings);
        } else {                                    //使用标准模式
            monthModel = new SpinnerListModel(monthStrings);
        }
        JSpinner spinner = addLabeledSpinner(this,labels[0],monthModel);
        ftf = getTextField(spinner);
        if (ftf != null ) {
            ftf.setColumns(8);                      //设置宽度
            ftf.setHorizontalAlignment(JTextField.RIGHT);
        }
        int currentYear = calendar.get(Calendar.YEAR);
        SpinnerModel yearModel = new SpinnerNumberModel(currentYear, currentYear - 100,
currentYear + 100, 1);
        if (monthModel instanceof CyclingSpinnerListModel) {
            ((CyclingSpinnerListModel)monthModel).setLinkedModel(yearModel);
        }
        spinner = addLabeledSpinner(this, labels[1], yearModel);
        spinner.setEditor(new JSpinner.NumberEditor(spinner, "#"));
        Date initDate = calendar.getTime();
        calendar.add(Calendar.YEAR, -100);
        Date earliestDate = calendar.getTime();
        calendar.add(Calendar.YEAR, 200);
        Date latestDate = calendar.getTime();
        SpinnerModel dateModel = new SpinnerDateModel(initDate, earliestDate,  latestDate,
Calendar.YEAR);
        spinner = addLabeledSpinner(this, labels[2], dateModel);
        spinner.setEditor(new JSpinner.DateEditor(spinner, "MM/yyyy"));
        SpringUtilities.makeCompactGrid(this,numPairs, 2,10, 10,6, 10);
    }
    public JFormattedTextField getTextField(JSpinner spinner) {
        JComponent editor = spinner.getEditor();
        if (editor instanceof JSpinner.DefaultEditor) {
```

```
            return ((JSpinner.DefaultEditor)editor).getTextField();
        } else {
            System.err.println("Unexpected editor type: "
    + spinner.getEditor().getClass() + " isn't a descendant of DefaultEditor");
            return null;
        }
    }
    static protected String[] getMonthStrings() {
        String[] months = new java.text.DateFormatSymbols().getMonths();
        int lastIndex = months.length - 1;
        if (months[lastIndex] == null
           || months[lastIndex].length() <= 0) {
            String[] monthStrings = new String[lastIndex];
            System.arraycopy(months, 0,
                             monthStrings, 0, lastIndex);
            return monthStrings;
        } else {
            return months;
        }
    }
    static protected JSpinner addLabeledSpinner(Container c,
                                  String label, SpinnerModel model) {
        JLabel l = new JLabel(label);
        c.add(l);
        JSpinner spinner = new JSpinner(model);
        l.setLabelFor(spinner);
        c.add(spinner);
        return spinner;
    }
    public static void main(String[] args) {
        JFrame frame = new JFrame("SpinnerDemo");
        frame.setDefaultCloseOperation(JFrame.EXIT_ON_CLOSE);
        frame.add(new SpinnerDemo(false));
        frame.pack();
        frame.setVisible(true);
    }
}
```

【例 7-17】 演示高级组件 JProgressBar 的使用,效果如图 7-22 所示。

```
import javax.swing.*;
import java.awt.*;
import javax.swing.border.*;
class ProgressBarDemo extends JFrame  {
    JProgressBar pbar1;
    JTextField text1;
    ProgressBarDemo() {
       pbar1 = new JProgressBar(0,100);
       pbar1.setStringPainted(true);
       text1 = new JTextField(10);
       Container con = getContentPane();
```

```
        con.setLayout(new FlowLayout());
        con.add(pbar1);con.add(text1);
        setDefaultCloseOperation(JFrame.EXIT_ON_CLOSE);
        setBounds(10,10,300,100);
        setVisible(true);
        validate();
    }
    public void run() {
            for(int i = 1;i <= 100;i++)    {
                text1.setText("第" + i + "项 = " + f(i));
                pbar1.setValue(i);
                try {
                    Thread.sleep(200);
                }
                catch(InterruptedException e)    {    }
            }
    }
    long f(int n)    {
        long c = 0;
        if(n == 1||n == 2)
            c = 1;
        else if(n > 1)
            c = f(n - 1) + f(n - 2);
        return c;
    }
    public static void main(String args[]) {
        ProgressBarDemo win = new ProgressBarDemo();
        win.run();
    }
}
```

图 7-22 ProgressBar 组件的使用

【例 7-18】 演示高级组件 JTable 的使用,效果如图 7-23 所示。

```
import javax.swing.*;
import java.awt.*;
import java.awt.event.*;
class MyTable extends JFrame implements ActionListener {
    JTable table;
    Object a[][];
    Object name[] = {"产品名称","单价","销售量","销售额"};
    JButton computerRows,computerColums;
    JTextField inputRowsNumber;
    int initRows = 1;
    JPanel pSouth,pNorth;
```

产品名称	单价	销售量	销售额
0	0	0	0
0	0	0	0
0	0	0	0
0	0	0	0

图 7-23 JTable 组件的使用

```
int count = 0, rowsNumber = 0;
MyTable()  {
  computerRows = new JButton("每件产品销售额");
  computerColums = new JButton("总销售额");
  inputRowsNumber = new JTextField(10);
  computerRows.addActionListener(this);
  computerColums.addActionListener(this);
  inputRowsNumber.addActionListener(this);
  pSouth = new JPanel();
  pNorth = new JPanel();
  pNorth.add(new JLabel("输入表格行数,回车确认"));
  pNorth.add(inputRowsNumber);
  pSouth.add(computerRows);
  pSouth.add(computerColums);
  getContentPane().add(pSouth, BorderLayout.SOUTH);
  getContentPane().add(pNorth, BorderLayout.NORTH);
  getContentPane().add(new JScrollPane(table), BorderLayout.CENTER);
  setSize(370,250);
  setVisible(true);
  getContentPane().validate();
  setDefaultCloseOperation(JFrame.EXIT_ON_CLOSE);
}
public void actionPerformed(ActionEvent e) {
 if(e.getSource() == inputRowsNumber)  {
    count = 0;
    initRows = Integer.parseInt(inputRowsNumber.getText());
    a = new Object[initRows][4];
    for(int i = 0;i < initRows;i++)  {
        for(int j = 0;j < 4;j++)  {
            a[i][j] = "0";
        }
    }
    table = new JTable(a,name);
    table.setRowHeight(20);
    getContentPane().removeAll();
    getContentPane().add(new JScrollPane(table), BorderLayout.CENTER);
    getContentPane().add(pSouth, BorderLayout.SOUTH);
```

```
        getContentPane().add(pNorth,BorderLayout.NORTH);
        validate();
      } else if(e.getSource() == computerRows)   {
        int rows = table.getRowCount();                  //获取现有表格的行数
        for(int i = 0;i < rows;i++) {
          double sum = 1;
          boolean boo = true;
          for(int j = 1;j <= 2;j++) {
              try {
                    sum = sum * Double.parseDouble(a[i][j].toString());
                }catch(Exception ee)   {
                    boo = false;
                    table.repaint();                     //表格的更新显示
                }
                if(boo == true) {
                    a[i][3] = "" + sum;                  //修改数组中的数据
                    table.repaint();
                }
          }
        }
      } else if(e.getSource() == computerColums)   {
         if(count == 0)   {
              rowsNumber = table.getRowCount();          //获取表格目前的行数
              count++;
          }  else   {
              rowsNumber = table.getRowCount();          //获取表格目前的行数
              rowsNumber = rowsNumber - 1;               //不要最后一行
          }
         double totalSum = 0;
         for(int j = 0;j < rowsNumber;j++)        {
             totalSum = totalSum + Double.parseDouble(a[j][3].toString());
         }
         Object b[][] = new Object[rowsNumber + 1][4]; //比数组 a 多一行的数组
         for(int i = 0;i < rowsNumber;i++) {                    //将数组a 的数据复制到数组 b 中
             for(int j = 0;j < 4;j++)
                 b[i][j] = a[i][j];
         }
         b[rowsNumber][0] = "一共有" + rowsNumber + "件产品";
         b[rowsNumber][3] = "总销售额：" + totalSum;
         a = b;                                          //重新初始化 a
         table = new JTable(a,name);
         getContentPane().removeAll();
         getContentPane().add(new JScrollPane(table),BorderLayout.CENTER);
         getContentPane().add(pSouth,BorderLayout.SOUTH);
         getContentPane().add(pNorth,BorderLayout.NORTH);
         validate();
      }
    }
}
public class TableDemo {
    public static void main(String args[ ])  {
       MyTable win = new MyTable();
    }
}
```

【例 7-19】 演示高级组件 JTree 的使用,效果如图 7-24 所示。

```
import javax.swing.*;
import javax.swing.tree.*;
import java.awt.*;
import javax.swing.event.*;
class TreeTest extends JFrame implements TreeSelectionListener {
    JTree tree;
    public TreeTest() {
      Container con = getContentPane();
      DefaultMutableTreeNode root = new DefaultMutableTreeNode("java 程序设计");
      DefaultMutableTreeNode node = new DefaultMutableTreeNode("组件");              //结点
      DefaultMutableTreeNode nodeson1 = new DefaultMutableTreeNode("树组件");
      DefaultMutableTreeNode nodeson2 = new DefaultMutableTreeNode("按钮组件");
      root.add(node);
      node.add(nodeson1);
      node.add(nodeson2);
      tree = new JTree(root);
      tree.addTreeSelectionListener(this);
      JScrollPane scrollpane = new JScrollPane(tree);
      con.add(scrollpane);
      setDefaultCloseOperation(JFrame.EXIT_ON_CLOSE);
      setVisible(true);
      setBounds(80,80,300,300);
      con.validate();
      validate();
    }
    public void valueChanged(TreeSelectionEvent e) {
       DefaultMutableTreeNode node =
           (DefaultMutableTreeNode)tree.getLastSelectedPathComponent();
       if(node.isLeaf())
           this.setTitle((node.getUserObject()).toString());
    }
   public static void main(String args[])  {
      TreeTest myapp = new TreeTest();
    }
}
```

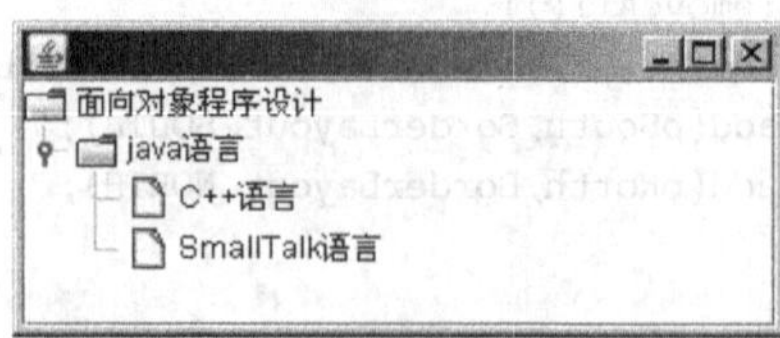

图 7-24 JTree 组件的使用

【例 7-20】 标签式对话框演示,效果如图 7-25 所示。

```
import javax.swing.*;
import java.awt.*;
```

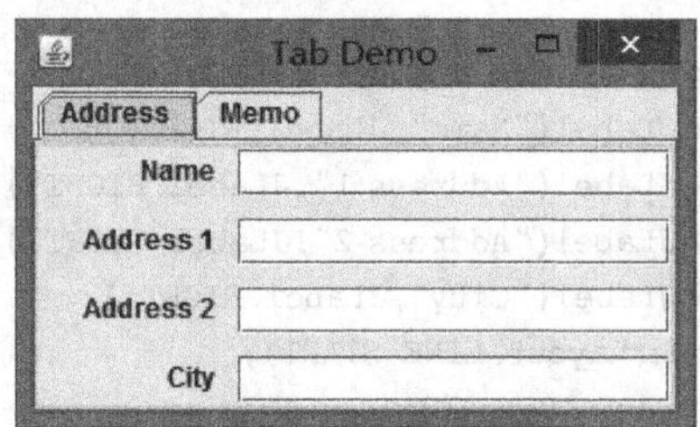

图 7-25 标签式对话框

```
public class TabDemoApp{
    public static void main(String[ ] args){
        TabFrame frame = new TabFrame("Tab Demo");
        frame.setSize(500,200);
        frame.setVisible(true);
    }
}
class TabFrame extends JFrame{
    public TabFrame(String title){
        super(title);
        setDefaultCloseOperation(EXIT_ON_CLOSE);
        initGUI();
    }
    public void initGUI(){
        JTabbedPane tabbedPane = new JTabbedPane();
        //创建选项卡
        tabbedPane.addTab("Address",new AddressPanel());
        tabbedPane.addTab("Memo",new MemoPanel());
        getContentPane().add(tabbedPane,BorderLayout.CENTER);
    }
}
class MemoPanel extends JPanel{
    public MemoPanel(){
        setLayout(new BoxLayout(this,BoxLayout.PAGE_AXIS));
        add(new JLabel("Enter Memo"));
        add(new JTextField());
        add(new JButton("OK"));
    }
}
class AddressPanel extends JPanel {
    public AddressPanel(){
        setLayout(new BorderLayout(10,0));
        JPanel leftPanel = new JPanel(){

            @Override
            public Dimension getPreferredSize(){
                Dimension size = super.getPreferredSize();
                size.width += 20;
                return size;
            }
```

```
        };
        leftPanel.setLayout(new GridLayout(4,1,10,10));
        leftPanel.add(new JLabel("Name",JLabel.RIGHT));
        leftPanel.add(new JLabel("Address 1",JLabel.RIGHT));
        leftPanel.add(new JLabel("Address 2",JLabel.RIGHT));
        leftPanel.add(new JLabel("City",JLabel.RIGHT));
        add(leftPanel,BorderLayout.LINE_START);
        JPanel rightPanel = new JPanel();
        rightPanel.setLayout(new GridLayout(4,1,10,10));
        rightPanel.add(new JTextField(20));
        rightPanel.add(new JTextField(10));
        rightPanel.add(new JTextField(15));
        rightPanel.add(new JTextField(5));
        add(rightPanel,BorderLayout.CENTER);
    }
}
```

注意：AWT 和 Swing 不要混合使用，如果混合使用有可能导致屏幕混乱，如下例所示。

【例 7-21】 演示 AWT 和 Swing 混合使用后的效果，如图 7-26 所示。

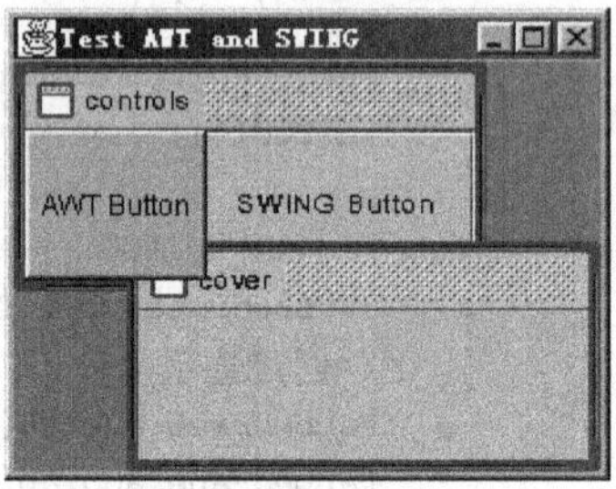

```
import java.awt.*;
import javax.swing.*;
public class AwtSwing {
    public static void main(String[] args) {
        AwtSwing as = new AwtSwing();
        as.show();
    }
    JFrame frame = new JFrame("Test AWT and SWING");
    JDesktopPane jdp = new JDesktopPane();
    JInternalFrame jif1 = new JInternalFrame("controls");
    JInternalFrame jif2 = new JInternalFrame("cover");
    public AwtSwing() {
        frame.setDefaultCloseOperation(JFrame.EXIT_ON_CLOSE);
        frame.getContentPane().add(jdp);
        jif1.setContentPane(new JPanel());
        jif2.setContentPane(new JPanel());
        jif1.getContentPane().setLayout(new BorderLayout());
        jif1.getContentPane().add(new Button("AWT Button"), BorderLayout.WEST);
        jif1.getContentPane().add(new JButton("Swing Button"),BorderLayout.EAST);
        jif1.setSize(200, 100);
        jif2.setSize(200, 100);
        jdp.add(jif1);jdp.add(jif2);
        frame.setSize(240, 140);
    }
    public void show() {
        frame.setVisible(true);
        jif1.setVisible(true);
        jif2.setVisible(true);
    }
}
```

图 7-26 AWT 和 Swing 混合使用

7.7 Swing 中的菜单使用

正式的 GUI 应用程序几乎没有不用菜单的，菜单十分方便，因为它们在屏幕中实际上只占用极少的空间。而且，在任何时候都只需要显示一个菜单栏，大多数菜单项都隐藏起来，根本不占用空间。

在 Java 的 GUI 程序设计中，菜单也是对象，实际上，在 AWT 中就有相应的菜单组件类，其使用方式和 Swing 的菜单组件类相同，并且 Swing 的菜单组件类比 AWT 中的菜单组件类修饰更多，所以重点学习 Swing 中的菜单组件类就可以了。Java Swing 中的菜单组件分为 3 级，即菜单栏、菜单、菜单项。在顶级容器的标题栏下可以放置一个菜单栏，在菜单栏中可以放置若干个菜单，在每一个菜单中又可以包含若干个菜单项。在 Java 中，菜单组件类的层次如图 7-27 所示。

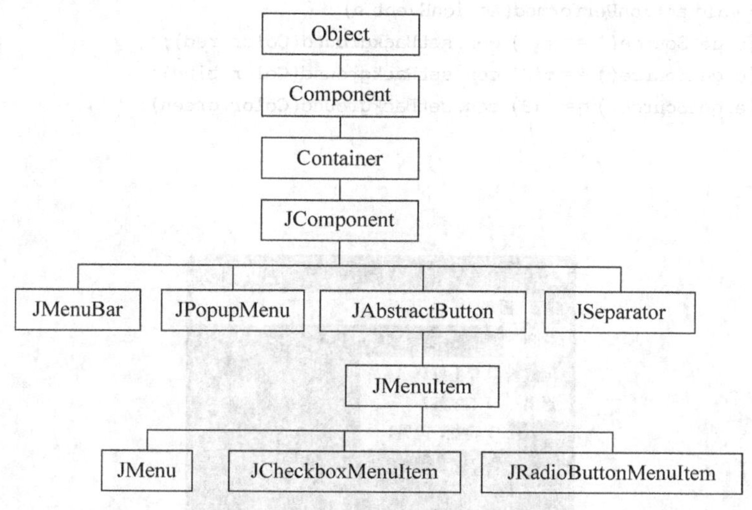

图 7-27 菜单组件类的层次结构

【例 7-22】 演示菜单的使用，效果如图 7-28 所示。

```
import javax.swing.*;
import java.awt.*;
import java.awt.event.*;
public class Menutest extends JApplet {
  JMenuItem mi1,mi2,mi3;
  Container con;
public void init() {
  con = getContentPane();
  JMenuBar mb  =  new JMenuBar();
  JMenu fileMenu  =  new JMenu("显示");
  JMenu pullRightMenu  =  new JMenu("问好");
  JMenu colormenu = new JMenu("颜色");
   mi1 = new JMenuItem("红色");
   mi2 = new JMenuItem("蓝色");
   mi3 = new JMenuItem("绿色");
```

```
    colormenu.add(mi1);colormenu.add(mi2);
    colormenu.add(mi3);
    myhandle ls = new myhandle();
    mi1.addActionListener(ls);
    mi2.addActionListener(ls);
    mi3.addActionListener(ls);
    fileMenu.add("欢迎");
    fileMenu.addSeparator();
    fileMenu.add(pullRightMenu);
    fileMenu.add("退出");
    pullRightMenu.add(new JCheckBoxMenuItem("早上好!"));
    pullRightMenu.add(new JCheckBoxMenuItem("下午好!"));
    pullRightMenu.add(new JCheckBoxMenuItem("晚安!再见!"));
    mb.add(fileMenu);mb.add(colormenu);   setJMenuBar(mb);
    }
    private class myhandle implements ActionListener {
      public void actionPerformed(ActionEvent e)  {
        if(e.getSource() == mi1) con.setBackground(Color.red);
        if(e.getSource() == mi2) con.setBackground(Color.blue);
        if(e.getSource() == mi3) con.setBackground(Color.green);
      }
    }
}
```

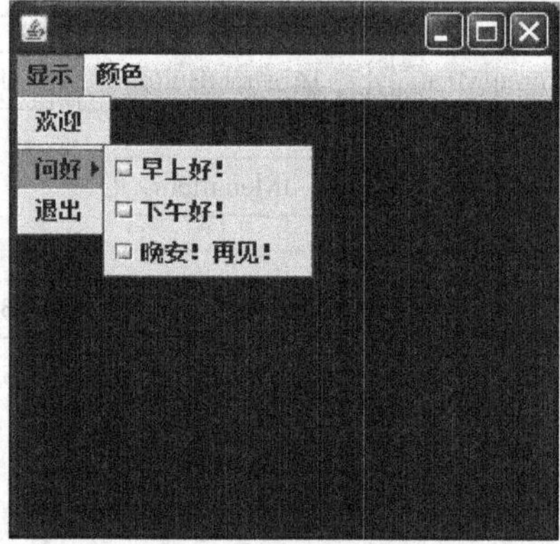

图 7-28 菜单的使用

【例 7-23】 演示弹出式菜单的使用,效果如图 7-29 所示。

```
import javax.swing.*;
import java.awt.*;
import java.awt.event.*;
public class PopupMenuDemo extends JFrame {
   private String[] colorNames = {"Blue","Yellow","Red"};
   private Color[] colors = {Color.BLUE,Color.YELLOW,Color.RED};
   private JRadioButtonMenuItem items[];
   private JPopupMenu popupMenu = new JPopupMenu();
   private ActionListener itemHandler = new ActionListener(){
     public void actionPerformed(ActionEvent e){
       for(int i = 0;i < items.length;i++)
```

```
            if(e.getSource() == items[i]){
                getContentPane().setBackground(colors[i]);
                repaint();
                return;
            }
        }
    };
    public PopupMenuDemo(String title) {
        super(title);
        ButtonGroup colorGroup = new ButtonGroup();
        items = new JRadioButtonMenuItem[3];
        for(int i = 0;i < items.length;i++) {
            items[i] = new JRadioButtonMenuItem(colorNames[i]);
            popupMenu.add(items[i]);
            colorGroup.add(items[i]);
            items[i].addActionListener(itemHandler);
        }
        getContentPane().setBackground(Color.WHITE);
        addMouseListener(new MouseAdapter() {
            public void mousePressed(MouseEvent e){checkForTriggerEvent(e);}
            public void mouseReleased(MouseEvent e){checkForTriggerEvent(e);}
            private void checkForTriggerEvent(MouseEvent e){
                if(e.isPopupTrigger())
                    popupMenu.show(e.getComponent(),e.getX(),e.getY());
            }
        });
        setSize(500,200);
        setVisible(true);
        setDefaultCloseOperation(JFrame.EXIT_ON_CLOSE);
    }
    public static void main(String args[]){
        new PopupMenuDemo("Hello");
    }
}
```

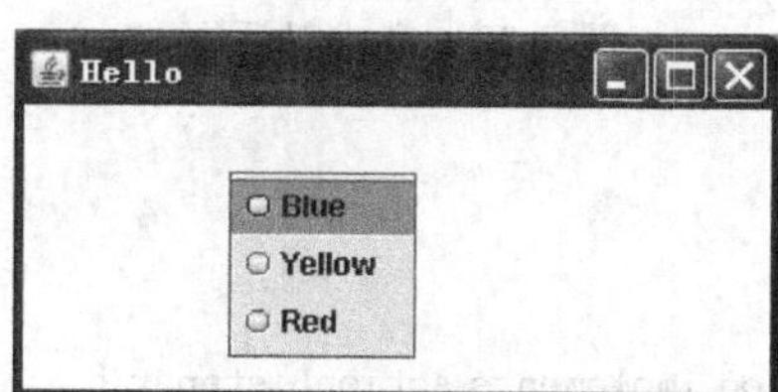

图 7-29 弹出式菜单的使用

7.8 Swing 中的对话框类

7.8.1 JDialog 类的使用

JDialog 类和 JFrame 都是 Window 的子类，两者有相同之处也有不同之处，不同之处主要在于对话框必须依赖于某个窗口或组件，当它所依赖的窗口或组件消失时对话框也将消失,而当它所依赖的窗口或组件可见时,对话框又会自动恢复。

对话框分为无模式对话框和有模式对话框两种类型,有模式对话框要求用户必须完成此对话框的操作并关闭对话框,才能激活它所依赖的窗口或组件,并且将堵塞当前线程的执行;无模式对话框处于激活状态时,程序仍能激活它所依赖的窗口或组件,它也不堵塞线程的执行。

下面介绍 JDialog 类的主要方法。

(1) public JDialog(Frame owner):构造一个具有标题的初始不可见的对话框,owner 是对话框所依赖的窗口。

(2) public JDialog(Frame owner,String title,boolean modal):构造一个具有标题 title 的初始不可见的对话框,参数 modal 决定对话框是有模式还是无模式,参数 owner 是对话框所依赖的窗口。

(3) public String getTitle():获得对话框的标题。

(4) public void setTitle(String Title):设置对话框的标题。

(5) public void setModal(boolean b):设置对话框的模式。

【例 7-24】 演示自定义对话框,效果如图 7-30 所示。

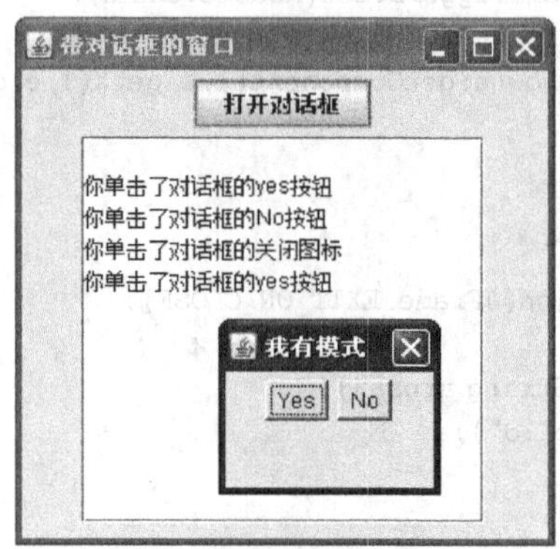

图 7-30 模式对话框

```
import java.awt.event.*;
import java.awt.*;
import javax.swing.*;
class MyDialog extends JDialog implements ActionListener {
    static final int YES = 1,NO = 0,CLOSE = -1;
    int message = 10;
    Button yes,no;
    MyDialog(JFrame f,String s,boolean b) {            //构造方法
      super(f,s,b);
      Container con = getContentPane();
      con.setLayout(new FlowLayout());
      yes = new Button("Yes");
      yes.addActionListener(this);
      no = new Button("No");
      no.addActionListener(this);
```

```
      con.add(yes);
      con.add(no);
      setBounds(60,60,100,100);
      addWindowListener(new WindowAdapter() {
                          public void windowClosing(WindowEvent e)  {
                              message = CLOSE;
                              setVisible(false);
                          }
                      });
    }
    public void actionPerformed(ActionEvent e) {
      if(e.getSource() == yes) {
          message = YES;
          setVisible(false);
      } else if(e.getSource() == no) {
          message = NO;
          setVisible(false);
      }
    }
    public int getMessage() {
          return message;
    }
}
class MyDialogTest extends JFrame implements ActionListener {
    JTextArea text;
    JButton button;
    MyDialog dialog;
    MyDialogTest(String s) {
      super(s);
      Container con = getContentPane();
      con.setLayout(new FlowLayout());
      text = new JTextArea(12,20);
      button = new JButton("打开对话框");
      button.addActionListener(this);
      con.add(button);
      con.add(new JScrollPane(text));
      dialog = new MyDialog(this,"我有模式",true);
      setBounds(60,60,300,300);
      setVisible(true);
      validate();
      setDefaultCloseOperation(JFrame.EXIT_ON_CLOSE);
    }
    public void actionPerformed(ActionEvent e) {
        if(e.getSource() == button) {
            dialog.setVisible(true);                //对话框处于激活状态时堵塞下面的语句
            //对话框消失后下面的语句继续执行
      if(dialog.getMessage() == MyDialog.YES){                //如果单击了对话框的 Yes 按钮
          text.append("\n 你单击了对话框的 Yes 按钮");
```

```
} else if(dialog.getMessage() == MyDialog.NO) {
            text.append("\n 你单击了对话框的 No 按钮");
    }
    else if(dialog.getMessage() == MyDialog.CLOSE)    {
        text.append("\n 你单击了对话框的关闭图标");
    }
  }
}
public static void main(String args[]) {
    new MyDialogTest("带对话框的窗口");
}
}
```

7.8.2 常用的对话框类

1. JOptionPane 类

在 Swing 包中提供了简单的消息对话框 JOptionPane 类,此对话框是有模式对话框,它有 3 个静态方法分别用来提供输入、显示消息、确认等功能。

【例 7-25】 演示消息对话框。

```
import javax.swing.*;
class JoptionPaneTest {
    public static void main(String[] args) {
        double x,y,z = 0;
        String str;
        char op = '+';
        int a;
        str = JOptionPane.showInputDialog("请输入你的 x 值: ");
        x = Double.parseDouble(str);
        str = JOptionPane.showInputDialog("请输入你的 y 值: ");
        y = Double.parseDouble(str);
        str = JOptionPane.showInputDialog("请输入你的运算符(+- */): ");
        op = str.charAt(0);
        a = JOptionPane.showConfirmDialog(null,"确认输入正确吗?","确认对话框",
JOptionPane.YES_NO_OPTION);
        if(a == JOptionPane.YES_OPTION)  {
            switch(op)  {
                case '+': z = x + y;break;
                case '-': z = x - y;break;
                case '*': z = x * y;break;
                case '/': z = x/y;break;
            }
        JOptionPane.showMessageDialog(null,"两数之运算结果: " + z);
        }  else  {
            JOptionPane.showMessageDialog(null,"很遗憾!请重新运行程序.");
        }
    }
}
```

2. JColorChooser 类

使用 Swing 包提供的 JColorChooser 类的实例可以为用户提供一个颜色选择对话框，该对话框可以是有模式的也可以是无模式的。

【例 7-26】 Sun 公司的 Tutorial 提供的演示 JColorChooser 的实例。

```
import java.awt.*;
import java.awt.event.*;
import javax.swing.*;
import javax.swing.event.*;
import javax.swing.colorchooser.*;
public class ColorChooserDemo extends JPanel
                        implements ChangeListener {
    protected JColorChooser tcc;
    protected JLabel banner;
    public ColorChooserDemo() {
        super(new BorderLayout());
        banner = new JLabel("Welcome to the Tutorial Zone!",
                            JLabel.CENTER);
        banner.setForeground(Color.yellow);
        banner.setBackground(Color.blue);
        banner.setOpaque(true);
        banner.setFont(new Font("SansSerif", Font.BOLD, 24));
        banner.setPreferredSize(new Dimension(100, 65));
        JPanel bannerPanel = new JPanel(new BorderLayout());
        bannerPanel.add(banner, BorderLayout.CENTER);
        bannerPanel.setBorder(BorderFactory.createTitledBorder("Banner"));
        tcc = new JColorChooser(banner.getForeground());
        tcc.getSelectionModel().addChangeListener(this);
        tcc.setBorder(BorderFactory.createTitledBorder("Choose Text Color"));
        add(bannerPanel, BorderLayout.CENTER);
        add(tcc, BorderLayout.PAGE_END);
    }
    public void stateChanged(ChangeEvent e) {
        Color newColor = tcc.getColor();
        banner.setForeground(newColor);
    }
    private static void createAndShowGUI() {
        JFrame frame = new JFrame("ColorChooserDemo");
        frame.setDefaultCloseOperation(JFrame.EXIT_ON_CLOSE);
        JComponent newContentPane = new ColorChooserDemo();
        newContentPane.setOpaque(true);            //内容窗格必须是不透明的
        frame.setContentPane(newContentPane);
        frame.pack();
        frame.setVisible(true);
    }
    public static void main(String[] args) {
            createAndShowGUI();
    }
}
```

3. JFileChooser 类

使用 Swing 包提供的 JFileChooser 可以得到一个有模式的文件对话框，此对话框将在参数指定的组件 parent 的正前方显示，如果没有指定的组件，则在系统桌面的正前方显示。当文件对话框消失后，上述方法返回 JFileChooser. APPROVE_OPTION 或 JFileChoolser. CANCEL_OPTION，返回的值依赖于单击了对话框上的“确认”按钮还是“取消”按钮。

【例 7-27】 文件对话框的使用演示。

```
import java.awt.event.*;
import java.awt.*;
import javax.swing.*;
import java.io.*;
class JFileChooserTest extends JFrame implements ActionListener {
    JButton buttonColor,buttonFile;
    JTextArea text;
    JFileChooser fileChooser;
    JToolBar bar;
    Container con;
    JFileChooserTest()
    {
      fileChooser = new JFileChooser("c:/");
      buttonColor = new JButton("设置颜色");
      buttonFile = new JButton("打开文件");
      text = new JTextArea("显示文件内容");
      buttonColor.addActionListener(this);
      buttonFile.addActionListener(this);
      bar = new JToolBar();                              //工具条对象
      bar.add(buttonColor);
      bar.add(buttonFile);
      con = getContentPane();
      con.add(bar,BorderLayout.NORTH);
      con.add(new JScrollPane(text));
      setBounds(60,60,300,300);
      setVisible(true);
      validate();
      setDefaultCloseOperation(JFrame.EXIT_ON_CLOSE);
    }
    public void actionPerformed(ActionEvent e) {
      if(e.getSource() == buttonColor)  {
         Color newColor = JColorChooser.showDialog(this,"调色板",
                      text.getForeground());
         text.setForeground(newColor);
      } else if(e.getSource() == buttonFile)  {
         text.setText(null);
         int n = fileChooser.showOpenDialog(con);
         if(n == JFileChooser.APPROVE_OPTION) {
            File file = fileChooser.getSelectedFile();
            try{
                  FileReader readfile = new FileReader(file);
```

```
                    BufferedReader in = new BufferedReader(readfile);
                    String s = null;
                    while((s = in.readLine())!= null) {
                        text.append(s + "\n");
                    }
                } catch(IOException ee) {
                    text.setText("你没有选择文件");
                }
            }
        }
    }
    public static void main(String args[])  {
        new JFileChooserTest();
    }
}
```

7.9 程序建模示例

当前的建模领域使用的工具大多数是基于图形界面的，在图形界面建模中，不论是数据分析还是流程控制、仿真实验或环境模拟，都是界面友好的操作，结果直观并会给人留下深刻的印象。本书中没有涉及非常复杂的建模程序，这里给出两个简单的图形程序的例子，一个用来查看并显示特定目录下图片的图像查看器软件，另一个搭建了一个广为流行的扑克牌的基于面向对象的程序建模。

【程序建模示例 1】 图像查看器。

如果要做一个图像浏览查看程序，需要解决的主要问题是：①将常用的图像文件过滤出来，这可以使用 java.swing 包中的 JFileChooser 对话框来选择合适的目录，加上相应的扩展名过滤条件；②在程序中通过 String 类型的数组来保存该目录中的图片文件名信息；③通过 Toolkit 类的静态方法 getImage()装入图片信息；④通过 Graphics 对象的 drawImage()方法显示图片，用按钮前后浏览该目录中的图片。效果如图 7-31 所示。

图 7-31 图像查看器

```
import java.io.*;
import java.awt.*;
import java.awt.event.*;
```

```
import javax.swing.*;
class ImagePanel extends JPanel {
    private Image img;
    private String imageFiles[];
    private int current = 0;
    private int counts = 0;
    private File imageDir = null;
    Toolkit
mytool = Toolkit.getDefaultToolkit();
    public ImagePanel(){
        imageDir = new File(".");
        changDir(imageDir);
    }
    public void changDir(File imageDir){
        current = 0;
        counts = 0;
        this.imageDir = imageDir;
        String [] filenames = imageDir.list();
        for(int i = 0;i < filenames.length;i++){          //过滤出常用的图像格式文件

if(filenames[i].toLowerCase().endsWith(".jpg")||filenames[i].toLowerCase().endsWith
(".gif")||filenames[i].toLowerCase().endsWith("jpeg") || filenames[i].toLowerCase().
endsWith("tiff") || filenames[i].toLowerCase().endsWith("png") || filenames[i].toLowerCase().
endsWith("tif")) counts++;
            else filenames[i] = null;
        }
        imageFiles = new String[counts];                       //保存这些图像文件的文件名信息
        for(int i = 0,j = 0;i < filenames.length;i++){
            if(filenames[i]!= null) {
              imageFiles[j] = imageDir.getAbsolutePath() + "\\" + filenames[i];
              j++;
            }
        }
        repaint();
    }
    public void changDir(File imageDir,File selectedFile){   //重载
        this.imageDir = imageDir;
        counts = 0;
        current = 0;
        String[] filenames = imageDir.list();
        String selectedfilename = selectedFile.getName();
        for(int i = 0;i < filenames.length;i++){

if(filenames[i].toLowerCase().endsWith(".jpg")||filenames[i].toLowerCase().endsWith
(".gif")||filenames[i].toLowerCase().endsWith("jpeg") || filenames[i].toLowerCase().
endsWith("tiff") || filenames[i].toLowerCase().endsWith("png") || filenames[i].toLowerCase().
endsWith("tif")){
                counts++;
                if(filenames[i].equals(selectedfilename))current = counts;
            }else{
                filenames[i] = null;
            }
        }
        System.out.println(filenames + "," + filenames.length);
```

```
        System.out.println("counts = " + counts);
        System.out.println(imageDir);
        imageFiles = new  String[counts];
        for(int i = 0,j = 0;i < filenames.length;i++){
            if(filenames[i]!= null) {
                imageFiles[j] = imageDir.getAbsolutePath() + "\\" + filenames[i];
                j++;
            }
        }
        repaint();
    }
    public void paintComponent(Graphics g) {
        super.paintComponent(g);
        if(counts == 0){
            g.drawString("该目录没有图像文件!",20,20);
        }else{
            img = mytool.getImage(imageFiles[current]);  //装入图像
            g.drawImage(img,0,0,getSize().width,getSize().height,this);
        }
    }
    public int getCurrent(){return current;}
    public void setCurrent(int a) {
        if(a >= 0 && a < counts) current = a;
        else if(a < 0) current = 0;
        else current = counts - 1;
    }
}
public class ImageViewer1 extends JFrame{
    private JButton selectdir,bt1,bt2;
    private ImagePanel mv;
    private ImageViewer1 outer = this;
    public ImageViewer1(){
        super("图像查看器 ver 1.1");
        bt1 = new JButton("向前");
        bt2 = new JButton("向后");
        selectdir = new JButton("选择目录");
        mv = new ImagePanel();
        Panel p1 = new Panel();
        p1.add(selectdir);p1.add(bt1);p1.add(bt2);
        add(p1,BorderLayout.SOUTH);
        add(mv,BorderLayout.CENTER);

        Mylistener ls = new Mylistener();
        selectdir.addActionListener(ls);
        bt1.addActionListener(ls);
        bt2.addActionListener(ls);
    }
    private class Mylistener implements ActionListener {
        public void actionPerformed(ActionEvent e)
        {
            if(e.getSource() == bt1)
```

```
            {
                mv.setCurrent(mv.getCurrent() - 1);
                mv.repaint();
            }else if(e.getSource() == bt2){
                mv.setCurrent(mv.getCurrent() + 1);
                mv.repaint();
            }else{
                JFileChooser fileChooser = new JFileChooser();      //显示文件对话框

    fileChooser.setFileSelectionMode(JFileChooser.FILES_AND_DIRECTORIES);
                ImageFilter filter = new ImageFilter();
                fileChooser.setFileFilter(filter);
                int returnValue = fileChooser.showOpenDialog(outer);
                File selectedFile = null;
                if(returnValue == JFileChooser.APPROVE_OPTION){
                    selectedFile = fileChooser.getSelectedFile();
                }
                if(selectedFile.isDirectory()){
                    mv.changDir(selectedFile);
                }else{
                    File parentdir = selectedFile.getParentFile();
                    mv.changDir(parentdir,selectedFile);
                }
            }
        }
    }
    public static void main(String[] args)
    {
        ImageViewer1 myapp = new ImageViewer1();
        myapp.setSize(800,600);
        myapp.setVisible(true);
        myapp.addWindowListener(new WindowDestroyer());
    }
}
```

【程序建模示例2】 扑克牌游戏程序的基础建模。

扑克牌游戏是风靡世界的纸牌游戏之一，在计算机游戏出现之后就出现了很多图形化的扑克牌游戏。此处我们不打算完整地设计一个扑克牌游戏，只是对扑克牌做一个基础建模，在此基础上，同学们可以根据自己的爱好加上相应的游戏逻辑和规则，这样就可以扩展出相应的游戏了。

扑克牌关键的抽象分为两层，第一层是每一张扑克牌的抽象，需要知道扑克牌的花色、点数以及对应的图片；第二层是一副扑克牌的抽象，国际通用的牌数是54张，包括一个大王和一个小王。首先需要制作54张扑克牌的图片，其次设计生成一副扑克牌对象和具有相应方法的类，程序代码如下，运行截图如图7-32所示。

完整的源程序和相关资源请参考清华大学出版社的相关资源网站，也可以从作者的百度网盘下载，网址为 http://pan.baidu.com/share/home?uk=17703062#category/type=0。

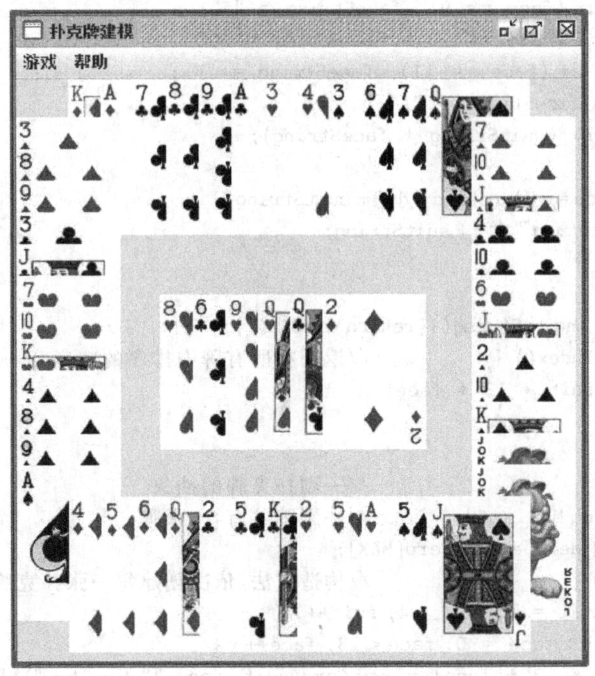

图 7-32 扑克牌游戏建模

扑克牌建模程序：

```
import java.awt.*;
public class Card {          //一张扑克牌的抽象
    private int suit;        //花色(取值范围为 0 至 4,分别代表方块、梅花、红桃、黑桃、王)
    private int face;        //点数(取值范围为 0 至 12,分别代表 2、3、...、10、J、Q、K、A,王取值 0、1)
        private Image image;
        static Toolkit  mytool = Toolkit.getDefaultToolkit();
    //构造方法,参数 s 和 f 分别表示牌的花色与点数
    public Card(int s, int f,String imagefile) {
        suit = s;
        face = f;
        image = mytool.getImage(imagefile);
    }
        public void drawme(Graphics g,int x,int y,int w,int h){
            g.drawImage(image,x,y,w,h,null);
        }
    public String display() {           //返回用字符串描述的牌面
        String suitString = "";
        if (suit == 0)  suitString = "方块";
        else if (suit == 1)  suitString = "梅花";
        else if (suit == 2)  suitString = "红桃";
        else if (suit==3) suitString = "黑桃";
        else suitString="王";
        String faceString = "";
        if(suit!=4){
            if (face>= 0 && face<= 8)  faceString = "" + (face + 2);
```

```
            else if (face == 9)  faceString = "J";
            else if (face == 10)  faceString = "Q";
            else  if (face == 11)  faceString = "K";
            else  faceString = "A";
            return  (suitString + faceString);
        }else{
            if(face == 0) return "小" + suitString;
            else return "大" + suitString;
        }
    }
        public String toString(){return display();}
    public int getIndex() {            //返回在所有牌中排序的次序
        return  (suit * 13 + face);
    }
}
public class Cards {                   //一副扑克牌的抽象
    static final int MAX = 54;         //一副牌共有 54 张牌
    private Card[] deck = new Card[MAX];
    public Cards() {                   //构造方法,依次创建每一张扑克牌
        for (int suit = 0; suit < 4; suit++) {
            for (int face = 0; face < 13; face++) {
        deck[suit * 13 + face] = new Card(suit, face,"" + suit + "\\" + getFname(face));
        }
    }
    deck[52] = new Card(4,0,"4\\xw.jpg");
    deck[53] = new Card(4,1,"4\\dw.jpg");
    }
    public String getFname(int face){
        String faceString = "";
    if (face >= 0 && face <= 8)  faceString = "" + (face + 2);
        else if (face == 9)  faceString = "J";
        else if (face == 10)  faceString = "Q";
        else  if (face == 11)  faceString = "K";
        else  faceString = "A";
        return  faceString + ".jpg";
    }
    public void shuffle() {                              //洗牌
    for (int count = 0; count < 200; count++) {
        int index1 = (int) (Math.random() * MAX);        //随机找两张牌的位置
        int index2 = (int) (Math.random() * MAX);
        Card temp = deck[index1];                        //交换
        deck[index1] = deck[index2];
        deck[index2] = temp;
    }}
    public Card getIndex(int i){return deck[i];}
    public void displays(int start,int end){
    for(int index = start;index < end;index++){
        System.out.print(deck[index].display() + " ");
    }}
}
public class Player {                  //玩家抽象
```

```
    private String name;
    private String position;
    private Card cards[];
    public Player(String n,String p, int k){
        cards = new Card[12];
        name = n;
        position = p;
    }
    public String getName(){return name;}
    public String getPosition(){return position;}
    public Card[] getCards(){return cards;}
    public Card getCard(int i){return cards[i];}
    public void setCards(Card[] c){cards = c;}
    public void setCard(int i,Card c){cards[i] = c;}
    public void sort() {                //理牌
    for (int index = 0; index < cards.length - 1; index++) {
        for (int ptr = cards.length - 1; ptr > index; ptr--) {
         if (cards[ptr].getIndex() < cards[ptr - 1].getIndex()) {
             Card temp = cards[ptr];
             cards[ptr] = cards[ptr - 1];
             cards[ptr - 1] = temp;
         }
        }}
    }
    public  void showHand(){
        System.out.println(name + "(" + position + "):");
    for (int index = 0; index < cards.length; index++) {
        System.out.print(cards[index].display() + " ");
    }
    System.out.println();
    }
}
```

7.10 本章小结

在程序的设计和使用中,图形用户界面的使用是非常重要的,也是使用非常广泛的。换句话说,图形用户界面GUI是应用程序开发的主流模式。

在图形用户界面的设计中,组件和容器是两个非常重要的概念。组件是各种各样的类,是封装了内部结构和属性的基本图形单位,例如按钮、文本框、窗口等。容器其实也是组件,它可以装载和摆放其他组件。

Java推荐使用布局管理器来管理容器中组件的摆放方式,每种布局管理器都有自己的摆放规律,常用的布局管理器有FlowLayout、BorderLayout、GridLayout、BoxLayout等。

Java的事件处理机制采用了委托代理模式,主要涉及事件源对象、事件对象、事件监听器对象3个方面,事件源对象产生事件对象,将事件对象发送到事件监听器对象,由事件监听器对象进行处理。

习题

一、选择题

1. Window是显示屏上独立的窗口,它独立于其他容器,Window的两种子类是(　　)。
   A. Frame和Dialog　　B. Panel和Frame
   C. Container和Component　　D. LayoutManager和Container
2. 框架(Frame)的默认布局管理器是(　　)。
   A. 流程布局(Flow Layout)　　B. 卡片布局(Card Layout)
   C. 边框布局(Border Layout)　　D. 网格布局(Grid Layout)
3. java.awt包提供了基本的Java程序的GUI设计工具,包含控件、容器和(　　)。
   A. 布局管理器　　B. 数据传送器
   C. 图形和图像工具　　D. 用户界面构件
4. 所有的Swing构件都实现了(　　)接口。
   A. ActionListener　B. Serializable　C. Accessible　D. MouseListener
5. Swing采用的设计规范是(　　)。
   A. 视图—模式—控制　　B. 模式—视图—控制
   C. 控制—模式—视图　　D. 控制—视图—模式
6. 抽象窗口工具包(　　)是Java提供的建立图形用户界面GUI的初级开发包。
   A. java.awt　B. javax.swing　C. java.io　D. java.lang
7. (　　)布局管理器使容器中的各个构件呈网格布局,平均占据容器空间。
   A. FlowLayout　B. BorderLayout　C. GridLayout　D. CardLayout
8. (　　)布局管理器能在换行时从左至右、从上到下居中排列组件。
   A. BorderLayout　B. FlowLayout　C. GridLayout
   D. CardLayout　E. GridBagLayout
9. 当组件被放置在BorderLayout的(　　)区域时,可水平调整组件的大小。
   A. 北或南　　B. 东或西
   C. 中部　　D. 北、南或中部
10. 执行以下代码后,描述与显示外观最接近的选项是(　　)。

```
import java.awt.*;
Public class MyClass extends Frame{
    public static void main(String args[]){ MyClass cl = new MyClass();}
    MyClass(){ Panel p = new Panel();
    p.add(new Button("1")); p.add(new Button("2")); p.add(new Button("3"));
    add(p,BorderLayout.NORTH); setLayout(new FlowLayout());
    setSize(300,300);setVisible(true);
}}
```

   A. 按钮将沿窗体的底部从左至右排列
   B. 按钮将沿窗体的顶部从左至右排列
   C. 按钮不会显示

D. 只有按钮 3 显示，并占用了窗体的全部空间

11. ( )类的对象可用于输入多行信息。

A. TextArea B. TextField C. List D. Comment

12. Swing 包是( )的一部分。

A. AFC B. JFC C. BFC D. none of above

13. 按钮可以产生 ActionEvent 事件，实现( )接口可处理此事件。

A. FocusListener B. ComponentListener

C. WindowListener D. ActionListener

14. 实现( )接口可以对 JTextField 对象的事件进行监听和处理。

A. ActionListener B. FocusListener

C. MouseMotionListener D. WindowListener

E. ComponentListener

15. 面板(JPanel)对象可以注册下列( )接口.

A. TextListener B. ActionListener

C. MouseMotionListener D. MouseListener

E. ComponentListener

二、简答题

1. 为什么今天仍然有必要学习 AWT?
2. AWT 包中的核心类是什么?
3. 3 个顶层的 Swing 容器是什么?
4. 如何构造一个 Color 对象?
5. 什么是布局管理器? 它的作用是什么?
6. 什么是事件? 简述 Java 的事件处理机制。
7. 列举 4 种事件类、事件监听器接口。
8. Swing 中的菜单组件类有哪些? 如何使用?
9. 解释 Graphics 类的对象和 Image 类的对象有什么区别?

三、编程题

1. 编程：参考图 7-33 编写一个窗口应用程序。

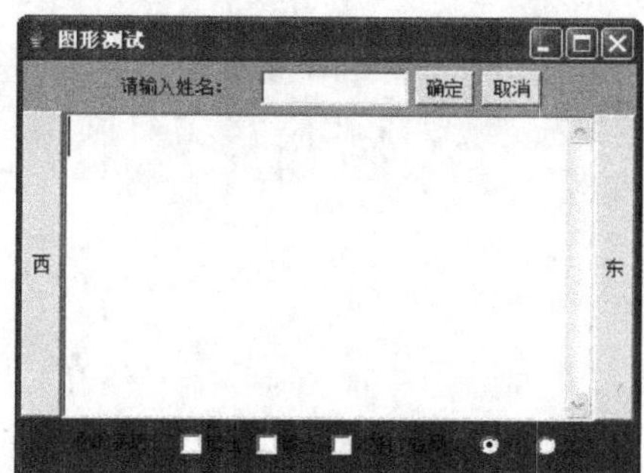

图 7-33 “图形测试”窗口

2. 编程：设计一个游戏程序，游戏是一个 3×3 的网格，两个人分别在上面画“×”和“○”标记，并且不允许在已经画过的格子中再画标记，如果首先完成横向、纵向、对角线连成一条线，则表示胜利。该程序中使用两个面板，一个放置 3×3 的网格(9 个命令按钮)，另一个放置开始新游戏的按钮。

3. 编程：仿照 Word 界面设计一个具有标题、菜单栏(包括文件、编辑、帮助，其中文件包括新建、打开、关闭、退出，编辑包括查找、定位、复制、粘贴)、工具栏(任意选择图标创建打开、新建、定位按钮，字体的列表框、字体大小的列表框)、文本框的用于编辑数据(使用水平和垂直滚动条)的界面。

第8章 多线程编程技术

8.1 多线程编程概述

到现在为止，我们一直使用程序的概念，应该完全掌握了程序的含义。**程序**是为了完成某项任务编排的指令序列，它告诉计算机如何执行，因此程序必须由计算机加载到内存中让CPU逐条指令执行后才能解决问题。对于这种程序的运行状态，在第1章中介绍了一个专门的术语叫**进程**。进程在运行过程中需要占有计算机的各种资源才能持续下去。如果任一时刻，系统中只有一个进程，则该进程在整个运行过程中独占计算机的全部资源，运行的过程也就非常简单了，管理起来也非常容易。就像一整套房子只住了一个人，他想看电视就看电视，想去卫生间就去卫生间，没人和他抢占资源。但为了提高资源利用率和系统处理能力，现代计算机系统都是多道程序系统，即多道程序并发执行。进程的并发执行带来了一些新的问题，例如资源的共享与竞争，它会改变程序的执行速度。就像多个人同时住一套房子，当你想去卫生间的时候，如果此时卫生间里有人，你就得等待，影响了你的生活节奏。如果多个进程执行时对资源的利用协调不好，就会导致程序的执行结果失去封闭性和不一致性，这是我们不希望看到的，因此应该采取措施来制约、控制各并发程序段的执行速度。由于程序是静态的，我们看到的程序是存储在存储介质上的，它无法反映出程序执行过程中的动态特性，而进程在执行过程中要不断申请资源，我们用它定义一个基本单位用来描述程序执行的动态过程。换句话说，程序指的是静态的指令流程，是写在本子上的或存储在介质上的，而进程是按照指令流程进入实际处理步骤的动态运行过程。

进程(Process)是具有一定独立功能的程序关于某个数据集合上的一次运行活动，是系统进行资源分配和调度的一个独立单位。线程(Thread)则是进程中的一个指令片段，是CPU调度和分派的基本代码单位。线程不能够独立执行，必须依存于进程，在进程中对多个线程进行调控。

线程和进程的关系如下：

线程是属于进程的，线程运行在进程空间内，同一个进程所产生的多个线程共享同一段内存空间，当进程退出时该进程所产生的线程都会被强制退出并清除。线程可与属于同一进程的其他线程共享进程所拥有的全部资源，但是其本身基本上不拥有系统资源，只拥有一点在运行中必不可少的信息(例如程序计数器、一组寄存器和栈)。

系统中引入线程带来的主要好处如下：

(1) 在进程内创建、终止线程比创建、终止进程快;

(2) 同一进程内的线程间的切换比进程间的切换快,尤其是用户级线程间的切换。

另外,线程的出现还因为以下几个原因:

(1) 并发程序的并发执行,在多处理环境下更为有效。一个并发程序可以建立一个进程,而这个并发程序中的若干并发程序段就可以分别建立若干线程,使这些线程在不同的处理机上执行。

(2) 每个进程具有独立的地址空间,而该进程内的所有线程共享该地址空间,这样可以解决父子进程模型中子进程必须复制父进程地址空间的问题。

(3) 线程对解决客户/服务器模型非常有效。

注意:(1) 在基于线程的多任务处理环境中,线程是最小的执行处理单位。

(2) 不是所有的应用程序都能从多线程中受益,有一些程序就不适用于多线程。

8.2 Java 多线程机制

在前面各章中,我们所开发的程序大多是单线程的,即一个程序只有一条从头到尾的执行路线。然而现实世界中的很多过程有多种途径同时运作,例如生物的进化,就是多种因素共同作用的结果;再如服务器可能需要同时处理多个客户机的请求等。

多线程是指同时存在几个执行体,按几条不同的执行路线共同工作的情况。Java 语言的一个重要功能是内置了对多线程的支持,它使得编程人员可以很方便地开发出具有多线程功能、能同时处理多个任务的功能强大的应用程序。

Java 直接支持多线程,它的所有类都是在多线程下定义的,Java 利用多线程使整个系统成为异步系统。

8.2.1 Java 中的主线程

在 Java 程序启动时,一个线程立刻运行,该线程通常称为程序的主线程。主线程的重要性体现在以下两个方面:

(1) 它是产生其他子线程的线程。

(2) 通常必须最后完成执行,因为它执行各种关闭动作。

【例 8-1】 主线程测试。

```
class Mainthread  {
  public static void main(String args[]) {
    Thread t = Thread.currentThread();                    //得到当前的线程对象
    System.out.println("当前线程是: " + t);
    t.setName("MyJavaThread");
    System.out.println("当前线程名是: " + t);
    try {
      for(int i = 0;i<3;i++) {
        System.out.println(i); Thread.sleep(1500);        //让线程休息 1500ms
      }
    }
```

```
        catch(InterruptedException e) {
          System.out.println("主线程被中断");
        }
        System.out.println("主线程结束");
    }
}
```

8.2.2 如何在程序中实现多线程

如前所述,Java 是支持多线程编程的,在 Java 程序中实现多线程有两个途径,即创建 Thread 类的子类和实现 Runnable 接口。无论采用哪种途径,程序员可以控制的关键性操作有 3 个:

(1) 定义用户线程的操作,即定义用户线程的 run()方法。

(2) 在适当时候建立用户线程实例。

(3) 启动线程。

无论采用哪种方法,都需要用到 Java 基础类库中的 Thread 类及其方法。

1. Thread 类

Thread 类综合了 Java 程序中一个线程的属性和方法,常用的方法有 start()、sleep()、setName()等,属性有 MAX_PRIORITY 等,在后面会详细讲述这些方法和属性。

Thread 类的构造方法有多个,如下所述。

(1) public Thread():创建一个系统线程类的对象。

(2) public Thread(Runnable target):在上一个构造方法完成的操作——创建线程对象的基础之上,利用参数对象实现了 Runnable 接口的 target 对象中所定义的 run()方法,来初始化或覆盖新创建的线程对象的 run()方法。

(3) public Thread(String ThreadName):在第一个构造方法工作的基础上,为所创建的线程对象指定一个字符串名称供以后使用。

(4) public Thread(Runnable target, String ThreadName):实现(2)、(3)两构造方法的功能。

利用构造方法创建新线程对象之后,这个对象中的有关数据被初始化,从而进入线程的生命周期的第一个状态——新建状态。

2. Runnable 接口

Runnable 接口只有一个方法 run(),所有实现 Runnable 接口的用户类都必须具体实现这个 run()方法,给出具体的操作功能。Runnable 接口中的这个 run()方法是一个较特殊的方法,它可以被运行系统自动识别和执行。具体来说,当线程被调度并转入运行状态时,它所执行的就是 run()方法中规定的操作。所以,一个实现了 Runnable 接口的类实际上定义了一个主线程之外的新线程的操作,而定义新线程的操作和执行流程是实现多线程应用的最主要和最基本的工作之一。

下面分别探讨两条不同途径是如何分别完成这两个关键性操作的。

3. 创建 Thread 类的子类

在这个方法中,用户程序需要设计自己的 Thread 类的子类,并在子类中重新定义自己的 run()方法,这个 run()方法中包含了用户线程的操作。这样,在用户程序需要建立自己的线程时,它只需要创建一个已定义好的 Thread 子类的实例就可以了。

【例 8-2】 用继承 Thread 类的方法实现多线程。

```
class MyThread extends Thread {
    public void run() {
        for(int i = 0;i <= 5;i++) {
            try  {
              System.out.println("exp(" + i + ") = " + Math.exp(i));
              Thread.sleep(1000);
            }catch(InterruptedException e){}
        }
    }
}
class MyThreadTest {
    public static void main(String[ ] args) {
        MyThread thread1 = new MyThread();
        MyThread thread2 = new MyThread();
        thread1.start();
        thread2.start();
        try  {
          for(int k = 0;k <= 6;k++)  {
              System.out.println("在主线程中 k = " + k);
              Thread.sleep(600);
          }
        }catch(InterruptedException e1){}
    }
}
```

这个程序是一个 Java Application,其中定义了两个类,一个是程序的主类 MyThreadTest,另一个是用户自定义的 Thread 类的子类 MyThread。程序的主线程,即 MyThreadTest 主类的 main()方法,它首先创建了两个 MyThread 子线程对象,并调用 start()方法启动这两个子线程对象,使之进入就绪状态。接着主线程继续执行并输出信息表示自己在活动,然后调用 sleep()方法使自己休眠一段时间以便子线程获取处理器(因为主线程创建的子线程与之优先级相同,如果主线程不让出处理器,则子线程只能等待主线程完全执行完毕才能获得处理器),进入运行状态的子线程将输出响应信息,之后也休眠一段时间以便其他线程获得处理器。获得处理器的线程将执行自己的 run 代码,直到所有代码执行完,返回并结束其运行,之后主线程也结束。程序的运行结果如图 8-1 所示。

创建用户自定义的 Thread 子类的途径虽然简便易用,但是要求必须有一个以 Thread 为父类的用户子类。假设用户子类需要有另一个父类,例如 Applet 父类,则根据 Java 单重继承的原则,上述途径就不可行了,这时可以考虑下面的方法。

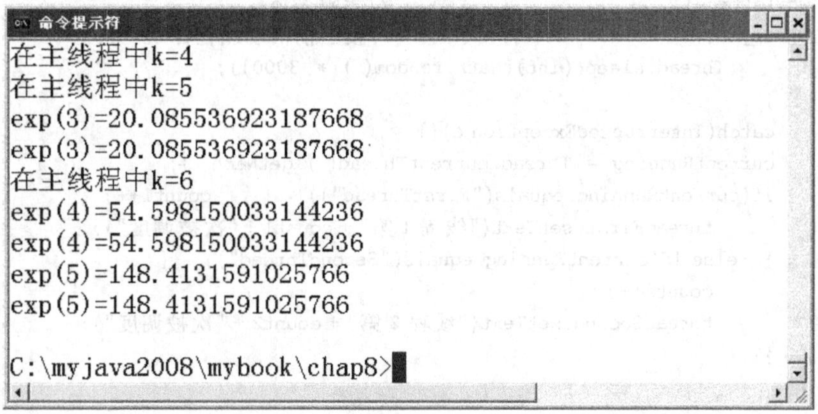

```
在主线程中k=4
在主线程中k=5
exp(3)=20.085536923187668
exp(3)=20.085536923187668
在主线程中k=6
exp(4)=54.598150033144236
exp(4)=54.598150033144236
exp(5)=148.4131591025766
exp(5)=148.4131591025766

C:\myjava2008\mybook\chap8>
```

图 8-1 线程演示 1

4. 实现 Runnable 接口

在这个途径中,已经有了一个父类的用户类可以通过实现 Runnable 接口的方法来定义用户线程的操作。我们知道,Runnable 接口只有一个方法 run(),实现这个接口,就必须要定义 run()方法的具体内容,用户新建线程的操作也由这个方法来决定。定义好 run()方法之后,当用户程序需要建立新线程时,只要以这个实现了 run ()方法的类为参数创建系统类 Thread 的对象,就可以把用户实现的 run()方法继承过来。

【例 8-3】 用实现 Runnable 接口的方法实现多线程,如图 8-2 所示。

```
import java.applet.Applet;
import java.awt. * ;
public class TestRunnable extends Applet implements Runnable {
    Label prompt1 = new Label("第一个子线程");
    Label prompt2 = new Label("第二个子线程");
    TextField threadFirst = new TextField(14);
    TextField threadSecond = new TextField(14);
    Thread thread1,thread2;                      //两个 Thread 的线程对象
    int count1 = 0,count2 = 0;                   //两个计数器
    public void init( )  {
        add(prompt1);
        add(threadFirst);
        add(prompt2);
        add(threadSecond);
    }
    public void start( ) {
      //创建线程对象,具有当前类的 run( )方法,并用字符串指定线程对象的名字
        thread1 = new Thread(this,"FirstThread");
        thread2 = new Thread(this,"SecondThread");
        thread1.start( );                        //启动线程对象,进入就绪状态
        thread2.start( );
    }
    public void run( ) {                  //实现 Runnable 接口的 run( )方法,在该线程启动时自动执行
        String currentRunning;
```

```
            while(true) {                              //无限循环
                try  {                                 //使当前活动线程休眠 0 到 3s
                    Thread.sleep((int)(Math.random( ) * 3000));
                }
                catch(InterruptedException e){}
                currentRunning = Thread.currentThread( ).getName( );
                if(currentRunning.equals("FirstThread"))  {    count1++;
                    threadFirst.setText("线程 1 第" + count1 + "次被调度");
                } else if(currentRunning.equals("SecondThread"))  {
                    count2++;
                    threadSecond.setText("线程 2 第" + count2 + "次被调度");
                }
            }
        }
    }
```

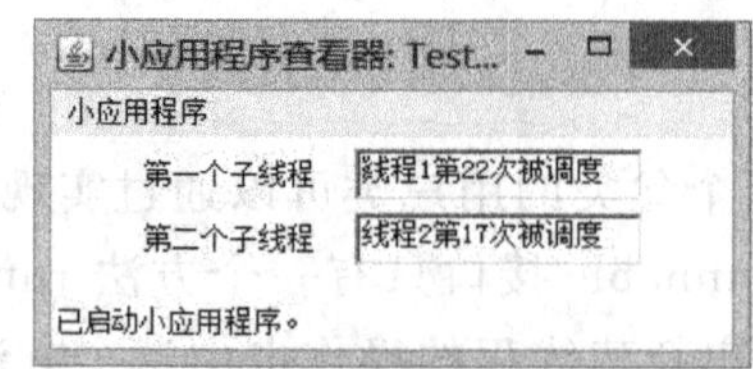

图 8-2 线程演示 2

本程序是一个 Java Applet,所以程序的主类 TestRunnable 必须是 Applet 类的子类,同时它还实现了 Runnable 接口并具体实现了 run()方法。在 TestRunnable 中创建了两个子线程,都是 Thread 类的对象。这两个对象的构造方法指明它们将继承当前类中的 run()方法,即它们被调度时将执行这个 run()方法。这个 run()方法将首先休眠一段随机时间,然后统计当前活动(即获得了处理器的)线程被调度次数并显示在相应的文本框中。

【例 8-4】 用多线程求不同的正弦值来模拟网络蚂蚁多线程下载文件。

```
class ThreadSin extends Thread {
    private int startjd,endjd;
    public ThreadSin(){startjd = 0;endjd = 90;}
    public ThreadSin(int x,int y){startjd = x;endjd = y;}
    public int getStartjd(){return startjd;}
    public void setStartjd(int a){startjd = a;}
    public int getEndjd(){return endjd;}
    public void setEndjd(int b){endjd = b;}
    public void run() {
      try  {
       for(int i = startjd;i < endjd;i++) {
           System.out.print("sin(" + i + ") = " + Math.sin(i * 3.14159/180.0));
           System.out.println("  我在下载文件");
           Thread.sleep(5);
       }
      }catch(Exception e){System.out.println("线程休眠被打断!");}
    }
}
```

```
class threadsintest {
  public static void main(String [ ]args) {
    ThreadSin[ ] t = new ThreadSin[3];
    t[0] = new ThreadSin(0,30);
    t[1] = new ThreadSin(30,60);
    t[2] = new ThreadSin(60,90);
    for(int i = 0;i < t.length;i++)   t[i].start();
  }
}
```

【例 8-5】 用多线程模拟一个程序同时进行多个任务。

```
class ThreadCos extends Thread {
   private int jd;
   public ThreadCos(){jd = 0;}
   public ThreadCos(int x){jd = x;}
   public int getJd(){return jd;}
   public void setJd(int a){jd = a;}
   public void run()  {
     try  {
       for(int i = jd;i <= 90;i++)  {
  System.out.println("cos(" + i + ") = " + Math.cos(i * 3.14159/180.0) + " 我在上网聊天");
         Thread.sleep(5);
       }
     }catch(Exception e){System.out.println("线程休眠被打断!");}
   }
}
class ThreadSqrt implements Runnable {
   private int a,b;
   public ThreadSqrt(){a = 0;b = 100;}
   public ThreadSqrt(int x,int y){a = x;b = y;}
   public int getA(){return a;}
   public int getB(){return b;}
   public void setA(int x) {a = x;}
   public void setB(int y){b = y;}
   public void run() {
      try {
        for(int i = a;i < b;i++)  {
           System.out.println("sqrt(" + i + ") = " + Math.sqrt(i) + "我在打印");
           Thread.sleep(5);
        }
      }catch(Exception e){System.out.println("ok!");}
   }
}
public class ThreadTest {
   public static void main(String[ ] args)  {
      Thread t1 = new ThreadSin(0,30);
      Thread t2 = new ThreadCos(60);
      Thread t3 = new Thread(new ThreadSqrt(20,50));
      System.out.println("线程开始执行!");
      t1.start();
```

```
        t2.start();
        t3.start();
    }
}
```

8.2.3 线程的调度与优先级

处于就绪状态的线程首先进入就绪队列排队等候处理器资源,同一时刻在就绪队列中的线程可能有多个,它们各自任务的轻重缓急程度不同。例如用于屏幕显示的线程需要尽快地被执行,而用来收集内存碎片的垃圾回收线程则不那么紧急,可以等到处理器较空闲时再执行。为了体现上述差别,使工作安排得更加合理,多线程系统会给每个线程自动分配一个线程的优先级,任务较紧急重要的线程优先级较高,反之较低。

在线程排队时,优先级高的线程可以排在较前的位置,能优先使用处理器资源,而优先级较低的线程只能等到排在它前面的高优先级线程执行完毕之后才能获得处理器资源。对于优先级相同的线程,则遵循队列的"先进先出"原则,即先进入就绪状态排队的线程被优先分配到处理器资源,随后才为后进入队列的线程服务。

当一个在就绪队列中排队的线程被分配到处理器资源而进入运行状态之后,这个线程就称为是被"调度"或被线程调度管理器选中了。线程调度管理器负责管理线程排队和处理器资源在线程间的分配,一般都配有一个精心设计的线程调度算法。在 Java 系统中,线程调度依据优先级基础上的"先到先服务"原则。

Thread 类有 3 个有关线程优先级的静态常量,即 MIN_PRIORITY、MAX_PRIORITY、NORM_PRIORITY。其中,MIN_PRIORITY 代表最小优先级,通常为 1; MAX_PRIORITY 代表最高优先级,通常为 10; NORM_PRIORITY 代表普通优先级,默认数值为 5。

对应一个新建线程,系统会遵循以下原则为其指定优先级:

(1) 新建线程将继承创建它的父线程的优先级。父线程是指执行创建新线程对象语句的线程,它可能是程序的主线程,也可能是某一个用户自定义的线程。

(2) 一般情况下,主线程具有普通优先级。

另外,用户可以通过调用 Thread 类的方法 setPriority()来修改系统自动设定的线程优先级,使之符合程序的特定需要。

【例 8-6】 线程的优先级演示。

```
public class ThreadTest {
    public static void main(String[ ] args) {
        Thread t1 = new ThreadSin(0,30);
        Thread t2 = new ThreadCos(60);
        Thread t3 = new Thread(new ThreadSqrt(20,50));
        System.out.println("线程开始执行!");
        t1.setPriority(1);                    //设置 t1 的优先级为 1,最慢
        t3.setPriority(10);                   //设置 t3 的优先级为 10,最快; t2 的优先级为 5,默认
        t1.start();
        t2.start();
        t3.start();
    }
}
```

8.2.4 线程的状态与生命周期

Java 线程在它的一个完整的生命周期中可能经历以下几种状态。

(1) 新建状态：当一个 Thread 类或其子类的对象被声明并创建时，新生的线程对象处于新建状态，此时它已经有了相应的内存空间和其他资源，并已经被初始化但没有真正开始运行。

(2) 就绪状态：处于新建状态的线程对象调用 start()被启动后，将进入线程队列排队等待 CPU 时间片，此时它已经具备了运行的条件。一旦轮到它来享用 CPU 资源时，就可以脱离创建它的主线程独立开始自己的生命周期了。另外，原来处于阻塞状态的线程被解除阻塞后也将进入就绪状态。

(3) 运行状态：正在运行的线程，此时它拥有 CPU 的执行权，执行 run()方法中的代码。

(4) 阻塞状态：运行状态中的线程，如果正在等待的用户输入或调用了 sleep()和 join()等方法就会导致线程进入阻塞状态，注意从阻塞状态出来的线程不一定马上回到运行状态，而是重新回到就绪状态，等待 CPU 的再次调度。

(5) 等待状态：一个线程调用一个对象的 wait()会自动放弃该对象的锁标记，进入等待队列状态，只有当有另外一个线程调用临界资源的 notify()或 notifyAll()方法(建议多使用 notifyAll())时才会将等待队列中的线程释放，此线程进入锁池状态。

(6) 锁池状态：每个对象都有互斥锁标记，以防止对临界资源的访问造成数据的不一致性和数据的不完整性。一个线程拥有一个对象的锁标记后，如果另一个线程想访问该对象，则必须在锁池中等待，由系统决定哪个线程拿到锁标记并运行。注意从锁池状态出来的线程不是马上回到运行状态，而是重新回到就绪状态，等待 CPU 的再次调度。

(7) 终止状态：一个线程运行结束后称为终止状态，一个进程中只有所有的线程退出后才会终止。

图 8-3 说明了线程的生命周期，以及线程的各种状态之间的转换关系。

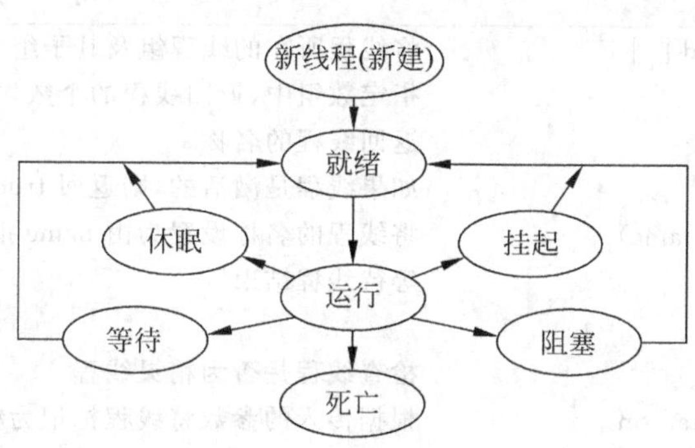

图 8-3 线程的状态

由于线程和进程一样是一个动态的概念，所以它也和进程一样有一个从产生到消亡的生命周期。线程在各个状态之间的转换及线程生命周期的演进是由系统运行的状况、同时存在的其他线程和线程本身的算法共同决定的。用户在创建和使用线程时应注意利用线程的方法宏观地控制这个过程。

【例 8-7】 线程的生命周期演示。

```
class ThreadStateDemo extends Thread {
    Thread t;
    public ThreadStateDemo() {
        t = new Thread(this);
        System.out.println ("线程 t 为新建!");
        t.start();
        System.out.println ("线程 t 为就绪!");
    }
    public void run()  {
     try {
        System.out.println ("线程 t 在运行!");
              System.out.println("线程 t 将要休眠!");
        t.sleep(2000);
        System.out.println("线程 t 在短时间休眠后重新运行!");
     } catch (InterruptedException IE) {
        System.out.println("休息线程被中断");
     }
    }
public static void main(String args[]) {
        new ThreadStateDemo();
   }
}
```

8.2.5 Thread 类中的重要方法

表 8-1 列出了 Thread 类中常用的方法。

表 8-1 Thread 类中常用的方法

方　法	用　途
static int enumerate(Thread [ ] t)	将线程所在的线程组及其子组中所有活动的线程复制到指定数组中,返回线程的个数
final String getName()	返回线程的名称
final boolean isAlive()	如果线程是激活的,则返回 true
final void setName(String name)	将线程的名称设置为由 name 指定的名称
final void join() throws InterruptedException	等待线程结束
final boolean isDaemon()	检查线程是否为精灵线程
final void setDaemon(boolean on)	根据传入的参数将线程标记为精灵线程或用户线程
static void sleep()	用于将线程挂起一段时间
void start()	调用 run()方法启动线程,开始线程的执行
static int activeCount()	返回激活的线程数
static void yield()	使正在执行的线程临时暂停,并允许其他线程执行
public void run()	线程的执行代码定义在此方法中

(1) 启动线程的 start()方法：start()方法将启动线程对象，使之从新建状态转入就绪状态并进入就绪队列排队。

(2) 定义线程操作的 run()方法：Thread 类的 run()方法与 Runnable 接口中的 run()方法的功能和作用相同，都是用来定义线程对象被调度之后所执行的操作，也都是系统自动调用而用户程序不应调用的方法。在系统的 Thread 类中，run()方法没有具体内容，所以用户程序需要创建自己的 Thread 类的子类，并定义新的 run()方法来覆盖原来的 run()方法。

(3) 使线程暂时休眠的 sleep()方法：线程的调度执行是按照其优先级的高低顺序进行的，当高级线程未完成，即未死亡时，低级线程没有机会获得处理器。有时，优先级高的线程需要优先级低的线程做一些工作来配合它，或者优先级高的线程需要完成一些费时的操作，此时优先级高的线程应该让出处理器，使优先级低的线程有机会执行。为了达到这个目的，优先级高的线程可以在它的 run()方法中调用 sleep()方法使自己放弃处理器资源，休眠一段时间，休眠时间的长短由 sleep()方法的参数决定。

(4) 判断线程是否未消亡的 isAlive()方法：在调用 stop()方法终止一个线程之前，最好先用 isAlive()方法检查一下该线程是否仍然存活，杀死不存在的线程可能会造成系统错误。

8.3 线程同步和死锁

假设甘肃省张掖市临泽县农民张三的儿子张小三考上了兰州大学，为了及时地支付张小三的学费和生活费，张三到县上的农业银行办理了一个银行账户，该账户同时挂有一个存折和一个银行卡，存折和银行卡都可以存钱、取钱。张三和儿子约定，张小三在上学期间，每月可以通过 ATM 机或银行从该账户支取不超过 1000 元的生活费。张三也将家里的收入存到该账户中，不时从账户提取相关的生活费用，这种方式已经正常运行了两年了。

突然有一天，张小三的母亲得病了，住院需要交费 2000 元，张三马上去银行，在银行柜台人员的帮助下查询余额，查到余额 2500 元；巧合的是张小三也在同一时间在兰州市的一个 ATM 机上做同样的操作，查询到余额 2500 元，张小三准备支取 1000 元现金；同时张三在临泽县的银行中让柜台人员给他取 2000 元现金。假设他们同时操作，计算机同时通信并执行相关操作，假设他们都操作成功，系统读取到 2500 元余额，张三先取到了 2000 元，系统应该写入 2500－2000＝500 元余额到张三账户，张小三后取到了 1000 元，系统应该写入 1500 元余额到该账户。我们会发现此处数据开始混乱了，张三拿到了 2000 元现金，张小三拿到了 1000 元现金，账户中竟然还有 1500 元的余额，而原来的账户只有 2500 元钱。

以上就是当有多个流程操作时很容易出现的资源混乱，当然，现实中不会出现这种问题，原因是我们已经设计了一套保护资源的“同步机制”。

8.3.1 线程同步

Java 使我们可以创建多个线程，在处理多线程问题时，我们必须注意这样一个问题：当两个或多个线程同时访问同一个变量，并且一个线程需要修改这个变量时，我们应对这样的问题做出处理，否则可能发生混乱。比如，当一个线程正在修改文件的内容时，如果另一个线程也要修改同样的文件,就会出现混乱的局面。

Java 中的同步基于"监视器"这一概念。"监视器"是用来给对象加锁的,在给定时刻,只有一个线程可以拥有监视器,Java 中的所有对象都拥有自己的监视器。

在处理线程同步时,要做的工作仅仅是将要保护的数据用关键字 synchronized 来修饰。Java 用下面两种方式来实现同步。

(1) 使用同步方法:synchronized void methodA() { }。

(2) 使用同步块:synchronized(object) {//要同步的语句}。

不论采用哪种方式,在程序运行时,用 synchronized 修饰的方法或代码块的执行必须是单线程的,如果有多个线程同时执行到此处,则必须排队挨个执行,就像我们去上厕所时多个人必须排队一样。

【例 8-8】 同步方法演示。

```
class One {
synchronized void display( int num)  {
        System.out.println("One " + num);
        try {
           Thread.sleep(2000);
        }catch(InterruptedException e)  {
            System.out.println("中断");
        }
        System.out.println("完成");
}
}
class Two implements Runnable {
    int number;
    One one;
    Thread t;
public Two(One one_num, int n) {
   one = one_num;
    number = n;
    t = new Thread(this);
    t.start();
    }
    public void run() {
        one.display(number);
}}
public class Synch {
    public static void main(String args[ ]) throws InterruptedException{
        One one = new One();
        int digit = 10;
        Two s1 = new Two(one,digit++);
        Two s2 = new Two(one,digit++);
        Two s3 = new Two(one,digit++);
        s1.t.join();
        s2.t.join();
        s3.t.join();
    }
}
```

【例 8-9】 同步代码块演示。

```
class One {
        void display(int num)   {                          //去掉了同步
        System.out.println("One " + num);
        try {
            Thread.sleep(2000);
        }
        catch(InterruptedException e)   {
            System.out.println("中断");
        }
        System.out.println("完成");
}
}
class Two implements Runnable {
   int number;
   One one;
   Thread t;
public Two(One one_num, int n) {
   one = one_num;
   number = n;
   t = new Thread(this);
   t.start();
   }
   public void run() {
      synchronized(one) {                               //加同步修饰
            one.display(number);
      }
}}
```

该程序的执行和上一个程序是一样的。

8.3.2 死锁

同步虽然解决了对资源的共享和保护,但随之而来的问题是如果我们对资源的使用不合适,比如多个线程循环依赖资源就会产生另外一个问题,即死锁问题,下面还是通过一个类比来理解死锁。假设张三和李四是一对朋友,张三是一个哑巴,李四是一个聋子,他们虽然残疾,但也会经常聊天讨论一下国家大事。那么他们如何聊天呢?原来他们都识字也会写字,通常情况下,他们会准备一支笔和一个本子,当某人想说一句话时,就分别拿起笔和本子,写下自己想说的话,然后给对方看,通过这种方式他们经常聊天和讨论。但是有一天,张三和李四同时想到了一句话,都想写给对方看,张三先拿到了笔,李四拿到了本子,然后张三等待李四放下本子,而李四等待张三放下笔,就这样他们的聊天无法继续了,他们永远进入了等待状态,这就是死锁。

在程序中,当多个线程循环依赖于一些同步资源对象时将有可能发生死锁。例如,一个线程进入对象 ObjA 上的监视器,而另一个线程进入对象 ObjB 上的监视器。如果 ObjA 中的线程试图调用 ObjB 上的任何 synchronized 方法,将会发生死锁。死锁很少发生,但一旦发生将很难调试。

【例 8-10】 死锁演示。

```
class A {
    synchronized void afirst(B b){
        String name = Thread.currentThread().getName();
        System.out.println(name + "enter A.afirst()");
        try {
            Thread.sleep(1000);
        } catch (InterruptedException e) {
            e.printStackTrace();
        }
        System.out.println(name + "trying to call B.last()");
        b.last();
    }
    synchronized void last(){
        System.out.println("Inside A.last()");
    }
}
class B{
    synchronized void bfirst(A a){
        String name = Thread.currentThread().getName();
        System.out.println(name + "enter B.bfirst()");
        try {
            Thread.sleep(10);
        } catch (InterruptedException e) {
            e.printStackTrace();
        }
        System.out.println(name + "trying to call A.last()");
        a.last();
    }
    synchronized void last(){
        System.out.println("Inside B.last()");
    }
}
public class PcDead implements Runnable {
    A a = new A();
    B b = new B();
    PcDead(){
        Thread.currentThread().setName("Main thread:");
        Thread t = new Thread(this,"Sub  thread:");
        t.start();
        a.afirst(b);
        System.out.println("Back in mian thread");
    }
    public void run(){
        b.bfirst(a);
        System.out.println("Back in sub  thread");
    }
    public static void main(String[] args) {
        new PcDead();
    }
}
```

如果程序中有几个竞争资源的并发线程,那么保证均衡是很重要的。系统均衡是指每个线程在执行过程中都能充分访问有限的资源,系统中没有饿死和死锁的线程。Java 并不提供对死锁的检测机制。对于大多数 Java 程序员来说,防止死锁是一种较好的选择。最简单的防止死锁的方法是对竞争的资源引入序号,如果一个线程需要几个资源,那么它必须先得到小序号的资源,再申请大序号的资源。

8.4 线程间的通信

Java 提供了一套简单易用的线程间通信机制,使用 wait()、notify()和 notifyAll()方法来进行通信。这些方法都是作为 Object 类的 final 方法出现的,这 3 个方法仅在 synchronized 方法中才能被调用,它们的作用如下。

(1) wait()方法:告知被调用的线程退出监视器并进入等待状态,直到其他线程进入相同的监视器并调用 notify()方法。

(2) notify()方法:通知同一对象上的第一个调用 wait()方法的线程。

(3) notifyAll():通知所有调用 wait()的线程,优先级最高的线程将首先运行。

在使用 wait()方法时需要注意以下几点:

- 调用的线程将放弃 CPU。
- 调用的线程将放弃对象锁定。
- 调用的线程进入监视器的等待池。

在使用 notify()方法需要注意以下几点:

- 一个线程离开监视器的等待池,进入就绪状态。
- 被通知的线程必须重新获得监视器的锁定才能继续执行,这是因为线程在被通知处于等待状态,所以不再有监视器的控制权。

【例 8-11】 wait 和 notifyall 的通信演示[①]。

```
class TicketSeller {                                    //负责卖票的类
    int fiveNumber = 1, tenNumber = 0, twentyNumber = 0;
    public synchronized void  sellTicket(int receiveMoney, int buyNumber){
        if(receiveMoney == 5)   {
            fiveNumber = fiveNumber + 1;
            System.out.printf("\n%s 给我 5 元钱,这是您的一张入场券",
                              Thread.currentThread().getName());
        } else if(receiveMoney == 10&&buyNumber == 2) {
            tenNumber = tenNumber + 1;
            System.out.printf("\n%s 给我 10 元钱,这是您的两张入场券",
                              Thread.currentThread().getName());
        } else if(receiveMoney == 10&&buyNumber == 1) {
        while(fiveNumber < 1) {
        try {
            System.out.printf("\n%30s 靠边等",
                       Thread.currentThread().getName());
```

① 此例子摘自耿祥义的《Java 大学实用教程》中的线程例子。

```
                wait();                    //如果线程占有 CPU 期间执行了 wait,就进入等待状态
                System.out.printf("\n%30s结束等待\n",
                        Thread.currentThread().getName());
              }
              catch(InterruptedException e) { }
                }
                fiveNumber = fiveNumber - 1;
                tenNumber = tenNumber + 1;
                System.out.printf("\n%s给我 10 元钱,找您 5 元,这是您的一张入场券", Thread.
        currentThread().getName());
            } else if(receiveMoney == 20&&buyNumber == 1) {
              while(fiveNumber < 1||tenNumber < 1) {
                try {
                    System.out.printf("\n%30s靠边等",
                            Thread.currentThread().getName());
                    wait();                //如果线程占有 CPU 期间执行了 wait,就进入中断状态
                    System.out.printf("\n%30s结束等待",
                            Thread.currentThread().getName());
                        } catch(InterruptedException e) {   }
                }
                fiveNumber = fiveNumber - 1;
                tenNumber = tenNumber - 1;
                twentyNumber = twentyNumber + 1;
                System.out.printf("\n%s给我 20 元钱,找您一张 5 元和一张 10 元,这是您的一张入
        场券",Thread.currentThread().getName());
            } else if(receiveMoney == 20&&buyNumber == 2) {
                while(tenNumber < 1){
                    try {
                    System.out.printf("\n%30s靠边等\n",
                            Thread.currentThread().getName());
                     wait();                    //如果线程占有 CUP 期间执行了 wait,就进入中断状态
                    System.out.printf("\n%30s结束等待",
                            Thread.currentThread().getName());
                        }catch(InterruptedException e)  { }
                }
                tenNumber = tenNumber - 1;
                twentyNumber = twentyNumber + 1;
                System.out.printf("\n%s给我 20 元钱,找您一张 10 元,这是您的两张入场券",
                                Thread.currentThread().getName());
            }
            notifyAll();
        }
    }
    class Cinema implements Runnable {                    //实现 Runnable 接口的类
        Thread zhao,qian,sun,li,zhou;                     //电影院中买票的线程
        TicketSeller seller;                              //电影院的售票员
       Cinema() {
           zhao = new Thread(this);
           qian = new Thread(this);
           sun = new Thread(this);
           li = new Thread(this);
```

```
        zhou = new Thread(this);
        zhao.setName("赵");
        qian.setName("钱");
        sun.setName("孙");
        li.setName("李");
        zhou.setName("周");
        seller = new TicketSeller();
    }
    public void run()  {
        if(Thread.currentThread() == zhao) {
            seller.sellTicket(20,2);
        } else if(Thread.currentThread() == qian) {
            seller.sellTicket(20,1);
        } else if(Thread.currentThread() == sun)  {
            seller.sellTicket(10,1);
        } else if(Thread.currentThread() == li) {
            seller.sellTicket(10,2);
        } else if(Thread.currentThread() == zhou) {
            seller.sellTicket(5,1);
        }
    }
}
public class SaleExample{
    public static void main(String args[]) {
        Cinema cinema = new Cinema();
        cinema.zhao.start();
        try {
                Thread.sleep(1000);
          }  catch(InterruptedException e)  {   }
        cinema.qian.start();
        try {
               Thread.sleep(1000);
          }  catch(InterruptedException e)  {     }
        cinema.sun.start();
        try {
            Thread.sleep(1000);
        } catch(InterruptedException e) {  }
        cinema.li.start();
        try {
                  Thread.sleep(1000);
        } catch(InterruptedException e) {}
        cinema.zhou.start();
    }
}
```

8.5 线程联合和守护线程

线程联合指的是一个线程 A 在占有 CPU 资源期间可以让其他线程调用 join()和本线程联合，例如“B.join();”，我们称 A 在运行期间联合了 B。如果线程 A 联合了 B，则 A 必须等到它联合的线程 B 执行完毕后才能执行。

【例 8-12】 线程联合演示。

```
class JoinThread implements Runnable {
    Thread threadA, threadB;
    String content[ ] = {"今天晚上,","大家不要","回去得太早,","还有工作","需要大家做!"};
    JoinThread() {
      threadA = new Thread(this);
      threadB = new Thread(this);
      threadB.setName("主任");
    }
  public void run() {
      if(Thread.currentThread() == threadA)   {
            System.out.println("等我" + threadB.getName() + "说完再说话");
            try{
                  threadB.join();          //线程 threadA 开始等待 threadB 结束
            }  catch(InterruptedException e) {}
            System.out.printf("\n 我开始说话:\'我明白你的意思了,谢谢\'");
      }else if(Thread.currentThread() == threadB) {
            System.out.println(threadB.getName() + "说:");
            for(int i = 0;i < content.length;i++) {
                System.out.print(content[i]) ;
                  try {   threadB.sleep(1000);
                  }catch(InterruptedException e) { }
            }
      }
    }
}
class Example {
    public static void main(String args[ ]) {
        JoinThread   a = new JoinThread ();
        a.threadA.start();
        a.threadB.start();
  }
}
```

守护线程指的是在后台运行的线程,一个线程调用 setDaemon(boolean on)方法可以将自己设置成一个守护线程。守护线程需要依赖其他线程,会在虚拟机停止的时候停止。也就是说,在创建守护线程的父线程结束时,守护线程会自动结束。

【例 8-13】 守护线程演示。

```
class Daemon implements Runnable {
    Thread A,B;
    Daemon() {
      A = new Thread(this);
      B = new Thread(this);
    }
  public void run() {
      if(Thread.currentThread() == A) {
            for(int i = 0;i < 8;i++) {
                System.out.println("i = " + i) ;
```

```
            try {
              Thread.sleep(1000);
            }catch(InterruptedException e) { }
          }
        }
        else if(Thread.currentThread() == B) {
          while(true) {
            System.out.println("线程 B 是守护线程 ");
            try  {
              Thread.sleep(1000);
            }catch(InterruptedException e){ }
          }
        }
      }
    }
    class DaemonTest{
      public static void main(String args[ ])  {
        Daemon  a = new Daemon ();
        a.A.start();
        a.B.setDaemon(true);
        a.B.start();
      }
    }
```

8.6 程序建模示例

基于线程的程序建模可以模拟或解决许多问题，例如当下流行的网络服务、云计算、股票或期货交易平台、网络购物、网络游戏等到处都是多线程的例子。

【程序建模示例 1】 一个经典的线程间同步的例子：生产者与消费者问题。

分析：在生产者与消费者问题中，生产者不断产生消息，并将消息放在消息队列中，而消费者不断从消息队列中取出消息，并显示出来。在下面的程序中演示了线程同步以及配合的技巧：

```
public class TestProducerAndConsumer{
  public static void main(String[ ] args){
    ProductMsgQueue products = new ProductMsgQueue();
    Producer producer = new Producer(products);          //产生一个生产者对象
    Consumer consumer = new Consumer(products);          //产生一个消费者对象
    producer.start();                                    //生产者线程进入运行状态
    consumer.start();                                    //消费者线程进入运行状态
  }
}
class ProductMsgQueue{
  static final int MAX_QUEUE_LENGTH = 5;                 //消息队列的最大长度
  static int i = 0;
  String[ ] msgArray;                                    //队列中的消息
  int queueLength;                                       //当前队列的长度
```

```
    public ProductMsgQueue(){                        //设置队列的最大长度和起始长度
      msgArray = new String[MAX_QUEUE_LENGTH];
      queueLength = 0;
    }
    public synchronized void putMessage() {          //向产品消息队列中存放消息
      try{
        while(queueLength == MAX_QUEUE_LENGTH)
        wait();              //如果队列长度达到最大,等待消费者取走产品消息,线程进入休眠状态
      }catch(InterruptedException e){
         System.out.println("InterruptedException in putMessage: " + e);
      }
      msgArray[queueLength++] = "Message:" + i;
      System.out.println("Message " + i + " is put into the queue by the producer!");
      ++i;
      notifyAll();                                   //唤醒所有线程
    }
    public synchronized String getMessage() {        //获取产品消息队列中的产品消息
      try{
         while(queueLength == 0)
         wait();              //如果队列长度为0,则等待生产者存入产品消息,线程进入休眠状态
      }catch(InterruptedException e){
         System.out.println("InterruptedException in getMessage: " + e);
      }
      String msg = msgArray[ -- queueLength];
      System.out.println(msg + " is gotten from the queque by the consumer!");
      notifyAll();                                   //唤醒所有线程
      return msg;
    }
  }
  class Producer extends Thread{
    ProductMsgQueue productMsg;
    public Producer(ProductMsgQueue productMsg){
      this.productMsg = productMsg;
    }
    public void run(){
      while(true){
        productMsg.putMessage();                     //向产品消息队列中添加产品消息
        try{
          sleep(1000);                               //休眠1000ms
        }catch(InterruptedException e){
          System.out.println("InterruptedException in revoking putMessage: " + e);
        }
      }
    }
  }
  class Consumer extends Thread{
    ProductMsgQueue productMsg;
    public Consumer(ProductMsgQueue productMsg){
        this.productMsg = productMsg;
    }
    public void run(){
```

```
        while(true){
          productMsg.getMessage();
          try{
            sleep(3000);                          //休息 2000ms
          }catch(InterruptedException e){
            System.out.println("InterruptedException in revoking getMessage: " + e);
          }
        }
      }
    }
```

【程序建模示例 2】 正弦波动画演示。

假设我们需要在计算机上演示示波器中的正弦波，可以使用多线程技术来完成此程序的建模设计。设计原理其实很简单，首先建立图形界面的窗口，用 JFrame 类就可以了，并实现多线程接口 Runnable。在 JFrame 对象的 paint()方法中画出正弦的波形，然后在 run()方法中每 100ms 刷新一次就可以了，执行效果如图 8-4 所示。

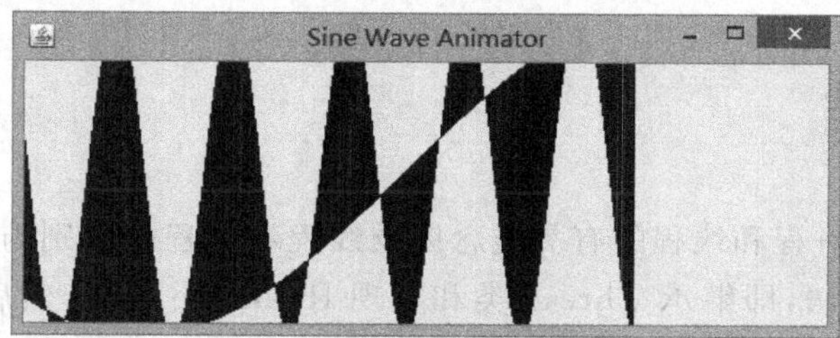

图 8-4　正弦波动画演示

源代码如下：

```
import java.awt.*;
import javax.swing.JFrame;
public class SineWaveAnimator extends JFrame implements Runnable{
    private int frame = 0;
    public SineWaveAnimator(){
        setTitle("Sine Wave Animator");
        setDefaultCloseOperation(EXIT_ON_CLOSE);
        setSize(500,200);
        setVisible(true);
    }
    public static void main(String[] args){
        SineWaveAnimator app = new SineWaveAnimator();
        Thread animator = new Thread(app);
        animator.setDaemon(true);
        animator.start();
    }
    public void run(){
        while(true){
            repaint();
            try {
                Thread.sleep(100);
```

```
                }catch(InterruptedException e){
                }
                frame++;
            }
        }
        @Override
        public void paint(Graphics g){
            Rectangle d = getBounds();
            g.clearRect(0,0,d.width,d.height);
            int h = d.height/2;
            for(int x = 0;x < d.width;x++){
                int y1 = (int) ((1.0 + Math.sin((x - frame) * 0.09)) * h);
                int y2 = (int) ((1.0 + Math.sin((x + frame) * 0.01)) * h);
                g.drawLine(x,y1,x,y2);
            }
        }
    }
```

8.7 本章小结

本章主要介绍了进程和线程的有关概念以及线程和进程的区别与联系，并给出了 Java 中创建线程的两种方法，即继承 Thread 类和实现 Runnable 接口，然后对线程的状态和相关方法进行了介绍，最后重点介绍了线程同步和线程通信的有关概念和方法。

多线程技术是 Java 语言中非常有用的技术，用户在使用时应该注意以下问题：第一，何时使用的问题。多线程技术的主要目的是对大量任务进行有序的管理，通过多线程的使用，可以更有效地利用计算机的资源或方便用户。例如，在等待 I/O 时，如何利用处于空闲状态的 CPU；如何在一个长时间的计算过程中使用户能方便地通过一个“停止”按钮随时中断计算。第二，线程应用的数量问题。理论上讲，Java 语言允许创建任意数量的线程，然而，一般需要控制线程的上限，因为在某些情况下大量的线程难以管理，使得整个程序的任务难以完成。所以，通常只创建少数几个关键线程，用它们来解决某个特定的问题。

习题

一、选择题

1. 以下(　　)方法用于定义线程的执行体。

   A. start()　　B. init()　　C. run()　　D. main()

2. 下列关于 Java 线程的说法正确的是(　　)

   A. 每一个 Java 线程可以看成由代码、一个真实的 CPU 以及数据 3 个部分组成

   B. Java 创建线程有从 Thread 类中继承和实现 Runnable 接口两种方式

   C. Thread 类属于 java. util 程序包

   D. 以上说法都不正确

3. 在Java中允许创建多线程应用的接口是(　　)。

　A. Threadable　　B. Runnable　　C. Clonable　　D. Thread

4. run()方法在(　　)方法中被调用执行。

　A. init()　　B. begin()　　C. start()　　D. create()

5. 有以下代码,下列说法正确的是(　　)。

```
class Test {
  public static void main(String args[ ]){
    Thread t = new Thread(); t.start();
  }}
```

　A. 它必须实现Runnable接口

　B. 它必须扩展Thread类

　C. 由于未实现run方法,因此代码将出现运行时的错误

　D. 代码将编译和运行,但没有任何输出结果

二、简答题

1. 什么是线程？它和进程有何区别？
2. 什么是多线程？为什么需要多线程？
3. 在Java中线程有哪些状态？
4. 什么是线程的优先级？它有什么作用？
5. 在多线程中为什么要用同步机制？它是如何实现的？

三、编程题

1. 编写一个GUI程序,运用线程技术在屏幕上显示当前时间。
2. 编程：实现在一个图形面板上字幕滚动的效果,如图8-5所示。

滚滚长江东逝水
浪花淘尽英雄。
是非成败转头空。
青山依旧在
几度夕阳红。
白发渔樵江渚上
惯看秋月春风。
一壶浊酒喜相逢。
古今多少事
都付笑谈中。

图8-5　字幕滚动图

第9章 网络编程

网络编程在如今的分布式计算时代扮演着十分重要的角色，基本上，我们用到的应用程序或多或少都需要一些其他进程的支持或协助，这些进程可能运行在本地也可能运行在其他计算机上，这就需要应用程序能够支持网络编程。在现实生活中，有许多网络应用程序的例子，例如每天上网浏览新闻，从智能手机看天气预报信息，网络银行交易，网上购物等。事实上，我们目前使用的绝大多数程序都需要网络编程。

Java 语言的一大特点就是强大的网络编程能力，在 JDK 1.0 中提供了丰富的类库，用于创建网络应用程序，正因为如此，Java 曾一度被“宣传”为一门网络编程语言。本章重点介绍如何在 Java 中实现访问 URL 资源、TCP Socket 通信和数据报(UDP)通信。

9.1 计算机网络技术概述

所谓计算机网络就是以相互通信和资源共享为目的将处于不同地理位置的多个自治计算机通过不同的通信媒介连接起来的系统，为不同的用户提供各种不同的网络应用和服务。

网络应用的核心思想是连入网络的不同计算机能够跨越时间、空间协同工作，这首先要求它们之间能够准确、迅速地传递信息，在 Java 中这些信息是以代码流的方式传送的。Java 为我们屏蔽了复杂的网络协议使用技术，我们只要利用 JDK 提供的对应的类创建特定的对象来编写自己的网络应用程序即可。

为了方便计算机之间的通信，必须使用相关的网络协议将 Internet 上的计算机进行连接，目前使用的协议主要是 TCP(Transmission Control Protocol)/IP(Internet Protocol)，TCP 的分层如图 9-1 所示。

Internet 是世界上最大的互联网络，也是人们共享信息资源的平台。Internet 为我们提供各种各样的网络应用服务，例如 WWW 服务、邮件服务、文件传输服务等，以满足我们日常生活中对各种信息的需求。大多数基于 Internet 的应用程序被看作 TCP/IP 网络的最上层，例如 FTP、HTTP、SMTP、POP3、TELNET、NNTP 等。

互联层(网络层)对 TCP/IP 网络中的硬件资源进行标识。连接到 TCP/IP 网络中的每台计算机(或其他设备)都有唯一的地址，这就是 IP 地址。IP 地址实质上是一个 32 位的整数，通常以“%d. %d. %d. %d”的形式表示，每个 d 是一个 8 位整数。

在 TCP/IP 网络中，不同的机器之间进行通信时，数据的传输是由传输层控制的，包括数据要发往的目标机器及应用程序、数据的质量控制等。TCP/IP 网络中最常用的传输协议

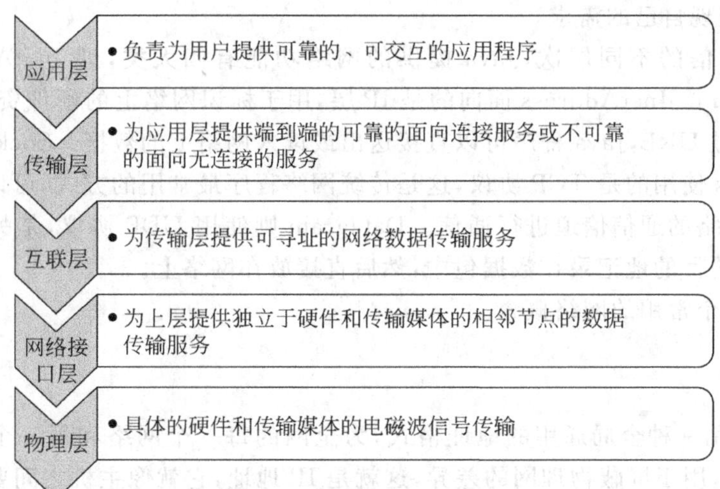

图 9-1 TCP 协议栈示意图

就是 TCP(Transport Control Protocol)和 UDP(User Datagram Protocol)。传输层通常以 TCP 和 UDP 协议来控制端点到端点的通信。用于通信的端点是由 Socket 来定义的，Socket 是由 IP 地址和端口号组成的。

传输控制协议(TCP)是在端点与端点之间建立持续的连接而进行通信。建立连接后，发送端将发送的数据印记了序列号和错误检测代码，并以字节流的方式发送出去；接收端则对数据进行错误检查并按序列顺序将数据整理好，数据在需要时可以重新发送，因此，整个字节流到达接收端时完好无缺，这与两个人打电话的情形是相似的。TCP 协议具有可靠性和有序性，并且以字节流的方式发送数据，它通常被称为流通信协议。

与 TCP 协议不同，用户数据报协议(UDP)则是一种无连接的传输协议。利用 UDP 协议进行数据传输时，首先需要将要传输的数据定义成数据报(Datagram)，在数据报中指明数据所要到达的 Socket(主机地址和端口号)，然后再将数据报发送出去。这种传输方式是无序的，也不能确保绝对的安全可靠，但它很简单也具有比较高的效率，这与通过邮局发送邮件的情形非常相似。

TCP 协议和 UDP 协议各有用处，当对所传输的数据具有时序性和可靠性等要求时，应使用 TCP 协议；当传输的数据比较简单、对时序等无要求时，UDP 协议能发挥更好的作用，例如 ping、发送时间数据等。

Java 的网络通信编程分为 3 个层次：

最高一级的网络通信基于 Applet 的小应用程序。客户端浏览器通过 HTML 文件中的<applet>标记来识别 Applet，并解析 Applet 的属性，通过网络获取 Applet 的字节码文件，然后通过内嵌的 JVM 来执行。换句话说，最高一级的网络程序是直接将执行代码和数据通过网络传输和执行。

其次是通过已经封装好的各种基于应用层的网络服务协议来访问特定的网络资源，主要通过类 URL 的对象指明资源所在的位置，并通过相应协议访问网络资源，或下载声音和图像文件，或进行数据查询，或提交表单数据等。

最低一级的通信是利用 java. net 包中提供的套接字类直接编写自己的客户端/服务器

(C/S)程序,以实现自己的需求。

针对网络通信的不同层次,Java 提供的网络功能有四大类,即 InetAddress、URLs、Sockets、Datagram。InetAddress 面向的是 IP 层,用于标识网络上的硬件资源。URL 面向的是应用层,通过 URL,Java 程序可以直接送出或读入网络上的数据。Sockets 面向的则是传输层。Sockets 使用的是 TCP 协议,这是传统网络程序最常用的方式,可以想象为两个不同的程序通过网络的通信信道进行通信。Datagram 则使用 UDP 协议,是另一种网络传输方式,它把数据的目的地记录在数据包中,然后直接放在网络上。

这里介绍几个常用的网络概念。

1. IP 地址

Internet 采用一种全局通用的地址格式,为全网的每一个网络和每一个主机都分配一个 Internet 地址,用于屏蔽物理网的差异,这就是 IP 地址,它就像主机之间要进行通话的电话号码,每一个在 Internet 网中的主机必须有一个 IP 地址。

TCP/IP 协议规定,每个 IP 长 32 位,共 4 个字节,虽然在计算机内部,IP 地址采用的是二进制,但对于程序员和用户,IP 地址采用的是“点分十进制”,即直观地表示为 4 个以小数点隔开的十进制整数。例如,兰州大学的 Web 服务器为 202.201.1.152。

为了便于记忆,我们给 Internet 中的主机起了一个字符型的主机名,即 Internet 域名系统。在使用网络时,输入一个主机的域名后,域名服务器(DNS)负责将域名转化成 IP 地址,然后才能建立连接。

在 Java 中,我们通过 InetAddress 类的对象来使用 IP 地址和主机名,需要注意的是,InetAddress 类的对象不是通过 new 创建的。

【例 9-1】 演示怎样使用 InetAddress 类。

```
import java.net.*;
public class inetaddress {
public static InetAddress ina;
public static void main(String[] args) {
try {
    ina = InetAddress.getByName("www.lzu.edu.cn");
    System.out.println(ina.getHostAddress());
    System.out.println(ina.getHostName());
    ina = InetAddress.getLocalHost();
    System.out.println("" + ina);
    }catch(ArrayIndexOutOfBoundsException e1){}
    catch (Exception e) {System.out.println(e);}
  }
}
```

2. 端口和套接字

一台计算机一般通过一条链路连接到网络上,但一台计算机中往往有很多应用程序需要进行网络通信,如何区分呢? 这就要靠网络端口号(port)了。

端口号是一个标识机器的逻辑通信信道的正整数,端口号不是物理实体,它用两个字节来表示,范围是0～65 535。其中,0～1023为系统所保留,专门给那些通用的服务(well-known services),例如HTTP服务的端口号为80,Telnet服务的端口号为23,FTP服务的端口为21。因此,当我们编写通信程序时,应选择一个大于1023的数作为端口号,以免发生冲突。

IP地址和端口号组成了所谓的Socket,Socket是网络上运行的程序之间双向通信链路的最后终结点,它是TCP和UDP的基础。

3. 使用URL定位资源

如果说用IP地址来标识Internet上的计算机,则URL用来标识计算机上的资源,URL(Uniform Resource Locator,统一资源定位器)充当一个指针,用来指向Internet上的任何一台计算机上的某个具体资源。一个基本的URL主要由协议、主机、端口、文件名和参考点几部分组成,例如:

```
http://www.lzu.edu.cn:80/jwc/index.html#AA
```

其中,http部分为协议,后面的部分www.lzu.edu.cn为主机,80为端口,/jwc/index.html为路径和文件,AA为锚点。

在向浏览器的地址栏中输入一个网址时,实际上是提供了该站点的URL,浏览器通过解析给定的URL可以在网络上查找到相应的文件或其他资源。

4. 客户机/服务器

客户机/服务器是一种分布式使用信息资源的方法,服务器对资源进行归档和管理,当客户需要访问这些资源信息时,向服务器发出请求,服务器则向客户发回响应信息,两者按照协议协同工作。

9.2 Socket编程

当网络上的两个进程需要通信时,它们可以通过使用Socket类建立套接字对象并连接在一起。套接字是IP地址和端口号的组合,IP地址标识Internet上的计算机,而端口号标识正在计算机上运行的进程(程序)。

9.2.1 Socket连接技术

编写网络通信程序最重要的就是建立套接字连接,即客户端的套接字对象和服务器的套接字对象通过输入/输出流连接在一起,主要分为下面5步,如图9-2所示。

(1) 服务器建立ServerSocket对象。

(2) 客户端创建Socket对象。

(3) 建立流连接。

(4) 数据流操作。

(5) 关闭流和套接字。

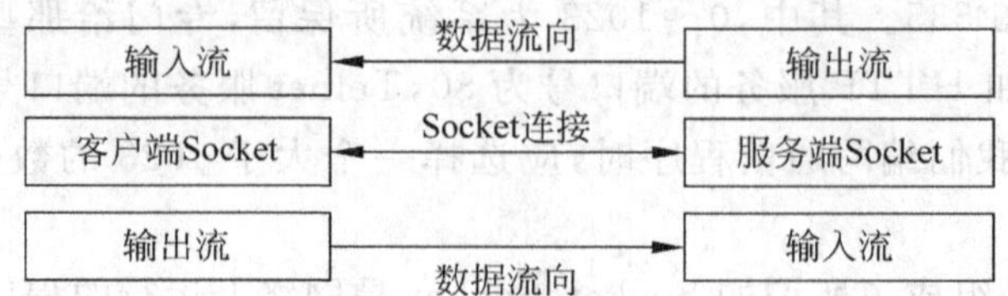

图 9-2 套接字连接示意图

9.2.2 Socket 编程实例

【例 9-2】 简单的客户服务器通信程序。

```
/* 服务端程序  ExamServer.java */
import java.io.*;
import java.net.*;
public class ExamServer {
  public static void main(String[] args) throws IOException {
     ServerSocket svr = new ServerSocket(3300);                  //建立服务器套接字
     System.out.println("等待连接......");
     Socket clt = svr.accept();                                  //等待客户机连接
     BufferedReader in = new BufferedReader(new
             InputStreamReader(clt.getInputStream()));
     PrintWriter out = new PrintWriter(clt.getOutputStream());
     while(true) {
        String str = in.readLine();                              //从套接字输入流读入一行
        System.out.println(str);
        out.println("服务器已收到您发送的：" + str);             //向客户机发送响应信息
        out.flush();                                             //强制缓冲数据输出
        if(str.equals("bye")) {
            in.close();out.close();break;                        //关闭输入/输出流
        }
     }
     clt.close();
  }
}
/* 客户端程序 ExamClient.java */
import java.net.*;
import java.io.*;
public class ExamClient {
   static Socket svr;
   public static void main(String[] args) throws Exception {
      System.out.println("正在连接服务器,请稍候...");
      svr = new Socket(InetAddress.getLocalHost(),3300);
      if(svr!= null)
         System.out.println("与" + svr.getInetAddress() +
               " 连接成功!请输出要传送的信息...");
         BufferedReader in = new BufferedReader(new
   InputStreamReader (svr.getInputStream()));                    //创建套接字输入流
         PrintWriter out = new PrintWriter(svr.getOutputStream());      //套接字输出流
```

```
        BufferedReader wt = new BufferedReader(new
                InputStreamReader(System.in));                    //创建键盘输入流
    while(true)  {
        String str = wt.readLine();
        out.println(str);out.flush();
        if(str.equals("bye"))  {
            in.close();out.close();break;                        //关闭输入/输出流
        }
        System.out.println(in.readLine());
    }
    svr.close();
  }
}
```

实际上，Web网络使用的也是套接字程序，浏览器首先连接服务器的特定端口(通常是80)，然后服务器根据浏览器的请求给出相应的响应，下面使用基于套接字的程序来读取Web网站的首页。

【例 9-3】 使用套接字读取 Web 首页。

```
import java.net.*;
import java.io.*;
import java.util.Scanner;
public class HomePageReader {
    public static void main(String[] args) {
        try {
            Socket socketObject = new Socket("www.lzu.com.cn",80);
            try {
                OutputStream outStream = socketObject.getOutputStream();
                String str = "GET / HTTP/1.0\n\n";
                outStream.write(str.getBytes());
                InputStream inStream = socketObject.getInputStream();
                Scanner reader = new Scanner(inStream);
                while(reader.hasNextLine()) {
                    String line = reader.nextLine();
                    System.out.println(line);
                }
            }finally{
                socketObject.close();
            }
        }catch(Exception e){
            e.printStackTrace();
        }
    }
}
```

现在的大多数网络程序都是基于多线程的服务器同时给多个客户端提供服务，当客户端请求连接时，服务器会创建一个新的线程，并将已建立的套接字连接传给新的线程。然后客户端便和这个新线程通过套接字连接相互通信，这样一来，服务器就可以同时处理多个客户端的连接请求了，如图 9-3 所示。

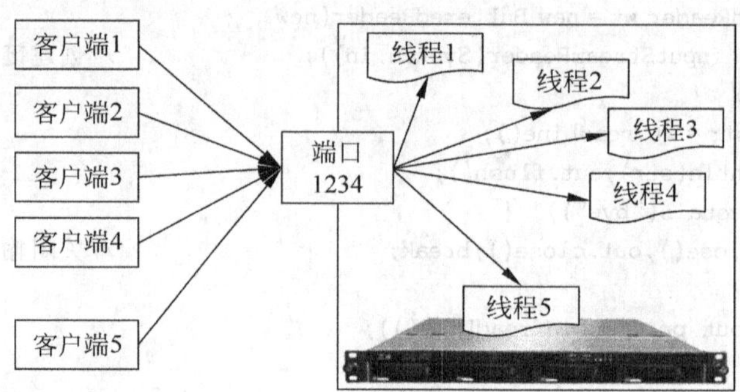

图 9-3　多线程服务

假设需要编写一个使用远程服务来求解一元二次方程的根的程序,服务端采用基于多线程的服务器编程技术,客户端采用图形化的输入界面。在同一个计算机上,我们需要打开多个命令窗口来模拟多个客户端,在多个不同的计算机上,需要修改程序中的 IP 地址,同时需要关闭或设置防火墙,否则将无法执行,执行效果如图 9-4 所示。

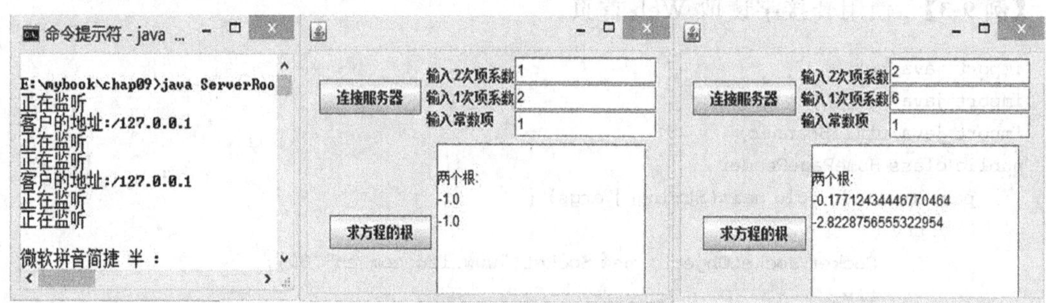

图 9-4　网络求解一元二次方程的根

【例 9-4】 使用远程服务程序求解一元二次议程的根。

```
//ServerRoot.java
import java.io.*;
import java.net.*;
import java.util.*;
public class ServerRoot {
    public static void main(String args[]) {
        ServerSocket server = null;
        ServerThread thread;
        Socket you = null;
        while(true) {
            try {
                server = new ServerSocket(4331);
            }catch(IOException e1){
                System.out.println("正在监听");                    //ServerSocket 对象不能重复创建
            }
            try {
                System.out.println("正在监听");
                you = server.accept();
                System.out.println("客户的地址:" + you.getInetAddress());
```

```
            }catch (IOException e) {
                System.out.println("正在等待客户");
            }
            if(you!= null) {
                new ServerThread(you).start();                    //为每个客户启动一个专门的线程
            }else{continue;}
        }
    }
}
class ServerThread extends Thread {
    Socket socket;
    DataOutputStream out = null;
    DataInputStream  in = null;
    String s = null;
    ServerThread(Socket t){
        socket = t;
        try {
            in = new DataInputStream(socket.getInputStream());
            out = new DataOutputStream(socket.getOutputStream());
        }catch (IOException e){}
    }
    public void run(){
        while(true){
            double a = 0,b = 0,c = 0,root1 = 0,root2 = 0;
            try{
                a = in.readDouble();                              //堵塞状态,除非读取到信息
                b = in.readDouble();
                c = in.readDouble();
                double disk = b * b - 4 * a * c;
                root1 = ( - b + Math.sqrt(disk))/(2 * a);
                root2 = ( - b - Math.sqrt(disk))/(2 * a);
                out.writeDouble(root1);
                out.writeDouble(root2);
            }catch (IOException e){
                System.out.println("客户离开");
                break;
            }
        }
    }
}
//ClientRoot.java
import java.net.*;
import java.io.*;
import java.awt.*;
import java.awt.event.*;
import javax.swing.*;
class ClientRoot extends JFrame implements Runnable,ActionListener {
    JButton connection,computer;
    JTextField inputA,inputB,inputC;
    JTextArea showResult;
    Socket socket = null;
```

```
    DataInputStream in = null;
    DataOutputStream out = null;
    Thread thread;
    public  ClientRoot() {
        socket = new Socket();                                           //待连接的套接字
        connection = new JButton("连接服务器");
        computer = new JButton("求方程的根");
        computer.setEnabled(false);                       //没有和服务器连接之前,该按钮不可用
        inputA = new JTextField("0",12);
        inputB = new JTextField("0",12);
        inputC = new JTextField("0",12);
        Box  boxV1 = Box.createVerticalBox();
        boxV1.add(new JLabel("输入 2 次项系数"));
        boxV1.add(new JLabel("输入 1 次项系数"));
        boxV1.add(new JLabel("输入常数项"));
        Box boxV2 = Box.createVerticalBox();
        boxV2.add(inputA);
        boxV2.add(inputB);
        boxV2.add(inputC);
        Box baseBox = Box.createHorizontalBox();
        baseBox.add(boxV1);
        baseBox.add(boxV2);
        Container con = getContentPane();
        con.setLayout(new FlowLayout());
        showResult = new JTextArea(8,18);
        con.add(connection);
        con.add(baseBox);
        con.add(computer);
        con.add(new JScrollPane(showResult));
        computer.addActionListener(this);
        connection.addActionListener(this);
        thread  =  new Thread(this);
        setBounds(100,100,360,310);
        setVisible(true);
        setDefaultCloseOperation(JFrame.EXIT_ON_CLOSE);
    }
    public void run(){
        while(true){
            try{
                double root1 = in.readDouble();                          //堵塞状态,除非读取到信息
                double root2 = in.readDouble();
                showResult.append("\n 两个根:\n" + root1 + "\n" + root2);
                showResult.setCaretPosition((showResult.getText()).length());
            }catch(IOException e){
                showResult.setText("与服务器已断开");
                computer.setEnabled(false);
                break;
            }
        }
    }
    public void actionPerformed(ActionEvent e){
```

```
        if(e.getSource() == connection){
            try {                                    //请求和服务器建立套接字连接
                if(socket.isConnected()){
                }else{
                    InetAddress  address = InetAddress.getByName("127.0.0.1");
                    InetSocketAddress socketAddress = new InetSocketAddress(address,4331);
                    socket.connect(socketAddress);
                    in  = new DataInputStream(socket.getInputStream());
                    out = new DataOutputStream(socket.getOutputStream());
                    computer.setEnabled(true);
                    thread.start();
                }
            }catch (IOException ee){}
        }
        if(e.getSource() == computer){
            try {
                double a = Double.parseDouble(inputA.getText()),
                       b = Double.parseDouble(inputB.getText()),
                       c = Double.parseDouble(inputC.getText());
                double disk = b * b - 4 * a * c;
                if(disk >= 0){
                    out.writeDouble(a);
                    out.writeDouble(b);
                    out.writeDouble(c);
                }else{
                    inputA.setText("此二次方程无实根");
                }
            }catch(Exception ee){
                inputA.setText("请输入数字字符");
            }
        }
    }
    public static void main(String args[]){
        ClientRoot win = new  ClientRoot();
    }
}
```

9.3 UDP 编程

在 TCP/IP 协议族中，和 TCP 在同一层的是 UDP 协议，我们称之为数据报协议(User Datagram Protocol，UDP)。数据报是一种在网络中传播的、独立的、自身包含地址信息的消息，它能否到达目的地，到达的时间，到达时内容是否会变化是不能准确知道的。它的通信双方是不需要建立连接的，对于一些不需要很高质量的应用程序来说，数据报通信是一个非常好的选择。

如果说 TCP 是打电话，则 UDP 就相当于发信件。换句话说，UDP 通信虽然是一种不可靠的协议，但其信息传送的效率较高，所以在很多对信息的质量要求不高的场合中使用，尤其在计算机网络日益稳定的今天,UDP 通信越来越多地被人们所重视。表 9-1 给出了TCP 通信和 UDP 通信之间的区别。

表 9-1 TCP 通信和 UDP 通信之间的区别

TCP	UDP
面向连接的,在发送方和接收方建立 Socket 连接	面向无连接的,在数据报中给出完整的地址信息
一旦建立连接,传递的数据大小没有限制	每个数据报必须在 64KB 之内
可靠的传输协议,确保接收方完全正确地获取发送方所发送的全部数据	不可靠协议,发送方所发送的数据报并不一定以相同的次序到达接收方

9.3.1 UDP 通信的实现

UDP 通信的基本模式有发送数据报和接收数据报两种。

1. 发送数据

在 java. net 包中提供了 DatagramSocket 和 DatagramPacket 两个类用来支持数据报通信,前者用于在程序之间建立传送数据报的通信连接,后者则用来表示一个数据报。

在发送时,先用 DatagramPacket 类打包数据报:

```
Public DatagramPacket(byte[ ] buf, int length, InetAddress address)
Public DatagramPacket(byte[ ] buf,int offset, int length, InetAddress address, int port);
```

例如:

```
String str = "兰州大学欢迎你!";
Byte[ ] sdata = str.getBytes();
InetAddress receiver = InetAddress.getName("www.lzu.edu.cn");
DatagramPacket spack = new DatagramPacket(sdata,sdata.length,receiver,3300);
```

然后创建一个 DatagramSocket 对象负责发送数据报。DatagramSocket 有两个构造方法:

```
DatagramSocket();
DatagramSocket(int port);
```

其中,port 给出 Socket 所使用的端口号,如果未给出端口号,则把 Socket 连接到本地一个可用端口。如果给出端口号,要保证不发生端口冲突,否则会有异常产生。

例如:

```
DatagramSocket send_out = new DatagramSocket();
send_out.send(spack);
…
```

2. 接收数据

在接收数据报时,同样需要创建 DatagramSocket 和 DatagramPacket 对象,注意在创建 DatagramSocket 对象时要采用带端口参数的构造方法,这样才能接收发送到本机特定端口的数据报。例如：

```
Byte rdata[ ] = new byte[256];
DatagramPacket p = new DatagramPacket(rdata,rdata.len);
DatagramSocket receive_from = new DatagramSocket(3300);
receive_from.receive(p);
…
```

然后可以通过 DatagramPacket 的方法取得所收到的数据报 p 的端口、IP 地址、数据的内容。

9.3.2 UDP 编程实例

【例 9-5】 利用 UDP 数据报服务得到远程计算机的时间。

```
/* 服务端程序：TimeServer.java */
import java.io.*;
import java.net.*;
import java.util.*;
public class TimeServer
{
   final static int TIME_PORT = 4000;
   public static void main(String [] args) throws IOException{
   DatagramSocket skt = new DatagramSocket(TIME_PORT);
   while(true)
   {
      byte buffer[ ] = new byte[100];
      DatagramPacket p = new DatagramPacket(buffer,buffer.length);
      skt.receive(p);
      String data = new Date().toString();
      buffer = data.getBytes();
      InetAddress address = p.getAddress();
      int port = p.getPort();
      p = new DatagramPacket(buffer,buffer.length,address,port);
      skt.send(p);
   }
  }
}

/* 客户端程序：TimeClient.java */
import java.io.*;
import java.net.*;
public class TimeClient {
   final static int TIME_PORT = 4000;
   public static void main(String args[]) throws IOException
   {
     if(args.length == 0){
        System.err.println("Not specify server name!");
        System.exit(-1);
     }
     String host = args[0];
```

```
    byte msg[] = new byte[100];
    InetAddress address = InetAddress.getByName(host);
    System.out.println("Sending service request to" + address);
    DatagramPacket p = new DatagramPacket(msg,msg.length,address,TIME_PORT);
    DatagramSocket skt = new DatagramSocket();
    skt.send(p);
    p = new DatagramPacket(msg,msg.length);
    skt.receive(p);
    String time = new String(p.getData());
    System.out.println("The time at " + host + " is: " + time.trim());
    skt.close();
  }
```

9.4 URL 编程

9.4.1 URL 类

java.net 包中的 URL 类是对 URL 的抽象,使用 URL 创建对象的应用程序称为客户端程序,必须访问有效的服务资源。一个 URL 对象存放着一个具体资源的引用,表明客户要访问这个 URL 中的资源。一个 URL 对象至少包含最基本的 3 个部分信息,即协议、地址、资源。协议必须是 URL 对象所在的 Java 虚拟机支持的协议,例如 HTTP、FTP、FILE 等;地址必须是能连接的有效的 IP 地址或域名;资源可以是主机上的任何一个文件。

1. 构造方法

(1) public URL(String url):使用 URL 字符串一个参数。

(2) public URL(String protocol,String host,String file):使用协议、主机、文件 3 个参数。

(3) public URL(String protocol,String host, int port, String file):使用协议、主机、端口和文件名 4 个参数。

(4) public URL(URL context, String offset):使用基本 URL 对象和相对此 URL 的路径两个参数。

2. URL 类的方法(如表 9-2 所示)

表 9-2 URL 类的部分方法

方 法	说 明
String getFile()	返回该 URL 路径和文件名
String getHost()	返回该 URL 主机名
int getPort()	返回该 URL 端口号
String getProtocol()	返回该 URL 协议名
String getQuery()	返回该 URL 的查询部分
InputStream OpenStream()	返回该 URL 的字节输入流
String getRef()	返回该 URL 的 reference 部分

9.4.2 URL编程实例

下面通过程序来演示URL类的一些使用技巧。

【例9-6】 演示从URL得到流对象。

```
import java.io.*;
import java.net.*;
class urltest {
    public static void main(String[] args) {
        try{
            URL myurl = new URL(args[0]);
            InputStream in = myurl.openStream();
            int ch = in.read();
            while(ch!= -1)  {
                System.out.print((char)ch);
                ch = in.read();
            }
            in.close();
        }
        catch(ArrayIndexOutOfBoundsException e){System.out.println("使用格式: java urltest 
URL");}
        catch(MalformedURLException e1){System.out.println("非法 URL");}
        catch(IOException e2){}

    }
}
```

【例9-7】 使用图形界面从网上下载资源并保存到本地。

```
import java.io.*;
import java.net.*;
import java.awt.*;
import java.awt.event.*;
public class urldownload extends Frame implements ActionListener {
        TextField  tf; TextArea ta; Button ok,save;Label  lb;
        TextField  filename;
         URL  url;
         BufferedReader  bin;
         urldownload()  {
              super("This is a net program!");
              lb = new Label("请输入网址: ");
              tf = new TextField(30);
              ok = new Button("确定");
              save = new Button("保存为:");
              filename = new TextField(12);
              ta = new TextArea(40,60);
              Panel p = new Panel();
              p.add(lb);p.add(tf);p.add(ok);p.add(save);p.add(filename);
              add(p,"North"); add(ta,"Center");
              ok.addActionListener(this);
```

```
            save.addActionListener(this);
            Font ft = new Font("宋体",Font.BOLD,24);
            lb.setFont(ft);
            ok.setFont(ft);
            save.setFont(ft);
            filename.setFont(ft);
            tf.setFont(ft);
            ta.setFont(ft);
        }
        public void actionPerformed(ActionEvent e)  {
            String msg = "";
            if(e.getSource() == ok)   {
            try{
                  url = new URL(tf.getText());
            }catch(MalformedURLException e1){
                   System.out.println("e1:");
            }
            try{
                bin = new BufferedReader(new InputStreamReader(url.openStream()));
                while((msg = bin.readLine())!= null)   {
                    ta.append("\n" + msg);
                }
             }catch(IOException ee){System.out.println("ee");}
        }
        if(e.getSource() == save)
        {
            try{
                PrintWriter out = new PrintWriter(new
                        FileWriter(filename.getText().trim()));
                out.print(ta.getText());
                out.flush();
                out.close();
            }catch(IOException e3){}
          }
    }
    public static void main(String args[])
    {
                urldownload myclient = new urldownload();
                myclient.setSize(800,600);
                myclient.setVisible(true);
                myclient.addWindowListener(new WindowDestroyer());
    }
}
```

【例 9-8】 实现一个显示 URL 资源的迷你浏览器。

```
import javax.swing.*;
import java.awt.*;
import java.awt.event.*;
import java.net.*;
import java.io.*;
```

```
import javax.swing.event.*;
class minibrowser extends JFrame implements ActionListener,Runnable{
   JButton button;
   URL url;
   JTextField text;
   JEditorPane editPane;
   byte b[] = new byte[128];
   Thread thread;
   public minibrowser() {
      text = new JTextField(20);
      editPane = new JEditorPane();
      editPane.setEditable(false);
      button = new JButton("确定");
      button.addActionListener(this);
      thread = new Thread(this);
      JPanel p = new JPanel();
      p.add(new JLabel("输入网址:"));
      p.add(text);p.add(button);
      Container con = getContentPane();
      con.add(new JScrollPane(editPane),BorderLayout.CENTER);
      con.add(p,BorderLayout.NORTH);
      setBounds(60,60,560,460);
      setVisible(true);
      validate();
      setDefaultCloseOperation(JFrame.EXIT_ON_CLOSE);
      editPane.addHyperlinkListener(new HyperlinkListener(){
         public void hyperlinkUpdate(HyperlinkEvent e)   {
           if(e.getEventType() == HyperlinkEvent.EventType.ACTIVATED) {
              try{
                     editPane.setPage(e.getURL());
              } catch(IOException e1)   {
                   editPane.setText("" + e1);
              }
           }
         }
      });
   }
   public void actionPerformed(ActionEvent e)   {
      if(!(thread.isAlive())) thread = new Thread(this);
      try{
          thread.start();
      } catch(Exception e1)   {
         text.setText("我正在读取" + url);
      }
   }
   public void run() {
      try{
         int n = -1;
         editPane.setText(null);
         editPane.setContentType("text/html");
         url = new URL(text.getText().trim());
```

```
            editPane.setPage(url);
        } catch(MalformedURLException e1) {
            text.setText("" + e1);
            return;
        }catch(IOException e2) {
            text.setText("" + e2);
            return;
        }
    }
    public static void main(String args[])  {
        new minibrowser();
    }
}
```

9.4.3 其他相关类

1. URLConnection 类

URLConnection 类是一个抽象类，用于封装应用程序到 URL 对象的连接，它提供了用于进一步了解远程 URL 资源的方法。表 9-3 列出了此类的部分方法。

表 9-3 URLConnection 类的部分方法

方法名	说明
URLConnection OpenConnection()	返回该 URL 对象管理的 URLConnection 对象
String getContentType()	返回内容类型
long getLastModified()	返回对象的最后修改时间
int getContentLength()	返回内容长度
InputStream getInputStream()	返回该 URL 资源的字节输入流
OutputStream getOutputStream()	返回该 URL 资源的字节输出流

【例 9-9】 简单地演示 URLConnection 类的使用技巧。

```
import java.net.*;
import java.io.*;
import java.util.*;
public class URLConnectionExample {
public static void main(String args[]) throws Exception {
    URL url = new URL(args[0]);
    URLConnection con = url.openConnection();
    System.out.println("URL used is: " + con.getURL().toExternalForm());
    System.out.println("Content Type: " + con.getContentType());
    System.out.println("Content Length: " + con.getContentLength());
    System.out.println("Last Modified: " + new Date(con.getLastModified()));
    System.out.println("First Three lines :");
    BufferedReader in = new BufferedReader(new InputStreamReader(con.getInputStream()));
    for (int i = 0; i<10; i++) {                          //循环输出此 URL 资源的前 10 行
      String line = in.readLine();
      if (line == null) {
```

```
            break;
        }
        System.out.println(" " + line);
    }
  }
}
```

2. URLEncoder 类

URLEncoder 类用于将不符合 URL 规范的字符串编码成符合 URL 规范的字符串。

【例 9-10】 演示 URLEncoder 类的转换方式。

```
import java.net.*;
class URLEncode {
  public static void main(String args[]) throws Exception{
    String str = "Jackson's bike - bell cost $5 中国";
    String str2 = URLEncoder.encode(str,"UTF-8");
    System.out.println(str);
    System.out.println(str2);
  }
}
}
```

9.5 程序建模示例

【程序建模示例 1】 云存储服务模拟①。

现在,云计算、云存储等基于远程的实用服务越来越多,此处将设计一个简单的云存储服务程序,用于上传和保存文件。为了完成这样的功能,在服务器上需要创建服务器套接字并且监听发送过来的请求。客户端连接到服务器并将文件发送到服务器进行存储,服务器在建立的套接字连接上接收来自客户端的文件内容,在文件名的后面添加一段唯一的字符串,然后存储文件。这样,客户端以后可以从服务器取回存储的文件。

首先,文件存储服务器建立服务器套接字并等待客户端请求。客户端的请求组成为命令加上后面的文件名,其中,命令由整数 0 或 1 表示,0 代表存储请求,1 代表下载文件请求。为了简单,我们的服务器仅接收基于文本文件的存储请求。源代码如下:

```
//CloudStoreageServer.java
import java.io.*;
import java.net.*;
import java.util.logging.*;
public class CloudStorageServer {
    private static ServerSocket server;
    public static void main(String[] args) {
        Socket requestSocket = null;
```

① Java 7 编程高级进阶,Poornachandra Sarang 著,曹如进译。

```
        new Thread(new Monitor()).start();
        try {
            server = new ServerSocket(10000);
            System.out.println("Server started:");
            System.out.println("Hit Enter to stop server");
            try {
                while(true) {
                    requestSocket = server.accept();
                    new Thread(new RequestProcessor(requestSocket)).start();
                }
            }finally{
                requestSocket.close();
            }
        }catch(Exception ex) {
Logger.getLogger(CloudStorageServer.class.getName()).log(Level.SEVERE,null,ex);
        }
    }
    private static void shutdownServer(){
        try {
            server.close();
        }catch(IOException ex) {
        }
        System.exit(0);
    }
    private static class Monitor implements Runnable {
        public void run(){
            try {
                while(System.in.read()!= '\n'){
                }
            }catch(IOException ex) {
            }
            shutdownServer();
        }
    }
    private static class RequestProcessor implements Runnable {
        private Socket requestSocket;
        public RequestProcessor(Socket requestSocket) {
            this.requestSocket = requestSocket;
        }
        @Override
        public void run() {
            try {
                DataInputStream reader = new
DataInputStream(requestSocket.getInputStream());
                DataOutputStream writer = new
DataOutputStream(requestSocket.getOutputStream());
                int cmd = reader.readInt();
                String fileName = reader.readUTF();
                String message;
                if(cmd == 0){
                    message = "Put";
```

```
            }else {
                message = "Get";
            }
            message += fileName + " requested";
            System.out.println(message);
            if(cmd == 0){
                uploadFile(reader,fileName);
            }else if(cmd == 1){
                downloadFile(writer,fileName);
            }
        }catch(IOException ex){
Logger.getLogger(CloudStorageServer.class.getName()).log(Level.SEVERE,null,ex);
        }
    }
    private void uploadFile(DataInputStream in,String fname){
        try {
            BufferedWriter writer = new BufferedWriter(new FileWriter("server - " + fname));
            String str;
            while(!(str = in.readUTF()).equals(" - 1")){
                writer.write(str);
                writer.newLine();
            }
            in.close();
            writer.close();
            System.out.println("'" + fname + "' saved under name '" + fname + "'");
        }catch(IOException ex) {
Logger.getLogger(CloudStorageServer.class.getName()).log(Level.SEVERE,null,ex);
        }
    }
    private void downloadFile(DataOutputStream out,String fname){
        try {
            BufferedReader reader = new BufferedReader(new FileReader("server - " + fname));
            String str = reader.readLine();
            while(str!= null){
                out.writeUTF(str);
                str = reader.readLine();
            }
            out.writeUTF(" - 1");
            reader.close();
            out.close();
        }catch(IOException ex) {
Logger.getLogger(CloudStorageServer.class.getName()).log(Level.SEVERE,
null,ex);
        }
    }
  }
}
```

其次,设计云存储的客户端程序,为了简单,客户端设计为一个命令行程序,接受两个参数,第一个参数指定 get/put 命令,第二个参数指定文件名。源代码如下:

```
//CloudStore.java
import java.io.*;
import java.net.*;
public class CloudStore {
    public static void main(String[] args) {
        Socket requestSocket = null;
        if(args.length<2){
            System.out.println("Usage: java CloudStore get/put filename");
            System.exit(0);
        }
        int cmd = 0;
        switch(args[0]){
            case "get":cmd = 1;break;
            case "put":cmd = 0;break;
        }
        String fileName = args[1];
        try {
            try {
                requestSocket = new Socket();
                requestSocket.connect(new InetSocketAddress("localhost",10000));
                DataOutputStream writer = new DataOutputStream(requestSocket.
getOutputStream());
                writer.writeInt(cmd);
                writer.writeUTF(fileName);
                if(cmd == 0) {                                  //put
                    BufferedReader reader = new BufferedReader(new FileReader(fileName));
                    String str = null;
                    while((str = reader.readLine())!= null){
                        writer.writeUTF(str);
                    }
                    writer.writeUTF("-1");
                    System.out.println(fileName + " uploaded successfully");
                    reader.close();
                    writer.close();
                }else{                                          //get
                    DataInputStream reader = new DataInputStream(requestSocket.
getInputStream());
                    BufferedWriter fileWriter = new BufferedWriter(new FileWriter(fileName));
                    String str = null;
                    while(!(str = reader.readUTF()).equalsIgnoreCase("-1")){
                        fileWriter.write(str);
                        fileWriter.newLine();
                        System.out.println(str);
                    }
                    reader.close();
                    fileWriter.close();
                }
```

```
        }finally{
            requestSocket.close();
        }
    }catch(Exception e){
        e.printStackTrace();
    }
  }
}
```

【程序建模示例 2】 基于 UDP 的简单聊天程序,效果如图 9-5 所示。

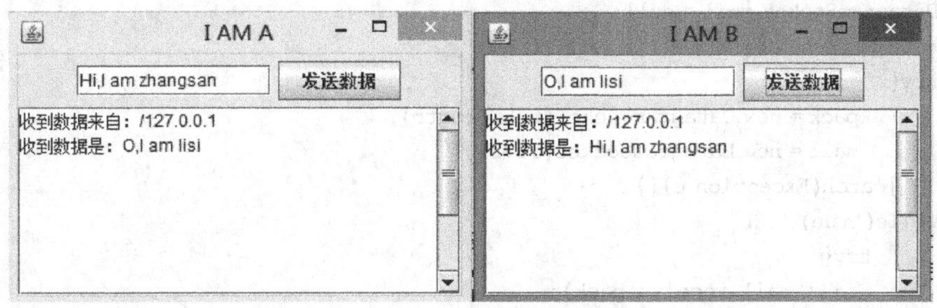

图 9-5 基于 UDP 的即时通信

现在流行的各种社交软件和服务大多是利用套接字编程实现的,有的基于 P2P 编程,有的基于 C/S 编程,有的基于 B/S 编程实现。此处利用 UDP 通信机制编写一个简单的类似于 P2P 的聊天程序,源代码如下:

```
//A.java
import java.net.*;
import java.awt.*;
import java.awt.event.*;
import javax.swing.*;
class A extends JFrame implements Runnable,ActionListener{
   JTextField outMessage = new JTextField(12);
   JTextArea inMessage = new JTextArea(12,20);
   JButton b = new JButton("发送数据");
   A(){
      super("I AM A");
      setSize(320,200);
      setVisible(true);
      JPanel p = new JPanel();
      b.addActionListener(this);
      p.add(outMessage);
      p.add(b);
      Container con = getContentPane();
      con.add(new JScrollPane(inMessage),BorderLayout.CENTER);
      con.add(p,BorderLayout.NORTH);
      Thread thread = new Thread(this);
      setDefaultCloseOperation(JFrame.EXIT_ON_CLOSE);
      thread.start();                              //线程负责接收数据
   }
  public void actionPerformed(ActionEvent event){  //单击按扭发送数据
```

```
        byte b[] = outMessage.getText().trim().getBytes();
        try {
              InetAddress address = InetAddress.getByName("127.0.0.1");
              DatagramPacket data = new DatagramPacket(b,b.length,address,1234);
              DatagramSocket mail = new DatagramSocket();
              mail.send(data);
           }catch(Exception e){}
    }
   public void run() {                                               //接收数据
        DatagramPacket pack = null;
        DatagramSocket mail = null;
        byte b[] = new byte[8192];
        try{
              pack = new DatagramPacket(b,b.length);
              mail = new DatagramSocket(5678);
          }catch(Exception e){}
        while(true) {
             try{
                   mail.receive(pack);
                   String message = new String(pack.getData(),0,pack.getLength());
                   inMessage.append("收到数据来自: " + pack.getAddress());
                   inMessage.append("\n 收到数据是: " + message + "\n");
                   inMessage.setCaretPosition(inMessage.getText().length());
               }catch(Exception e){}
          }
    }
  public static void main(String args[]) {
         new A();
    }
}
//B.java
import java.net.*;
import java.awt.*;
import java.awt.event.*;
import javax.swing.*;
class B extends JFrame implements Runnable,ActionListener {
   JTextField outMessage = new JTextField(12);
   JTextArea inMessage = new JTextArea(12,20);
   JButton b = new JButton("发送数据");
   B(){
        super("I AM B");
        setBounds(350,100,320,200);
        setVisible(true);
        JPanel p = new JPanel();
        b.addActionListener(this);
        p.add(outMessage);
        p.add(b);
        Container con = getContentPane();
        con.add(new JScrollPane(inMessage),BorderLayout.CENTER);
        con.add(p,BorderLayout.NORTH);
        Thread thread = new Thread(this);
```

```
        setDefaultCloseOperation(JFrame.EXIT_ON_CLOSE);
        thread.start();                                    //线程负责接收数据
    }
    public void actionPerformed(ActionEvent event){        //单击按扭发送数据
        byte b[] = outMessage.getText().trim().getBytes();
        try{
                InetAddress address = InetAddress.getByName("127.0.0.1");
                DatagramPacket data = new DatagramPacket(b,b.length,address,5678);
                DatagramSocket mail = new DatagramSocket();
                mail.send(data);
            } catch(Exception e){}
    }
    public void run(){                                     //接收数据
        DatagramPacket pack = null;
        DatagramSocket mail = null;
        byte b[] = new byte[8192];
        try {
                pack = new DatagramPacket(b,b.length);
                mail = new DatagramSocket(1234);
            } catch(Exception e){}
        while(true) {
            try{   mail.receive(pack);
                    String message = new String(pack.getData(),0,pack.getLength());
                    inMessage.append("收到数据来自: " + pack.getAddress());
                    inMessage.append("\n 收到数据是: " + message + "\n");
                    inMessage.setCaretPosition(inMessage.getText().length());
                } catch(Exception e){}
        }
    }
  public static void main(String args[]){
        new B();
    }
}
```

9.6 本章小结

本章主要介绍了如何在Java中实现TCP Socket通信、数据报(UDP)通信和基于URL的网络访问服务。Java从一开始就对创建网络应用程序提供了良好的支持,java.net包提供了一系列类用于网络编程。

Socket是指两台计算机进行通信的端点,代表IP地址和端口的组合,它将代码与TCP/IP协议的底层应用分离,TCP Sockets使程序员能够以自己的通信模式快速地开发"客户机/服务器"应用。Java中的Socket类和ServerSocket类提供了对TCP Sockets编程的良好封装。

与TCP相对应的是数据报(UDP)通信,数据报通信无须建立发送方和接收方的连接。它是一种不可靠协议,发送方所发送的数据报并不一定以相同的次序到达接收方。Java通过DatagramSocket类与DatagramPacket类实现了UDP的封装。

URL则使用统一资源定位器来定位网络资源,使用应用层协议HTTP来完成数据的传输服务。Java 通过 URL 类、URLConnection 类、URLEncode 类、HttpCookie 类来完成高层协议类的封装和管理。

习题

一、选择题

1. Java 中的(　　)类用来在客户端建立和服务器的连接。
   A. Socket　B. DatagramPacket　C. IP　D. InetAddress
2. 一个 URL 为 http://www.edu.cn:80/loc/index.htm,其中 http 的含义为(　　)。
   A. 通信协议　B. 参考点　C. 机器名称　D. 通信端口
3. Java 中的 Socket 类编程位于 TCP/IP 参考模型的(　　)。
   A. 网络互联层　B. 应用层　C. 传输层　D. 链路层
4. Java 中的 URL 类工作在 TCP/IP 参考模型的(　　)。
   A. 网络互联层　B. 应用层　C. 传输层　D. 链路层
5. 一个服务器执行以下代码,以下说法中正确的是(　　)。

```
ServerSocket serverSocket = new ServerSocket(80);
Socket socket = serverSocket.accept();
int port = socket.getPort();
```

   A. 服务器进程占用 80 端口
   B. socket.getPort()方法返回服务器进程占用的本地端口,此处返回值是 80
   C. serverSocket.accept()方法成功返回,则表明服务器进程接收到了一个客户连接请求
   D. socket.getPort()方法返回客户端套接字占用的本地端口
6. Java 中提供的封装 IP 地址的类是(　　)。
   A. Socket　B. ServerSocket　C. DatagramSocket　D. InetAddress
7. InetAddress 类中的(　　)方法可实现正向名称解析。
   A. isReachable()　B. getHostAddress()
   C. getHostName()　D. getByName()
8. 为了获取远程主机的文件内容,在创建了 URL 对象后,需要使用(　　)方法获取数据。
   A. getPort()　B. getHost()
   C. openStream()　D. openConnection()
9. ServerSocket 的监听方法 accept()的返回值的类型是(　　)。
   A. void　B. Object　C. Socket　D. DatagramSocket
10. 在使用客户端套接字 Socket 创建对象时需要指定(　　)。
    A. 服务器主机名称和端口　B. 服务器端口和文件
    C. 服务器名称和文件　D. 服务器地址和文件
11. 在使用 UDP 套接字通信时常用(　　)类把要发送的信息打包。

A. String B. DatagramSocket C. MulticastSocket D. DatagramPacket

12. 在使用 UDP 套接字通信时,( )方法用于接收数据。

A. read() B. receive() C. accept() D. Listen()

13. 若要取得数据包中的源地址,可使用( )方法。

A. getAddress() B. getPort() C. getName() D. getData()

14. TCP/IP 系统中的端口号是一个( )位的数字,它的范围是 0~65 535。

A. 8 B. 16 C. 32 D. 64

二、简答题

1. 什么是 URL? 它由哪几个部分组成?
2. 什么是 TCP Socket? 它由哪几个部分组成?
3. 哪个类是用来处理 URL 编码的?
4. 简述 Socket 的通信步骤。
5. 什么是 UDP 通信? UDP 通信是如何实现的?
6. 简述用 java Socket 创建客户端 Socket 的过程。
7. 简述用 ServerSocket 创建服务器端 ServerSocket 的过程。
8. 简述基于 TCP 及 UDP 套接字通信的主要区别。
9. 介绍一下 DatagramPacket 的常用构造方法。

三、编程题

1. 编写一个类似 ping 的程序,从键盘上输入主机名称,测试链接效果,要有时间效果。
2. 编写一个模拟 FTP 服务的 C/S 程序。
3. 编写一个简单的聊天程序。
4. 编写一个程序,从指定的 URL 资源处下载资源。

第10章 Java中的集合抽象

按照传统的理解，一个程序应包括以下两个方面。

(1) 数据的描述：在程序中要指定数据的类型和数据的组织方式，我们称之为数据结构。

(2) 操作的描述：即操作的步骤，也就是我们所说的算法。

数据是操作的对象，操作的目的是对数据进行加工处理，以得到期望的结果。著名的计算机科学家沃斯(Nikiklaus Wirth)提出一个公式：

数据结构＋算法＝程序

实际上，数据结构代表数据在空间上的一种排列方式，而算法代表数据在时间上的动态变化。作为当代程序员，必须掌握各种基本的数据结构和算法，就跟我们研究自然世界的各种物质组成是一样的道理，既要研究物质的静态组成结构又要研究它的运动规律，在计算机程序中，既有数据的存储结构也有施加在这些数据上的各种执行代码。

根据第1章介绍的知识，我们认为能量＋代码＝世界，即E＋C＝W，但代码的组成有两种，一种是表示数据结构的代码，类似于能量固化后显示的物质现象；另一种是表示指令的代码，这种代码只能在数据变化中显示自己的存在，这类似于各种物质的化学反应或物理变化，只能从物质的时空变换中看到能量的变化，并推导出相应的化学公式或物理公式。本章来看数据代码部分的设计技巧，当然，数据代码要和程序代码结合后才能真正起作用。

10.1 数据结构的定义

所谓数据，就是指能够被计算机CPU识别、存储和加工处理的信息的载体，是计算机程序加工的“原料”，同时也是加工的“产品”。

数据元素是数据的基本单位，有时一个数据元素可以由若干个数据项组成。数据项是具有独立含义的最小标识单位。例如在整数集合中，10这个数就可以称为是一个数据元素；又如在一个数据库(关系型数据库)中，一个记录可以称为一个数据元素，而这个元素中的某一字段就是一个数据项。

数据结构一般包括3个方面的内容，即数据的逻辑结构、数据的存储结构、数据的运算。

1. 数据的逻辑结构(Logical Structure)

数据的逻辑结构即数据元素之间的逻辑关系。数据的逻辑结构是从逻辑关系上描述数据,与数据的存储无关,是独立于计算机的。数据的逻辑结构可以看作是从具体问题抽象出来的数学模型。

2. 数据的存储结构(Storage Structure)

数据的存储结构即数据元素及其关系在计算机存储器中的表示。数据的存储结构是逻辑结构用计算机语言的实现(也称为映象),它依赖于计算机语言。对于机器语言来说,存储结构是具体的。一般只在高级语言的层次上讨论存储结构。

3. 数据的运算

数据的运算即对数据施加的操作,这本质上是程序代码的作用。数据的运算定义在数据的逻辑结构上,每种逻辑结构都有一个运算的集合。最常用的检索、插入、删除、更新、排序等运算实际上只是在抽象的数据上所施加的一系列抽象的操作。

所谓抽象的操作,是指我们只知道这些操作是"做什么",而无须考虑"如何做"。只有确定了存储结构之后,才考虑如何具体实现这些运算。

10.2 算法

数据的运算通过算法(Algorithm)描述,讨论算法是数据结构课程的重要内容之一。

一般来讲,算法是任意一个有明确定义的计算过程。它以一个或多个值作为输入,并产生一个或多个值作为输出,有以下两种理解:

(1) 一个算法可以被认为是用来解决一个计算问题的工具。

(2) 一个算法是一系列将输入转换为输出的计算步骤。

【例 10-1】 排序问题:将一个数字序列排序为非降序。

该问题的形式定义由满足下述关系的输入/输出序列构成:

输入:数字序列〈a1,a2,…,an〉。

输出:输出序列的一个枚举〈a1',a2',…,an'〉,使得 a1'≤a2'≤…≤an'。

对于一个输入实例〈31,41,59,26,41,58〉,排序算法应返回输出序列〈26,31,41,41,58,59〉。

在算法中,我们引入了输入实例的概念,指的是一个输入要满足问题的陈述中所给出的限制,并为计算该问题的解所需要的所有输入元素构成。

同时引入了正确的算法和不正确的算法的概念,若一个算法对于每个输入实例均能终止并给出正确的结果,则称该算法是正确的,正确的算法解决了给定的计算问题。一个不正确的算法是指对某些输入实例不终止,或者虽然终止但给出的结果不是所渴望得到的答案,一般只考虑正确的算法。

10.3 Java语言对数据集合的支持和实现

在JDK1.2版以后,Java提供了大量的数据结构的支持,并利用接口(interface)与实现(implements)分离的良好特征提供了很多实用的数据集合接口和数据集合类。在Java中,各种数据结构都是以集合框架的方式给出的,集合是将多个元素组成一个单元的对象,以便用于存储、检索和操纵数据,以及将数据从一个方法传输至另一个方法。这里的集合概念和数学中的集合概念大同小异,用户可以认为Java中的集合是对数学中的集合在程序层面的一种抽象。

10.3.1 集合框架体系结构

集合框架提供管理对象集合的接口和类,它包含若干个组件,接口是表示集合的抽象数据类型,用于操纵集合;类是存储集合的实际数据对象;算法则是集合机制中的关键部分,用于操纵集合,它们一般被定义为集合类中的静态方法。使用集合框架最大的好处是,集合框架提供了一套标准的接口,无论使用Set、List还是Map,接口总是保持一样。

在集合框架中,所有的类都符合通用的应用程序接口(API),从而变得更正规并容易理解。应用程序的类型并不重要,不管用户是在开发聊天应用程序,还是针对SQL数据库进行工作,抑或是创建图形编辑器,看到的都是相同的接口。有了标准接口,我们就可以更容易地将集合对象作为参数或返回值在方法之间传递。因此,同样的方法可以用于更多的集合中。所有的集合类都有通用的实现,这使得代码更短、下载更快。此外,为了提高性能或增加新功能而对核心算法实现所做的改变,对于程序代码都是即时可用的。

如图10-1所示,Java提供了一系列核心集合接口用于操作集合,这些接口允许集合独立于其具体的实现细节。其中,Collection接口和Map接口处于集合的顶层,它使用户可以使用多组对象。List接口扩展了Collection接口,用于处理序列;Set接口也扩展了Collection接口,用于处理对象集;Map接口用于处理键值对,它不能包含重复键。SortedMap是Map接口的扩展。

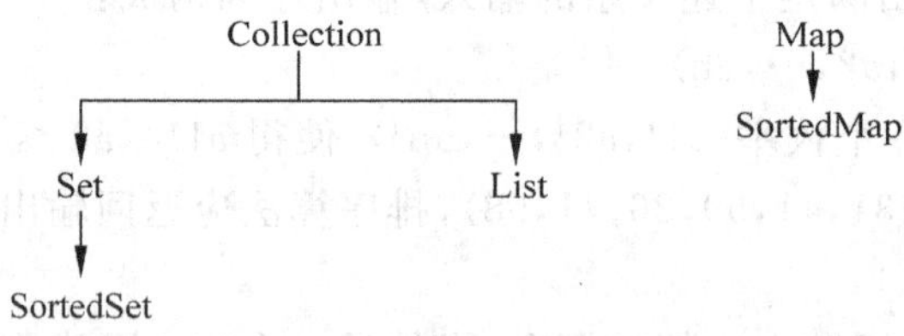

图10-1 Java核心接口

集合框架中的一些方法可以修改集合的内容,支持这些方法的集合称为可修改的集合,不支持这些方法的集合称为不可修改的集合,如果在不可修改集合中试图调用这些方法,将会抛出异常UnsupportedOperationException。图10-2列出了Java集合框架中核心接口抽象的方法和接口层次以及实现这些接口的基本类。

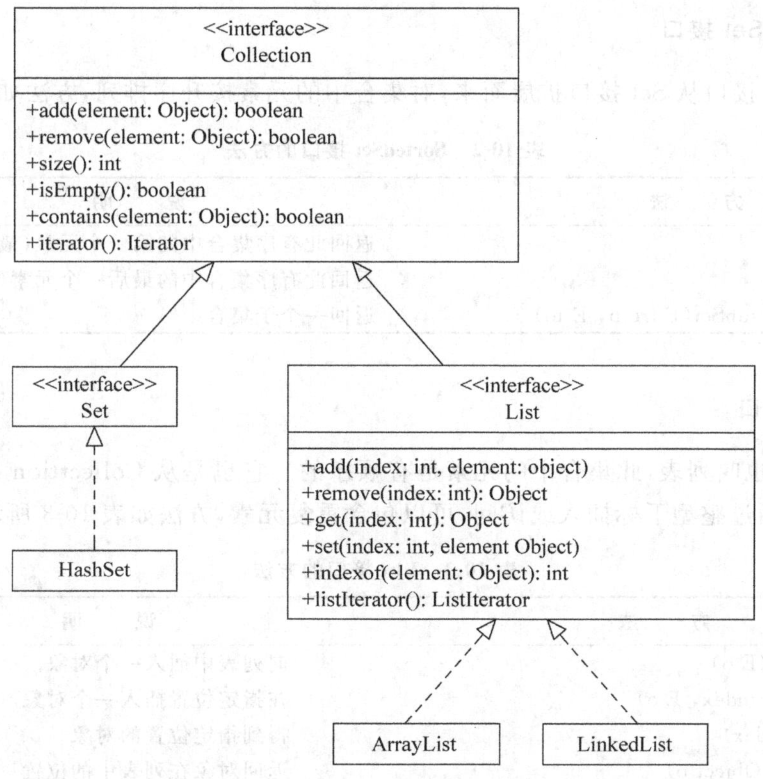

图 10-2 Java 的 Collection 接口和类的继承示意图

10.3.2 接口

1. Collection 接口

Collection 接口是构建集合框架的根，此接口的方法(如表 10 -1)对所有集合都通用。

表 10-1 Collection 接口的方法

方 法	说 明
boolean contains(Object a)	测试在集合中是否存在此对象
boolean equals(Object a)	比较两个集合是否相等
int size()	返回集合中的元素个数
void clean()	移除集合中的所有元素
boolean add(Object a)	向集合中添加一个对象
boolean isEmpty()	测试集合是否为空
boolean remove(Object a)	从集合中删除一个对象

2. Set 接口

Set 接口从 Collection 接口扩展而来，它不允许重复元素，没有自己的特殊方法，只是对继承而来的方法做了限制。

3. SortedSet 接口

SortedSet 接口从 Set 接口扩展而来,对集合中的元素按升序排列,方法如表 10-2 所示。

表 10-2 SortedSet 接口的方法

方　法	说　明
E first()	返回此有序集合中的第一个元素(最小)
E last()	返回此有序集合中的最后一个元素(最大)
SortedSet subSet(E from, E to)	返回一个子集合

4. List 接口

List 接口也叫列表,此集合中的元素是有顺序的。它也是从 Collecttion 接口扩展而来的,元素可以通过整型下标插入或访问,可以包含重复元素,方法如表 10-3 所示。

表 10-3 List 接口的方法

方　法	说　明
boolean add(E o)	向列表中插入一个对象
void add(int index, E o)	在指定位置插入一个对象
E get(int index)	得到指定位置的对象
int indexOf(Object o)	返回对象在列表中的位置
E set(int index, E o)	修改指定位置的对象
Object[] toArray()	将列表中的元素转换成对象数组
List<E> subList(int form,int to)	返回一个子列表
Iterator<E> iterator()	返回一个迭代器对象

5. Map 接口

Map 是将键映射到值的对象,其中,键和值都是对象。Map 不能包含重复键,但可以包含重复值,每个键最多只能映射到一个值。其方法如表 10-4 所示。

表 10-4 Map 接口的方法

方　法	说　明
void clear()	从映射中移除所有的键值对
boolean containsKey(Object key)	测试在映射中是否存在此键
boolean containsValue(Object v)	测试在映射中是否存在相应值
boolean equals(Object o)	测试两个映射是否一样
V get(Object key)	取此键所映射的值
boolean isEmpty()	测试是否为空
V put(K key,V value)	将此键值对放入映射
V remove(Object k)	删除键
int size()	得到大小

6. Iterator 接口

该接口是对集合进行迭代的迭代器接口，实现方法如表 10-5 所示。

表 10-5 Iterator 接口的方法

方 法	说 明
boolean hasNext()	测试是否有没有遍历到的元素
E next()	返回迭代的下一个元素
void remove()	从集合中移除元素

7. Enumeration 接口

该接口是对集合进行枚举遍历的枚举器接口，实现方法如表 10-6 所示。

表 10-6 Enumeration 接口的方法

方 法	说 明
boolean hasMoreElements()	测试是否还有更多元素
E nextElement()	返回下一个没有遍历到的元素

10.3.3 常用集合类

在 Java 中针对以上接口提供了一些实现的类，有的类提供了完全实现，可以直接使用，有的类没有给出所有方法的实现，是抽象类，用于程序员创建自定义的具体类，这些类通常在 java.util 包中，下面介绍常用的标准集合类。

(1) AbstractCollection：提供了 Collection 接口的框架实现，是一个抽象类，为了实现一个不可修改集合，只需扩展此类并提供 iterator()和 size()方法的实现。如果需要实现一个可修改集合，则必须覆盖此类的 add()方法和 remove()方法。

(2) AbstractList：从 AbstractCollect 类扩展而来，提供了 List 接口的框架实现。

(3) AbstractSequentialList：从 AbstractList 类扩展而来，使用顺序访问(而不是随机访问)的方式访问其元素。为了实现列表，必须扩展此类并提供 listIterator()和 size()方法的实现。

(4) LinkedList：从 AbstractSequentialList 类扩展而来，实现了所有的可选列表操作。除了实现 List 接口以外，它还提供了统一命名的方法，用于在列表开始处和结尾处获得、删除和插入元素。

(5) ArrayList：从 AbstractList 类扩展而来，是 List 接口的可变大小的数组实现。

(6) AbstractSet：从 AbstractCollection 类扩展而来，提供了 Set 接口的框架实现，是抽象类。

(7) HashSet：此类从 AbstractSet 类扩展而来，实现了 Set 接口，有一个散列表支持它。它为集合的操作提供了固定的时间性能。

(8) TreeSet：此类从 AbstractSet 接口扩展而来，实现了 Set 接口。它确保了集合中的元素按自然顺序排列。

(9) Vector:此类从 AbstractList 扩展而来,实现了可增长的对象数组。与数组一样,它包含可以使用整数索引进行访问的组件。但是,Vector 的大小可以根据需要增大或缩小,以适应创建 Vector 后进行添加或移除项的操作。

(10) Stack:此类表示后进先出(LIFO)的对象堆栈。堆栈在很多算法中都有使用,包括 JVM、各种操作系统的设计,堆栈都是重要的角色。Java 通过 5 个操作对类 Vector 进行了扩展,允许将向量视为堆栈。它提供了通常的 push 和 pop 操作,以及取栈顶的 peek 方法、测试堆栈是否为空的 empty 方法、在堆栈中查找项并确定到栈顶距离的 search 方法。首次创建堆栈时,它不包含数据项。

(11) Hashtable:此类对象实现一个哈希表,该哈希表将键映射到相应的值。任何非 null 对象都可以用作键或值。

(12) Properties:此类是 Hashtable 类的子类,此类的对象表示了一个可以持久化的属性集。Properties 可保存在流中或从流中加载相应的属性数据,属性列表中的每个键及其对应值都是一个字符串。

(13) Collections: Java 在 Collections 类中提供了很多静态方法,包括排序、搜索、混排和数据操纵的方法,这些方法的第一个参数是要在其中执行操作的集合。如果类型不兼容,这些方法将抛出 ClassCastException 异常。表 10-7 列出了 Collections 类中常用的方法。

表 10-7 Collections 类中常用的方法

方　法	说　明
static void copy(List l1,List l2)	将所有元素从一个列表复制到另一个列表
static void fill(List l,Object ob)	使用指定元素填充列表
static Object max(Collection c, Comparator m)	使用比较器取最大元素
static Object max(Collection c)	按自然顺序取最大元素
static Object min(Collection c, Comparator m)	使用比较器取最小元素
static Object min(Collection c)	按自然顺序取最小元素
static void reverse(List l)	反转指定列表中元素的顺序
static void shuffle(List l,Random r)	使用指定随机元混排列表中的元素
static void sort(List l)	按自然顺序排序
static void sort(List l,Comparator cmp)	使用比较器排序
static Enumeration enumeration(Collection c)	返回一个枚举器对象
static int binarySearch(list,key)	用二分法查找指定对象

10.3.4 泛型的使用

泛型是 JDK 1.5 版本引进的新特性,泛型的本质是参数化类型,也就是说,所操作的数据类型被指定为一个参数。这种参数类型可以用在类、接口和方法的创建中,分别称为泛型类、泛型接口和泛型方法。

在 JDK 1.5 以前没有泛型的情况下,通过对类型 Object 的引用来实现参数的"任意化"。"任意化"带来的缺点是要做显式的强制类型转换,而这种转换要求在开发者对实际参数类型可以预知的情况下才可以进行。对于强制类型转换错误的情况,编译器可能不提示错误,但在运行的时候可能出现异常,这是比较严重的安全隐患。泛型的引入很好地解决了这一问题。

泛型类的定义格式为 class classname<T>，当然也可以是两个参数，比如在数据集合 MAP 类的使用中用 class classname<K,V>的形式，其中，T、K、V 的类型是可变的，最终由实际对象的类型来决定，例如以下程序。

【例 10-2】 没有使用泛型的情况。

```
import java.util.*;
class MyObGen {
    private Object ob;
    public MyObGen(Object ob){
        this.ob = ob;
    }
    public Object getOb(){
        return ob;
    }
    public void setOb(Object ob){
        this.ob = ob;
    }
    public void showType(){
        System.out.println("对象的实际类型是: " + ob.getClass().getName());
    }
}
public class NoGeneric {
    public static void main(String[] args){
        MyObGen intOb = new MyObGen(new Integer(66));
        intOb.showType();
        int i = (Integer)intOb.getOb();
        System.out.println("value =  " + i);
        System.out.println();
        MyObGen strOb = new MyObGen("One String");
        strOb.showType();
        String s = (String) strOb.getOb();
        System.out.println("value =  " + s);
    }
}
```

【例 10-3】 使用泛型设计后的程序。

```
class Gen<T> {
    private T ob;
    public Gen(T ob){
        this.ob = ob;
    }
    public T getOb(){
        return ob;
    }
    public void setOb(T ob){
        this.ob = ob;
    }
    public void showType(){
```

```
        System.out.println("T 的实际类型是: " + ob.getClass().getName());
    }
}
public class MyGenTest{
    public static void main(String[] args){
        Gen<Integer> intOb = new Gen<Integer>(66);
        intOb.showType();
        int i = intOb.getOb();
        System.out.println("value =  " + i);
        System.out.println();
        Gen<String> strOb = new Gen<String>("My String with Generic!");
        strOb.showType();
        String s = strOb.getOb();
        System.out.println("value =  " + s);
    }
}
```

泛型的使用使得程序在编译阶段,编译器就可以根据参数类型来检查错误,并且不需要专门的强制类型转换,从而减少了安全隐患。

10.3.5 常用集合类实例演示

【例 10-4】 链表测试 1。

```
import java.util.*;
class Student implements Comparable {
    String name ;
    int number;
    float score;
    Student(String name, int number, float score) {
      this.name = name;
      this.number = number;
      this.score = score;
    }
public int compareTo(Object b) {
     Student st = (Student)b;
     return (int)(this.score - st.score);
  }
}
public class linklist {
    public  static void main(String args[]) {
      LinkedList<Student> mylist = new LinkedList<Student>();
      Student stu_1 = new Student("马俊" ,9012,80.0f),
      stu_2 = new Student("马军" ,9013,90.0f),
      stu_3 = new Student("马骏" ,9014,78.0f),
      stu_4 = new Student("马君" ,9015,55.0f);
      mylist.add(stu_1);
      mylist.add(stu_2);
      mylist.add(stu_3);
      mylist.add(stu_4);
```

```
        Iterator<Student> iter = mylist.iterator();
        while(iter.hasNext())  {
            Student te = iter.next();
            System.out.println(te.name + " " + te.number + "  " + te.score);
        }
        Collections.sort(mylist);
        System.out.println("sorted:");
        Iterator<Student> iter1 = mylist.iterator();
        while(iter1.hasNext()) {
            Student te1 = iter1.next();
            System.out.println(te1.name + " " + te1.number + "  " + te1.score);
        }
    }
}
```

【例 10-5】 链表测试 2。

```
import java.util.*;
class Student {
    String name;
    int score;
    Student(String name,int score) {
        this.name = name;
        this.score = score;
    }
}
public class LinkedListTest {
    public  static void main(String args[]) {
        LinkedList<Student> mylist = new LinkedList<Student>();
        mylist.add(new Student("张小一",78));
        mylist.add(new Student("王小二",98));
        mylist.add(new Student("李大山",67));
        int number = mylist.size();
        System.out.println("现在链表中有" + number + "个结点:");
        for(int i = 0;i<number;i++) {
            Student temp = mylist.get(i);
            System.out.printf("第" + i + "结点中的数据,学生:%s,分数:%d\n", temp.name,
temp.score);
        }
        Student removeSTU = mylist.remove(1);
        System.out.printf("被删除的结点中的数据是:%s,%d\n", removeSTU.name, removeSTU.
score);
        Student replaceSTU = mylist.set(1,new Student("赵钧林",68));
        System.out.printf("被替换的结点中的数据是:%s,%d\n",replaceSTU.name, replaceSTU.
score);
        number = mylist.size();
        System.out.println("现在链表中有" + number + "个结点:");
        for(int i = 0;i<number;i++){
            Student temp = mylist.get(i);
            System.out.printf("第" + i + "结点中的数据,学生:%s,分数:%d\n",temp.name,
temp.score);
```

```
        }
        if(mylist.contains("Open"))  {
            System.out.println("链表包含字符串数据");
        } else {
            System.out.println("链表没有结点含有字符串数据");
        }
    }
}
```

【例 10-6】 向量测试 1。

```
import  java.util.*;
class vector1 {
    public static void main(String args[]) {
    Vector vector = new Vector();
    Date date = new Date();
    vector.add(new Integer(1));
    vector.add(new Float(3.45f));
    vector.add(new Double(7.75));
    vector.add(new Boolean(true));
    vector.add(date);
    System.out.println(vector.size());
    Integer number1 = (Integer)vector.get(0);
    System.out.println("The first elements is: " + number1.intValue());
    Float number2 = (Float)vector.get(1);
    System.out.println("The second elements is: " + number2.floatValue());
    Double number3 = (Double)vector.get(2);
    System.out.println("The third elements is: " + number3.doubleValue());
    Boolean number4 = (Boolean)vector.get(3);
    System.out.println("The fourth elements is: " + number4.booleanValue());
    date = (Date)vector.lastElement();
    System.out.println("The fifth elements is: " + date.toString());
    if(vector.contains(date)){
      System.out.println("OK");
    }
  }
}
```

【例 10-7】 向量测试 2。

```
import java.util.*;
class Student {
    String name ;
    int number;
    float score;
    Student(String name, int number, float score) {
      this.name = name;
      this.number = number;
      this.score = score;
    }
}
class vector2 {
```

```
    public static void main(String[] args) {
      Vector<Student> myv = new Vector<Student>();
              Student stu_1 = new Student("赵民",9012,80.0f),
                  stu_2 = new Student("钱青",9013,90.0f),
                  stu_3 = new Student("孙枚",9014,78.0f),
                  stu_4 = new Student("周右",9015,55.0f);
                  myv.add(stu_1);
                  myv.add(stu_2);
                  myv.add(stu_3);
      myv.add(stu_4);
      Iterator<Student> iter = myv.iterator();
      while(iter.hasNext()) {
          Student st = iter.next();
          System.out.println("name:" + st.name + "\tnumber:" + st.number + "\tscore:" + st.
score);
      }
    }
}
```

【例 10-8】 堆栈测试。

```
import java.util.*;
class Example{
    public static void main(String args[]) {
        Stack<Integer> stack = new Stack<Integer>();
        stack.push(new Integer(1));
        stack.push(new Integer(1));
        System.out.println(stack.peek());
        System.out.println(stack.peek());
        int k = 1;
        while(k <= 10)
        for(int i = 1;i <= 2;i++) {
            Integer F1 = stack.pop();
            int f1 = F1.intValue();
            Integer F2 = stack.pop();
            int f2 = F2.intValue();
            Integer temp = new Integer(f1 + f2);
            System.out.println("" + temp.toString());
            stack.push(temp);
            stack.push(F2);
            k++;
        }
    }
}
```

【例 10-9】 哈希表测试。

```
import java.util.*;
class HashTableExample {
   public static void main(String args[]) {
     Hashtable h  =  new Hashtable();
     Enumeration e;
```

```
    String str;
    double bal;
    h.put("马俊", new Double(4545.50));
    h.put("张三", new Double(2000.00));
    h.put("李四", new Double(5000.00));
    e = h.keys();
    while (e.hasMoreElements()) {
      str = (String) e.nextElement();
      System.out.println(str + ": " + h.get(str));
    }
    System.out.println();
    bal = ( (Double) h.get("Maria")).doubleValue();
    h.put("Maria", new Double(bal + 1000));
    System.out.println("Maria's new balance: " + h.get("Maria"));
  }
}
```

【例 10-10】 哈希映射测试。

```
import java.util.*;
class Book {
   String ISBN,name;
   Book(String ISBN,String name) {
      this.name = name;
      this.ISBN = ISBN;
   }
}
class Example{
   public  static void main(String args[]) {
      Book book1 = new Book("7302033218"," Java 编程语言"),
           book2 = new Book("7808315162","C++基础教程"),
           book3 = new Book("7302054991","J2ME 无线设备编程");
      HashMap<String,Book> table = new HashMap<String,Book>();
      table.put(book1.ISBN,book1);
      table.put(book2.ISBN,book2);
      table.put(book3.ISBN,book3);
      if(table.containsKey("7302033218")) {
         System.out.println("Java 编程语言有货");
      }
      Book b = table.get("7302054991");
      System.out.println("书名:" + b.name + ",ISBN:" + b.ISBN);
      int number = table.size();
      System.out.println("散列映射中有" + number + "个元素:");
      Collection<Book>  collection = table.values();
      Iterator<Book> iter = collection.iterator();
      while(iter.hasNext())  {
        Book te = iter.next();
        System.out.printf("书名: %s,ISBN: %s\n",te.name,te.ISBN);
      }
   }
}
```

【例 10-11】 哈希集测试。

```
import java.util. * ;
public class SetExample {
  public static void main(String[ ] args) {
    Set set = new HashSet();
    set.add("one");
    set.add("second");
    set.add("3rd");
    set.add(new Integer(4));
    set.add(new Float(5.0F));
    set.add("second");
    set.add(new Integer(4));
    set.add(new Student(222,"zhangsan"));
    System.out.println(set);
  }
}
```

【例 10-12】 树测试 1。

```
import java.util. * ;
class treeset{
   public static void main(String args[ ]) {
      TreeSet < Student > mytree =
    new TreeSet < Student >(new Comparator < Student >() {
             public int compare(Student a,Student b)  {
                return a.compareTo(b);
             }
        });
   Student st1,st2,st3,st4;
   st1 = new Student(90,"zhan ying");
   st2 = new Student(66,"wang heng");
   st3 = new Student(86,"Liuh qing");
   st4 = new Student(76,"yage ming");
   mytree.add(st1);
   mytree.add(st2);
   mytree.add(st3);
   mytree.add(st4);
   Iterator < Student > te = mytree.iterator();
   while(te.hasNext())  {
      Student stu = te.next();
      System.out.println("" + stu.name + "   " + stu.english);
    }
  }
}
class Student  implements Comparable {
   int english = 0;
   String name;
   Student(int e,String n)   {
      english = e;name = n;
   }
```

```
public int compareTo(Object b)  {
     Student st = (Student)b;
     return (this.english - st.english);
  }
}
```

【例 10-13】 树测试 2。

```
import java.util. * ;
class TreeSetExample{
   public static void main(String args[ ])  {
      TreeSet < Student > mytree =
      new TreeSet < Student >(new Comparator < Student >()
      {
         public int compare(Student a,Student b)  {
             return a.compareTo(b);
         }
      });
      for(int i = 0;i < 5;i++)  {
         Scanner read = new Scanner(System.in);
         System.out.println("学生的姓名:");
         String name = read.nextLine();
         System.out.println("输入分数(整数):");
         int score = read.nextInt();
         mytree.add(new Student(score,name));
      }
      Iterator < Student > te = mytree.iterator();
      while(te.hasNext())  {
        Student stu = te.next();
        System.out.println("" + stu.name + "   " + stu.english);
      }
   }
}
class Student  implements Comparable {
   int english = 0;
   String name;
   Student(int e,String n) {
      english = e;name = n;
   }
public int compareTo(Object b) {
     Student st = (Student)b;
     return (this.english - st.english);
  }
}
```

【例 10-14】 树映射集合测试。

```
import java.util. * ;
class MyKey  implements Comparable {
  int number = 0;
  MyKey(int number)  {
     this.number = number;
```

```
    }
    public int compareTo(Object b)  {
       MyKey st = (MyKey)b;
       if((this.number - st.number) == 0)  {
             return  -1;
         } else  {
             return (this.number - st.number);
         }
    }
}
class Student {
    String name = null;
    int height,weight;
    Student(int w,int h,String name)  {
        weight = w;
        height = h;
        this.name = name;
    }
}
public class Example{
    public  static void main(String args[ ])  {
        Student s1 = new Student(65,177,"赵小亮"),
                s2 = new Student(65,168,"钱小亮"),
                s3 = new Student(68,162,"孙小亮"),
                s4 = new Student(70,188,"李小亮");
                TreeMap<MyKey,Student>  treemap =
                new TreeMap<MyKey,Student>(new Comparator<MyKey>() {
                       public int compare(MyKey a,MyKey b) {
                             return a.compareTo(b);
                        }});
        treemap.put(new MyKey(s1.weight),s1);
        treemap.put(new MyKey(s2.weight),s2);
        treemap.put(new MyKey(s3.weight),s3);
        treemap.put(new MyKey(s4.weight),s4);
        int number = treemap.size();
        System.out.println("树映射中有" + number + "个对象:");
        Collection<Student>  collection = treemap.values();
        Iterator<Student> iter = collection.iterator();
        while(iter.hasNext())
        {
          Student te = iter.next();
          System.out.printf("姓名:%s,体重:%d\n",te.name,te.weight);
        }
        treemap.clear();
        treemap.put(new MyKey(s1.height),s1);
        treemap.put(new MyKey(s2.height),s2);
        treemap.put(new MyKey(s3.height),s3);
        treemap.put(new MyKey(s4.height),s4);
        number = treemap.size();
        System.out.println("树映射中有" + number + "个对象:");
        collection = treemap.values();
```

```
            iter = collection.iterator();
            while(iter.hasNext())
            {
                Student te = iter.next();
                System.out.printf("姓名:%s,身高:%d\n",te.name,te.height);
            }
        }
    }
```

【例 10-15】 属性类测试。

```
import java.util.*;
import java.io.*;
public class PropertiesTester{
    public static void print(Properties ps){
        Set<Object> keys = ps.keySet();
        Iterator<Object> it = keys.iterator();
        while(it.hasNext()){
            String key = (String)it.next();
            String value = ps.getProperty(key);
            System.out.println(key + " = " + value);
        }
    }
    public static void main(String args[])throws IOException{
        Properties ps = new Properties();
        //myapp.properties 文件和 PropertiesTester 类的.class 文件位于同一个目录下
        InputStream in = PropertiesTester.class.getResourceAsStream("myapp.properties");
        ps.load(in);
        print(ps);
        ps = System.getProperties();
        print(ps);
    }
}
```

其中,myapp.properties 文件的内容如下:

```
color = red
shape = circle
user = Tom
```

【例 10-16】 综合测试 Java 数组、ArrayList、LinkedList、Vector 的性能。

```
import java.util.*;
public class PerformanceTester{
    private static final int TIMES = 100000;
①   public static abstract class Tester{
        private String operation;
        public Tester(String operation){this.operation = operation;}
        public abstract void test(List<String> list);
```

① 本章的部分例子参考了耿祥义的《Java大学实用教程》和孙卫琴的《面向对象Java编程》等书。

```
    public String getOperation(){return operation;}
  }
  static Tester iterateTester = new Tester("iterate"){
      public void test(List<String> list){                    //迭代操作
       for(int i = 0;i<10;i++){
          Iterator<String> it = list.iterator();
          while(it.hasNext()){
            it.next();
          }
        }
      }
  };
  static Tester getTester = new Tester("get"){
      public void test(List<String> list){                    //随机访问操作
         for(int i = 0;i<list.size();i++)
           for(int j = 0;j<10;j++)
              list.get(j);
      }
  };
  static Tester insertTester = new Tester("insert"){
    public void test(List<String> list){                      //插入操作
      ListIterator<String> it = list.listIterator(list.size()/2);              //从中间开始
      for(int i = 0;i<TIMES/2;i++)
        it.add("hello");
    }};
  static Tester removeTester = new Tester("remove"){
    public void test(List<String> list){                      //删除操作
      ListIterator<String> it = list.listIterator();
      while(it.hasNext()){
        it.next();
        it.remove();
      }
    }};
  static public void testJavaArray(List<String> list){
    Tester[] testers = {iterateTester,getTester};
    test(testers,list);
  }
  static public void testList(List<String> list){
    Tester[] testers = {insertTester,iterateTester,getTester,removeTester};
    test(testers,list);
  }
  static public void test(Tester[] testers,List<String> list){
    for(int i = 0;i<testers.length;i++){
      System.out.print(testers[i].getOperation() + "操作：");
      long t1 = System.currentTimeMillis();
      testers[i].test(list);
      long t2 = System.currentTimeMillis();
      System.out.print(t2 - t1 + " ms");
      System.out.println();
    }
  }
```

```
    public static void main(String args[ ]){
        List<String> list = null;
        System.out.println("----测试 Java 数组----");
        String[ ] ss = new String[TIMES];
        Arrays.fill(ss,"hello");
        list = Arrays.asList(ss);
        testJavaArray(list);
        ss = new String[TIMES/2];
        Collection<String> col = Arrays.asList(ss);
        System.out.println("----测试 Vector----");
        list = new Vector<String>();
        list.addAll(col);
        testList(list);
        System.out.println("----测试 LinkedList----");
        list = new LinkedList<String>();
        list.addAll(col);
        testList(list);
        System.out.println("----测试 ArrayList----");
        list = new ArrayList<String>();
        list.addAll(col);
        testList(list);
    }
}
```

程序的执行结果可以用表 10-8 表示。

表 10-8 例 10-16 程序的执行结果

操作类型	数 组	ArrayList	LinkedList	Vector
随机访问操作(get)	10	30	50	30
迭代操作(iterate)	50	81	41	70
插入操作(insert)	不适用	1952	10	1943
删除操作(remove)	不适用	7691	10	7721

从表 10-8 可以看出，对 Java 数组进行随机访问和迭代操作具有最快的速度；对 LinkedList 进行插入和删除操作具有最快的速度；对 ArrayList 进行随机访问具有较快的速度。Vector 类在各方面都跟 ArrayList 差不多。

10.4 各种集合类辨析

10.4.1 ArrayList 和 Vector 的区别

ArrayList 类和 Vector 类都实现了 List 接口(List 接口继承了 Collection 接口)，它们都是有序集合，即存储在这两个集合中的元素的位置都是序的，相当于一种动态的数组，我们以后可以按位置索引号取出某个元素，并且其中的数据是允许重复的，这是与 HashSet 之类的集合最大的不同之处。HashSet 之类的集合不可以按索引号去检索其中的元素，也不允许有重复的元素(本来此处与 HashSet 没有任何关系，但为了说清楚 ArrayList 和

Vector 的功能，我们使用对比方式，这更有利于说明问题）。接下来看一下 ArrayList 和 Vector 的区别，主要从同步性和数据增长两个方面来比较。

1. 同步性

Vector 是线程安全的，也就是说，它的方法之间是线程同步的，而 ArrayList 是线程不安全的，它的方法之间是线程不同步的。如果只有一个线程会访问到集合，那么最好使用 ArrayList，因为它不考虑线程安全，效率会高一些；如果有多个线程会访问到集合，那么最好使用 Vector，因为不需要我们自己去考虑和编写线程安全的代码。

注意：*对于 Vector&ArrayList、Hashtable&HashMap，要记住线程安全问题，记住 Vector 和 Hashtable 是旧的，是 Java 一诞生就提供的，它们是线程安全的，ArrayList 和 HashMap 是 Java 2 时才提供的，它们是线程不安全的。*

2. 数据增长

ArrayList 和 Vector 都有一个初始的容量大小，当存储进它们里面的元素的个数超过容量时，就需要增加 ArrayList 和 Vector 的存储空间，在每次要增加存储空间时，不是只增加一个存储单元，而是增加多个存储单元，每次增加的存储单元的个数在内存空间的利用与程序效率之间要取得一定的平衡。Vector 默认增长为原来的两倍，而 ArrayList 的增长策略在文档中没有明确规定（从源代码看到的是增长为原来的 1.5 倍）。ArrayList 和 Vector 都可以设置初始的空间大小，Vector 还可以设置增长的空间大小，而 ArrayList 没有提供设置增长空间的方法，即 Vector 增长原来的一倍，ArrayList 增长原来的 0.5 倍。

10.4.2 HashMap 和 Hashtable 的区别

HashMap 在 JDK 1.2 之后推出，是新的类，它采用异步处理方式，性能较高，但是属于非线程安全的，允许设置 null。Hashtable 在 JDK 1.0 时推出，是旧的类，它采用同步处理方式，性能较低，但是属于线程安全的。

HashMap 是 Hashtable 的轻量级实现（非线程安全的实现），它们都完成了 Map 接口，主要区别在于 HashMap 允许空（null）键值（key），由于非线程安全，在只有一个线程访问的情况下，效率要高于 Hashtable。

HashMap 允许将 null 作为一个 entry 的 key 或者 value，而 Hashtable 不允许。

HashMap 把 Hashtable 的 contains 方法去掉了，改成 containsvalue 和 containsKey。因为 contains 方法容易让人引起误解。Hashtable 继承自 Dictionary 类，而 HashMap 是 Java 1.2 引进的 Map interface 的一个实现。

两者最大的不同是，Hashtable 的方法是同步的，而 HashMap 不是，在多个线程访问 Hashtable 时，不需要自己为它的方法实现同步，而 HashMap 必须为之提供外同步。

10.4.3 List 和 Set 的区别以及与 Map 的不同之处

首先，List 和 Set 具有相似性，它们都是单列元素的集合，所以它们有一个共同的父接口，叫 Collection。Set 里面不允许有重复的元素，所谓重复，即不能有两个相等（注意，不是仅仅是相同)的对象。假设 Set 集合中有一个 A 对象,现在要向 Set 集合中存入一个 B 对象,但 B 对象与 A 对象的 equals 相等,则 B 对象存储不进去,所以,Set 集合的 add 方法有一个 boolean 的返回值,当集合中没有某个元素时,add 方法可成功地加入该元素,返回 true;当集合中含有与某个元素 equals 相等的元素时,add 方法无法加入该元素,返回结果为 false。Set 取元素时,不确定取第几个,只能以 Iterator 接口取得所有的元素,再逐一遍历各个元素。

List 表示有先后顺序的集合,注意,不是那种按年龄、按大小、按价格之类的排序。当我们多次调用 add(Obj e)方法时,每次加入的对象就像火车站买票有排队顺序一样,按先来后到的顺序排序。有时候,也可以插队,即调用 add(int index,Object e)方法,指定当前对象在集合中的存放位置。一个对象可以被反复存储到 List 中,每调用一次 add 方法,这个对象就被插入集合中一次。其实,并不是把这个对象本身存储进了集合中,而是在集合中用一个索引变量指向这个对象,当这个对象被 add 多次时,即相当于集合中有多个索引指向了这个对象。List 除了可以以 Iterator 接口取得所有的元素,再逐一遍历各个元素之外,还可以调用 get(index i)明确说明取第几个。

Map 与 List 和 Set 不同,它是双列的集合,其中有 put 方法,定义形式为 put(Object key,Object value),每次存储时,要存储一对 key/value,不能存储重复的 key,这个重复的规则也是按 equals 比较相等。取出时,可以根据 key 获得相应的 value,即 get(Object key)返回值为 key 所对应的 value。另外,也可以获得所有的 key 的结合,或者获得所有的 value 的结合,或者获得 key 和 value 组合成的 Map.Entry 对象的集合。

总之,List 以特定次序持有元素,可以有重复元素;Set 无法拥有重复元素,内部是排过序的;Map 保存的是键值对,其中,键(key)只能是一个,而值(value)可以有多个。

10.5 哈希存储中的一些特性

HashSet 和 HashMap 都运用哈希算法来存取元素,所谓哈希算法,就是将数据本身和其存储位置建立关联的一种算法。哈希表中的每个位置也称为桶(bucket)。当发生哈希冲突的时候,在桶中以链表的形式存放多个元素。图 10-3 显示了 HashSet 和 HashMap 存放数据时采用的存储结构。

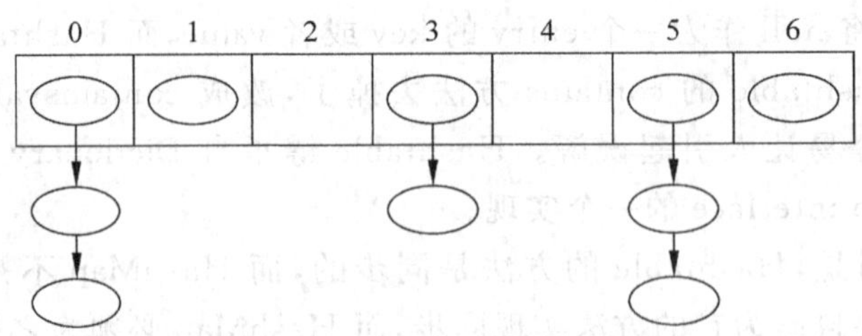

图 10-3 哈希存储结构示意图

HashSet 和 HashMap 都具有以下特性。

(1) 容量(capacity):哈希表中桶的数量。

(2) 初始容量(initial capacity):创建 HashSet 和 HashMap 对象时桶的数量。在构造

方法中可以设置初始容量。

(3) 大小(size):元素的数目。

(4) 负载因子(load factor):等于 size/capacity。负载因子为 0,表示空哈希表;负载因子为 0.5,表示半满的哈希表,以此类推。轻负载的哈希表具有冲突少、适于插入和查找的优点。当哈希表的当前负载因子为 1 时,HashSet 和 HashMap 会自动成倍地增加容量,并且重新分配原有元素的位置。

10.6 程序建模示例

大家已经知道,在 Java 中一切都是类或者对象,不存在独立于类和对象的变量或方法,所以,从面向对象的角度来看待人工智能程序设计更符合人工智能的本意,人工智能就是以机器模拟"人"这样一个复杂对象作为研究基础的。

就我们目前的研究,智能还只是"算法"的另一种表述,也就是说,智能往往通过算法来表现,当然可以通过 Java 语言来设计和模拟这些算法。下面通过两个经典的智力题目的求解来演示 Java 在人工智能程序设计方面的潜力。

【程序建模示例 1】 野人过河。

如图 10-4 所示,传说有一群传教士到一个蛮荒之地传播上帝的福音,这块蛮荒之地上生存着一群野人,以杀戮和吃人闻名。有一天,3 个传教士带着 3 个野人来到了一个河边,他们想渡过这条河,河中有一条只能负载两个人的小船,现在传教士们面临的问题是如果河的一边野人的数目大于传教士的数目,野人就有可能将传教士杀害,但野人的数目小于等于传教士的数目时不会发生这种情况,当然,野人和传教士都会划船,请帮忙设计一个安全的方案将野人和传教士们送过河去。

图 10-4 野人过河

分析:按照面向对象的抽象原则,在这儿可以抽象出传教士、野人、船、河岸几个对象。我们没有按照传统的人工智能的深度搜索算法解决问题,而是按照人遇到这个问题时的判断和尝试思路来解决问题。每一个人在每次操作前都会判断当船到达对岸时两岸的安全状态,然后做出相应的调整和渡河决定,表 10-9 是各状态细节。

表 10-9 野人过河问题中的各种状态

方 向	船的负载状态	说 明
从河岸 1 到河岸 2	两个野人	当对岸无人时或对岸的传教士较多时
	两个传教士	当对岸只有两个野人时
	一个野人、一个传教士	当两岸的野人和传教士数目一样时
从河岸 2 到河岸 1	一个野人	将船摆回河岸 1
	一个传教士	不会出现这种情况
	一个野人、一个传教士	当两岸的野人和传教士数目一样时

为了简化我们使用了命令行程序,源程序代码如下:

```
import java.util.*;
import java.io.*;
class Missionary {
  private String name;
  public Missionary(String n){name = n;}
  public String getName(){return name;}
}
class Cannibal {
  private String name;
  public Cannibal(String n){name = n;}
  public String getName(){return name;}
}
class Riverside {
  private String name;
  private ArrayList missList;
  private ArrayList cannList;
  public Riverside(String n){
    name = n;
    missList = new ArrayList();
    cannList = new ArrayList();
  }
  public String getName(){
    return name;
  }
  public void setName(String n){
    name = n;
  }
  public boolean isSafe(){
    if(missList.size() == 0) return true;
    return missList.size()>= cannList.size();
  }
  public ArrayList getMissList(){return missList;}
  public ArrayList getCannList(){return cannList;}
  public void display(){
    for(int i = 0;i < missList.size();i++){
      System.out.print("  " + ((Missionary)missList.get(i)).getName());
    }
    for(int i = 0;i < cannList.size();i++){
```

```
        System.out.print("   " + ((Cannibal)cannList.get(i)).getName());
      }
      System.out.println();
    }
  }
class Boat {
  private ArrayList list;
  private Riverside currentSide,otherSide;
  public ArrayList getList(){return list;}
  public Riverside getCurrentSide(){return currentSide;}
  public void setCurrentSide(Riverside r){currentSide = r;}
  public Riverside getOtherSide(){return otherSide;}
  public void setOtherSide(Riverside r){otherSide = r;}
  public Boat(){
    list = new ArrayList();
  }
  public void go(){
    Object oref;
    if(list.isEmpty()||list.size()>2){
      System.out.println("Cannot Go!");
    }else{
    System.out.println("Boat from " + currentSide.getName() + " to " + otherSide.getName() +
". Loading:");
    for(int i = 0;i<list.size();i++){
      oref = list.get(i);
      if(oref instanceof Missionary){
        System.out.println(((Missionary)oref).getName());
        otherSide.getMissList().add(oref);
      }else{
        System.out.println(((Cannibal)oref).getName());
        otherSide.getCannList().add(oref);
      }
    }
    list.clear();
    Riverside tmp = currentSide;                    //船抵达对岸
    currentSide = otherSide;
    otherSide = tmp;
    System.out.println("==================================");
    }
  }
  public void display(){
    Object oref;
    for(int i = 0;i<list.size();i++){
      oref = list.get(i);
      if(oref instanceof Missionary)
        System.out.print("   " + ((Missionary)oref).getName());
      else
        System.out.print("   " + ((Cannibal)oref).getName());
    }
  }
}
```

```
public class MissionaryPassRiver {
  Riverside rs1,rs2;
  Boat boat;
  public MissionaryPassRiver(){
    rs1 = new Riverside("Riverside 1");
    rs2 = new Riverside("Riverside 2");
    boat = new Boat();
    boat.setCurrentSide(rs1);boat.setOtherSide(rs2);
    for(int i = 0;i < 3;i++){
      rs1.getMissList().add(new Missionary("Missionary " + i));
      rs1.getCannList().add(new Cannibal("Cannibal " + i));
    }
  }
  public boolean checksafe(){
    Object oref;
    if(boat.getCurrentSide().isSafe()){
      int mnum = boat.getOtherSide().getMissList().size();
      int cnum = boat.getOtherSide().getCannList().size();
      for(int i = 0;i < boat.getList().size();i++){
         oref = boat.getList().get(i);
         if(oref instanceof Missionary){
            mnum++;
         }else{
            cnum++;
         }
      }
      if(mnum == 0||mnum >= cnum) return true;
      else return false;
    }
    return false;
  }
  public void debug(){
           System.out.println(boat.getCurrentSide().getName());
           System.out.println("rs1:"); rs1.display();
           System.out.println("rs2:"); rs2.display();
           try{
             int op = System.in.read();
             if(op == 49) System.exit(0);
           }catch(IOException e){}
  }
  public void transport(){
    boolean completed = true,goflag = false;
    Object tmpref;
/ ********************************************** /
    while(completed){
      goflag = false;
      if(boat.getCurrentSide().getName().equals("Riverside 1")){    //河岸 1
      ArrayList mlist = boat.getCurrentSide().getMissList();
      ArrayList clist = boat.getCurrentSide().getCannList();
      ArrayList list = boat.getList();
      if(clist.size()>= 2)      {
```

```
            list.add(clist.remove(0));
            list.add(clist.remove(0));
            if(!checksafe()) {
               clist.add(list.remove(0));
               clist.add(list.remove(0));
            }  else{
                goflag = true;
            }
         } else{
            if(mlist.size()>= 2) {
               list.add(mlist.remove(0));
               list.add(mlist.remove(0));
               if(!checksafe()) {
                  mlist.add(list.remove(0));
                  mlist.add(list.remove(0));
               }  else  {
                  goflag = true;
               }
            }
         }
         if(goflag) {
            boat.go();
         }  else if(clist.size()>= 2) {
            if(mlist.size()>= 2) {
               list.add(mlist.remove(0));
               list.add(mlist.remove(0));
               if(!checksafe())  {
                  mlist.add(list.remove(0));
                  mlist.add(list.remove(0));
               }  else {
                  boat.go();
               }
            }
         }  else {
            if(!clist.isEmpty()&&!mlist.isEmpty()) {
               list.add(clist.remove(0));
               list.add(mlist.remove(0));
               if(!checksafe()) {
                  System.out.println("error 1");
               }  else  {
                  boat.go();
               }
            } else {
               System.out.println("error 2");
            }
         }
      }else{                                              //河岸 2
         goflag = false;
if(boat.getOtherSide().getCannList().isEmpty()&&boat.getOtherSide().getMissList().isEmpty
()) {completed = false; break;}
         ArrayList mlist = boat.getCurrentSide().getMissList();
```

```
        ArrayList clist = boat.getCurrentSide().getCannList();
        ArrayList list = boat.getList();
           if(clist.size()>= 1) {
              list.add(clist.remove(0));
              if(!checksafe())  {
                 clist.add(list.remove(0));
              } else {
                 goflag = true;
              }
           }  else  {
              if(mlist.size()>= 1)   {
                 list.add(mlist.remove(0));
                 if(!checksafe()) {
                    mlist.add(list.remove(0));
                 }  else  {
                    goflag = true;
                 }
              }
           }
           if(goflag)      {
              boat.go();
           }  else  {
               if(!mlist.isEmpty()&&!clist.isEmpty())  {
                  list.add(clist.remove(0));
                  list.add(mlist.remove(0));
                  if(!checksafe())   {
                     System.out.println("error 1");
                  }  else  {
                     boat.go();
                  }
               }
           }
        }
     }
/ ********************************************** /
  }
  public static void main(String[ ] args){
     MissionaryPassRiver myapp = new MissionaryPassRiver();
     myapp.transport();
  }}
```

【程序建模实例 2】 限时过桥问题。

在一个漆黑的夜晚,有一家人要过一个独木桥,每一个人过桥所需的时间都不一样,如图 10-5 所示,分别需要 1、3、6、8、12 秒,只有一盏最多能支持 30 秒的灯,并且最多只能两人一起过;过桥时必须要有灯照路才可能过去,也就是说,过去的人还得把灯送过来,以便其他人过桥,试提出一个合理的过桥方案。

分析:根据数学集合原理,可以证明当 $a_n > a_{n-1} > \cdots > a_2 > a_1 > a_0$ 时,按(a_n, a_{n-1}),$(a_{n-2}, a_{n-3})\cdots(a_3, a_2)$,$(a_1, a_0)$分组,则由 a_1、a_0 来回拿灯,每回送过去一组,所需的时间最短。再通过简单的运算可知,如果 $a_1 > 2a_0$,则应尽量选 a_0 送灯。

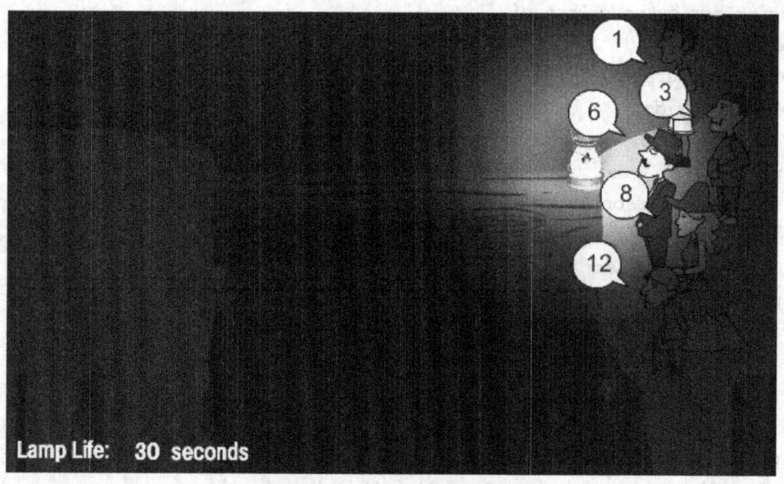

图 10-5 限时过桥问题

源程序代码如下：

```
import java.util.*;
class Person implements Comparable{
   private String name;
   private int timekeeping;
   public Person(String s,int t){name = s;timekeeping = t;}
   public String getName(){return name;}
   public void setName(String a){name = a;}
   public int getTimekeeping(){return timekeeping;}
   public void setTimekeeping(int t){timekeeping = t > 0?t:1;}
   public String toString(){return "(" + name + " " + timekeeping + ")";}
   public int compareTo(Object b){
     Person st = (Person)b;
     return (this.timekeeping - st.timekeeping);
   }
}
class Lamp{
    private int totaltime;
    public Lamp(int t){totaltime = t;}
    public int getTotaltime(){return totaltime;}
    public void setTotaltime(int t){totaltime = t;}
    public synchronized boolean move(int seconds){
        try{
            Thread.sleep(seconds * 1000);
        }catch(InterruptedException e){System.out.println("Interrupted!");}
        totaltime -= seconds;
        if(totaltime <= 0){
            return false;
        }
        return true;
    }
}
```

```
class TransferLamp extends Thread{
    private Lamp lamp;
    private Person persons[];
    private Side toside;
    public TransferLamp(Lamp l,Person one,Side to){
        lamp = l;toside = to;
        persons = new Person[1];persons[0] = one;
    }
    public TransferLamp(Lamp l,Person one,Person two,Side t){
        lamp = l;toside = t;
        persons = new Person[2];persons[0] = one;persons[1] = two;
    }
    public void run(){
        boolean lampfire = true;
        if(persons.length == 1){
            lampfire = lamp.move(persons[0].getTimekeeping());
            toside.addPerson(persons[0]);
        }else{
            int tmp = Math.max(persons[0].getTimekeeping(),persons[1].getTimekeeping());
            lampfire = lamp.move(tmp);
            toside.addPerson(persons[0]);toside.addPerson(persons[1]);
        }
        if(lampfire){
            System.out.println("The remaining time of lamp is :" + lamp.getTotaltime() + "\n");
        }else{
            System.out.println("\nThe lamp is over!");
        }
    }
}
class Side{
    String name;
    private TreeSet<Person> ts;
    public Side(){
      ts = new TreeSet<Person>();
    }
    public void addPerson(Person p){
        ts.add(p);
    }
    public String toString(){return name;}
    public  Person removePersonFromBegin(){return ts.pollFirst();}
    public  Person removePersonFromEnd(){return ts.pollLast();}
    public  int getFirstPersonTime(){return ts.first().getTimekeeping();}
    public  int getSecondPersonTime(){Person tmp = ts.pollFirst(); int t = ts.first().
getTimekeeping();ts.add(tmp);return t;}
    public  int getLastPersonTime(){return ts.last().getTimekeeping();}
    public  int getPenultPersonTime(){Person tmp = ts.pollLast(); int t = ts.last().
getTimekeeping();ts.add(tmp);return t;}

    public TreeSet getTs(){return ts;}
    public void setTs(TreeSet t){ts = t;}
    public int getPersons(){return ts.size();}
```

```
    public void setName(String n){name = n;}
    public String getName(){return name;}
    public void transferLamp(Lamp l,Side otherside) {
            Person one = removePersonFromBegin();
            TransferLamp atrip = new TransferLamp(l,one,otherside);
            System.out.println("From " + this.getName() + " to " + otherside.getName() + ":" +
one);
            atrip.start();
            try{atrip.join();}catch(InterruptedException e){}
    }
    public void transferLampandPerson(Lamp l,Side otherside){
            int thismin,thissecondmax,thismax,othermin,thissecondmin;
            if(this.getPersons() == 1) transferLamp(l,otherside);
            else if(this.getPersons() == 2|otherside.getPersons() == 0){
                    Person one = removePersonFromBegin();
                    Person two = removePersonFromBegin();
                    TransferLamp atrip = new TransferLamp(l,one,two,otherside);
                    System.out.println("From " + this.getName() + " to " + otherside.getName()
+ ":" + one + "," + two);
                    atrip.start();
                    try{atrip.join();}catch(InterruptedException e){}
            }else if(otherside.getPersons()>= 1&this.getPersons()> 2){
                    othermin = otherside.getFirstPersonTime();
                    thismin = getFirstPersonTime();
                    thissecondmin = getSecondPersonTime();
                    thissecondmax = getPenultPersonTime();
                    thismax = getLastPersonTime();
                      if(thismin + thissecondmax > 2 * othermin & thismin + thissecondmax < 2 *
thissecondmin){
                        Person one = removePersonFromEnd();
                        Person two = removePersonFromEnd();
                        TransferLamp atrip = new TransferLamp(l,one,two,otherside);
                        System.out.println("From " + this.getName() + " to " + otherside.getName()
+ ":" + one + "," + two);
                        atrip.start();
                        try{atrip.join();}catch(InterruptedException e){}
                    }else if(thismin + thissecondmax > 2 * thissecondmin){
                        Person one = removePersonFromBegin();
                        Person two = removePersonFromBegin();
                        TransferLamp atrip = new TransferLamp(l,one,two,otherside);
                        System.out.println("From " + this.getName() + " to " + otherside.getName()
+ ":" + one + "," + two);
                        atrip.start();
                        try{atrip.join();}catch(InterruptedException e){}
                    }else{
                        Person one = removePersonFromBegin();
                        Person two = removePersonFromEnd();
                        TransferLamp atrip = new TransferLamp(l,one,two,otherside);
                        System.out.println("From " + this.getName() + " to " + otherside.getName()
+ ":" + one + "," + two);
                        atrip.start();
```

```
                try{atrip.join();}catch(InterruptedException e){}
            }
        }
    }
    public void display(){
        if(!ts.isEmpty()){
            System.out.println(ts);
        }else{
            System.out.println("Empty!");
        }
    }
}
public class PassBridgeOk{
    private Lamp lamp;
    private Side sideA,sideB;
    public PassBridgeOk(){
        lamp = new Lamp(30);
        sideA = new Side();
        sideB = new Side();
        sideA.setName("SideA");
        sideB.setName("SideB");
        int timearray[] = {1,3,6,8,12};
        for(int i = 0;i < timearray.length;i++){
            Person person = new Person("Person_" + (i + 1),timearray[i]);
            sideA.addPerson(person);
        }
    }
    public void debug(){
        System.out.print("SideA: ");sideA.display();
        System.out.print("SideB: ");sideB.display();
    }

    public void go(){
        debug();
        System.out.println(" *********************************************** ");
        if(sideA.getPersons() == 1){
            sideA.transferLamp(lamp,sideB);
        }else if(sideA.getPersons() == 2){
            sideA.transferLampandPerson(lamp,sideB);
        }else if(sideA.getPersons()>= 3){
            sideA.transferLampandPerson(lamp,sideB);
            while(sideA.getPersons()>= 1){
                sideB.transferLamp(lamp,sideA);
                sideA.transferLampandPerson(lamp,sideB);
            }
        }

        System.out.println(" ********************************************** ");
        debug();
        if(lamp.getTotaltime()>= 0){System.out.println("Success!");}
        else{System.out.println("Fail!");}
```

```
    }
    public static void main(String[] args){
        PassBridgeOk myapp = new PassBridgeOk();
        myapp.go();
    }
}
```

10.7 本章小结

本章介绍了数据结构和算法的基本概念，介绍了 Java 语言对各种数据集合的支持。在 Java 中通过一个完整的集合框架体系来支持我们常用的各种数据结构及其相关算法。集合框架定义了接口、实现类和对各种集合类进行操作的多态算法。这些接口对于各种集合的实现提供了统一的操作接口，这些类提供了流行的数据结构的实现。

本章还通过实例演示了在 Java 中使用各种数据结构接口和基本的实现类的使用技巧，然后介绍了哈希存储中常用的一些基本属性和概念，最后通过两个基于数据集合的程序建模演示了初步的人工智能算法在解决一些智力问题中的作用。

习题

一、填空题

1. Collection 接口的特点是元素是________。
2. List 接口的特点是元素________(有|无)顺序，________(可以|不可以)重复。
3. Set 接口的特点是元素________(有|无)顺序，________(可以|不可以)重复。
4. Map 接口的特点是元素是________映射________，其中，________可以重复，________不可以重复。
5. 在 List、Set、Map 中，没有继承 Collection 接口的是________________。
6. 泛型的本质是______________。

二、简答题

1. 向量和数组有何不同？它们分别适合什么场合？
2. Set 和 List 接口有哪些区别？
3. 与数组相比，使用链表存放数据有何好处？链表在 Java 中是如何实现的？
4. ArrayList 和 LinkedList 有何异同？
5. Iterator 接口的作用是什么？
6. 什么是泛型的类型参数？为什么说 Java 的泛型机制可以保证程序运行时的安全？

三、编程题

1. 编写一个程序，读入一系列名字并将它们存储在 LinkedList 中。注意，不能存储重复的名字,并允许用户查找一个名字。

2. 创建两个 SortedSet 对象,用于存放 Employee 对象,此对象有 3 个属性,即工号(eno)、姓名(ename)和工资(salary)。第一个按默认排序方法以工号为关键字进行排序;第二个以工资(salary)为关键字用自定义的比较器进行排序。

3. 利用 HashMap 实现一个简单的名片管理系统,可以进行输入、查询和修改。

4. 设计顾客类(Customer)和订单类(Order),已知一个顾客拥有多张订单,且一个订单只能隶属于一个顾客。编写程序,使用集合框架来存放所有的订单对象,并具有新增顾客和浏览订单的功能。

第11章 数据库编程基础

存储和检索数据是应用程序中执行最多的操作之一，也是当前大多数应用程序实现的基本功能。本章将学习 Java 数据库连接应用程序的编程接口(API)，也就是 JDBC。

JDBC(Java Data Base Connectivity，Java 数据库连接)是一种用于执行 SQL 语句的 Java API，可以为多种关系数据库提供统一的访问界面，它由一组用 Java 语言编写的类和接口组成。JDBC 提供了一种基准，据此可以构建更高级的工具和接口，使 Java 开发人员能够编写数据库应用程序。实际上，JDBC 已经成为 Java 与许多数据库实现数据连接的规范和工业标准。

有了 JDBC，向各种关系数据库发送 SQL 语句就是一件很容易的事。换而言之，有了 JDBC API，就不必为访问 Sybase 数据库专门写一个程序，为访问 Oracle 数据库又专门写一个程序，或为访问 Informix 数据库也编写一个程序等，程序员只需用 JDBC API 写一个程序就够了，它可向相应数据库发送 SQL 语句；将 Java 语言和 JDBC 结合起来使程序员只需写一遍程序就可以让它在任何平台上运行，这也是 Java 语言"Write once run anywhere!"的具体体现。

Java 数据库连接体系结构是用于 Java 应用程序连接数据库的标准方法。JDBC 对 Java 程序员而言是 API，对实现与数据库连接的服务提供商而言是接口模型。作为 API，JDBC 为程序开发提供标准的接口，并为数据库厂商及第三方中间件厂商实现与数据库的连接提供了标准方法。JDBC 使用已有的 SQL 标准并支持与其他数据库连接标准，例如 ODBC 之间的桥接。JDBC 实现了所有这些面向标准的目标，并且具有简单、严格类型定义且高性能实现的接口。

11.1 JDBC 简介

Java 具有健壮、安全、易于使用、易于理解和可从网络上自动下载等特性，所以也是编写数据库应用程序的杰出语言。但对于编写数据库应用程序，还需要拥有 Java 应用程序与各种不同数据库之间进行连接的方法。有了与各种不同数据库之间进行通信和交换数据的方法，就可以用 Java 语言编写数据库应用程序，JDBC 正是提供这种用途的机制。

JDBC 由一系列的类和接口组成，包括连接(Connection)、SQL 语句(Statement)和结果集(ResultSet)等，分别用于实现建立与数据库的连接、向数据库发起查询请求、处理数据库返回的结果等功能。其中，核心的类和接口包含在 java. sql 包和 javax. sql 包中。表 11-1

列出了 java. sql 包中访问数据库的重要类和接口以及它们的功能说明。

简单地说,JDBC 完成下面 3 项工作:

(1) 建立 Java 程序与数据库的连接;

(2) 发送 SQL 语句;

(3) 处理得到的结果。

表 11-1 java. sql 包中访问数据库的重要类和接口

类 名	功 能 说 明
java. sql. DriverManager	用于加载驱动程序,建立与数据库的连接。在 JDBC 2.0 中建议使用 DataSource 接口连接包括数据库在内的数据源
java. sql. Driver	驱动程序接口
java. sql. Connection	用于建立与数据库的连接
java. sql. Statement	用于执行 SQL 语句并返回结果。它有两个子类,其中,PreparedStatement 用于执行预编译的 SQL 语句,CallableStatement 用于执行对于一个数据库的存储过程的调用
java. sql. ResultSet	控制 SQL 查询返回的结果集
java. sql. SQLException	SQL 异常处理类

【例 11-1】 演示 JDBC 的使用方式。

```
import java.sql.*;
class dbaccess {
    public static void main(String[] args) {
          String DBDriver = "sun.jdbc.odbc.JdbcOdbcDriver";
          String sql = "select * from dab";
          Connection conn = null;
          ResultSet rs = null;
          try {
               Class.forName(DBDriver);                        //加载驱动类
                 conn = DriverManager.getConnection("jdbc:odbc:driver={Microsoft Access
Driver (*.mdb)};DBQ=.\\student.mdb","","");                   //得到一个连接对象
               Statement state = conn.createStatement();      //创建一个 SQL 语句对象
               rs = state.executeQuery(sql);                  //执行 SQL 语句,得到记录集
               if( rs != null ) {
                   while( rs.next() ){                        //遍历记录集
                        System.out.print("\t" + rs.getString("xuehao"));
                        System.out.print("\t" + rs.getString("xingming"));
                        System.out.print("\t" + rs.getString("xingbie"));
                        System.out.println("\t" + rs.getInt("nianling"));
                   }
               rs.close();
               conn.close();
               }
          }
         catch(Exception e){
              e.printStackTrace();
         }
}}
```

上述程序代码对数据库访问流程做了简单的演示。JDBC 是一个“低级”接口，也就是说，它用于直接调用 SQL 命令。在这方面它的功能极佳，并比其他的数据库连接 API 易于使用，但它同时也被设计为一种基础接口，在它之上可以建立高级接口和工具。高级接口是“对用户友好”的接口，它使用的是一种更易理解和更为方便的 API，这种 API 在幕后被转换为诸如 JDBC 这样的低级接口。JDBC 的层次如图 11-1 所示。

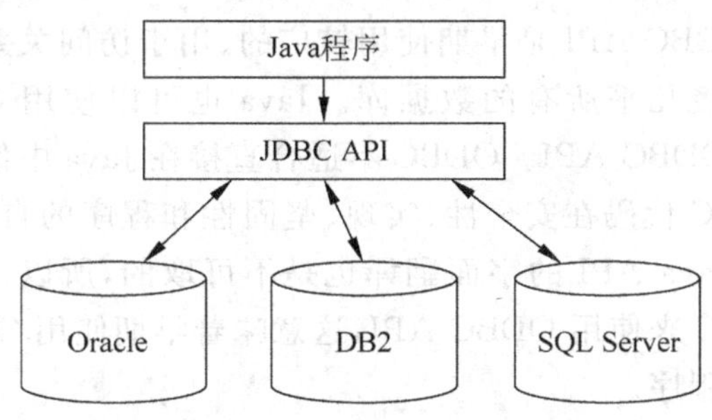

图 11-1 JDBC 的层次

在关系数据库的“对象/关系”映射中，表中的每行可以对应于类的一个实例，而每列的值可以对应于该实例的一个属性。于是，我们可以编写对应的 Java 类，将关系表中的列对应到属性，然后可直接对 Java 对象的属性进行存取操作；针对数据库存取数据所需的 SQL 调用将封装在相应的方法之下，由此屏蔽了 JDBC API 的调用。此外，还可提供更复杂的映射，例如将多个表中的行结合到一个 Java 类中。

通过 JDBC 访问数据库，必须提供相应 DBMS 的驱动程序，通过 java. sql. DriverManager 类来加载和管理 JDBC 驱动程序。JDBC 连接数据库的方式如图 11-2 所示。

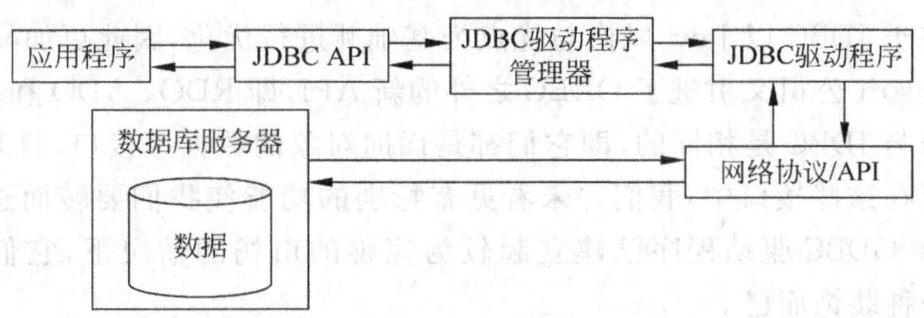

图 11-2 JDBC 连接数据库示意图

JDBC 的重要特性如下：

(1) 它不限制传递到底层 DBMS 驱动程序的查询类型。

(2) JDBC 机制非常易于理解和使用。

(3) 它提供了与 Java 系统的其他部分保持一致的 Java 接口。

(4) JDBC 提供了常见数据库上的 API 接口的高效实现。

结构化查询语言(SQL)是用于访问关系数据库的标准语言，但到目前为止还没有一个统一的标准，这就为处理不同数据库的不同类型数据带来一些问题，我们称之为 SQL 的一致性问题。Java 处理 SQL 一致性的方法如下：

(1) JDBC API 允许将任何查询字符串传递到底层 DBMS 驱动程序。

(2) 提供 java. sql. Types 完成各种数据类型的封装。

(3) 提供内置功能,便于将包含转义序列的 SQL 查询转换为数据库可理解的格式。

(4) 提供 DatabaseMetaData 接口,允许用户检索关于所使用的 DBMS 信息。

11.2 JDBC 与 ODBC 的比较

Microsoft 公司的 ODBC API 是早期使用较广的、用于访问关系数据库的编程接口,它能在几乎所有平台上连接几乎所有的数据库。Java 也可以使用 ODBC,但要通过 JDBC-ODBC 桥的形式来使用 ODBC API。ODBC 不适合直接在 Java 中使用,因为它使用 C 语言接口。从 Java 调用本地 C 代码在安全性、实现、坚固性和程序的自动移植性方面都有许多缺点,从 ODBC API 到 Java API 的字面翻译也是不可取的,所以,Java 专门提供了 JDBC-ODBC 桥驱动,通过 JDBC 来使用 ODBC API,这意味着早期使用 ODBC 的应用程序很容易就可以移植到 Java 应用程序。

ODBC 很难学,它把简单和高级功能混在一起,而且即使对于简单的查询,其选项也极为复杂。相反,JDBC 尽量保证简单功能的简便性,同时在必要时允许使用高级功能。启用"纯 Java"机制需要像 JDBC 这样的 Java API。如果使用 ODBC,就必须手动将 ODBC 驱动程序管理器和驱动程序安装在每台客户机上。如果完全用 Java 编写 JDBC 驱动程序,则 JDBC 代码在所有 Java 平台上(从网络计算机到大型机)都可以自动安装、移植并保证安全性。

总之,JDBC API 对于基本的 SQL 抽象和概念是一种自然的 Java 接口,它继承了 ODBC 的体系结构,因此,熟悉 ODBC 的程序员将发现 JDBC 很容易使用。JDBC 保留了 ODBC 的基本设计特征,事实上,两种接口都基于 X/Open SQL CLI(调用级接口)。它们之间最大的区别在于 JDBC 以 Java 风格与优点为基础并进行优化,因此更加易于使用。

目前,Microsoft 公司又引进了 ODBC 之外的新 API,即 RDO、ADO 和 OLE DB。这些设计在许多方面与 JDBC 是相同的,即它们都是面向对象的数据库接口,且基于可在 ODBC 上实现的类。但在这些接口中,我们并未看见有特别的功能使我们要转而选择它们来替代 ODBC,尤其是在 ODBC 驱动程序已建立起较为完善的市场的情况下,它们最多也就是在 ODBC 上加了一种装饰而已。

11.3 JDBC 驱动程序的类型

目前,比较常见的 JDBC 驱动程序可分为下面 4 个种类。

1. JDBC-ODBC 桥加 ODBC 驱动程序

JavaSoft 桥产品利用 ODBC 驱动程序提供 JDBC 访问,如图 11-3 所示。注意,必须将 ODBC 二进制代码(许多情况下还包括数据库客户机代码)加载到使用该驱动程序的每个客户机上。因此,这种类型的驱动程序最适合于企业网(这种网络上客户机的安装不是主要问题),或者是用 Java 编写的三层结构的应用程序服务器代码。

注意:从 JDk 8 开始,Java 不再提供 JDBC-ODBC 桥支持。

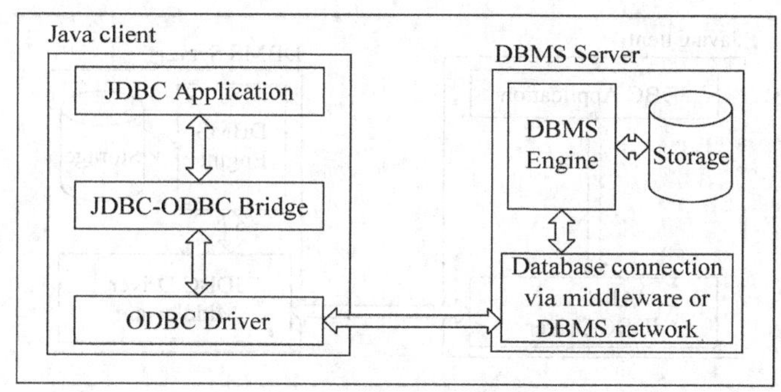

图 11-3 ODBC 桥接数据库

2. 本地 API

这种类型的驱动程序把客户 API 上的 JDBC 调用转换为 Oracle、Sybase、Informix、DB2 或其他 DBMS 的调用，如图 11-4 所示。注意，和桥驱动程序一样，这种类型的驱动程序要求将某些二进制代码加载到每台客户机上。

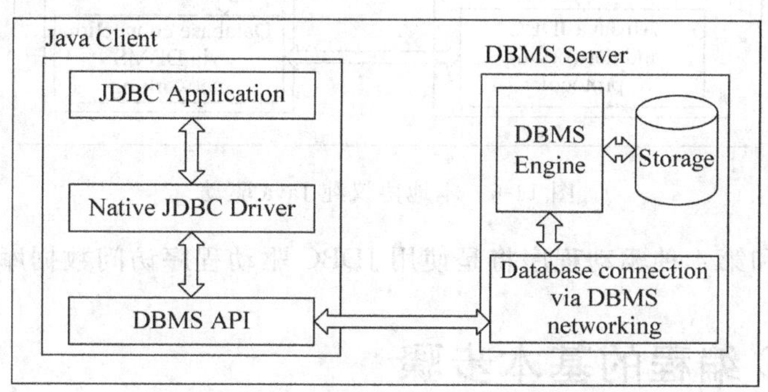

图 11-4 本地 JDBC API 连接数据库

3. JDBC 网络纯 Java 驱动程序

这种驱动程序将 JDBC 转换为与 DBMS 无关的网络协议，然后这种协议又被某个服务器转换为一种 DBMS 协议，如图 11-5 所示。这种网络服务器中间件能够将它的纯 Java 客户机连接到多种不同的数据库上，所用的具体协议取决于提供者。通常，这是最为灵活的 JDBC 驱动程序，有可能所有这种解决方案的提供者都提供适合于 Intranet 使用的产品。为了使这些产品也支持 Internet 访问，它们必须处理 Web 所提出的安全性、通过防火墙的访问等方面的额外要求。

4. 本地协议纯 Java 驱动程序

这种类型的驱动程序将 JDBC 调用直接转换为 DBMS 所使用的网络协议，如图 11-6 所示。这将允许从客户机上直接调用 DBMS 服务器，是 Intranet 访问的一个很实用的解决方法。由于许多这样的协议都是专用的，因此数据库提供者自己将是这类驱动程序的主要提供者。

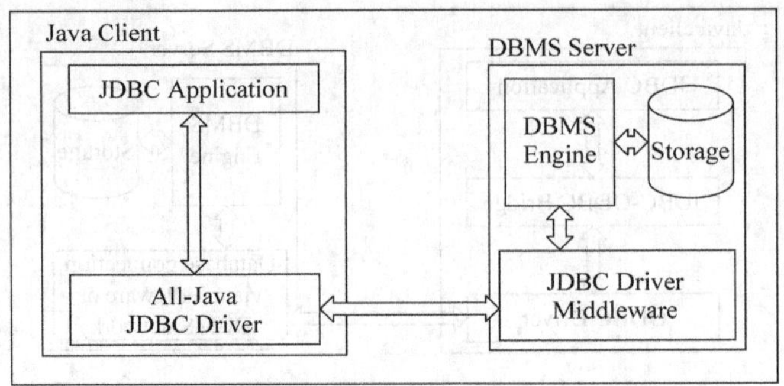

图 11-5 纯 Java 实现基于网络的 JDBC 驱动

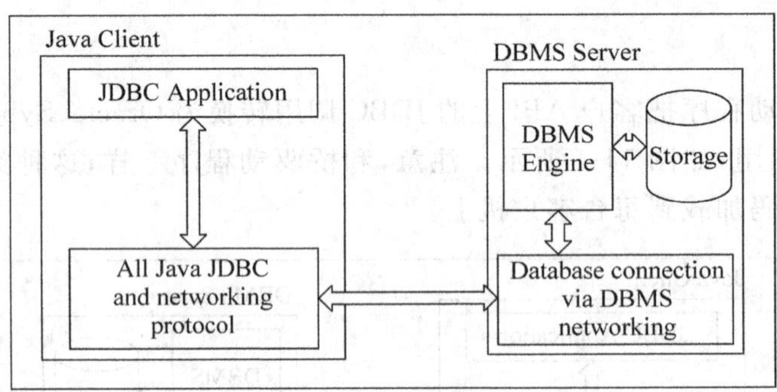

图 11-6 本地协议纯 Java 驱动

其中,第 3 种和第 4 种驱动程序将是使用 JDBC 驱动程序访问数据库的首选方式。

11.4 JDBC 编程的基本步骤

1. 注册 JDBC 驱动程序

如果编写 Java 应用程序使用特定的数据库,必须加载并注册相应的驱动程序,加载驱动程序有下面两种方式。

(1) 作为初始化的一部分,DriverManager 类会尝试加载在"jdbc.drivers"系统属性中引用的驱动程序类,这允许用户自定义由他们的应用程序使用的 JDBC Driver。例如,在特定的 properties 文件中,用户可以指定:

```
jdbc.drivers = foo.bah.Driver:wombat.sql.Driver:bad.taste.ourDriver
```

(2) 程序还可以在任意时间显式地加载 JDBC 驱动程序。例如,my.sql.Driver 是使用以下语句加载的:

```
Class.forName("my.sql.Driver");
```

2. 建立 JDBC 连接

一旦加载了有效的驱动程序,就可以用它建立数据库的连接了。下面的代码演示了如何建立数据库连接对象：

```
Connection con = DriverManager.getConnection(url, "myLogin", "myPassword");
```

其中，myLogin为登录数据库的用户名，myPassword为相应的密码，url为定位数据库资源的标识字符串。

JDBC连接由“数据库url”标识，它告诉驱动程序管理器使用哪个驱动程序和数据源，数据库url的语法格式如下：

```
jdbc:<subprotocol>:<subname>
```

其中，subprotocol是有效JDBC驱动程序的名称，subname通常是指映射到物理数据库的逻辑名称或别名。

如果你正在使用JDBC-ODBC桥，JDBC URL将以jdbc:odbc开始，余下的URL通常是你的数据源名字或数据库系统。因此，假设你正在使用ODBC存取一个叫“Fred”的ODBC数据源，你的JDBC URL是jdbc:odbc:Fred，把“myLogin”及“myPassword”替换为你登录DBMS的用户名及口令。如果你登录数据库系统的用户名为“Fernanda”、口令为“J8”，用下面的两行代码也可以建立一个连接：

```
String url = "jdbc:odbc:Fred";
Connection con = DriverManager.getConnection(url,"Fernanda", "J8");
```

如果使用的是第三方开发的JDBC驱动程序，文档将告诉你该使用什么subprotocol，就是在JDBC URL中放在jdbc后面的部分。例如，如果驱动程序开发者注册了acme作为subprotocol，JDBC URL的第一和第二部分将是jdbc:acme，驱动程序文档也会告诉你余下的JDBC URL的格式，JDBC URL的最后一部分提供了定位数据库的信息。

如果你装载的驱动程序识别了提供给DriverManager.getConnection的JDBC URL，那么驱动程序将根据JDBC URL建立一个到指定DBMS的连接。正如名称所示，DriverManager类在幕后管理建立连接的所有细节，一般程序员需要在此类中直接使用的唯一方法是DriverManager.getConnection()。

总之，DriverManager.getConnection()方法返回一个打开的连接，你可以使用此连接创建JDBC statements对象，并通过此语句对象发送SQL语句到数据库。

下面列出了连接各种常用数据库产品的相应代码：

(1) Oracle 8/8i/9i数据库(thin模式)。

```
Class.forName(oracle.jdbc.driver.OracleDriver);
String url = "jdbc:oracle:thin:@localhost:1521:orcl";      //orcl为数据库的SID
String user = "test";
String password = "test";
Connection conn = DriverManager.getConnection(url,user,password);
```

(2) DB2数据库。

```
Class.forName(com.ibm.db2.jdbc.app.DB2Driver);
String url = "jdbc:db2://localhost:5000/sample";      //sample为你的数据库名
String user = "admin";
String password = "";
```

```
Connection conn = DriverManager.getConnection(url,user,password);
```

(3) SQL Server 7.0/2000 数据库。

```
Class.forName(com.microsoft.jdbc.sqlserver.SQLServerDriver);
String url = "jdbc:microsoft:sqlserver://localhost:1433;DatabaseName = mydb";
                                                                   //mydb 为数据库
String user = "sa";
String password = "";
Connection conn = DriverManager.getConnection(url,user,password);
```

(4) Sybase 数据库。

```
Class.forName(com.sybase.jdbc.SybDriver);
String url ="jdbc:sybase:Tds:localhost:5007/myDB";          //myDB 为你的数据库名
Properties sysProps = System.getProperties();
SysProps.put(user,userid);
SysProps.put(password,user_password);
Connection conn = DriverManager.getConnection(url, SysProps);
```

(5) Informix 数据库。

```
Class.forName(com.informix.jdbc.IfxDriver);
String url = "jdbc:informix-sqli://123.45.67.89:1533/myDB:INFORMIXSERVER = myserver";
String user = "testuser",password = "testpassword";          //myDB 为数据库名
Connection conn = DriverManager.getConnection(url);
```

(6) MySQL 数据库。

```
String url = "jdbc:mysql://localhost:3306/studentinfo";
Class.forName("com.mysql.jdbc.Driver");
String userName = "root";
String password = "";
Connection con = DriverManager.getConnection(url,userName,password);
```

3. 构造 SQL 语句

一旦得到连接对象，就可以创建 SQL 语句对象了。JDBC 提供了 3 个类，用于向数据库创建并发送 SQL 语句，下面列出这些类及其创建方法。

(1) Statement：由 createStatement()方法创建，此对象用于发送简单的 SQL 语句。

(2) PreparedStatement：由连接对象的 prepareStatement()方法创建，此对象用于发送带有一个或多个输入参数(in 参数)的 SQL 语句。PreparedStatement 拥有一组方法，用于设置 in 参数的值。在执行语句时，这些 in 参数将被送到数据库中。PreparedStatement 扩展了 Statement，因此它们也都包括 Statement 的方法。PreparedStatement 对象有可能比 Statement 对象的效率更高，因为它已经被预编译过并存放在数据库中供将来再次使用。

(3) CallableStatement：由连接对象的 prepareCall()方法创建，此对象用于执行 SQL 存储程序，即一组可通过名称来调用(就像函数的调用那样)的 SQL 语句。CallableStatement 对象从 PreparedStatement 中继承了用于处理 in 参数的方法，而且增加

了用于处理 out 参数和 inout 参数的方法。

通常来说，createStatement()方法用于简单的 SQL 语句(不带参数)，prepareStatement()方法用于带一个或多个 in 参数的 SQL 语句或经常被执行的简单 SQL 语句，prepareCall()方法用于调用已存储的过程。

在此以 Statement 为例来说明，一旦建立了连接，便可以构造 Statement 对象将 SQL 语句发送到 DBMS。对于 SQL 常用的查询语句 select 来说，应使用 executeQuery()方法，若要使用创建或修改表的 SQL 语句，则应使用 executeUpdate()方法。下面的代码演示如何创建 Statement 对象 stmt，其中，con 为连接对象。

```
Statement stmt = con.createStatement();
```

4. 提交数据库执行查询语句

虽然 SQL 语句对象已经存在了，但它还没有把 SQL 语句传递到 DBMS，我们需要提供相应的 SQL 语句作为参数传给使用的 Statement 对象的相应方法。Statement 对象的常用方法有下面 3 个。

(1) executeUpdate()：用来创建和更新表。
(2) executeQuery()：用来执行查询。
(3) execute()：执行 SQL 命令，可能返回多个值。

例如，在下面的代码段中使用上面例子的 stmt 对象，并把一个创建表的 SQL 语句作为 executeUpdate 的参数传给 executeUpdate()方法：

```
stmt.executeUpdate("create table MyTable (COF_NAME VARCHAR(32), SUP_ID INTEGER, PRICE FLOAT,
SALES INTEGER, TOTAL INTEGER)");
```

当然，也可以把 SQL 语句赋给一个变量 sqlstr，然后用以下方式书写代码：

```
stmt.executeUpdate(sqlstr);
```

一般使用 executeQuery()方法完成查询语句 select 的使用，查询的结果返回一个记录集合对象，即 ResultSet 对象，示例如下：

```
Statement stmt = con.createStatment();
ResultSet recset = stmt.executeQuery("select * from Customer");
```

5. 显示结果或进一步处理

得到记录集后，就可以对记录集中的数据进行操作或显示了，如下所示：

```
while(recset.next()){
    int  custId = recset.getInt("CustId");
    String  custName = recset.getString("CustName");
    String  address = recset.getString("Address");
    System.out.println("客户标识为：" + custId + "客户名称为：" + custName + " 地址为：" +
address);
}
```

ResultSet 包含符合 SQL 语句中满足条件的所有行，并且它通过一套 get 方法提供了对这些行中各列数据的访问。get 方法的参数可以是表中的列名，也可以是该列在表中的序号，get 方法根据参数的类型不同而不同，例如取整型数据用 getInt()，取字符型数据用 getString()。另外，ResultSet.next()方法用于移动到 ResultSet 中的下一行，使下一行成为当前行。

下面的代码段是执行 SQL 语句的示例。该 SQL 语句将返回行集合，其中，列 1 为 int，列 2 为 String，列 3 为浮点型：

```
Java.sql.Statement stmt = con.createStatement();
ResultSet r = stmt.executeQuery("select a,b,c  from Table1");
while(r.next()){
  int i = r.getInt("a");
  String s = r.getString("b");
  float f = r.getFloat("c");
  System.out.println("ROW = " + i + " " + s + " " + f);
}
```

在使用 ResultSet 类对象时要注意以下事项。

(1) 行和光标：ResultSet 维护指向其当前数据行的光标。每调用一次 next 方法，光标向下移动一行。最初，它位于第一行之前，因此第一次调用 next()将把光标置于第一行上，使它成为当前行。随着每次调用 next 导致光标向下移动一行，按照从上到下的次序获取 ResultSet 行。

在 ResultSet 对象或其父辈 Statement 对象关闭之前，光标一直保持有效。在 SQL 中，结果表的光标是有名字的，如果数据库允许定位更新或定位删除，则需要将光标的名字作为参数提供给更新或删除命令，可通过调用方法 getCursorName()获得光标名。

DatabaseMetaData.supportsPositionedDelete()和 supportsPositionedUpdate()方法用来检查特定连接是否支持这些操作。当 DBMS 支持定位更新和删除操作时，DBMS 驱动程序必须确保适当锁定选定行，以使定位更新不会导致更新异常或其他并发问题。

(2) 列：方法 getXXX()提供了获取当前行中某列值的途径。在每一行内，可以按任何次序获取列值。但为了保证可移植性，应该从左到右获取列值，并且一次性地读取列值。

列名或列号可用于标识要从中获取数据的列。例如，如果 ResultSet 对象 rs 的第二列名为“title”，并将值存储为字符串，则下列任一行代码将获取存储在该列中的值：

```
String s = rs.getString("title");
String s = rs.getString(2);
```

列是从左到右编号的，并且从列 1 开始。同时，用作 getXXX()方法输入的列名不区分大小写。

提供使用列名这个选项的目的是为了让查询中指定列名的用户可使用相同的名字作为 getXXX()方法的参数。另外，如果 select 语句未指定列名，则应该使用列号，在这些情况下，用户将无法确切地知道列名。

在有些情况下，SQL 查询返回的结果集中可能有多个列具有相同的名字。如果列名用作 getXXX()方法的参数，则 getXXX()将返回第一个匹配列名的值。因此，如果多个列具有相同的名字，则需要使用列索引来确保检索了正确的列值，这时，使用列号的效率要稍微高一些。

关于 ResultSet 中列的信息，可通过调用方法 ResultSet. getMetaData()得到，返回的 ResultSetMetaData 对象将给出其 ResultSet 对象各列的编号、类型和属性。

如果列名已知，但不知其索引，则可用方法 findColumn()得到其列号。

(3) 数据类型和转换：对于 getXXX()方法，JDBC 驱动程序试图将基本数据转换成指定的 Java 类型，然后返回适合的 Java 值。例如，如果 getXXX()方法为 getString()，而基本数据库中的数据类型为 VARCHAR，则 JDBC 驱动程序将把 VARCHAR 转换成 Java String。getString 的返回值将为 Java String 对象。

(4) 对非常大的行值使用流：ResultSet 可以获取任意大的 LONGVARBINARY 或 LONGVARCHAR 数据，方法 getBytes()和 getString()将数据返回为大的块(最大为 Statement. getMaxFieldSize 的返回值)。但是，以较小的固定块获取非常大的数据可能会更方便，而这可让 ResultSet 类返回 Java. io. InputStream 流来完成，从该流中可分块读取数据。

注意：*必须立即访问这些流，因为在下一次对 ResultSet 调用 getXXX()时它们将自动关闭(这是由于基本实现对大块数据访问有限制)。*

JDBC API 具有 3 个获取流的方法，分别具有不同的返回值。

- getBinaryStream()：返回只提供数据库原字节而不进行任何转换的流。
- getAsciiStream()：返回提供单字节 ASCII 字符的流。
- getUnicodeStream()：返回提供双字节 Unicode 字符的流。

下列代码演示了 getAsciiStream()的用法：

```
Java.sql.Statementstmt = con.createStatement();
ResultSet r = stmt.executeQuery("select  x  from  Table2");
byte buff = newbyte[4096];                            //现在以 4KB 块大小获取列 1 的结果
while(r.next()){
java.io.InputStream fin = r.getAsciiStream(1);
for(;;){
int size = fin.read(buff);
if(size == -1){                                       //到达流末尾
break;
}
output.write(buff,0,size);                            //将新填充的缓冲区发送到 ASCII 输出流
}}
```

(5) NULL 结果值：要确定给定结果值是不是 JDBC NULL，必须先读取该列，然后使用 ResultSet. wasNull 方法检查该次读取是否返回 JDBC NULL。

当使用 ResultSet. getXXX 方法读取 JDBC NULL 时，方法 wasNull 将返回下列值之一。

- Java null 值：对于返回 Java 对象的 getXXX 方法(例如 getString、getBigDecimal、getBytes、getDate、getTime、getTimestamp、getAsciiStream、getUnicodeStream、getBinaryStream、getObject 等)。
- 零值：对于 getByte、getShort、getInt、getLong、getFloat 和 getDouble。

- false 值：对于 getBoolean。

(6) 可选结果集或多结果集：通常使用 executeQuery()(它返回单个 ResultSet)或 executeUpdate()(它可用于任何数据库修改语句,并返回更新行数)可执行 SQL 语句。但在有些情况下,应用程序在执行语句之前不知道该语句是否返回结果集。此外,有些存储过程可能返回几个不同的结果集或更新计数。

为了适应这些情况,JDBC 提供了一种机制,允许应用程序执行 SQL 语句,然后处理由结果集和更新计数组成的任意集合。这种机制的原理是首先调用一个完全通用的 execute 方法,然后调用另外 3 个方法,即 getResultSet()、getUpdateCount()和 getMoreResults()。这些方法允许应用程序一次一个处理记录结果,并确定给定结果是 ResultSet 还是更新计数。

(7) 默认的 ResultSet 对象不可更新,仅有一个向前移动的光标,因此,只能迭代它一次,并且只能按从第一行到最后一行的顺序进行,但可以生成可滚动或可更新的 ResultSet 对象。以下代码片段(其中,con 为有效的 Connection 对象)演示了如何生成可滚动且不受其他更新影响的可更新结果集：

```
Statement stmt = con.createStatement(
ResultSet.TYPE_SCROLL_INSENSITIVE,ResultSet.CONCUR_UPDATABLE);
ResultSet rs = stmt.executeQuery("select a, b from Table2");
//rs 是滚动的,不显示其他人所做的更改,并可更新,
```

(8) 在 JDBC 2.0 API 中,ResultSet 接口添加了一组更新方法。关于获取方法参数的注释同样适用于更新方法的参数,可以用以下两种方式使用更新方法。

- 更新当前行中的列值：在可滚动的 ResultSet 对象中,可以向前或向后移动光标,将其置于绝对位置或相对于当前行的位置。以下代码片段更新 ResultSet 对象 rs 第 5 行中的 NAME 列,然后使用方法 updateRow 更新导出 rs 的数据源表。

```
rs.absolute(5);                          //将光标移动到 rs 的第 5 行
rs.updateString("NAME", "AINSWORTH");    //更新第 5 行的 NAME 列为 AINSWORTH
rs.updateRow();                          //更新行中的数据源
```

- 将列值插入到插入行中：可更新的 ResultSet 对象具有一个与其关联的特殊行,该行用于构建要插入的行的暂存区域(staging area)。以下代码片段将光标移动到插入行,构建一个 3 列的行,并使用方法 insertRow 将其插入到 rs 和数据源表中。

```
rs.moveToInsertRow();                    //移动光标到插入行
rs.updateString(1, "AINSWORTH");         //更新插入行的第一列为 AINSWORTH
rs.updateInt(2,35);                      //更新第二列为 35
rs.updateBoolean(3, true);               //更新第三列为 true
rs.insertRow();
rs.moveToCurrentRow();
```

6. 关闭 Statement 和 Connection

由于打开资源可能会导致数据被破坏,所以一旦操作完成就应该关闭连接和语句对象,这是一个良好的编程习惯。

(1) stmt.close():关闭 Statement 对象。

(2) con.close():关闭 Connection 对象。

(3) 用户不必关闭 ResultSet:当产生它的 Statement 关闭、重新执行或用于从多结果序列中获取下一个结果时,该 ResultSet 将被 Statement 自动关闭。

【例 11-2】 通过 JDBC 连接 MySQL 数据库演示 JDBC 的使用。

```
import java.sql.*;
public class ConnectToMySQL {
public static Connection getConnection()
    throws SQLException,java.lang.ClassNotFoundException {
String url = "jdbc:mysql:                    //localhost:3306/test";
Class.forName("com.mysql.jdbc.Driver");
String userName = "root";
String password = "majunfox";
Connection con = DriverManager.getConnection(url,userName,password);
return con;
}
public static void main(String[] args) {
  try{
   Connection con = getConnection();
   Statement sql = con.createStatement();
   sql.execute("drop table if exists student");
   sql.execute("create table student(" +
   "id int not null auto_increment," +
    "name varchar(20) not null default 'name'," +
   "math int not null default 60," +
   "primary key(id))");
   sql.execute("insert student values(1,'AAA','99')");
   sql.execute("insert student values(2,'BBB','77')");
   sql.execute("insert student values(3,'CCC','65')");
   String query = "select * from student";
   ResultSet result = sql.executeQuery(query);
   System.out.println("Student 表数据如下:");
   System.out.println("------------------------------------");
   System.out.println("学号" + " " + "姓名" + " " + "数学成绩");
   System.out.println("------------------------------------");
   int number;
   String name;
   String math;
   while(result.next()){
   number = result.getInt("id");
   name = result.getString("name");
   math = result.getString("math");
   System.out.println(number + " " + name + " " + math);
   }
   sql.close();
   con.close();
  }catch(java.lang.ClassNotFoundException e){
   System.err.println("ClassNotFoundException:" + e.getMessage());
  }catch(SQLException ex){
```

```
        System.err.println("SQLException:" + ex.getMessage());
    }
  }
}
```

11.5 JDBC 编程进阶

11.5.1 PreparedStatement 语句

Statement 只是简单的、低效的语句对象,不适合重复、批次地和数据库通信,如果要多次执行一个 SQL 语句,可以使用 PreparedStatement 语句对象,它可以提高执行效率。

对于 PreparedStatement 而言,SQL 语句中一些变化的数据在创建时被作为一个参数提供,然后被编译后存放在数据库中,这意味着在执行 PreparedStatement 语句时不再需要编译过程,DBMS 只将相应的参数传递给此 SQL 语句即可执行。

创建 PreparedStatement 对象:

```
PreparedStatement pStmt = conn. preparedStatement ( " insert into emp ( empno, empname )
values(?,?)");
```

以上 SQL 语句中的问号表示参数,它们可以在每次调用 PreparedStatement 时修改,并且在调用时必须为所有的问号赋值,赋值使用 setXXX()方法,第一个参数为问号的顺序,第二个参数为具体的值,例如:

```
pStmt.setInt(1,1001);
pStmt.setString(2,"zhangsan");
```

执行 PreparedStatement 语句:

```
pStmt.executeUpdate();
```

【例 11-3】 PreparedStatement 语句对象演示。

```
import java.sql.*;
public class PrepareAuthRec{
public static void main(String args[]){
String auth[] = {"张三","李四","王五"};
String tel[] = {"(03)3333333","(04)4444444","(05)5555555"};
    try {
    Class.forName("sun.jdbc.odbc.JdbcOdbcDriver");}
    catch(ClassNotFoundException e){  System.out.println(e.getMessage());}
    try{
        Connection con = DriverManager.getConnection("jdbc:odbc:bookbase");
        Statement stmt = con.createStatement();
        PreparedStatement pstmt = con.prepareStatement("insert into authTab values(?,?)");
        for(int i = 0;i < auth.length;i++){
            pstmt.setString(1,auth[i]);
```

```
            pstmt.setString(2,tel[i]);
            pstmt.executeUpdate();
        }
      pstmt.close();
        ResultSet rs = stmt.executeQuery("select * from authTab");
        while(rs.next()){
            System.out.println(rs.getString("auth") + "\t" + rs.getString("tel"));
        }
        stmt.close();
        con.close();
    }catch(SQLException ex){
        System.err.println("SQLException:" + ex.getMessage());
    }
}}
```

11.5.2 CallableStatement 语句对象

CallableStatement 用于执行 SQL 的存储过程，存储过程是执行特定操作的子程序。CallableStatement 从 PreparedStatement 扩展而来，而 PreparedStatement 从 Statement 扩展而来。在 CallableStatement 类中有专门的输入参数和输出参数。

假设有以下存储过程：

```
create or replace procedure SHOWEMPLOYEES
(name out varchar2,num in number) as
begin
   select ENAME into name from EMP where empno=num;
end;
```

使用 Statement 语句对象创建此存储过程：

```
String createProcedure = "create or replace procedure SHOWEMPLOYEES" +
"(name out varchar2,num in number)  as  begin  " +
"select ENAME into name from EMP where empno = num;   end;";
Statement stmt = con.createStatement();
Stmt.executeUpdate(createProcedure);
```

存储过程一旦创建，将作为数据库对象在数据库中编译和存储，下面的代码演示了如何使用存储过程：

```
CallableStatement cs = con.prepareCall("{call showEmployees(?,?)}");
cs.registerOutParameter(1,java.sql.Types.CHAR);
cs.setInt(2,7777);
cs.execute();
String str = cs.getString(1);
```

对存储过程的调用必须用大括号括起，它是存储过程的转义语法。当驱动程序遇到{call showEmployees(?,?)}时，它会将该转义语法转换为数据库使用的本地 SQL，从而调用名为 showEmployees 的存储过程。

其中,"?"为占位符,表示 in、out 或 inout 参数,这取决于存储过程。

out 参数要使用 registerOutParameter(int parameterIndex, int sqlType) throws SQLException,其中的类型必须是 java.sql.Types 中的类型,parameterIndex 为第几个参数。in 参数使用 setXXX()方法设置,例如"setString(2,"aaaa");",out 参数使用 getXXX()方法取得返回值,例如"str=getString(1);"。

11.6 程序建模示例

【程序建模示例 1】 数据库版通讯录管理系统。

在第 6 章,我们给出了一个基于文件的通讯录管理程序,此处将其改写,给出一个数据库版的通讯录管理系统,首先将通讯录中的数据存储到数据库的表中,表结构如表 11-2 所示。

表 11-2 表结构

字段名	类型	长度	是否主键
id	整型		是
name	字符型	50	否
sex	逻辑型		否
homephone	字符型	50	否
officephone	字符型	50	否
memo	字符型	255	否

基本的联系人抽象和第 6 章是相同的,这里要处理的是图形界面和数据库连接,部分源程序如下(完整的源程序参见作者的百度网盘),图 11-7 和图 11-8 是该程序运行后的截图。

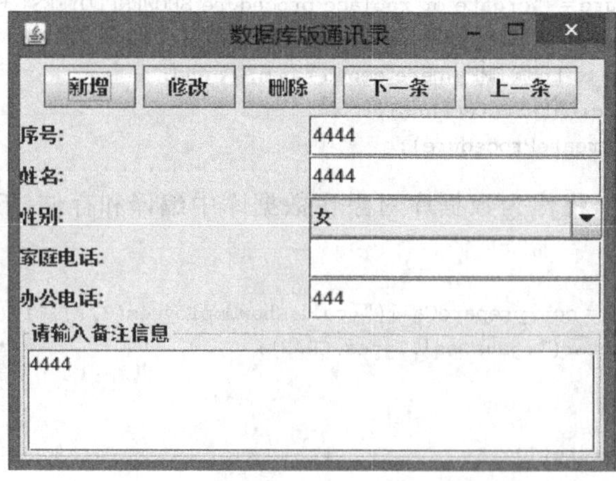

图 11-7 通讯录管理系统程序运行效果图 1

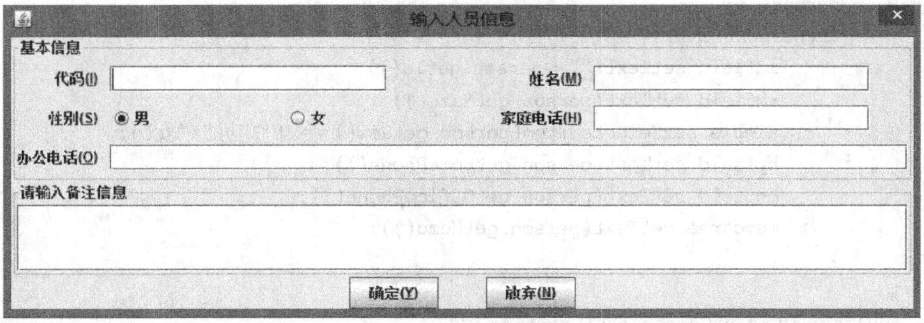

图 11-8　通讯录管理系统程序运行效果图 2

部分源码如下：

```
import java.awt.*;
import java.awt.event.*;
import javax.swing.*;
class BrowsePane extends JPanel{
    private Person person;
    private JTextField idfield;
    private JTextField xmfield;
    private JComboBox xinbie;
    private JTextField hpfield;
    private JTextField opfield;
    private JTextArea memoArea;
    public BrowsePane(){
        JPanel jp1 = new JPanel(new GridLayout(5,2));
        jp1.add(new JLabel("序号:"));idfield = new JTextField();jp1.add(idfield);
        jp1.add(new JLabel("姓名:"));xmfield = new JTextField();jp1.add(xmfield);
        jp1.add(new JLabel("性别:"));
        xinbie = new JComboBox();
        xinbie.setEditable(false);xinbie.addItem("男");xinbie.addItem("女");
        jp1.add(xinbie);
        jp1.add(new JLabel("家庭电话:"));hpfield = new JTextField();jp1.add(hpfield);
        jp1.add(new JLabel("办公电话:"));opfield = new JTextField();jp1.add(opfield);
        JPanel resumePanel = new JPanel();
        resumePanel.setLayout(new BoxLayout(resumePanel, BoxLayout.Y_AXIS));
        //设置该窗格使用的带标题的边框
        resumePanel.setBorder(BorderFactory.createTitledBorder("请输入备注信息"));
        memoArea = new JTextArea();
        memoArea.setLineWrap(true);        //设置在输入时自动折行
        //将文本区域放置在一个滚动窗格中,以支持输入多行文本
        JScrollPane scroll = new JScrollPane(memoArea);
        resumePanel.add(scroll);
        setLayout(new BorderLayout());
        add(jp1,BorderLayout.NORTH);
        add(resumePanel,BorderLayout.CENTER);
    }
    public Person getPerson(){return person;}
    public void setPerson(Person p){
```

```
            person = p;
            if(person!= null){
                idfield.setText("" + person.getId());
                xmfield.setText(person.getName());
                xinbie.setSelectedItem(person.getSex() == 'M'?"男":"女");
                hpfield.setText(person.getHomePhone());
                opfield.setText(person.getOfficePhone());
                memoArea.setText(person.getMemo());
            }
        }
        public void paintComponents(Graphics g){
            super.paintComponents(g);
        }
}
class CommandPane extends JPanel{
        private PersonManager pm;
        private BrowsePane  bp;
        JButton append,update,remove,next,prev;
        private int currentperson = 0;
        public CommandPane(PersonManager pm,BrowsePane bp){
            this.pm = pm;
            this.bp = bp;
            append = new JButton("新增");
            update = new JButton("修改");
            remove = new JButton("删除");
            next = new JButton("下一条");
            prev = new JButton("上一条");
            add(append);add(update);add(remove);add(next);add(prev);
            processCommand pc = new processCommand();
            append.addActionListener(pc);
            update.addActionListener(pc);
            remove.addActionListener(pc);
            next.addActionListener(pc);
            prev.addActionListener(pc);
            bp.setPerson(pm.getPerson(currentperson));
        }
        public void paintComponents(Graphics g){
            super.paintComponents(g);
        }
        class processCommand implements ActionListener{
            public void actionPerformed(ActionEvent e){
                if(e.getSource() == append){
                    pm.append();
                    currentperson = pm.getSize() - 1;
                    bp.setPerson(pm.getPerson(currentperson));
                }else if(e.getSource() == update){
                    Person old = bp.getPerson();
                    pm.update(old);
                    bp.setPerson(pm.getPerson(currentperson));
                }else if(e.getSource() == remove){
                    Person old = bp.getPerson();
```

```
                pm.remove(old);
                currentperson = currentperson - 1;
                if(currentperson < 0) currentperson = 0;
                bp.setPerson(pm.getPerson(currentperson));
            }else if(e.getSource() == next){
                currentperson++;
                if(currentperson == pm.getSize()){
                    currentperson = 0;
                }
                bp.setPerson(pm.getPerson(currentperson));
            }else if(e.getSource() == prev){
                currentperson--;
                if(currentperson < 0){
                    currentperson = pm.getSize() - 1;
                }
                bp.setPerson(pm.getPerson(currentperson));
            }
        }
    }
}

public class MainFrame extends JFrame{
    PersonManager pm;
    CommandPane cp;
    BrowsePane  bp;
    public MainFrame(String title) throws Exception{
        setTitle(title);
        pm = new PersonManager(this);
        bp = new BrowsePane();
        cp = new CommandPane(pm,bp);
        add(cp,BorderLayout.NORTH);
        add(bp,BorderLayout.CENTER);
    }
    public static void main(String[] args) throws Exception{
        final MainFrame frame = new MainFrame("数据库版通讯录");
        frame.setSize(600,400);
        frame.addWindowListener(new WindowAdapter(){
            public void windowClosing(WindowEvent e){
                try {
                    frame.pm.close();
                    frame.dispose();
                    System.exit(0);
                }catch(Exception e1){
                    e1.printStackTrace();
                }
            }
        });
        frame.setVisible(true);
    }
```

```
}
import java.sql. * ;
class Person {
    private int id;
    private String name;
    private char sex;
    private String homePhone;
    private String officePhone;
    private String memo;
    public Person(){
        id = 1;
        name = "";
        sex = 'M';
    }
    public Person(int id){
        this.id = id;
        name = "";
        sex = 'M';
    }
    public Person(int id,String name){
        this.id = id;
        this.name = name;
        sex = 'M';
    }
    public Person(int id,String name,char sex,String homePhone){
        this.id = id;
        this.name = name;
        this.sex = sex;
        this.homePhone = homePhone;
    }
    public Person ( int id, String name, char sex, String homePhone, String officePhone, String
memo){
        this.id = id;
        this.name = name;
        this.sex = sex;
        this.homePhone = homePhone;
        this.officePhone = officePhone;
        this.memo = memo;
    }
    public int getId(){return id;}
    public void setId(int id){this.id = id;}
    public String getName(){ return name;}
    public void setName(String s){name = s;}
    public char getSex(){return sex;}
    public void setSex(char c){sex = (c == 'M')?'M':'F';}
    public String getHomePhone(){return homePhone;}
    public void setHomePhone(String hp){homePhone = hp == null?"":hp;}
    public String getOfficePhone(){return officePhone;}
    public void setOfficePhone(String op){officePhone = op == null?"":op;}
    public String getMemo(){return memo;}
    public void setMemo(String m){memo = m == null?"":m;}
```

```
    public String toString(){
        String personinfo = "=========================================\n";
        personinfo += "ID: " + id + " 姓名: " + name + " 性别:" + (sex == 'M'?'男':'女') + "\n";
        personinfo += "电话(H): " + homePhone + "\n";
        personinfo += "电话(O): " + officePhone + "\n";
        personinfo += "备注信息:" + memo + "\n";
        personinfo += " ========================================= ";
        return personinfo;
    }
    public void display(){
        System.out.println(toString());
    }
    public void insertOrUpdateToTable(DatabaseAccess db,String tablename) throws Exception{
         String sql = null;
         if(isNotExisted(db,tablename)){
             sql = "insert into " + tablename + " (id,name,sex,homephone,officephone,memo) "
+ " values (?,?,?,?,?,?)";
             try {
         db.prepare(sql);
         db.setParameter(1, id);
         db.setParameter(2, name);
         db.setParameter(3, sex == 'M'? true : false);
         db.setParameter(4, homePhone);
         db.setParameter(5, officePhone);
         db.setParameter(6, memo);
         db.preparedUpdate();
         } catch (SQLException exc) {
         exc.printStackTrace();
         throw new Exception("插入代码为" + id + "的人员信息失败!");
         }
         }else{
             sql = "delete from " + tablename + " where id = ?";
         try {
         db.prepare(sql);
         db.setParameter(1, id);
         db.preparedUpdate();
         } catch (SQLException exc) {
         exc.printStackTrace();
         }
         sql = "insert into " + tablename + " (id,name,sex,homephone,officephone,memo) " +
" values (?,?,?,?,?,?)";
         try {
         db.prepare(sql);
         db.setParameter(1, id);
         db.setParameter(2, name);
         db.setParameter(3, sex == 'M'? true : false);
         db.setParameter(4, homePhone);
         db.setParameter(5, officePhone);
         db.setParameter(6, memo);
    db.preparedUpdate();
         } catch (SQLException exc) {
```

```
            exc.printStackTrace();
            throw new Exception("插入代码为" + id + "的人员信息失败!");
            }
            }
    }
    public void delete(DatabaseAccess db,String tablename) throws Exception{
        if(isNotExisted(db,tablename)){
            System.out.println("数据库中不存在此人!");
        }else{
            String sql = "delete from " + tablename + " where id = ?";
        try {
        db.prepare(sql);
        db.setParameter(1, id);
        db.preparedUpdate();
        } catch (SQLException exc) {
        exc.printStackTrace();
        }
        }
    }
    public boolean isNotExisted(DatabaseAccess db,String tablename) throws Exception{
        String sql = "select * from " + tablename + " where id = " + id;
        ResultSet rs = db.query(sql);
        if(rs.next()) return true;
        else return false;
    }
    public boolean readFromTable(DatabaseAccess db,String tablename) throws Exception{
        String sql = "select * from " + tablename + " where id = " + id;
        ResultSet rs = db.query(sql);
        if(rs.next()) {
            name = rs.getString("name");
            sex = (rs.getBoolean("sex")?'M':'F');
            homePhone = rs.getString("homephone");
            officePhone = rs.getString("officephone");
            memo = rs.getString("memo");
            return true;
        } else {
            return false;
        }
    }
}
```

【程序建模示例 2】 小型零售商店数据库管理系统。

本例中将 JDBC 的访问数据库的过程全部封装到类 SqlDB 中，如果要使用该类，只需修改类变量中的 url 和 driver 的值。Stocking、Storing 和 Sales 类分别用来实现进货、库存和销售管理，它们实现了在相应表中进行数据增加、查询、修改和删除的操作。注意，本程序使用了 mysql 数据库，所以在编译和运行时需要加载 mysql 的 JDBC 驱动程序，源代码如下，执行效果如图 11-9 所示。

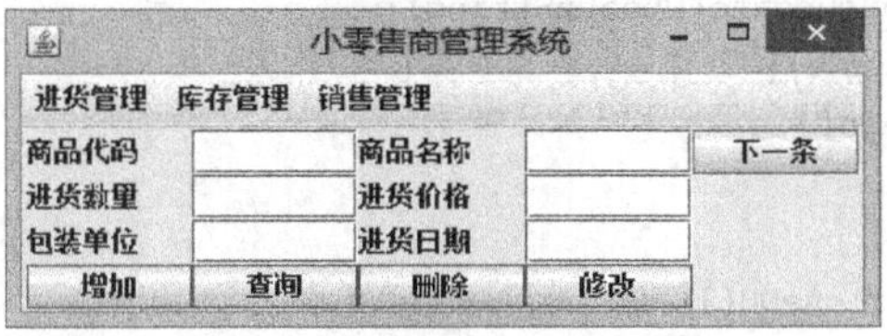

图 11-9 小零售商管理系统运行效果图

```
//SqlDB.java
import java.sql.*;
import java.io.*;
import com.mysql.jdbc.Driver;
public class SqlDB {
    private static String url = "jdbc:mysql://localhost/myretail";
    private static String driver = "com.mysql.jdbc.Driver";
    private static Connection conn;
    private static Statement comm;
    private static ResultSet rs;
    public static void regDriver(){
        try {
            Class.forName(driver).newInstance();
        }catch(Exception e){
            System.out.println("无法创建驱动程序实体!");
        }
    }
    public static void conBuild(){
        try {
            SqlDB.regDriver();
            conn = DriverManager.getConnection(url,"root","mysqlroot");
            conn.setAutoCommit(true);
        }catch(Exception e){
            System.out.println(e.getMessage());
            System.out.println("无法连接数据库 Connection!");
        }
    }
    public static ResultSet execQuery(String stmt){
        try {
            SqlDB.conBuild();
            comm = conn.createStatement();
            rs = comm.executeQuery(stmt);
            return rs;
        }catch(Exception e){
            System.out.println("无法创建 Statement!");
            return null;
        }
    }
    public static void execUpdate(String UpdateString){
        try {
            SqlDB.conBuild();
            comm = conn.createStatement();
```

```
            comm.executeUpdate(UpdateString);
        }catch(Exception e){
            e.getMessage();
        }
    }
    public static void closeDB(){
        try {
            comm.close();
            conn.close();
        }catch(Exception e){
            System.out.println(e.getMessage());
        }
//myRetail.java
import javax.swing.*;
import javax.swing.event.*;
import java.awt.event.*;
import java.awt.*;
import java.sql.*;
class Stocking extends JPanel implements MouseListener {
    JLabel lWare_ID = null;JLabel lware_Name = null;
    JLabel l_amount = null;JLabel l_price = null;
    JLabel l_unit = null;JLabel l_date = null;
    JLabel l_null1 = null;JLabel l_null2 = null;
    JLabel l_null3 = null;JTextField wareID = null;
    JTextField wareName = null;JTextField i_amount = null;
    JTextField i_price = null;JTextField i_unit = null;
    JTextField i_date = null;JButton b_query = null;
    JButton b_del = null;JButton b_update = null;
    JButton b_add = null;JButton b_next = null;
    ResultSet rst = null;
    Stocking(){
        lWare_ID = new JLabel("商品代码");lware_Name = new JLabel("商品名称");
        l_amount = new JLabel("进货数量");l_price = new JLabel("进货价格");
        l_unit = new JLabel("包装单位");l_date = new JLabel("进货日期");
        l_null1 = new JLabel("");l_null2 = new JLabel("");
        l_null3 = new JLabel("");wareID = new JTextField(10);
        wareName = new JTextField(10);i_amount = new JTextField(6);
        i_price = new JTextField(6);i_unit = new JTextField(4);
        i_date = new JTextField(10);b_query = new JButton("查询");
        b_add = new JButton("增加");b_del = new JButton("删除");
        b_update = new JButton("修改");b_next = new JButton("下一条");
        setLayout(new GridLayout(4,5));
        add(lWare_ID);add(wareID);add(lware_Name);add(wareName);add(b_next);
        add(l_amount);add(i_amount);add(l_price);add(i_price);add(l_null1);
        add(l_unit);add(i_unit);add(l_date);add(i_date);add(l_null2);
        add(b_add); add(b_query);add(b_del);add(b_update);add(l_null3);
        b_query.addMouseListener(this);b_del.addMouseListener(this);
        b_update.addMouseListener(this);b_add.addMouseListener(this);
        b_next.addMouseListener(this);
    }
    public void mouseClicked(MouseEvent e){
```

```
        if(e.getSource() == b_query){
            try {
                rst = SqlDB.execQuery("select * from stocking_table where wares_ID = '" +
wareID.getText().trim() + "'");
                if(rst.next()){
                    wareName.setText(rst.getString(2));
                    i_amount.setText(rst.getString(3));
                    i_price.setText(rst.getString(4));
                    i_unit.setText(rst.getString(5));
                    i_date.setText(rst.getString(6));
                }
            }catch(Exception ex){
                System.out.println(ex.getMessage());
            }
        }else if(e.getSource() == b_add){
            try {
                SqlDB.execUpdate("insert into stocking_table values('" +
                wareID.getText().trim() + "','" + wareName.getText() + "'," +
                Integer.parseInt(i_amount.getText().trim()) + "," +
                Float.parseFloat(i_price.getText().trim()) + ",'" +
                i_unit.getText().trim() + "','" + i_date.getText().trim() + "')");
            }catch(Exception ex){
                System.out.println(ex.getMessage());
            }
        }else if(e.getSource() == b_update){
            try {
                SqlDB.execUpdate("update stocking_table set i_amount = '" +
                Integer.parseInt(i_amount.getText().trim()) +
                "',i_price = " + Float.parseFloat(i_price.getText().trim()) + "," +
                "units = '" + i_unit.getText() + "',i_date = '" + i_date.getText() + "'where
                wares_ID = '" +
                wareID.getText().trim() + "'");
            }catch(Exception ex){
                System.out.println(ex.getMessage());
            }
        }else if(e.getSource() == b_del){
            SqlDB.execUpdate("delete stocking_table" + "where wares_id = '" +
            wareID.getText().trim() + "'");
        }else if(e.getSource() == b_next){
            try {
                if(rst.next()){
                    wareName.setText(rst.getString(2));
                    i_amount.setText(rst.getString(3));
                    i_price.setText(rst.getString(4));
                    i_unit.setText(rst.getString(5));
                    i_date.setText(rst.getString(6));
                }
            }catch(Exception ex){
                System.out.println(ex.getMessage());
            }finally{
                SqlDB.closeDB();
```

```
            }
        }
    }
    public void mouseReleased(MouseEvent e){}
    public void mouseEntered(MouseEvent e){}
    public void mousePressed(MouseEvent e){}
    public void mouseExited(MouseEvent e){}
}
class Storing extends JPanel implements MouseListener {
    JLabel lWare_ID = null;JLabel lware_Name = null;
    JLabel l_amount = null;JLabel l_unit = null;
    JLabel l_date = null;JLabel l_null1 = null;
    JLabel l_null2 = null;JLabel l_null3 = null;
    JLabel l_null4 = null;JTextField wareID = null;
    JTextField wareName = null;JTextField s_amount = null;
    JTextField s_unit = null;JTextField s_date = null;
    JButton b_add = null;JButton b_query = null;
    JButton b_del = null;JButton b_update = null;
    JButton b_next = null;ResultSet rst = null;
    public Storing(){
        lWare_ID = new JLabel("商品代码");lware_Name = new JLabel("商品名称");
        l_amount = new JLabel("库存数量");l_unit = new JLabel("包装单位");
        l_date = new JLabel("盘点日期");l_null1 = new JLabel("");
        l_null2 = new JLabel("");l_null3 = new JLabel("");
        l_null4 = new JLabel("");wareID = new JTextField(10);
        wareName = new JTextField(10);s_amount = new JTextField(6);
        s_unit = new JTextField(6);s_date = new JTextField(10);
        b_query = new JButton("查询");b_del = new JButton("删除");
        b_update = new JButton("修改");b_add = new JButton("增加");
        b_next = new JButton("下一条");
        setLayout(new GridLayout(4,4));
        add(lWare_ID);add(wareID);add(lware_Name);add(wareName);
        add(b_next);add(l_amount);add(s_amount);add(l_unit);
        add(s_unit);add(l_null1);add(l_date);add(s_date);
        add(l_null2);add(l_null3);add(l_null4);add(b_add);
        add(b_query);add(b_del);add(b_update);
        b_query.addMouseListener(this);b_del.addMouseListener(this);
        b_update.addMouseListener(this);b_add.addMouseListener(this);
        b_next.addMouseListener(this);
    }
    public void mouseClicked(MouseEvent e){
        if(e.getSource() == b_query){
            try {
                rst = SqlDB.execQuery("select * from storage_table where wares_ID = '" +
wareID.getText().trim() + "'");
                if(rst.next()){
                    wareName.setText(rst.getString(2));
                    s_amount.setText(rst.getString(3));
                    s_unit.setText(rst.getString(4));
                    s_date.setText(rst.getString(5));
                }
```

```
            }catch(Exception ex){
                System.out.println(ex.getMessage());
            }
        }else if(e.getSource() == b_add){
            try {
                 SqlDB.execUpdate("insert into storage_table values ('" + wareID.getText().
trim() + "','" + wareName.getText() +
                "','" + Integer.parseInt(s_amount.getText().trim()) + "','" +
                s_date.getText().trim() + "')");
            }catch(Exception ex){
                System.out.println(ex.getMessage());
            }
        }else if(e.getSource() == b_update){
            try {
                SqlDB.execUpdate("update storage_table set s_amount = " +
                Integer.parseInt(s_amount.getText().trim()) + ",units = '" +
                s_unit.getText() + "',s_date = '" + s_date.getText().trim() +
                "'where wares_ID = '" + wareID.getText().trim() + "'");
            }catch(Exception ex){
                System.out.println(ex.getMessage());
            }
        }else if(e.getSource() == b_del){
            SqlDB.execUpdate("delete storage_table where wares_id = '" + wareID.getText().
trim() + "'");
        }else if(e.getSource() == b_next){
            try{
                if(rst.next()){
                    wareName.setText(rst.getString(2));
                    s_amount.setText(rst.getString(3));
                    s_unit.setText(rst.getString(4));
                    s_date.setText(rst.getString(5));
                }
            }catch(Exception ex){
                System.out.println(ex.getMessage());
            }
        }
    }
    public void mouseReleased(MouseEvent e){}
    public void mouseEntered(MouseEvent e){}
    public void mousePressed(MouseEvent e){}
    public void mouseExited(MouseEvent e){}
}
class Sales extends JPanel implements MouseListener {
    JLabel lWare_ID = null;JLabel lware_Name = null;JLabel l_amount = null;
    JLabel l_price = null;JLabel l_unit = null;JLabel l_date = null;
    JLabel l_null1 = null;JLabel l_null2 = null;JTextField wareID = null;
    JTextField wareName = null;JTextField o_amount = null;
    JTextField o_price = null;JTextField o_unit = null;
    JTextField o_date = null;JButton b_query = null;
    JButton b_del = null;JButton b_update = null;
    JButton b_add = null;JButton b_next = null;
```

```
    ResultSet rst = null;
    Sales(){
        lWare_ID = new JLabel("商品代码");lware_Name = new JLabel("商品名称");
        l_amount = new JLabel("销售数量");l_price = new JLabel("销售价格");
        l_unit = new JLabel("包装单位");l_date = new JLabel("盘点日期");
        l_null1 = new JLabel("");l_null2 = new JLabel("");
        wareID = new JTextField(10);wareName = new JTextField(10);
        o_amount = new JTextField(6);o_price = new JTextField(8);
        o_unit = new JTextField(8);o_date = new JTextField(10);
        b_query = new JButton("查询");b_del = new JButton("删除");
        b_update = new JButton("修改");b_add = new JButton("增加");
        b_next = new JButton("下一条");
        setLayout(new GridLayout(4,5));
        add(lWare_ID);add(wareID);add(lware_Name);add(wareName);
        add(b_next);add(l_amount);add(o_amount);add(l_price);
        add(o_price);add(l_null1);add(l_unit);add(o_unit);
        add(l_date);add(o_date);add(l_null2);add(b_add);
        add(b_query);add(b_del);add(b_update);
        b_query.addMouseListener(this);b_del.addMouseListener(this);
        b_update.addMouseListener(this);b_next.addMouseListener(this);
        b_add.addMouseListener(this);
    }
    public void mouseClicked(MouseEvent e){
        if(e.getSource() == b_query){
            try {
                 rst = SqlDB.execQuery("select * from sales_table where wares_ID = '" +
wareID.getText().trim() + "'");
                if(rst.next()){
                    wareName.setText(rst.getString(2));
                    o_amount.setText(rst.getString(3));
                    o_price.setText(rst.getString(4));
                    o_unit.setText(rst.getString(5));
                    o_date.setText(rst.getString(6));
                }
            }catch(Exception ex){
                System.out.println(ex.getMessage());
            }
        }else if(e.getSource() == b_add){
            try {
                SqlDB.execUpdate("insert into sales_table values('" +
                wareID.getText().trim() + "','" + wareName.getText() +
                "'," + Integer.parseInt(o_amount.getText().trim()) + "," +
                Float.parseFloat(o_price.getText().trim()) +
                ",'" + o_unit.getText().trim() + "','" +
                o_date.getText().trim() + "')");
            }catch(Exception ex){
                System.out.println(ex.getMessage());
            }
        }else if(e.getSource() == b_update){
            try {
                SqlDB.execUpdate("update sales_table set o_amount = " +
```

```
                Integer.parseInt(o_amount.getText().trim()) + ",o_price = " +
                Float.parseFloat(o_price.getText()) + ",units = '" +
                o_unit.getText() + "',o_date = '" + o_date.getText() + "' where wares_ID = '" +
wareID.getText().trim() + "'");
            }catch(Exception ex){
                System.out.println(ex.getMessage());
            }
        }else if(e.getSource() == b_del){
            SqlDB.execUpdate("delete sales_table " +
            "where wares_id = '" + wareID.getText().trim() + "'");
        }else if(e.getSource() == b_next){
            try {
                if(rst.next()){
                    wareName.setText(rst.getString(2));
                    o_amount.setText(rst.getString(3));
                    o_price.setText(rst.getString(4));
                    o_unit.setText(rst.getString(5));
                    o_date.setText(rst.getString(6));
                }
            }catch(Exception ex){
                System.out.println(ex.getMessage());
            }
        }
    }
    public void mouseReleased(MouseEvent e){}
    public void mouseEntered(MouseEvent e){}
    public void mousePressed(MouseEvent e){}
    public void mouseExited(MouseEvent e){}
}
class MainWin extends JFrame implements MouseListener{
    JMenuBar bar = null;JMenu menu1,menu2,menu3,menu4;
    JMenuItem item1,item2,item3;JButton jb;
    Stocking stocking;Storing storing;Sales sales;
    MainWin(){
        setTitle("小零售商管理系统");bar = new JMenuBar();
        menu1 = new JMenu("进货管理");menu2 = new JMenu("库存管理");
        menu3 = new JMenu("销售管理");menu4 = new JMenu("退出");
        bar.add(menu1);bar.add(menu2);bar.add(menu3);
        menu1.addMouseListener(this);menu2.addMouseListener(this);
        menu3.addMouseListener(this);menu4.addMouseListener(this);
        stocking = new Stocking();storing = new Storing();
        sales = new Sales();setJMenuBar(bar);setVisible(true);
    }
    public void mouseClicked(MouseEvent e){
        if(e.getSource() == menu1){
            remove(storing);remove(sales);
            getContentPane().add(stocking,"Center");
            this.repaint();validate();
```

```
        }else if(e.getSource() == menu2){
            remove(stocking);remove(sales);
            getContentPane().add(storing,"Center");
            this.repaint();validate();
        }else if(e.getSource() == menu3){
            remove(stocking);remove(storing);
            getContentPane().add(sales,"Center");
            this.repaint();validate();
        }else if(e.getSource() == menu4){
            System.exit(0);
        }
    }
    public void mouseReleased(MouseEvent e){}
    public void mouseEntered(MouseEvent e){}
    public void mousePressed(MouseEvent e){}
    public void mouseExited(MouseEvent e){}
}
public class myRetail{
    public static void main(String[] args){
        MainWin mw = new MainWin();
        mw.setBounds(100,100,400,150);
        mw.show();
        mw.addWindowListener(new WindowAdapter(){
            public void windowClosing(WindowEvent e){
                System.exit(0);
            }
        });
    }
}
```

11.7 本章小结

JDBC 代表 Java 的数据库连接,它是一个软件层,允许开发者在 Java 中编写客户端/服务器应用程序。它提供的是一个简单的接口,主要用于执行原始 SQL 语句并检索结果。

连接数据库的基本过程如下:

(1) 注册 JDBC 驱动程序;

(2) 建立数据库连接;

(3) 创建语句对象并发送 SQL 语句;

(4) 检索并处理结果;

(5) 关闭数据库连接。

Java 中有 4 种不同类型的 JDBC 驱动程序,在 JDBC API 中定义了一组用于数据库通信的接口和类,这些接口和类位于 java.sql 包中。SQL 的查询结果存储在 ResultSet 对象中,我们用 getXXX()方法从 ResultSet 对象中检索数据。ResultSet 的 next()方法用于将光标下移一行。PreparedStatement 用于多次执行 SQL 语句,CallableStatement 用于执行 SQL 存储过程。

一、选择题

1. 在 Java 中,JDBC 是指(　　)。

   A. Java 程序与数据库连接的一种机制　B. Java 程序与浏览器交互的一种机制

   C. Java 类库名称　D. Java 类编译程序

2. 在利用 JDBC 连接数据库时,为了建立实际的网络连接,不必传递的参数是(　　)。

   A. URL　B. 数据库用户名　C. 密码　D. 请求时间

3. 如果要使用 Java 程序访问数据库,必须首先与数据库建立连接,在建立连接前,应加载数据库驱动程序,加载的语句是(　　)。

   A. Class.forName("类名");

   B. DriverManage.getConnection("","","");

   C. Result rs=DriverManage.getConnection("","","").createStatement();

   D. Statement st=DriverManage.getConnection("","","").createStatement();

4. Java 和数据库建立连接的语句为(　　)。

   A. Class.forName("类名");

   B. DriverManager.getConnection("","","");

   C. Result rs=DriverManager.getConnection("","","").createStatement();

   D. Statement st=DriverManage.getConnection("","","").createStatement();

5. Java 程序与数据库连接后,需要查看某个表中的数据,使用的语句为(　　)。

   A. executeQuery()　B. executeUpdate()　C. executeEdit()　D. executeSelect()

6. 下面(　　)命令是用 executeQuery 命令执行的。

   A. insert　B. delete　C. update　D. select

7. create 命令是用(　　)执行的。

   A. executeQuery()　B. executeUpdate()

   C. executeCreate()　D. execute()

8. executeQuery 的返回类型为(　　)。

   A. Result　B. ResultSet

   C. Resultset　D. 都不正确

9. 开发 JDBC 程序用到的基本类有(　　)。

   A. Statement　B. Connection

   C. ResultSet　D. Manager

10. JDBC 驱动管理器使用(　　)类来装载合适的 JDBC 驱动。

    A. DriverManager　B. Class

    C. Connection　D. ClassLoader

二、简答题

1. JDBC 驱动有哪几种？各有什么特点？
2. 试述使用 JDBC 访问数据库的全过程。

三、编程题

1. 设 Access 数据库中有 student 表，表中存放学生的学号、姓名两个字段，请完善程序输出表中所有的记录信息(假定已经配置了数据源 mydb)。

```
________________;
class databaseaccess{
    public static void main(String args[]){
        Connection con;
        Statement sql;
        ResultSet rs;
        try {
            ________________
        }catch(ClassNotFoundException e){
            System.out.println("" + e);
        }
        try {
            con = ________________;
            ________________;
            rs = sql.executeQuery(________________);
            while(________________){
                String num = rs.getString(1);
                String name = rs.getString(2);
                System.out.print("学号:" + num);
                System.out.print("姓名:" + name);
                System.out.println();
            }
            con.close();
        }catch(SQLException e1){}
    }
}
```

2. 通过 JDBC 访问数据库，实现一个小型教学管理系统。该管理系统的数据库基本表有学生基本信息表 S，包括学号(Sid)、姓名(Sname)、性别(Sex)、年龄(Sage)及系别(Sdep)等；课程表 C，包括课程代号(Cno)、课程名称(Cname)、任课教师(Teacher)等；选课表 SC，包括学生学号(Sid)、课程号(Cno)和成绩(Grade)。该系统至少完成以下功能：①浏览学生基本信息、选课信息；②显示单个学生的成绩单，包括课程名称、成绩和任课教师；③按各门课的总成绩对学生进行排名。

*第12章 小应用程序和多媒体技术

在第1章中已经讲到Java程序分为两种，一种是独立的应用程序，可以在平台上直接运行；另一种是小应用程序Applet，需要嵌入在浏览器中的JVM装入运行。这种小应用程序和插件不同，通常插件要下载并手工安装，而这种小应用程序可以由浏览器自动执行。当Applet小程序被自动地传送到客户端时，它能够提供多媒体的界面，使网页变得更加生动活泼。同时，由于Java对Applet所做的安全限制，用户在执行Applet时可以设置安全策略，不必担心病毒的侵入或对数据完整性的破坏。

Applet程序可以完成图形显示、声音演奏、接受用户输入、处理输入内容等工作。所有的Java Applet程序都继承java. appplet. Applet类，因此，在编写Applet程序时，首先必须引入java. applet. Applet类或javax. swing. JApplet类，还要根据需要导入其他的类或包。

Applet程序编译后必须通过合适的标记嵌入到HTML网页文件中，然后通过WWW浏览器远程下载并执行。WWW浏览器是Internet上遵循HTTP协议的客户端软件，HTML是编写WWW网页的标记语言，如果想要浏览某一个网站上的某一个网页，必须打开浏览器软件输入相应的网址，浏览器会向WWW服务器提出申请，将HTML书写的字符流(可能是静态文件也可能是由服务器程序动态生成的)从服务器经网络下载到本地，再由WWW浏览器软件将这些HTML字符流翻译成图文并茂的网页呈现在人们眼前。

Applet程序能跨平台、跨操作系统、跨网络运行，因此，Applet程序可以在Internet的任何地方运行，在Internet和WWW中得到了广泛的使用。另外，它代码少，易于快速下载和发送，并且具有不需要修改应用程序就可以增加Web页新功能的特性，因此，Applet程序倍受用户的青睐。

Applet程序不能单独运行，必须通过浏览器软件下载装入后才能执行并实现功能。其执行原理如图12-1所示，因此必须制作相应的网页文件，在HTML中嵌入小应用程序是通过标记＜Applet＞实现的，至少需要指定3个属性。

(1) Code：指定实现Applet的字节码文件。

(2) Width：指定Applet在网页中的宽度。

(3) Height：指定Applet在网页中的高度。

【例12-1】 小应用程序演示。

```
import java.applet.*;
import java.awt.*;
import java.awt.event.*;
public class HelloApplet extends Applet{
```

```
    TextField nm;
    Button ok;
    public void init() {
      Label nml = new Label("姓名: ");
      nm = new TextField(20);
      ok = new Button("确定");
      add(nml);add(nm);add(ok);
      MyListener ml = new MyListener();
      nm.addActionListener(ml);
      ok.addActionListener(ml);
    }
    private class MyListener implements ActionListener{
      public void actionPerformed(ActionEvent e){
         String xm = nm.getText();
         if(xm.trim().equals("")) nm.setText("请输入姓名!");
         else nm.setText("欢迎" + xm.trim() + "来使用此程序!");
      }
    }
    public void paint(Graphics g){
            g.drawString("Hello World!",20,60);
            g.drawLine(20,100,200,100);
            g.setColor(Color.red);
            g.fillOval(110,110,40,40);
    }
}
//Helloapplet.html   装载小应用程序的网页文件
<html>
<body>
<applet code = "HelloApplet.class" width = 300 height = 200>
</applet>
</body></html>
```

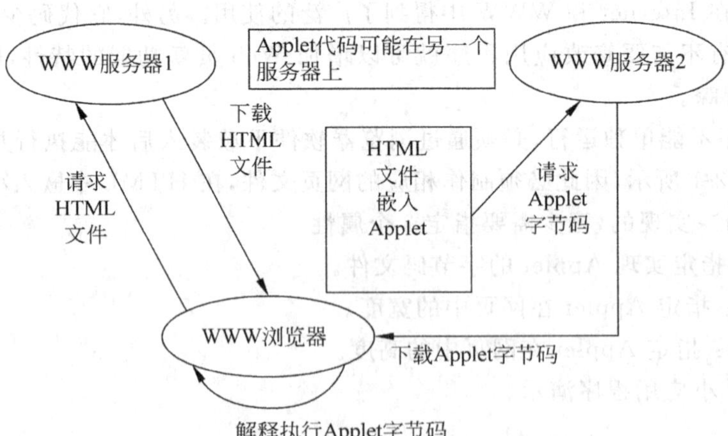

图 12-1　Applet 程序的执行原理

12.1 Applet 的安全性

Java 设计者在设计小应用程序时，考虑到它是从一个远程站点下载、本地执行的，因此，安全对于 Applet 是至关重要的问题。如果一个用户在浏览器中启用 Java，这个浏览器就会下载 Web 页上所有的 Applet 代码，并立即执行，用户根本没有机会确认或终止某个 Applet 的运行。由于这个原因，必须对小应用程序进行限制。只要一个 Applet 试图违反安全条例，小应用程序安全管理器（Applet security manager）就会抛出一个 SecurityException 异常。

从 Web 上下载的 Applet 是在称为“沙箱(sandbox)”的安全环境中运行的。系统不允许在沙箱中运行的 Applet 执行任何违反系统安全的操作，特别是在大多数浏览器上，在沙箱中运行时规定：

(1) Applet 绝不能运行任何一个本地可执行程序。

(2) Applet 除了可以与从中下载它们的服务器进行通信外，不能与任何主机通信。

(3) Applet 不能读/写本地计算机的文件系统。

(4) Applet 不能查找除版本号等以外的任何关于本地计算机的信息。

正因为如此，Java 语言目前被认为是世界上最为安全的语言。Applet 尤其如此，因为 Applet 代码由 JVM 解释执行，所以在执行之前可以检查所有的重要指令和程序区域，这样，一个恶意的 Applet 不可能使用户的计算机崩溃、改写系统内存，或改动操作系统授予的特权。

12.2 Applet 程序的生命周期

一个 Applet 程序的生命周期与 Web 页面有关。当首次加载包含 Applet 的页面时，浏览器调用 init()方法完成 Applet 的初始化，然后调用 start()方法启动程序，当用户离开页面时，浏览器调用 stop()方法停止小程序的运行。若用户关闭浏览器，将使 Applet 停止运行，浏览器调用 destroy()方法终止。Applet 的生命周期如图 12-2 所示。

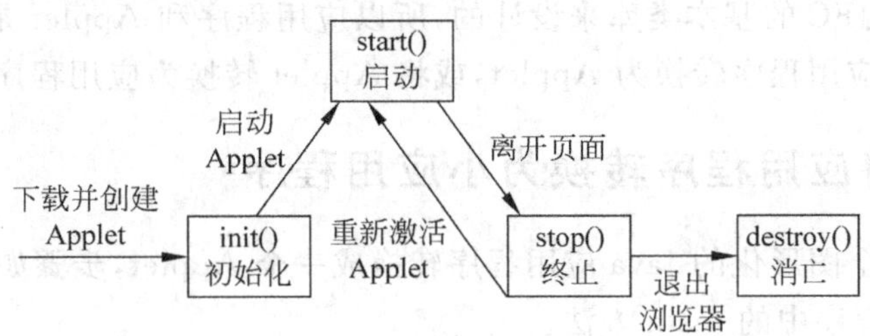

图 12-2　Applet 的生命周期

(1) init()：init 方法的声明格式为 public void init()，当使用浏览器加载包含 Applet 的页面时调用 init 方法，此方法的主要目的是进行 Applet 程序的初始设置。

(2) start()：start 方法的声明格式为 public void start()，当浏览器调用 Applet 程序的

start 方法时表示 Applet 程序开始执行。当第一次调用包含 Applet 程序的网页时,在执行完 init 方法后,就开始执行 start 方法,当使用浏览器的“后退”按钮返回到一个包含 Applet 程序的网页时,不执行 init 方法而直接执行 start 方法。

(3) stop():stop 方法的声明格式为 public void stop(),当浏览器需要停止 Applet 程序的运行时调用此方法。

(4) destroy():destroy 方法的声明格式为 public void destroy(),当浏览器不再执行 Applet 程序时需要调用此方法。

注意: 除了以上几个方法外,paint()和 repaint()方法也是我们经常用到的方法。

12.3 Applet 和应用程序的区别

Java 语言编写的小应用程序 Applet 和应用程序都是经由 JVM 解释执行的,但 JVM 对它们的加载、管理和运行是不一样的,表 12-1 显示了它们的区别。

表 12-1 Applet 和应用程序的区别

Applet	应用程序
Applet 基本上是为部署在 Web 上设计的	应用程序是为作为独立程序工作而设计的
Applet 是通过扩展 java.applet.Applet 类创建的	应用程序不受这种限制
Applet 通过 appletviewer 或在支持 Java 的浏览器上运行	应用程序使用平台提供的 Java 解释器运行
Applet 的执行从 init() 方法开始	应用程序的执行从 main() 方法开始
Applet 必须至少包含一个 public 类,否则编译器就会报告一个错误。在该类中不一定要声明 main() 方法	对于应用程序,不一定需要 public 类,主类中必须包括 main(),否则无法运行

12.4 应用程序和 Applet 互相转换

因为都是基于 JFC 的基本类库来设计的,所以应用程序和 Applet 是互相兼容的,只做少量修改就可以将应用程序转换为 Applet,或将 Applet 转换为应用程序。

12.4.1 将应用程序转换为小应用程序

用户可以将一个图形化的 Java 应用程序转换成一个 Applet,步骤如下:

(1) 取消应用程序中的 main 方法。

(2) 用 Applet 或 JApplet 替换 Frame 或 JFrame,并将此类设为 public,否则这个 Applet 不能被下载。

(3) 去掉应用程序中对窗体的 setSize 方法和 setTitle 方法的调用。

(4) 将所有的初始化代码从框架窗口的构造方法移至 Applet 的 init 方法中。

(5) 制作一个 HTML 网页,用适当的标记加载 Applet 类文件。

【例 12-2】 演示如何将应用程序转换为小应用程序。

```
import java.applet.*;
import java.awt.*;
import java.awt.event.*;
/* public class FrameToApplet extends Frame {        //转换之前是 Frame 的子类
   Panel p1;
   Button b1,b2,b3;
   mycanvas mc;
   public FrameToApplet()  {
      super("应用程序");
      mc = new mycanvas();
      b1 = new Button("SIN");
      b2 = new Button("COS");
      b3 = new Button("SQRT");
      p1 = new Panel();
      p1.add(b1);p1.add(b2);p1.add(b3);
      myListener ml = new myListener();
      b1.addActionListener(ml);
      b2.addActionListener(ml);
      b3.addActionListener(ml);
      setLayout(new BorderLayout());
      add(p1,BorderLayout.NORTH);
      add(mc,BorderLayout.CENTER);
   }
   private class myListener implements ActionListener {
       public void actionPerformed(ActionEvent e) {
          if(e.getSource() == b1) {
              mc.setFlag(1);
              mc.repaint();
          }else if(e.getSource() == b2) {
              mc.setFlag(2);
              mc.repaint();
          }else{
              mc.setFlag(3);
              mc.repaint();
          }
       }
   }
   public static void main(String[] args) {
      FrameToApplet myapp = new FrameToApplet();
      myapp.setSize(400,300);
      myapp.setVisible(true);
      myapp.addWindowListener(new WindowDestroyer());
   }
}
 */
public class FrameToApplet extends Applet {          //父类换为 Applet
   Panel p1;
```

```
    Button b1,b2,b3;
    mycanvas mc;
    public void init() {                              //构造方法换为 init()
        mc = new mycanvas();
        b1 = new Button("SIN");
        b2 = new Button("COS");
        b3 = new Button("SQRT");
        p1 = new Panel();
        p1.add(b1);p1.add(b2);p1.add(b3);
        myListener ml = new myListener();
        b1.addActionListener(ml);
        b2.addActionListener(ml);
        b3.addActionListener(ml);
        setLayout(new BorderLayout());
        add(p1,BorderLayout.NORTH);
        add(mc,BorderLayout.CENTER);
    }
    private class myListener implements ActionListener {
         public void actionPerformed(ActionEvent e) {
             if(e.getSource() == b1) {
                 mc.setFlag(1);
                 mc.repaint();
             }else if(e.getSource() == b2)  {
                 mc.setFlag(2);
                 mc.repaint();
             }else{
                 mc.setFlag(3);
                 mc.repaint();
             }
         }
    }
}
```

对应的 HTML 文件内容如下：

```
<html>
<body>
<applet code = "FrameToApplet" width = 400 height = 300>
</applet>
</body>
</html>
```

12.4.2 将小应用程序转换为应用程序

将小应用程序转换为应用程序很简单，在类中添加一个 main()方法，创建一个框架 Frame 或 JFrame 对象，然后将创建的 Applet 对象添加到框架窗口中，并执行 init()和 start()方法就可以了。例如：

```
public static void main(String[] args) {
```

```
        Frame myapp = new Frame("应用程序");                    //创建一个框架程序
        FrameToApplet myapplet = new FrameToApplet();
        myapp.add(myapplet);                                   //添加小应用程序
        myapplet.init();                                       //初始化
        myapplet.start();                                      //启动
        myapp.setSize(400,300);
        myapp.setVisible(true);
        myapp.addWindowListener(new WindowDestroyer());
    }
```

实际上，这样做的结果是，这个程序既是一个应用程序又是一个小应用程序。

12.5 Applet 和浏览器通信

正如应用程序可以使用命令行参数一样，小应用程序也可以使用被嵌入在 HTML 文件中的参数。通过传递参数，可以将对某些因素的控制权传递给 Applet 用户或查看者，而无须将全部可编程性的任务都留给程序员。例如，图像的名称和大小可以通过参数来指定，当用户或查看者每次修改名称和大小时，可以查看不同的输出结果，而无须修改代码。

在 HTML 文件中，使用<param>标记可以将参数传递给 Applet，其中，名称由 name 属性指定，值由 value 属性指定。在 Applet 内，使用 getParameter(参数名)来获取参数的值，注意获取的值是字符串类型的，必须做相应的转换才能变成其他类型。

【例 12-3】 演示 Applet 和浏览器之间的通信。

```
import java.awt.*;
import java.applet.*;
public class paramtest extends Applet {
    Color c;
    String msg;
    public void init() {
        int r = Integer.parseInt(getParameter("red"));
        int g = Integer.parseInt(getParameter("green"));
        int b = Integer.parseInt(getParameter("blue"));
        msg = getParameter("msg");
        c = new Color(r,g,b);
    }
    public void paint(Graphics g) {
        setBackground(c);
        g.setFont(new Font("宋体",Font.BOLD,26));
        g.setColor(Color.red);
        g.drawString(msg,100,100);
    }
}
```

对应的 HTML 文件如下：

```
<applet code = "paramtest.class" width = 500 height = 300 >
<param name = "red" value = "128">
```

```
<param name="green" value="128">
<param name="blue" value="255">
<param name="msg" value="The game is over!">
</applet>
```

12.6 Java 程序对多媒体技术的支持

多媒体技术是一种综合性的全数字技术,它以数字技术为基础,融合通信技术(电话、传真)、传播技术(广播、电视)和计算机技术为一体,能够处理、传送和储存文字、图形、图像、声音、视频等多种媒体信息,并具有人机交互功能和可编程环境。

多媒体(Multimedia)同时有“多媒介”和“多手段”之意。媒体通常有5种,即感觉媒体、表示媒体、显示媒体、存储媒体和传输媒体。

在计算机领域,媒体(Medium)有下面两种含义:

(1) 存储信息的实体,如磁带、磁盘、光盘等;

(2) 承载信息的载体,如数值、文字、声音、视频、图形、图像等。

我们所说的多媒体中的媒体主要指第二种含义,即媒体是传播信息的载体。载体是传播信息的形式,指文字、声音、动画等,它不同于物理上的介质(例如空气、电缆等)。

媒体有多种,在现有的操作系统和多媒体系统中,我们常见的媒体元素和媒体文件有文本、图像、图形、视频、音频、动画等。

(1) 文本:报纸、书本,文件扩展名有.txt、.doc 、.wps。

(2) 图像:照片、电影图像保存的是像素点的“值”,包括行、列交点以及颜色、亮度等,其文件扩展名有.bmp、.dib、.tif、.gif、.jpg、.rif、.eps、.pal、.rdi、.cgm、.hgl、.pe3 等。

(3) 图形:地图、图表(描述几何图形属性的指令集合),文件扩展名有.dxf、.pif、.sld、.drw、.gks、.igs、.pcx、.pic、.plt、.wmf 等。

(4) 视频:CD 影碟、录像、动态影像视频,文件扩展名有.avi、.mpg、.dat、.mov、.aif等。

(5) 音频:语音、音乐、CD 唱片、数字音响,文件扩展名有.wav、.mid、.rmi、.mp3 等。

(6) 动画:“帧”动态图像和三维真实感动画,内置的变形程序在两个关键帧(keyframe)之间插入若干帧(tweening),实现图像 A 平滑地转向图像 B 的效果。

Java 媒体框架(JMF)使用户能够编写出功能强大的多媒体程序,且不用关心底层复杂的实现细节。JMF API 的使用相对比较简单,但是能够满足几乎所有多媒体编程的需求。在这里不介绍 JMF 媒体框架技术,而是介绍基本 Java 编程中对图形、图像和音频的支持,经过适当的编程就可以生成动画或播放视频。在这本书中不详细地介绍 JMF 的有关内容了,感兴趣的同学可以查看有关资料。

12.6.1 图形

如何利用 Java 的绘图方法来绘制各种各样的图形以及显示各种文本字体,并配以喜爱的颜色,可以说是 Java 多媒体技术中的一项基本功。在 Java 语言的类库中提供了丰富的绘图方法(method),其中大部分对图形、文本、图像(image)的操作方法都定义在 Graphics

类中。但用户不能直接使用 new 产生一个 Graphics 类的对象实例，一般是在一个图形上下文环境中通过参数或方法得到相应的对象实例。

1. 图形坐标系统

为了将某一图形在屏幕上绘制出来，首先要碰到的问题也许就是“画在哪个位置”，为了解决这个问题必须有一个精确的图形坐标系统来将该图形定位。与大多数其他计算机图形系统所采用的二维坐标系统一样，Java 的坐标原点(0,0)在屏幕的左上角，水平向右为 X 轴的正方向，竖直向下为 Y 轴的正方向，每个坐标点的值表示屏幕上的一个像素点的位置，因此，所有坐标点的值都取整数。图 12-3 显示了 Java 中的坐标系统。

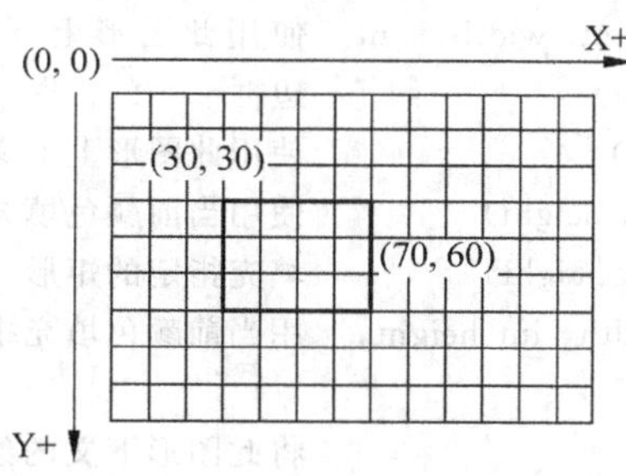

图 12-3 Java 中的坐标系统

2. Graphics 类

Graphics 类是抽象类，不能直接创建对象，一般通过上下文环境得到该类的对象。Graphics 对象封装了作图环境状态的特性，下面介绍几种常用的状态属性，表 12-2 列出了常用的方法。

(1) Color：当前绘制颜色，它属于 java. awt. Color 类型，所有的绘制、着色和纯文本输出都将以指定的颜色显示。

(2) Font：当前字体，它属于 java. awt. Font 类型，用于所有文本输出的字体。

(3) Clip：java. awt. Shape 类型的对象，充当用来定义几何形状的接口。该特性包含的形状定义了图形环境的区域，绘制将作用于该区域。通常情况下，这一形状与整个图形环境相同，但也不一定如此。

(4) ClipBounds：java. awt. Rectangle 对象，表示将由 Clip 特性定义的 Shape 的最小矩形，它是只读特性。

(5) FontMetrics：java. awt. FontMetrics 类型的只读特性，该对象含有关于图形环境中当前起作用的 Font 的详细信息。

(6) Paint Mode：该特性控制环境使用当前颜色的方式。如果调用了 setPaintMode() 方法，那么所有绘制操作都将使用当前颜色。如果调用了 setXORMode()方法(该方法获取一个 Color 类型的参数)，那么就用指定的颜色对像素做“XOR”操作。XOR 具有在重新绘制时恢复初始位模式的特性，因此它被用作橡皮擦除和动画操作。

表 12-2 Graphics 类中常用的方法

方法名	说明
drawImage(Image img, int x, int y, int width, int height, ImageObserver observer)	缩放并绘制指定图像到指定矩形区域
drawLine(int x1, int y1, int x2, int y2)	在此图形上下文的坐标系统中,使用当前颜色在点(x1, y1)和(x2, y2)之间画一条线
drawOval(int x, int y, int width, int height)	绘制椭圆的边框
drawPolygon(int[] xPoints, int[] yPoints, int nPoints)	绘制一个由 x 和 y 坐标数组定义的闭合多边形
drawRect(int x, int y, int width, int height)	绘制指定矩形的边框
drawRoundRect(int x, int y, int width, int height, int arcWidth, int arcHeight)	使用此图形上下文的当前颜色绘制圆角矩形的边框
drawString(String str, int x, int y)	使用此图形上下文的当前字体和颜色绘制 str
fillOval(int x, int y, int width, int height)	使用当前颜色填充外接指定矩形的椭圆
fillRect(int x, int y, int width, int height)	填充指定的矩形
fillRoundRect(int x, int y, int width, int height, int arcWidth, int arcHeight)	用当前颜色填充指定的圆角矩形
setXORMode(Color c1)	将此图形下文的绘图模式设置为在此图形上下文的当前颜色和新的指定颜色之间异或

【例 12-4】 Graphics 类中常用方法的演示。

```
import java.awt.*;
import javax.swing.*;
class ShapesPanel extends Jpanel {
public void paintComponent(Graphics g) {
g.drawLine(0,0,100,100);                                    //画线
g.drawRect(10,10,60,30);                                    //绘制矩形
g.drawRoundRect(90,80,80,80,20,20);                         //绘制圆角矩形
int xpoints[] = {20,50,60,30,10};
int ypoints[] = {50,50,70,90,70};
g.drawPolygon(xpoints,ypoints,5);                           //绘制多边形
g.setColor(Color.red);                                      //设置颜色
g.fillRect(90,10,80,30);                                    //绘制填充矩形
g.fillRoundRect(180,50,100,80,15,15);                       //绘制填充圆角矩形
g.fillOval(10,100,80,30);                                   //绘制填充椭圆
} }
class graphtest {
public static void main(String[] args){
Frame myapp = new Frame("画图测试");
ShapesPanel p = new ShapesPanel();
myapp.add(p);
myapp.setSize(300,200);
myapp.setVisible(true);
myapp.addWindowListener(new WindowDestroyer());
}
}
```

执行效果如图 12-4 所示。

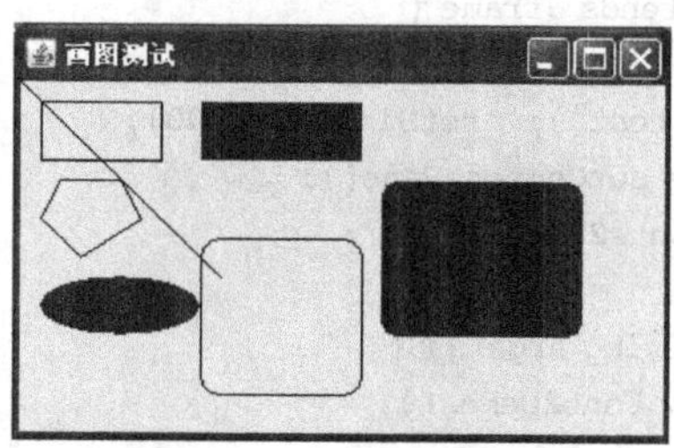

图 12-4　画图测试

3. 文本、字体和颜色属性的使用

Graphics 类也提供了在屏幕上显示文本的方法,若要使文本的显示更具特色,让它满足某种字体、某种风格及尺寸大小的要求,需要用字体类 Font 来定义。另外,Java 中提供了配合 Font 类的 FontMetrics 类,用来得到更为详细的字体信息。在 Java 中,颜色是通过 Color 类的实例对象提供的。

【例 12-5】 演示通过 Graphics 对象使用字体。

```
import java.awt.Graphics;
    import java.awt.Font;
    public class Fonts extends java.applet.Applet {
    public void paint(Graphics g){
    Font ftp20 = new Font("TimesRoman",Font.PLAIN,20);
    Font fai15 = new Font("Arial",Font.ITALIC,15);
    Font fsib30 = new Font("宋体",Font.ITALIC + Font.BOLD,30);
    g.setFont(ftp20);
    g.drawString("Font name TimesRoman , style plain , size 20",10,20);
    g.setFont(fai15);
    g.drawString("Font name Arial , style italic , size 15",10,50);
    g.setFont(fsib30);
    g.drawString("字体名 宋体,风格 斜体 + 粗体,尺寸 30",10,120);
    }}
```

【例 12-6】 字体点阵信息的使用演示。

```
import java.awt.*;
import javax.swing.*;
class Fonts2Panel extends JPanel {
public void paintComponent(Graphics g) {
   String myquote = "Happiness is an attitude.";
   Font f = new Font("Times New Roman",Font.BOLD + Font.ITALIC,24);
   g.setFont(f);
   FontMetrics fm = getFontMetrics(f);
   int x = (getSize().width - fm.stringWidth(myquote))/2;
   int y = (getSize().height - fm.getHeight())/2;
   g.drawString(myquote,x,y);
}
```

```
}
public  class Font2Demos extends Jframe {
  public Font2Demos() {
     setTitle("FontMetrics test");  setSize(300,200);
     Container contentPane = getContentPane();
     contentPane.add(new Fonts2Panel());
  }
  public static void main(String args[]) {
     Font2Demos  frame = new Font2Demos();
     frame.show();
}}
```

【例 12-7】 颜色使用演示。

```
import java.awt.Graphics;
    mport java.awt.Color;
    public class Colors extends java.applet.Applet{
    public void paint(Graphics g){
    int red,green,blue;
    for (inti = 10;i < 400;i += 40){
     red = (int)Math.floor(Math.random() * 256);
     green = (int)Math.floor(Math.random() * 256);
     blue = (int)Math.floor(Math.random() * 256);
    g.setColor(new Color(red,green,blue));
    g.fillRect(i,20,30,30);
  }}}
```

4. Graphics2D 类

Java 2D 提供了实现复杂图形的机制,这些机制和 Java 平台的 GUI 体系结构很好地集成在一起,尤其是 Java 2D 为开发人员提供了下列功能。

(1) 对渲染质量的控制: 没有 Java 2D,在绘制图形时就无法进行平滑锯齿,而分辨率也会变得最小,只有一个像素。

(2) 裁剪、合成和透明度: 允许使用任意形状来限定绘制操作的边界,它们还提供了对图形进行分层以及控制透明度和不透明度的能力。

(3) 绘制和填充简单及复杂的形状: 这种功能提供了一个 Stroke 代理和一个 Paint 代理,前者定义用来绘制形状轮廓的笔,后者允许用纯色、渐变色和图案来填充形状。

(4) 图像处理和变换: Java 2D 和 Java 高级图像 API(Java Advanced Imaging API (JAI))协作,支持用大量图形格式处理复杂图像的功能。Java 2D 还为用户提供了修改图像、形状和字体字符的变换功能。

(5) 高级字体处理和字符串格式化: 允许像操作任何其他图形形状一样操作字体字符。除此以外,可以像文字处理程序一样,通过为 String 中的字符应用属性和样式信息来创建格式化文本。

为了实现 Java 2D 的新功能,Sun 公司的开发人员创建了一个新类——java.awt.Graphics2D 来继承 java.awt.Graphics 类。java.awt.Graphics2D 类除提供了基类的所有功能以外,还提供了 Java 2D 的所有新功能。如果要利用这些功能,需要得到 Graphics2D

的实例而不是 Graphics 的实例。AWT 包中的 Component 类包括那些定义为 Swing 库的一部分的类，都是围绕 Graphics 的使用实现的。由于 Graphics2D 是抽象类，因此我们不能创建其实例。在 JDK 1.2 发布以后，Graphics 的所有实例实际上都是 Graphics2D 的实例。由于祖先类是 Graphics，所以所有现有的组件代码仍然可以使用。因此，要访问 Graphics2D 的功能，类型强制转换操作是必需的。例如：

```
public void paint(Graphics g) {
    Graphics2D g2 = (Graphics2D) g;
}
```

虽然这样做看起来不符合面向对象基本的编程方式，但在使用 Java 2D 编程时，这是不可缺少的一步。JVM 实现保证 Graphics 的任何实例都是 Graphics2D 的实例。Component 对象和 java. awt. Image 对象都可以使用 Graphics2D 对象进行操作，可以使用 javax. swing. ImageIcon 类或 Java 高级图像 API 将外部图像文件装入 Image 的实例，可以在内存中"绘制"图像，可以通过获取表示内存中(in-memory)图像的 Graphics2D 对象修改图像。例如：

```
Image image = panel.createImage(100, 100);
Graphics2D g = (Graphics2D) image.getGraphics();
```

以下是 Graphics2D 类提供的一些特性和方法。

(1) Background：允许指定一个 Color 对象作为默认颜色，当图形环境部分被擦除时会显示该默认颜色。

(2) RenderingHints：控制图形渲染的质量(将在渲染提示中详细讨论这方面的内容)。

(3) Paint：可以使用 Paint 接口以任何纯色、渐变色或图案(而不是简单的颜色)来填充形状。Java 2D 修改了 Color 类，以实现 Paint 接口。

(4) Stroke：Java 2D 支持 Stroke 接口，该接口描述了一个虚拟笔，用于以各种宽度、颜色和图案来绘制线和曲线。

(5) Transform：支持使用变换来修改绘制操作的工作方式。Graphics2D 的 Transform 特性属于 java. awt. geom. AffineTransform 类型，它代表一种用 3×3 矩阵表示的数学规则。当操作由 Graphics2D 对象渲染时，无一例外地会对它们应用这一变换。

(6) Composite：控制在绘制操作覆盖已经着色的像素时所发生的行为。该特性的值属于 java. awt. Composite 类型，此类型是一个描述颜色应该如何组合的接口。

(7) clip()、draw()和 fill()：其中的每种方法都获取一个 java. awt. Shape 类型的参数。这些方法允许擦除或绘制预先定义的(或任意的)形状，或者对它们进行着色。

(8) rotate()、scale()、translate()和 shear()：通过添加另一种变换操作来修改环境的当前 Transform。

(9) drawGlyphVector()：渲染"字形"，"字形"是一种 Shape，它代表某种 Font 的单字符。

(10) drawRenderableImage()和 drawRenderableImage()：提供一种功能，使得程序能够使用高级图像 API 来渲染实现 java. awt. image. renderable. RenderableImage 或 java. awt. image. RenderedImage 接口的图像。

(11) hit(): 检查指定形状是否和图形设备空间内的矩形相交了，该方法用于绘图程序以及游戏的碰撞测试。

【例 12-8】 Graphic2D 类的简单演示。

```
import java.awt.*;
import java.awt.geom.*;
public class j2d extends Frame {
    public static void main(String args[]) { new j2d(); }
    public j2d() {
        setSize(220,180);
        setVisible(true);
    }
    public void paint(Graphics g) {
        Graphics2D g2 = (Graphics2D)g;
        g2.setRenderingHint(RenderingHints.KEY_ANTIALIASING,
            RenderingHints.VALUE_ANTIALIAS_ON);
        GradientPaint gp = new GradientPaint(0, 60, Color.red,
                                              0, 120, Color.yellow);
        Ellipse2D r = new Ellipse2D.Float(30, 60, 160, 60);
        g2.setPaint(gp);
        g2.fill(r);
        g2.transform(AffineTransform.getRotateInstance(Math.PI/8));
        g2.setFont(new Font("Serif", Font.BOLD, 85));
        g2.setPaint(Color.blue);
        g2.setComposite(AlphaComposite.getInstance(
                                  AlphaComposite.SRC_OVER, 0.5f));
        g2.drawString("J2D",50,70);
    }
}
```

执行效果如图 12-5 所示。

图 12-5 Java 2D 演示

12.6.2 图像

和其他语言相比，如果说 Java 对图形和文本媒体的支持并不占明显优势，那么 Java 对图像和声音媒体的支持可谓是技高一筹，显示图像和播放声音就如同显示一行文本一样方便。同时，正是在 Java 动画中能够灵活地运用图像和声音媒体，才使得包含 Applet 小应用程序的 Web 页面更具魅力。

1. 图像文件的加载

正如上一节所介绍的，Graphics 类中确实提供了不少绘制图形的方法，但如果用它们在程序运行过程中实时地绘制一幅较复杂的图形（例如一条活泼可爱的小狗），就好比是在用斧头和木块去制造航天飞机一样事倍功半。因此，对于复杂图形，大部分事先用专订的绘图软件绘制好，或者用其他截取图像的工具（如扫描仪、视屏卡等）获取图像的数据信息，再将它们按一定的格式存入图像文件。程序运行时，只要找到图像文件存储的位置，将它装载到内存中，然后在适当的时机将它显示在屏幕上就可以了。

在小应用程序中，Applet 类中提供了 getImage()方法用来将准备好的图像文件装载到 Applet 中，但必须首先指明图像文件所存储的位置。对于应用程序，要先获得 Toolkit 实例对象，再由 Toolkit 对象的 getImage()方法将图像装入内存。由于 Java 语言是面向网络应用的，因此文件的存储位置并不局限于本地机器的磁盘目录，大部分情况是直接存取网络中 Web 服务器上的图像文件，因此，Java 采用 URL(Universal Resource Location，统一资源定位器)来定位图像文件的网络位置。

在第 9 章已经讲过，一个 URL 资源是由 5 个部分组成的，如下所示。

http://	www.lzu.edu.cn:	80/	jwc/index.html#	aaa
1	2	3	4	5

1—协议：指的是获取资源时所使用的通信协议

2—主机：指的是资源所在的主机，可以是 IP 地址或域名

3—端口：指的是主机上服务程序监听的端口

4—路径和文件：指的是资源存储的路径和文件名

5—锚点（或参考点）：指的是在文件内定义到段落的书签

现在，我们来看一下 getImage()方法的调用格式：

```
Image getImage(URL url)
Image getImage(URL url, String name)
```

可以发现，这两种调用格式的返回值都是 Image 对象，java.awt.Image 类是 Java 专门提供的用来管理图像文件信息的类。

如果是在小应用程序中使用图像的加载和显示，还经常会用到下面两个特殊方法：

```
URL getDocumentBase()
URL getCodeBase()
```

其中，getDocumentBase()方法返回的基准 URL 对象代表了包含该 Applet 的 HTML 文件所处的目录，例如该文件储存在“http://www.xyz.com/java/imgsample/m1.html”中，则该方法就返回“http://www.xyz.com/java/imgsample/”路径。getCodeBase()方法返回的基准 URL 对象代表了该 Applet 文件(.class 文件)所处的目录，它是根据 HTML 文件的“Applet”标记中的 CODEBASE 属性值计算出来的，若该属性没有设置，则同样返回该 HTML 文件所处的目录。

即我们可以使用“Image img = getImage(getDocumentBase(),"images/m1.gif");”，那么即使整个 imgsample 目录移到其他任何地方，也可以正确地装载图像文件，而采用绝对

URL 形式则需要重新修改 Applet 代码并重新编译。

2. 图像文件的显示

前面讲到的 getImage()方法仅仅是将图像文件从本地或网络上装载进来，交由 Image 对象管理。那么怎样把得到的 Image 对象中的图像显示在屏幕上呢？这又要用到前面学过的 Graphics 类了，因为 Graphics 类提供了一个 drawImage()方法接口，它能将 Image 对象中的图像显示在屏幕的特定位置，就像显示文本一样方便。

drawImage()有几个重载方法，最简单的 drawImage()方法的调用格式如下：

```
boolean drawImage(Image img, int x, int y, ImageObserver observer)
```

其中，img 参数就是要显示的 Image 对象；x 和 y 参数是该图像左上角的坐标值；observer 参数则是一个 ImageObserver 接口(interface)，它用来跟踪图像文件装载是否已经完成，通常将该参数置为 this，即传递本对象的引用去实现这个接口。

除了将图像文件照原样输出以外，drawImage()方法的另外一种调用格式还能指定图像显示的区域大小：

```
boolean drawImage(Image img, int x, int y, int width, int height, ImageObserver observer)
```

这种格式比第一种格式多了 width 和 height 两个参数，用于表示图像显示的宽度和高度。若实际图像的宽度和高度与这两个参数的值不一样，Java 系统会自动将它进行缩放，以适合我们所定的矩形区域。

有时，为了不使图像因缩放而变形失真，可以将原图的宽和高均按相同的比例进行缩小或放大。那么，怎样知道原图的大小呢？只需调用 Image 类中的两个方法就可以分别得到原图的宽度和高度。它们的调用格式如下：

```
int getWidth(ImageObserver observer)
int getHeight(ImageObserver observer)
```

和 drawImage()方法一样，我们通常用 this 作为 observer 的参数值。

下面的程序段给出了一个显示图像文件的例子，其显示结果如图 12-6 所示。

图 12-6 图像的显示

【例 12-9】 图像的装入和显示。

```
/* <applet code = "ImagesTest.class" width = 450 height = 300 ></applet> */
import java.awt.Graphics;
import java.awt.Image;
public class ImagesTest extends java.applet.Applet{
Image img;
public void init(){
   img = getImage(getCodeBase(),"boxwave.gif");
}
public void paint(Graphics g){
  int w = img.getWidth(this);
  int h = img.getHeight(this);
  g.drawImage(img,20,10,this);                    //原图
  g.drawImage(img,200,10,w/2,h/2,this);           //缩小一半
  g.drawImage(img,20,200,w * 2,h/3,this);         //宽扁图
  g.drawImage(img,350,10,w/2,h * 2,this);         //瘦高图
}}
```

【例 12-10】 在应用程序中使用图像。

```
//myviewer.java
import java.awt.*;
public class myviewer extends Panel {
   Image img;
   public myviewer(String filename) {
      img = Toolkit.getDefaultToolkit().getImage(filename);   }
   public void paint(Graphics g)   {
      g.drawImage(img,0,0,getSize().width,getSize().height,this);
   }
   public static void main(String[] args) {
      if(args.length!= 1) {
         System.out.println("请输入图像文件名!");
         System.exit(0);
      }
      Frame myapp = new Frame("图像查看器 version 1.0");
      myviewer mv = new myviewer(args[0]);
      myapp.add(mv);
      myapp.setSize(800,600);
      myapp.setVisible(true);
      myapp.addWindowListener(new WindowDestroyer());
   }
}
```

12.6.3 声音

对声音媒体的直接支持可以说是 Java 的一大特色，尤其是在动画中配上声音效果，可以使人在视觉上和听觉上均得到美的享受，这才是真正的多媒体。在 Java 中播放声音文件和显示图像文件一样方便，只需要先将声音文件装载进来，然后播放就行了。

1. 声音格式

Java 2 SDK 平台采用了新的声音引擎,并支持应用程序和小应用程序中的音频播放,下面介绍它支持的格式。

(1) AU 文件格式:这是 Java 语言最早的声音格式,其扩展名为. au 或. snd,适用于短的声音文件。AU 类型文件使用的 3 种典型音频格式为 8 位单声道采样频率为 8kHz 的 μ-law 类型、8 位线性类型以及 16 位线性类型。

(2) WAV 文件格式:扩展名为. wav,由 Microsoft 公司和 IBM 公司共同开发,Windows 9X 系统都支持此格式。

(3) AIFF 文件格式:扩展名为. aif 或. ief,是 Macintosh 公司和 SGI 公司共用的标准音频文件格式。

(4) MIDI 文件格式:扩展名为. mid,是音乐制造业所认可的标准,主要用于控制诸如合成器和声卡之类的设备。Java 2 平台支持 3 种类型的 MIDI 文件格式,它们分别为 MIDI 文件类型 O、MIDI 文件类型 1 和 RMF。

2. 与声音有关的类

在 Java 2 SDK 开发环境中,除了 java. applet 类中提供了对声音格式的支持外,还有几个包也对声音播放提供支持,它们是 javax. sound. midi、javax. sound. midi. spi、javax. sound. sampled、javax. sound. sampled. spi 等。

(1) javax. sound. midi 包:为 I/O、序列化和 MIDI 数据的合成提供接口和类。

(2) javax. sound. midi. spi 包:为新 MIDI 设备、MIDI 文件阅读器和编写器等的实现提供接口。

(3) javax. sound. sampled 包:为捕获、处理和播放音频数据提供接口和类。

(4) javax. sound. sampled. spi 包:为新音频设备、声音文件阅读器和编写器或音频格式转换提供抽象类。

3. 编写声音播放程序

在 Applet 类中提供的 play()方法可以将声音文件装载与播放。play()方法的调用格式和图像的调用格式相同,其调用格式如下:

(1) void play(URL url)

(2) void play(URL url,String name)

一旦 play()方法装载了声音文件就立即播放。如果找不到相应资源,play()方法不会返回出错信息,反映到用户端就是听不到声音。play()方法只播放一遍声音文件,如果需要重复播放此声音文件,就需要使用 AudioClip 接口提供的方法。AudioClip 接口提供了播放声音片段的方法,多个 AudioClip 项可以在同一时间播放,从而产生声音混合的效果。

【例 12-11】 在小应用程序中使用音频,如图 12-7 所示。

```
/* <applet code = "AudioTest.class" width = 300 height = 100 ></applet > */
import java.io. * ;
import java.util. * ;
```

```
import java.awt.*;
import java.awt.event.*;
import java.net.*;
import java.applet.*;
public class AudioTest extends Applet implements ActionListener {
  String hurl;
  AudioClip audio;
  boolean hState = false;                           //声音播放状态
  public void init() {                              //初始化应用程序
    resize(200,60);
    if(hurl == null)  {
      hurl = "tongnian.mid";
    }
    try  {
      audio = getAudioClip(new URL(getDocumentBase(),hurl));
    }
    catch(Exception e) {}
    this.setBackground(Color.lightGray);
    Button myButton1 = new Button("播放");
    myButton1.addActionListener(this);
    this.add(myButton1);
    Button myButton2 = new Button("停止");
    myButton2.addActionListener(this);
    this.add(myButton2);
    Button myButton3 = new Button("循环");
    myButton3.addActionListener(this);
    this.add(myButton3);
  }
  public void actionPerformed(ActionEvent e)  {
    if(e.getActionCommand() == "播放")  {
      if(hState == false){                          //如果播放状态为 false 则处理
        audio.play();
        hState = true;
      }
    } else {
      if(e.getActionCommand() == "停止") {
        if(hState == true) {
          audio.stop();
          hState = false;
        }
      } else {
        if(e.getActionCommand() == "循环")  {
          audio.loop();
        }
      }
    }}}
```

图 12-7 播放音频

如果使用多个 AudioClip 对象，可以同时播放多个声音文件，产生多种声音的混合效果。

12.7 动画①

在初步掌握了Java中处理各种媒体的基本技能后,接下来要涉及的是Java多媒体世界中最吸引人、最精彩的内容——Java动画技术。这一节中,就让我们一起来由浅入深地制作几个动画实例,并通过这些实例引出一系列措施用于改进动画的显示效果,直到真正地掌握动画技术的关键。

12.7.1 简单实例

其实,Java的动画原理是很简单的,首先在屏幕上显示动画的第一帧(也就是第一幅画面),然后每隔很短的时间显示另外一帧,如此往复,由于人眼的视觉暂停感觉好像画面中的物体在运动。现在,我们已经掌握了用paint()方法显示静态帧的技能,接下来的问题是如何不断地替换其他帧画面。

下面这个实例很简单,是在Applet中显示一行欢迎标题"Welcome to here!"。与以前效果不同的是,这行标题并不是一下子显示出来,而是像打字一般,一个个字母跳出来,然后全部隐藏,再重复刚才的打字效果。用动画的术语来说,第一帧显示空白,第二帧显示"W",第三帧显示"We",直到最后一帧显示完整个字符串后再循环到第一帧。根据上述提供的制作方案,我们采用多线程机制很快就可以写出下面的程序:

【例12-12】 在小应用程序中使用动画。

```
/* <applet code = "RollingMessage.class" width = 500 height = 100></applet> */
import java.awt.Color;
import java.awt.Font;
import java.awt.Graphics;
public class RollingMessage extends java.applet.Applet implements Runnable {
  Thread runThread;
  String s = "Welcome to here!";
  int s_length = s.length();
  int x_character = 0;
  Font wordFont = new Font("TimesRoman",Font.BOLD,50);
  public void start() {
    if(runThread == null){
       runThread = new Thread(this);
       runThread.start();
    }
  }
  public void stop() {
    if(runThread!= null){
       runThread.stop();
       runThread = null;
    }
  }
```

① 这部分内容参考了网页http://www.itlearner.com/code/java1/jv0403.htm的内容。

```
    public void run() {
      while(true) {
      if(++x_character > s_length)
        x_character = 0;
      repaint ();
      try {
       Thread.sleep(300);
      } catch (InterruptedException e) {}
      }
    }
    public void paint (Graphics g) {
      g.setFont (wordFont);
      g.setColor (Color.red);
      g.drawString (s.substring(0,x_character), 8, 50);
    }
  }
```

12.7.2 解决闪烁问题

虽然刚才的 Applet 已经能动起来,可是挑剔的用户马上会发现屏幕上的动画是一闪一闪的,如果你的机器速度较慢,这一现象会更明显。有效地解决闪烁问题一直是动画制作的关键技术,因为没有人愿意观看刺眼的一闪一闪的画面。

既然想要解决这一问题,那就要先找到产生闪烁现象的原因在哪里。还记不记得动画过程是如何工作的:Applet 调用 repaint()方法通知系统进行重画,repaint()方法实际调用了 update()方法先清洗整个 Applet 区域,然后再调用 paint()方法绘制屏幕。

很明显,问题就出在 update()方法里,它每次清除屏幕,使画面每次都从有内容到全空白,再画上内容,无疑造成了闪烁。下面就是 update()方法的默认代码:

```
public void update(Graphics g){
        g.setColor(getBackground());                //将背景色置为当前绘图颜色
        g.fillRect(0,0,width,height);               //用背景色填充整个 Applet 区域
        g.setColor(getForeground());                //将当前绘图颜色设回前景色
        paint(g);                                   //进行重画
    }
```

其中,width 和 height 是指整个 Applet 的高度和宽度。很显然,我们必须覆盖这一方法,去改变它每次都呆板地用背景色去填充一下整个 Applet 区域。那么我们是否真的每次都需要清除屏幕呢?回想一下,我们的 Applet 每一次重画的内容都比前一次多一个字符。所以,如果前一个画面不清除,后一个画面叠加上去并不会破坏整个画面的内容,只有在全部字符都显示完全才需要真正地清除一下屏幕。因此,只在真正需要清除屏幕的时候才去做清除的动作,这应该说是消除闪烁的一个原则。下面,就是覆盖默认的 update()方法后的新代码:

```
public void update(Graphics g){
    if (x_character == 0){
       g. setColor(getBackground());
       g. fillRect(0,0,appletWidth,appletHeight);
```

```
            g. setColor(getForeground());
        }
        paint(g);
    }
```

另外有一点要改进的是,为了能增加 Applet 的灵活性和实用性,我们要尽量从 HTML 文件给 Applet 传递各种配置参数,如要显示的字符串、字体、颜色、尺寸等信息,这样就不必每次做小的改动都需要重新编译 Applet 源代码。

下面是本实例经过改进后的程序代码:

【例 12-13】 在小应用程序中使用动画改进版。

```
import java.awt. *
import java.applet. Applet;
public class RollingMessage extends Applet implements Runnable {
    Thread runThread;
    String s;                                    //要显示的字符串
    int s_length;                                //字符串的长度
    int x_character = 0,                         //当前显示到第几个字符串
    y_coord,                                     //字符串的 Y 坐标位置
    textcolor,                                   //字符串的颜色值(十六进制整数 rrggbb)
    backcolor,                                   //Applet 背景颜色值(十六进制整数 rrggbb)
    delay;                                       //每帧画面的时延(毫秒)
    int appletWidth, appletHeight;
    String font_name;                            //字体的名称
    int font_size;                               //字体的尺寸
    Font wordFont;
    FontMetrics wordMetrics;
    public void init() {
    String temp;
    appletWidth = size().width;
    appletHeight = size().height;
    temp = getParameter("font");
    font_name = (temp = = null) ? "TimesRoman" : temp;
    temp = getParameter("fontsize");
    font_size = (temp = = null) ? 12 : Integer.parseInt(temp);
  wordFont = new Font(font_name, Font.PLAIN, font_size);
  if (wordFont = = null)   wordFont = getFont();
    wordMetrics = getFontMetrics (wordFont);
    temp = getParameter("text");
    s = (temp = = null) ? "Message goes here..." : temp;
    s_length = s.length();
    temp = getParameter("textcolor");
    textcolor = (temp = = null) ? 0 : Integer.parseInt(temp ,16);
    temp = getParameter("backcolor");
    backcolor = (temp = = null) ? 0xffffff : Integer.parseInt(temp ,16);
    temp = getParameter("delay");
    delay = (temp = = null) ? 100 : Integer.parseInt(temp);
    y_coord = appletHeight/2 + (wordMetrics.getHeight()
        - wordMetrics.getDescent())/2;
    }
```

```
public void start() {
if(runThread == null){
     runThread = new Thread(this);
     runThread.start();
}}
public void stop() {
if(runThread!= null){
    runThread.stop();
    runThread = null;
}}
public void run() {
while(true) {
  if (x_character++> s_length)
  x_character = 0;
  repaint ();
try {
    Thread.sleep( delay );
} catch (InterruptedException e) {}
}}
public void paint (Graphics g) {
g.setFont (wordFont);
g.setColor (Color.red);
g.drawString (s.substring(0,x_character), 8, y_coord);
}
public void update(Graphics g){
if (x_character = = 0){
g.setColor(getBackground());
g.fillRect(0,0,appletWidth,appletHeight);
g.setColor(getForeground());
}
paint(g);
}}
```

下面是测试这一 Applet 的 HTML 语言的例子：

```
<applet code = RollingMessage.class width = 400 height = 60 >
<param name = font value = "TimesRoman">
<param name = fontsize value = 30 >
<param name = text value = "Welcome to here !">
<param name = textcolor value = "ff0000">
<param name = backcolor value = "ffffff">
<param name = delay value = 300 >
</applet >
```

12.7.3 放映图像

大家可能已经知道，我们看到的电影实际上是快速播放的连续图像，那么能否在 Java 程序中模拟类似的效果呢？回答是肯定的，下面以一个模拟数码电子钟（如图 12-8 所示）的程序来演示这种快速放映图像的效果。

首先要准备图 12-8 中各个数字对应的小图片和一个背景图片，然后把这些图像都放在

图 12-8 数码钟所用的各图像文件

dcimages 目录下,由于我们把数码管图像的文件名取得相似,因而可以创建一个 Image 数组 digit_image 作为实例变量,并在 init()方法中通过一个循环将这 10 幅图像装载进来,例如:

```
Image[] digit_image = new Image[10];
public void init(){
for (int i = 0; i < 10; i++)
{ digit_image[i] = getImage(getCodeBase(), "dcimage/lcd" + i + ".gif");
…}
}
```

同样,用 getImage()方法装载其他两幅图像。下一步的工作就是要确定数码钟里每幅图显示的起始位置,这里主要是指 X 方向的坐标值(因为 Y 方向的坐标值是一样的)。

我们把这些信息存放在一个整型数组(image_start_x)中,其中每个值的含义依次表示下列位置:小时数的十位数码、小时数的个位数码、第一个冒号、分钟数的十位数码、分钟数的个位数码、第二个冒号、秒钟数的十位数码、秒钟数的个位数码。然后同样采用多线程机制,在 run()方法中控制定时,一秒钟重画一次。而在 paint()方法中先获取当前的时间,然后用 drawImage()方法在相应的位置画出边框、相应的 6 个数码管图像以及两个冒号。

接下来的问题就是如何得到当前的时间?这就要用到 java.util 程序包中的 Data 类(别忘了 import)。这个类的构造方法中有一种不带任何参数的调用格式,它会创建一个表示当前日期和时间的对象,得到这一对象后就可以调用 Data 类中提供的 getHours()方法、getMinutes()方法与 getSeconds()方法来获取当前时刻的小时数、分钟数和秒数。

例如:

```
Date now = new Date();
int hour = now.getHours();
int minute = now.getMinutes();
int second = now.getSeconds();
```

另外,为了解决闪烁问题,重写了 update()方法:

```
public void update(Graphics g) {
    paint(g);
}
```

下面列出该数码钟的全部代码:

【例 12-14】 数码电子时钟演示。

```
import java.awt.*;
import java.util.Date;
import java.applet.Applet;
```

```
public class DigClk extends Applet implements Runnable{
Thread timer = null;
Image[] digit_image = new Image[10];          //数码(0～9)图像数组
Image colon_image,                            //冒号图像
frame_image;                                  //边框图像
int digit_height = 21;                        //数码(及冒号)高度
int digit_width = 16;                         //数码宽度
int colon_width = 9;                          //冒号宽度
int offset = 4;                               //边框厚度
int applet_width;
int applet_height;
int[] image_start_x = new int[8];             //数码或冒号的水平起始位置数组
public void init() {
for (int i = 0; i < 10; i++){
digit_image[i] = getImage(getCodeBase(), "dcimages/lcd" + i + ".gif");
}
colon_image = getImage(getCodeBase(), "dcimages/colon.gif");
frame_image = getImage(getCodeBase(), "dcimages/frame.gif");
applet_width = (2 * offset) + (6 * digit_width) + (2 * colon_width);
                                                              //计算 Applet 宽度
applet_height = (2 * offset) + (digit_height);                //计算 Applet 高度
image_start_x[0] = offset;                                    //填充起始位置数组
for (int i = 1; i < 8; i++){
if ((i = = 3) || (i = = 6))                   //下一位置是冒号
  image_start_x[i] = image_start_x[i - 1] + colon_width;
else                                          //下一位置是数码
image_start_x[i] = image_start_x[i - 1] + digit_width;
}}
public void start() {
if (timer == null){
    timer = new Thread(this);
    timer.start();
}}
public void run() {
while (timer != null){
try{
  timer.sleep(1000);                          //1s 延时
}catch (InterruptedException e){ }
repaint();
}}
public void stop() {
if (timer != null){
  timer.stop();
  timer = null;
}}
public void paint(Graphics g){
Date now = new Date();                        //获取当前日期和时间的对象
int hour = now.getHours();                    //取小时数
int minute = now.getMinutes();                //取分钟数
int second = now.getSeconds();                //取秒钟数
int i = 0;                                    //水平起始位置数组的索引
```

```
g.drawImage(frame_image, 0, 0, this);
g.drawImage(digit_image[hour / 10], image_start_x[i++], offset, this);
g.drawImage(digit_image[hour % 10], image_start_x[i++], offset, this);
g.drawImage(colon_image, image_start_x[i++], offset, this);
g.drawImage(digit_image[minute / 10], image_start_x[i++], offset, this);
g.drawImage(digit_image[minute % 10], image_start_x[i++], offset, this);
g.drawImage(colon_image, image_start_x[i++], offset, this);
g.drawImage(digit_image[second / 10], image_start_x[i++], offset, this);
g.drawImage(digit_image[second % 10], image_start_x[i], offset, this);
}
public void update(Graphics g) {
  paint(g);
}}
```

12.7.4 移动型动画

在这一小节中我们来尝试另一种类型的动画，也就是所谓的移动型动画，那就是动画中的物体在进行各种动作的同时还不断地改变自身所处的位置。实际上，我们是通过事先准备好的图片(这些图片代表不同时刻的帧)，在程序中控制其连续显示就可以了。

例如，我们接下来要做的一个实例是一只快乐的鸵鸟在美丽的大草原上散步，它循环不断地从屏幕左端走入，再从屏幕的右端走出。这里先准备了 5 幅鸵鸟走路姿势的图片，如图 12-9 所示。另外，还有一张草原背景图片，如图 12-10 所示。

图 12-9 鸵鸟走路姿势的图片

图 12-10 草原背景图

其实，移动型动画的制作也很简单，只不过除了需要知道当前采用哪一幅动作图像以外，还需要给出物体当前应处的位置。例如，我们把所有的鸵鸟动作图像都存放在一个 Image 数组 walkerImgs 中，还用了一个整型实例变量 xpos 来记住鸵鸟当前水平方向的 X 坐标值，而当前所选的动作图像则由 Image 类的对象 currentImg 来指示。并且，xpos 与 currentImg 的值均在 run()方法中事先计算好，例如：

```
for(xpos = - birdImg_width;xpos <= applet_width;xpos += walk_step){     //计算位置
```

```
    currentImg = walkerImgs[i];
    repaint();
    i = (i + 1) % walkerImgs.length;                    //计算下一帧是哪幅图像
    try{Thread.sleep(delay);}
    catch(InterruptedException e){}
  }
```

这里 xpos 的初值不取 0 而取负的鸵鸟图宽度值 birdImg_width,只是为了让鸵鸟能从屏幕左侧自然地切入,不造成整幅图像突然出现在屏幕左侧的感觉。walk_step 实例变量表示图像每次移动的距离,delay 实例变量用来控制走路节奏的快慢。在 paint()方法中,我们必须先画上草原背景图像,然后再把鸵鸟图像覆盖上去。由于每一次鸵鸟图像放置的位置都不相同,也就等于每次都把背景图像给破坏了,所以背景图像必须每次重画。因而 paint()方法只需写为:

```
public void paint(Graphics g){
  g.drawImage(bgImage,0,0,this);
  g.drawImage(currentImg,xpos,ypos,this);
}
```

这里还有一个小小的问题,那就是一般图像都是以矩形的状态展现在我们面前,如果我们直接将鸵鸟图像贴在草原背景上,如图 12-11 所示,那么鸵鸟的白色矩形背景会与草原背景会相互冲突,完全破坏了整个动画的意境。怎样才能将这块白色背景去掉,只留下一个活生生的鸵鸟图案呢?我们利用 GIF 图像的透明背景技术,它能清除整幅图像的矩形背景,使其变为透明背景。因此,必须先将上述鸵鸟图片都转换为透明背景图,然后再贴到草原背景上,这样动画效果就显得天衣无缝了,如图 12-12 所示。

图 12-11 鸵鸟图像的白色背景和草原背景图相互冲突

图 12-12 将鸵鸟图像制成透明背景图

下面列出本动画实例的全部代码：

【例 12-15】 漫步的鸵鸟。

```
/* <applet code = "Walker.class" width = 500 height = 160 > </applet> */
import java.awt.MediaTracker;
import java.awt.Graphics;
import java.awt.Image;
public class Walker extends java.applet.Applet implements Runnable{
MediaTracker tracker;
Image walkerImgs[] = new Image[5];                  //存放鸵鸟走路姿势图像
Image currentImg;                                   //当前放映的鸵鸟动作图像
int xpos, ypos = 0;                                 //鸵鸟动作图像显示的位置
int walk_step = 20;                                 //鸵鸟图像每次移动的距离
int delay  =  250;                                  //每帧时延(毫秒)
Thread runThread;
Image bgImage;                                      //存放草原背景图像
int applet_width, applet_height;
int birdImg_width;                                  //鸵鸟图像宽度
public void init(){
tracker  =  new MediaTracker(this);
for (int i = 0; i < walkerImgs.length; i++){        //获取鸵鸟动作图像
walkerImgs[i] = getImage(getCodeBase(), "dcimage/bird" + i + ".gif");
tracker.addImage(walkerImgs[i], 0);                 //列入 0 组跟踪范围
}
bgImage  =  getImage(getCodeBase(), "dcimage/" + "bg.gif");          //获取草原背景图像
tracker.addImage(bgImage, 0);                       //列入 0 组跟踪范围
applet_width = size().width;
applet_height = size().height;
}
public void start (){
if (runThread == null){
runThread = new Thread(this);
runThread.start();
}}
public void stop(){
if (runThread!= null){
runThread.stop();
runThread = null;
}}
public void run(){
try{
tracker.waitForID(0);
}catch(InterruptedException e){
return;
}
birdImg_width = walkerImgs[0].getWidth(this);
int i = 0;
while(true){
for(xpos = - birdImg_width; xpos <= applet_width; xpos += walk_step){         //计算位置
currentImg = walkerImgs[i];
```

```
repaint();
i = (i + 1) % walkerImgs.length;                    //计算下一帧是哪幅图像
try{Thread.sleep(delay);}
catch(InterruptedException e){}
}}}
public void paint(Graphics g){
g.drawImage(bgImage,0,0,this);
g.drawImage(currentImg,xpos,ypos,this);
}
public void update(Graphics g){
paint(g);
}}
```

12.7.5 双缓冲技术

虽然我们在上一例鸵鸟动画中覆盖了update()方法，阻止系统每次都用背景色去清除屏幕这一无用的操作，但是动画效果还是不尽人意，即有时有点闪烁。这是因为鸵鸟动画里的图像文件都较大，系统每次在屏幕上画起来速度较慢，所以会有闪烁。

那么怎样消除闪烁？这里来介绍双缓冲(double-buffering)技术。我们已经发现，闪烁问题的根源就在于系统每次直接在屏幕上作画的速度太慢(尤其是要画的图像又大又多时)，因此双缓冲技术就考虑在屏幕外面创建一个虚拟的备用屏幕，系统直接在备用屏幕上作画，等画完以后将备用屏幕中的点阵内容直接切换给当前屏幕。这种直接切换准备好的画面的速度与在屏幕上当场作画的速度相比，当然快了许多。这种技术的缺点是需要占用大量的内存，因此，只有当动画实在被严重的闪烁问题所困扰时才考虑使用这种技术。

下面来一步一步地修改上面的鸵鸟动画代码，使其实现双缓冲技术。

(1) 首先，在Applet中声明两个实例变量：

```
Image offScreenImg;                    //存放备用屏幕的内容
Graphics offScreenG;                   //备用屏幕的绘图上下文环境
```

(2) 在init( )方法中加入下列语句：

```
try {
offScreenImg = createImage (applet_width,applet_height);          //创建备用屏幕
offScreenG = offScreenImg.getGraphics ();          //获取备用屏幕的绘图上下文环境
}
catch (Exception e) {
offScreenG = null;                    //若出错，置备用屏幕的绘图上下文环境
为null
}
```

其中，createImage方法是定义在java.awt.Component类中的方法，由于Applet是它的子类，从而就自然地继承了该方法。此方法是用来创建一个空的可以在上面进行绘图的Image对象，它的两个整型参数分别表示所创建的该Image对象的宽度和高度，这里设为整个Applet屏幕的宽和高，以便将它作为一个备用屏幕。紧接着，调用Image对象中的getGraphics()方法，它是用来获取一个可以在该Image对象上进行绘图的绘图上下文环

境,也就是一个 Graphics 对象 offScreenG,以后凡是调用 offScreenG 中的任何绘图方法(例如 drawImage()方法)都将作用在备用屏幕(offScreenImg)上。如果上述执行过程中发生错误,我们就将这个 Graphics 对象设为 null 值。

(3) 将 update()方法改为:

```
public void update(Graphics g) {
if (offScreenG!= null) {                          //如果备用屏幕创建成功
paint(offScreenG);
g.drawImage(offScreenImg,0,0,this);               //将备用屏幕内容画到当前屏幕
} else
paint(g);
}
```

即如果备用屏幕创建成功,就将备用屏幕的绘图上下文环境 offScreenG 传递给 paint()方法,这样一来,paint()方法中所画的内容都将画在备用屏幕上。然后再调用 drawImage()方法将备用屏幕 offScreenImg 中的内容画到当前屏幕上。当然,如果创建备用屏幕不成功,就和以前一样,将系统生成的当前屏幕的绘图上下文环境 g 传递给 paint()方法。

好了,实现双缓冲技术就是这样简单,下面列出改进后的鸵鸟动画程序的源代码。另外,我们还在其中加入了一段播放背景音乐的代码,以使这个动画显得更加有声有色。

【例 12-16】 基于双缓冲的漫步鸵鸟动画。

```
/* <applet code = "Walker1.class" width = 500 height = 160 ></applet > */
import java.awt.MediaTracker;
import java.awt.Graphics;
import java.awt.Image;
import java.applet.AudioClip;
import java.applet.Applet;
public class Walker1 extends Applet implements Runnable{
Image offScreenImg;                               //存放备用屏幕的内容
Graphics offScreenG;                              //备用屏幕的绘图上下文环境
MediaTracker tracker;                             //媒体跟踪器
Image walkerImgs[] = new Image[5];                //存放鸵鸟走路姿势图像
Image currentImg;                                 //当前放映的鸵鸟动作图像
int xpos,ypos = 0;                                //鸵鸟动作图像显示的位置
int walk_step = 20;                               //鸵鸟图像每次移动的距离
int delay  = 250;                                 //每帧时延(毫秒)
Thread runThread;
Image bgImage;                                    //存放草原背景图像
int applet_width,applet_height;
int birdImg_width;                                //鸵鸟图像宽度
AudioClip bgmusic;
public void init(){
tracker = new MediaTracker(this);
for (int i = 0;i < walkerImgs.length;i++){        //获取鸵鸟动作图像
walkerImgs[i] = getImage(getCodeBase(),"dcimage/bird" + i + ".gif");
tracker.addImage(walkerImgs[i], 0);               //列入 0 组跟踪范围
}
bgImage = getImage(getCodeBase(),"dcimage/" + "bg.gif");           //获取草原背景图像
tracker.addImage(bgImage, 0);                     //列入 0 组跟踪范围
```

```
bgmusic = getAudioClip(getDocumentBase(),"tongnian.mid");                    //获取背景音乐
applet_width = size().width;
applet_height = size().height;
try {
offScreenImg = createImage (applet_width,applet_height);                    //创建备用屏幕
offScreenG = offScreenImg.getGraphics ();           //获取备用屏幕的绘图上下文环境
}
catch (Exception e){
offScreenG = null;                                  //若出错,置备用屏幕的绘图上下文环境
为 null
}}
public void start (){
if (runThread == null){
  runThread = new Thread(this);
  runThread.start();
}}
public void stop(){
if (runThread!= null){
if(bgmusic!= null)
bgmusic.stop();
runThread.stop();
runThread = null;
}}
public void run(){
try{
tracker.waitForID(0);                               //等待 0 组中所有的图像到达
}catch(InterruptedException e){ }
if(bgmusic!= null)
bgmusic.loop();
birdImg_width = walkerImgs[0].getWidth(this);
int i = 0;
while(true){
for(xpos = - birdImg_width;xpos <= applet_width;xpos += walk_step){//计算位置
currentImg = walkerImgs[i];
repaint();
i = (i + 1) % walkerImgs.length;                    //计算下一帧是哪幅图像
try{Thread.sleep(delay);}
catch(InterruptedException e){}
}}}
public void paint(Graphics g){
g.drawImage(bgImage,0,0,this);
g.drawImage(currentImg,xpos,ypos,this);
}
public void update(Graphics g){
if (offScreenG!= null) {                            //如果备用屏幕创建成功
paint(offScreenG);
g.drawImage(offScreenImg,0,0,this);                 //将备用屏幕内容画到当前屏幕
}else  paint(g);
}}
```

12.8 本章小结

本章介绍了Java语言中的小应用程序和多媒体支持。小应用程序是指由浏览器中嵌入的JVM解释执行的小程序,在小应用程序中可以使用字体、颜色以及各种GUI组件。

多媒体包括声音、文字、图像及动画技术,Java中的文字可以指定平台的本地字体和颜色,声音是通过getAudioClip()装入的音频数据,可以用play()或loop()方法播放;图像是用Image类管理的,通过getImage()方法装入,用Graphics类的drawImage()显示到屏幕上;而动画只是快速地切换画面给人的视觉效应。

习题

一、选择题

1. 关于Applet运行过程,下列说法错误的是( )。
   A. 浏览器加载指定URL中的HTML文件
   B. 浏览器加密HTML文件
   C. 浏览器加载HTML文件中指定的Applet类
   D. 浏览器中的Java运行环境运行该Applet
2. Applet的生命周期是指( )。
   A. Applet下载到浏览器到用户连接到下一个页面的过程
   B. 用户一次提交或刷新页面的全过程
   C. Applet下载到浏览器到用户退出浏览器的过程
   D. 打开浏览器到关闭计算机的全过程
3. Applet是一个面板容器,它默认使用( )布局管理器。
   A. BorderLayout B. FlowLayout C. GridLayout D. CardLayout
4. 与Applet生命周期有关的主要方法是( )。
   A. init() B. start() C. stop() D. 以上都是
5. 关于Applet和Application,下列说法错误的是( )。
   A. Applet自身不能运行 B. Applet可以嵌在Application中运行
   C. Application以main()方法为入口 D. Applet可以嵌在浏览器中运行
6. 在Applet中画图、画图像、显示字符串用到的方法是( )。
   A. paint() B. init() C. stop() D. draw()
7. Graphics类中提供的绘图方法分为两类,一类是绘制图形,另一类是绘制( )。
   A. 屏幕 B. 文本 C. 颜色 D. 图像
8. 下列不属于Applet编写步骤的是( )。
   A. 引入需要的包和类 B. 定义一个Applet类的子类
   C. 实现Applet类的某些方法 D. 加密Applet程序
9. 如果要在一个单一的类文件中创建既可以用作Java Applet,又可以用作Java应用程序的 Java 软件代码，下面说法错误的是(　　)。

A. 作为应用程序要定义 main()方法，并且把 main()方法所在的类定义为 public 类

B. 为使该程序成为一个 Applet，main()方法所在的这个 public 类必须继承 Applet 类或者 JApplet 类

C. 在该类中可以像普通 Applet 类一样重写 Applet 类的 init()、start()、paint()等方法

D. 转换后的程序只能在浏览器中加载执行，不能在 Appletviewer 中执行

10. 关于 Applet 和 Application，下列说法错误的是(　　)。

A. 它们是 Java 的两种应用程序形式

B. Applet 可以用 Appletviewer 或者浏览器加载执行

C. Applet 不能利用 Java 解释器从命令行启动运行

D. Applet 和 Application 的程序入口不一样

11. 以下(　　)方法用于在使用 Applet 的屏幕上输出"你好"。

A. g.drawText("你好",10,10);

B. g.drawMessage("你好",10,10);

C. g.drawString("你好",10,10);

D. g.drawLine("你好",10,10);

12. 在 Java 小应用程序中，用户需自定义子类并继承 Applet 类，一般需要重写父类的(　　)方法完成一些画图操作。

A. start()　　B. stop()　　C. init()　　D. paint()

13. Graphics 类中有(　　)方法。

A. drawLine()　　B. drawCircle()　　C. drawString()　　D. drawImage()

14. 在程序中一般通过(　　)方法刷新面板、画布或小应用程序。

A. paint()　　B. repaint()　　C. update()　　D. refresh()

二、简答题

1. 在 Applet 中播放声音是如何控制的？用到了哪些控制方法？
2. 简述 Java 中图像的载入、显示过程。
3. 简述 Applet 小应用程序的生命周期。
4. 简述双缓冲实现动画的原理。
5. 通过网页向 Java Applet 传参数的好处是什么？
6. 简述 Java 应用程序和小应用程序的异同点。

三、编程题

1. 编写一个在 Applet 中生成一个包含有 10 个随机圆的图像的程序。
2. 编写一个应用程序，模拟简谐振动。
3. 编写一个有背景声音的 Java 程序。

参考文献

[1] 谷超豪,等.数学词典[M].上海:上海辞书出版社,1987.

[2] Ralph Keller, Urs Hölzle. Binary Component Adaptation[C]. In Proceedings of ECOOP'98. Springer. 1998. 7.

[3] Ralph keller, Urs Hölzle. Department of Computer Science, University of California. Implementing Binary Component Adaptation for java, TRCS98-21[R]. Santa Barbara: Technical Report TRCS98-21. 1998. 8. 22. [E4]

[4] Tim Lindholm, Frank Yellin. The Java Virtual Machine Specification[M]. 2nd Revised Edition. Addison-Wesley Educational Publishers Inc. 1999. 4. 14.

[5] 杨更新.汽车自动驾驶系统. CN98122574.8[P],1999-06-02.

[6] 马俊.生命现象的程序假设和关键过程模拟[D].兰州:兰州大学信息科学与工程学院,2012.

[7] Bill Venners. Inside the Java 2 Virtual Machine[M]. 2nd Edition. McGraw-Hill Companies. 2000. 1. 6.

[8] H. M. Deitel/P. J. Deitel. Java 大学教程.四版[M].北京:电子工业出版社,2002.

[9] 黄斐. Java 程序设计与应用技术教程[M].北京:科学出版社,2002.

[10] Kiczales et al. Aspect-oriented programming: US, 6467086[P]. 2002-10-15.

[11] 史斌星. Java 基础编程贯通教程[M].北京:清华大学出版社,2003.

[12] 周晓聪.面向对象程序设计与 Java 语言[M].北京:机械工业出版社,2004.

[13] Harold Abelson, Gerald Jay Sussman,等.计算机程序的构造和解释.裘宗燕,译.北京:机械工业出版社,2004.

[14] 耿祥义. Java 大学实用教程[M].北京:电子工业出版社,2005.

[15] 丁岳伟,彭敦陆. Java 程序设计[M].北京:高等教育出版社,2005.

[16] 印旻. Java 语言与面向对象程序设计教程[M].北京:清华大学出版社,2005.

[17] 孙卫琴. Java 面向对象编程[M].北京:电子工业出版社,2006.

[18] Tom McQueeney, Invoke dynamic languages dynamically[CP/OL]. IBM developerWorks. 4 Sep 2007. http://www.ibm.com/developerworks/java/library/j-javascripting1/index.html.

[19] David J. Biesack. Create dynamic applications with javax.tools[CP/OL]. Principal Systems Developer, SAS Institute, Inc. 11 Dec 2007. http://www.ibm.com/developerworks/java/library/j-jcomp/index.html#download.

[20] Barbieri M. The Codes of Life——The rules of macroevolution [M]. US: Springer Netherlands. 2008.

[21] 夏宽理. Java 语言程序设计(一)[M] .北京:机械工业出版社,2008.

[22] 叶乃文,王丹. Java 语言程序设计教程[M].北京:机械工业出版社,2010.

[23] Donald E. Programming of Life[M]. Published by Big Mac Publishers. Printed and bound in the USA. 2010.

[24] Budi Kurniawan. Java 7 程序设计.俞黎敏,徐周乐,等译.北京:机械工业出版社,2012.

[25] Jun Ma, Mei Fan. Programmed interpretation of the life evolution and computer simulation[C]. In Proceedings of iCBEB2012. DOI: 10.1109/iCBEB.2012.316. Publisher: IEEE Computer Society. 2012-5-30.

[26] Poornachandra Sarang. Java 7 编程高级进阶.曹如进,张方勇译.北京:清华大学出版社,2013.

[27] http://en.wikipedia.org/wiki/Object-oriented_programming[G/OL],2014.

[28] http://java.sun.com/docs/books/tutorial/java/concepts/[G/OL],2014.

图书资源支持

感谢您一直以来对清华版图书的支持和爱护。为了配合本书的使用，本书提供配套的资源，有需求的读者请扫描下方的“书圈”微信公众号二维码，在图书专区下载，也可以拨打电话或发送电子邮件咨询。

如果您在使用本书的过程中遇到了什么问题，或者有相关图书出版计划，也请您发邮件告诉我们，以便我们更好地为您服务。

我们的联系方式：

地　　址：北京海淀区双清路学研大厦 A 座 707

邮　　编：100084

电　　话：010－62770175－4604

资源下载：http://www.tup.com.cn

电子邮件：weijj@tup.tsinghua.edu.cn

QQ：883604（请写明您的单位和姓名）

资源下载、样书申请

书圈

用微信扫一扫右边的二维码，即可关注清华大学出版社公众号“书圈”。